中国新时代教育文库

中国职业教育
理论与实践探索

张静 等 著

中国经济出版社
CHINA ECONOMIC PUBLISHING HOUSE
·北京·

图书在版编目（CIP）数据

中国职业教育理论与实践探索 / 张静等著．--北京：中国经济出版社，2022.5

ISBN 978-7-5136-6925-2

Ⅰ．①中… Ⅱ．①张… Ⅲ．①职业教育-发展-研究-中国 Ⅳ．①G719.2

中国版本图书馆 CIP 数据核字（2022）第 079232 号

责任编辑　夏军城
责任印制　马小宾
封面设计　任燕飞

出版发行　中国经济出版社
印 刷 者　北京富泰印刷有限责任公司
经 销 者　各地新华书店
开　　本　710mm×1000mm　1/16
印　　张　20.25
字　　数　352 千字
版　　次　2022 年 5 月第 1 版
印　　次　2022 年 5 月第 1 次
定　　价　98.00 元
广告经营许可证　京西工商广字第 8179 号

中国经济出版社 网址 www.economyph.com 社址 北京市东城区安定门外大街 58 号 邮编 100011
本版图书如存在印装质量问题，请与本社销售中心联系调换（联系电话：010-57512564）

序 言

新时代是中华民族走向伟大复兴的时代，也是中国特色职业教育类型建设大发展时代。随着人工智能技术、信息技术、大数据技术等现代科技的迅猛发展，机器代替人工劳动、大学生就业难、下岗职工再就业、新型农民工再就业、复员军人再就业等社会问题日益凸显。科技发展要求当今教育进行变革，而破解之道就在于加强当代职业技术教育。中国职业教育类型建设是完善现代职业技术教育体系、促进现代职业技术教育高质量发展的重要举措，是深化产教融合教育教学改革、人才供给侧结构性改革的战略布局，也是服务国家“经济行稳致远、社会安定和谐”的迫切需求。

职业教育与普通教育是不同类型但价值相等的教育种类，是与产业经济和社会发展结合最为紧密的教育业态。“职业教育类型建设”是职业教育的固有内涵，也是《国家职业教育改革实施方案》（以下简称“职教二十条”）的重点任务，怎样推动职业教育类型建设是摆在当代职业教育人面前的一个现实课题。我们用了近两年的时间，系统梳理了中国职业教育的历史探索和实践，对中国职业教育的现状和未来发展进行了较为全面的研究，形成了《中国职业教育理论与实践探索》一书。

本书的特点或者说贡献主要体现在如下四个方面。

一是系统论述了中国职业教育的类型特征。既然职业教育是一种类型，那么探究其类型特征就是“职业教育类型说”理论构建的前提。本书既论述了职业教育的职业性、技术性、跨界性、全民性、终身性、实学性等核心特征，也论述了职业教育的应用性、能本性、开放性、迭代性、多元性、灵活性等衍生特征。对职业教育类型特征的探讨，有利于世人对职业教育类型建设有更加清晰的感悟与认知。

二是全面阐释了中国职业教育类型建设的历史演进和理论渊源。本书立足于翔实的史料，得出了中国职业教育类型至迟在周代就客观存在，中国古代重大科技发明成果几乎都是职业教育类型建设的结果，陆费逵是中国提出“职业教育”概念的第一人，蔡元培是中国近代把“职业教育”与“普通教育”区分开来的第一人，黄炎培是中国近代职业教育理论构建的第一人等新观点，对深入探究职业教育类型的基础理论大有裨益。

三是基于系统论、组织论、结构论等维度，阐释了职业教育类型建设的学理基础，力争在职业教育的内部结构、外部结构、横向结构、纵向结构等方面有所建树。本书既论述了产教融合、校企合作是推进职业教育类型建设的基本方法，也论述了职业教育类型建设的融合发展、错位发展、重点发展、特色发展等宏观创新路径。这些理论抑或论域大多是前人没有研究过或是研究成果较为薄弱的部分，从这个意义上讲，本书具有一定的创新性。

四是系统总结了我国职业教育近年来的实践经验及其应对策略。未来数年是我国职业教育类型建设的关键期，本书对我国中职、高职、应用型本科、专业学位研究生教育、终身教育各方面的职业教育实践进行了历史考察、问题剖析、经验总结，基本是沿着“历史演进—取得成效—存在问题—原因剖析—外部经验—建设任务—推进策略”这一思路展开的。发现问题、分析问题、解决问题是科学研究的基本范式，由此范式引发的研究成果或结论往往具有较强的实践性和应用性，因此，本书各章所论述的“主要任务”和“推进策略”可为各个职业教育高校提供经验借鉴。

“十四五”期间，国家要“加大人力资本投入，增强职业技术教育适应性，深化职普融通、产教融合、校企合作，探索中国特色学徒制，大力培养技术技能人才”。希望本书的出版，能为各级学校发展职业教育提供有益借鉴，能为各级教育管理者指导职业教育发展提供有益参考。

目录

第一章
中国职业教育类型

2019年1月，国务院颁布“职教二十条”，“职教二十条”开篇即言：“职业教育与普通教育是两种不同教育类型，具有同等重要地位。”① 由此可见国家对职业教育的重视。全国职业教育大会指出，要深刻认识职业教育“不同类型、同等重要”的基本定位。这是教育理念的一次重大变革，也是党和国家把握教育发展规律、职业教育办学规律、人的全面发展规律做出的一个重大判断。要在思想上破除“重普轻职”的传统观念，在行动上把职业教育和普通教育区分开来，特别是要把科学和技术、知识和技能区分开来，践行类型教育新理念。

第一节　职业教育类型释义

把职业技术教育作为一个“类型”看待，将其与学校普通教育置于同等社会地位，有利于人们更加全面地了解职业技术教育的内涵与外延、本质与特征、办学形式、教育形式、主要任务、保障机制和战略意义。正如教育部原副部长鲁昕在指导应用型本科高校加强职业教育类型建设时所言：“坚持担当类型教育，要明确类型，明晰定位，担当主角，立足区域，衔接职普，产教融合，相互学习，做出贡献。”②

一、职业教育类型的概念界定

（一）职业教育类型的含义

截至目前，学术界尚未就“职业教育类型”给出明确概念。2019年2月19日，教育部职成司、规划司等部门领导集中介绍“职教二十条”的主要内

① 国务院．关于印发国家职业教育改革实施方案的通知（国发〔2019〕4号）［R/OL］．（2019-01-24）［2020-08-20］．

② 鲁昕．地方本科院校转型发展要担负起新的历史使命［J］．河南教育，2019（6）：3.

容，认为“职业教育和普通教育是两种不同的教育类型，具有同等重要地位，这是一个非常重要的新判断”①，但没有对“职业教育类型”进行概念界定。有学者认为，职业教育“就是要突出职业教育传承技术技能、培养多样化人才、促进就业创业的社会职能，形成与普通教育差异化发展的态势”。② 很明显，这样的概念界定不够严谨。

我们经过研讨谨慎地认为，职业教育类型，是既有别于普通教育又具有职业性、技术性、跨界性等职业技术特征的教育种类。它是一种与高校精英教育类型、学校普通教育相互区别的教育类型，与高校精英教育、学校普通教育类型不同，职业教育类型主要强调通过产教融合、校企合作为行业、企业一线培养生产、管理、服务高素质应用型人才。

其实，“中国职业教育类型”这一概念早就出现在我国相关教育文献中，如2000年中国“高等职业教育类型的学生数占高等学校学生总数的50%，招生数占高等教育招生总数的54%”的类似提法。③ 从“职业教育与普通教育是两种不同教育类型”表述语来看，职业教育之所以被认为是“一种类型”，是因为其主要针对普通教育，因此，有必要对职业教育与普通教育进行区分。

（二）职业教育与普通教育的主要区别

一般认为，普通教育是偏重学术性知识的传授，是以升学为目的的教育；而职业教育偏重于应用型技术技能的传授，是以就业为目的的教育。从严格意义来说，每个人所接受的教育都可称为“职业教育”；但从教育实践来说，职业教育与普通教育在客观上存在较大差别。

1. 办学模式、治理模式、办学导向不同

职业教育强调产教融合、校企合作办学模式和治理模式，办学导向主要以职业、就业为目的，如德国的“双元制”、瑞士的“三元制”等，皆强调与行业企业合作共同开展应用型人才培养、科学研究和社会服务，“职业教育是就业导向而不是升学导向”。④ 普通教育则强调学校“一元制”办学模式和治理模式，如我国中小学、研究型大学等，主要是“学校自我管理”或“教授治校”等；其办学导向主要以升学为目的，如小学升初中、初中升高中、

---

① 教育部．介绍《国家职业教育改革实施方案》的主要内容和下一步工作考虑［R/OL］．（2019-02-19）［2020-08-21］http：//news. workercn. cn/32842/201902/20/190220131620823_2. shtml.

② 任怡平．新时期我国职业教育改革的应然转变与发展指向［J］．成人教育，2020（10）：60.

③ 杨金土．经济全球化条件下中国教育的类型结构问题［J］．河南技师学院学报，2001（6）：8.

④ 王烽．现代职教体系建设的几个关键问题［J］．教育与职业，2020（20）：5.

高中升本科、本科升硕士研究生、硕士研究生升博士研究生等。

2. 人才培养模式、教学模式、人才培养目的不同

职业教育强调产教融合、校企合作人才培养模式和教学模式，不论是人才培养方案，还是教学方式，都注重产教融合、校企合作，强调实践教学和应用技术教学；其人才培养目的主要是为地方、行业、企业生产、管理、服务一线培养应用型技术技能人才。普通教育则强调课堂理论人才培养模式和教学模式，侧重于理论知识的传授，同时注重学科专业前沿技术知识的传授，主要培养理论型、研究型人才。

3. 教师结构、教师类型、教师建设模式不同

职业教育教师一般由校内、校外教师构成，来自行业、企业的兼职教师占有较大比例；强调“双师双能型”，即教师必须具有行业和产业专业技术背景；强调“产教融合、校企合作”，即使是学校专业教师，一般也要求每隔一段时间（多为 3~5 年）进行为期半年或 1 年的最新产业发展技术培训，即新知识、新技术、新技能培训，即教育部原副部长鲁昕所言的“职业教育要对接市场需求，构建新知识体系、新技术体系、新技能体系”。① 普通教育的教师则主要是“校内专职教师”，强调“理论型”，教师主要任务是传道、授业、解惑；教师建设强调“学历提升、知识提升”，如通过继续接受教育获得本科学位、硕士学位、博士学位等。

4. 学科、专业、课程、教材建设模式不同

职业教育和普通教育都强调学科、专业、课程和教材建设，不同之处在于职业教育更强调“应用型、技术型”学科、专业、课程、教材建设，而普通教育更强调“理论型、知识型”学科、专业、课程、教材建设。

5. 科学研究模式、社会服务模式不同

高等职业教育和高等普通教育都重视科学研究，不同之处在于高等职业教育强调为地方、行业、企业提供“应用型、技术型”科学研究和社会服务；而高等普通教育强调为国家和地方提供“理论型、学术型”科学研究与社会服务。

6. 教育对象、教育时段不同

职业教育强调教育对象“全民性”，不仅包括在校学生，而且包括待就业职工、复员军人、新型农民等“所有社会人”；强调“终身性”、“大学后教

① 鲁昕．人工智能驱动“双高”全新领域的全面建设［EB/OL］.（2020-06-09）［2020-09-27］. http：//www.szpt.edu.cn/info/1025/8771.htm.

育”、“入职职业技术培训”、“职中技术培训”乃至“终身职业技术培训”。普通教育的对象是各个层级的“校内学生”；教育时段上仅限于幼儿园至大学即“校园学习阶段”。职业教育与普通教育最容易混淆之处在于“高等职业教育与普通高等教育的交集空间”，因二者均有“高等”二字，且二者的“交集空间”是无法界定的。事实上，二者之间的“交集空间大小”是随着一个国家或地方经济社会发展水平变化的，经济社会发展水平愈高，二者的“交集空间”就愈大；反之亦然。

7. 生源渠道不同

高等职业学校的生源，一是普通高中毕业生，二是职业高中毕业生，三是中等和高等职业技术学院对口招生的毕业生，四是初中毕业生。相对而言，高等职业学校的生源更多元化；普通高校的生源主要是普通高中毕业生，比较单一。

8. 与地方（区域）产业经济和社会发展联系不同

普通高等教育和高等职业教育都强调服务产业经济与社会发展，但侧重点不同。高等职业教育强调服务地方（区域）产业经济和社会发展，与地方（区域）产业经济和社会发展关系更加密切、同频互振、共生共荣、协同发展，“职业教育属于与经济社会发展关联最为密切的教育类型”。[①] 普通高等教育则强调服务国家和地方产业经济与社会发展，与学校所在地的产业经济和社会发展联系相对松散。

二、职业教育与普通教育的关系

（一）普通教育只是职业教育的一个组成部分

普通教育是以科学知识为主要教学内容的学校教育。普通教育涵盖从幼儿园到大学的教育，强调“以科学知识为本位”，是学校教育，注重学历提升，教育对象是社会精英，定位是培养知识型、研究型和应用型人才，人才培养方式以校园教学、理论教学为主。

职业教育是以职业能力为主要教学内容的社会教育。职业教育涵盖大学教育前和大学教育后的终身教育，强调“以职业能力为本位”（包括专业硕士教育和专业博士教育），是社会教育（包括部分学校教育），注重职业发展，

---

① 陆俊杰．类型教育视野下职业教育的理念回归与特色超越［J］．职业技术教育，2020（19）：27.

教育对象是社会大众，定位是培养应用型、技能型、职业型人才，人才培养方式以产教融合、校企合作为主。

职业教育与普通教育是“两种类型”的教育，但不是“两峰对峙”的教育。从理论上讲，所有教育都可称为“职业教育”。无论是中小学基础教育，还是大学教育，都是为个人提供未来职业能力和职业发展的教育。德国哲学家乔治·凯兴斯特纳（Georg Kerschensteiner）认为：“教育之路即工作之路”“职业教育就是公民教育”。① 幼儿园教育、中小学校教育、大学校园教育都是为个人未来职业发展做铺垫的，高等教育从属于学校教育，学校教育从属于职业教育，如图 1-1 所示。准确地说，从幼儿园教育、中小学基础教育、中职高职教育、大学高等教育、大学后职业技术培训、终身教育都属于职业教育。

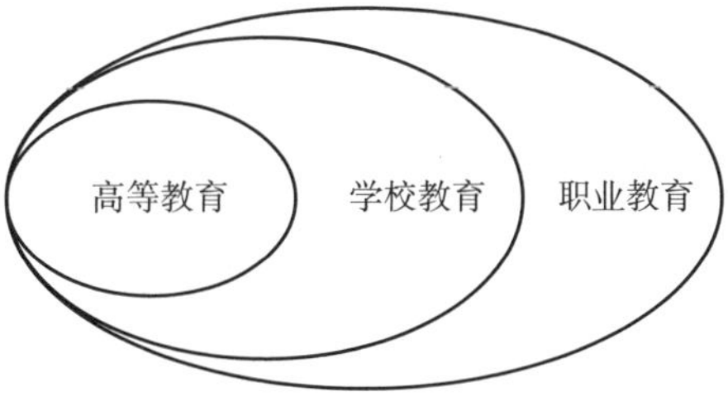

图 1-1　普通教育与职业教育的关系

但从实践来看，职业教育与普通教育是客观存在的两种类型教育。以我国教育为例，古代学徒制职业教育与私塾制、科举制等精英教育长期并存，现代学徒制与学校普通教育相互补充。两种类型的教育在学习内容、学习方式、学习目的等方面均有较大差异。

我们强调职业教育类型，不在于抬高职业教育的社会地位，而在于重新认识职业教育的重要性，明确职业教育的办学类型、人才培养类型和治理模式类型，进而提高职业教育教学质量。提高职业教育教学质量是职业教育类型建设的价值追求和终极目的。

（二）普通教育与职业教育之间的辩证关系

从理论上说，普通教育是职业教育的一部分，双方是从属关系；从实践来看，普通教育与职业教育是两种不同类型的教育。两者有很大的交集，两

---

① Christopher Winch. Georg Kerschensteiner-founding the dual system in Germany [J]. Oxford Review of Education, 2006, (32) (3): 381-396.

者之间是地位相同、类型不同、互融互通、相辅相成的辩证关系。

1. 地位相同

古代的重大科技发明往往是职业教育的结果，近现代的重大科技发明往往是普通教育和职业教育共同作用的结果。托马斯·阿尔瓦·爱迪生（Thomas Alva Edison）、托马斯·萨弗里（Thomas Savery）、托马斯·纽可门（Thomas Newcomen）、詹姆斯·瓦特（James Watt）、乔治·史蒂芬孙（George Stephenson）等众多发明家并没有接受多少高校的高等教育，他们的发明成果大都是职业技术教育的结果，如萨弗里是一名职业军人，纽可门是一名职业铁匠。依据1997年联合国教科文组织颁布的国际教育分类标准，高等教育由两大类组成，另一种是“理论基础、研究准备、进入需要高技术要求专门化”的普通高等教育；一种是“实际的、技术的、职业的”高等职业教育。高校也有两大类，一种是研究型高校，另一种是应用技术型高校；本科性质的研究型高校为AAAAA级，本科性质的应用技术型高校为BBBBB级，地位平等。目前，欧洲各国都以教育法的形式给予应用技术型高校与研究型高校平等的法律地位。我国职业教育特别是高等职业教育与普通高等教育也应该是“地位相同”的教育类型。

2. 类型不同

有学者从高等教育方面进行分类，认为普通高等教育是以“培养学术型、工程型人才为目标的高等教育”，而高等职业教育是“培养技术型人才的高等教育”。① 另有学者认为：“教育类型只有职业教育和普通文化教育之分。”② 还有学者从教育史方面进行分类，认为：“新时代强调职业教育是一种类型教育可视为一种理念回归。”③ 总而言之，与普通教育相比，职业教育属于另一种类型教育，如图1-2所示。

3. 互融互通

职业教育在“高等教育”层次是互融互通的，表现在：一是招生互融互通，职业高校既可以从职业高中招生，也可以从普通高中招生；应用型本科高校既可以从普通高中招生，也可以从高职高专招生；二是学分互融互通，

---

① 杨近，姚启和．高等职业教育概念的界定：兼谈高等教育类型的区分［J］．教育与职业，2000（8）：16-18.

② 李政云，欧阳河．从质疑教育类型的“四分法”说起：谈职业教育的本质［J］．职教论坛，2003（7）：52-54.

③ 陆俊杰．类型教育视野下职业教育的理念回归与特色超越［J］．职业技术教育，2020（19）：22.

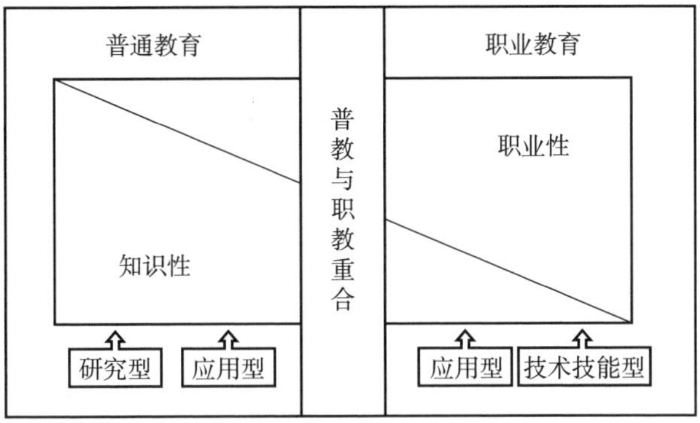

图 1-2 普通教育与职业教育类型

如“专升本”就是承认专科教育学分的，否则“专升本”不会采取两年制本科教育。

4. 相辅相成

社会既不能没有普通教育，也不能没有职业教育。一方面，职业技术类培训等职业教育可以弥补普通教育的不足，使众多无机会接受高等教育者得以接受职业技术教育，实现教育公平；另一方面，普通教育特别是中小学普通教育为中职、高职教育奠定了基础，普通高等教育为专业硕士、专业博士学位研究生教育奠定了基础。

（三）部分“职业教育类型”观点之商榷

1. 人为对职业教育与普通教育进行“专业体系”与“学科体系”的分野

把普通教育定位为“学科型”，把职业教育定位为“专业型”。实际上，职业教育与普通教育都存在学科性和专业性，把学科与专业对立起来不符合教育发展规律，学科对应科研，学科建设强调教师发展；专业对应教学，专业建设强调学生发展。我国职业技术学院、应用型本科高校普遍存在学科建设，与研究型高等教育相比，职业技术教育的学科建设不仅不能弱化，而且应该加强，只不过加强的对象是“应用型学科”。职业教育类型建设的核心目的是提高职业教育教学质量（或“推进职业教育高质量发展”），最终改变社会轻视职业教育的观点，提高职业教育质量的最佳手段恰恰是“服务行业、企业的技术研发与产品升级”，该结论已经被欧洲应用技术大学和国内应用型本科高校的教育实践所证实。

2. 人为地把高等职业教育与高等普通教育对立起来

高等职业教育与高等普通教育虽然是两种类型的教育，但二者有很大的交集，交集就在于“高等”二字。如产教融合、校企合作教育教学模式，既适用于职业技术学院，也适用于应用型本科高校、“双一流”研究型大学。目前，我国很多研究型大学的专业教学同样重视产教融合、校企合作，且重视程度、合作密度远甚于职业技术学院。

3. 人为对职业教育与普通教育进行“教学”与“科研”的分野

不论是职业技术学院，还是应用型本科高校、研究型大学，只要是高校，就都具有人才培养、科学研究和社会服务三大基本职能，只不过职业技术学院强调的是“应用型科研”或“应用技术研发与推广”。例如，深圳职业技术学院在社会上享有较高的认可度，与该学院拥有众多应用技术研发与推广成果密不可分（该学院科研成果、国家级和省级平台的数量及质量远超很多内地应用型本科高校）；国外应用技术大学毕业生就业率和就业质量普遍高于研究型大学，秘诀就在于该类高校十分重视毕业生参与行业、企业急需的应用技术研发与推广项目，并被相关行业、企业提前高薪录用。[①] 欲实现实质性、紧密性、长效性的校企合作，高校必须为合作企业提供实实在在的人才和技术服务。高校和企业有不同的利益诉求，很多应用型本科高校和职业技术学院总是抱怨行业、企业合作育人积极性不高，属于典型的“甩锅”，反映了我国应用型本科高校和职业技术学院应用技术科研能力不足的事实。我国应用型本科高校和职业技术学院如果不在“校企合作开展应用技术研发与推广项目”上下功夫，那么提高职业教育质量就是一句空话。行业、企业遇到重大应用技术研发难题为什么总是习惯到研究型大学和科研机构寻求帮助？研究型大学和科研机构为什么不抱怨企业合作积极性不高？短期内让我国应用型本科高校和职业技术学院快速提高应用技术研发水平不现实，但再难也要坚持下去。人才培养、科学研究、社会服务是每一位高校教师应尽的职责，不做科研的高校教师和不做应用科研的职业高校教师，都是不称职的教师。

（四）中国职业教育的类型与层次

过去，职业教育一直被作为“层级”来看待，如基础职业教育（中小学基础教育中的劳动教育和职业高中教育）、初等职业教育、中等职业教育、高等职业教育、本科职业教育、专业硕士研究生职业教育、专业博士研究生职业教育，如图 1-3 所示。单一按照“层级”区分职业教育导致的后果是：初等职业教育希望升格为中等职业教育，中等职业教育希望升格为高等职业教

① 刘海峰，白玉，刘彦军．我国应用技术大学建设与科研工作的转型［J］．中国高教研究，2015（7）：71.

育，高等职业教育希望升格为本科职业教育……职业教育与普通教育逐渐趋同，同时逐渐丧失自身的职业属性。

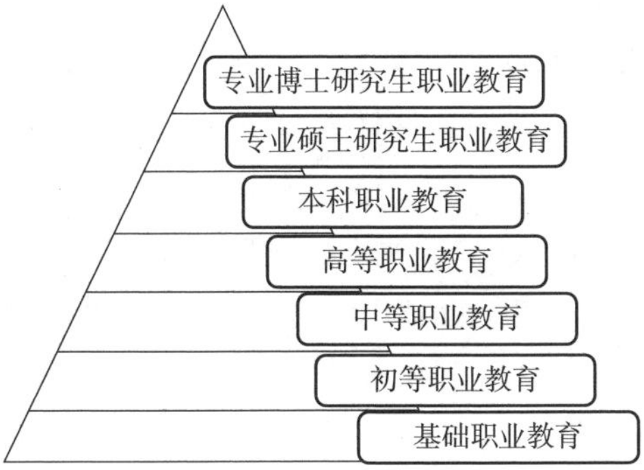

图 1-3　职业教育层级

把职业教育作为一种“类型”来看待，重视职业教育的内涵建设和特色发展，可有效避免职业教育沦为普通教育。

实际上，职业教育的“层次”与“类型”都是职业教育的结构形态，不同之处在于职业教育层级是纵向结构；职业教育类型是横向结构，见图 1-4。

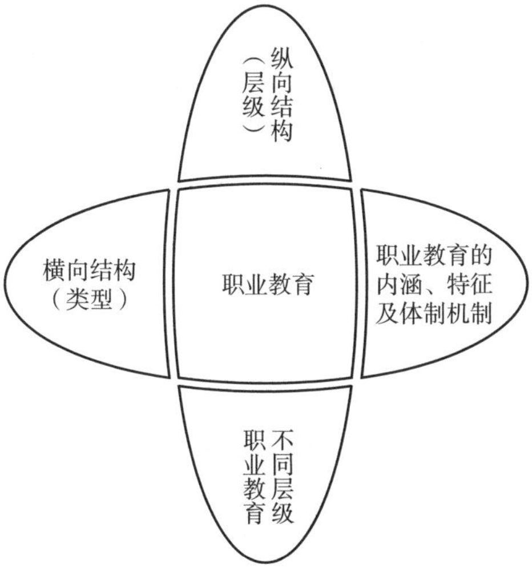

图 1-4　职业教育纵向、横向结构

只有从纵向、横向两个方向对职业教育进行解构，才能全面认识职业教育的结构形态。

我国最早把职业教育看作一种“类型”的是蔡元培先生，而当代最早把职业教育看作一种“类型”的是王明达（时任原国家教委副主任）。王明达在1996年的第三次全国职业教育工作会议上指出：“高等职业教育是属于高等层次的职业教育，是一种特殊类型的高等教育。”① 当时，由于我国产业经济以及高等教育都处于大发展时期，大学毕业生、下岗职工、新型农民、复员军人的就业压力都远没有如今这样大，王明达的“职业教育类型”主张并没有引起教育界的高度关注。

进入21世纪后，我国大学毕业生、新型农民、下岗职工、复员军人就业难等问题逐渐凸显。特别是，在2010年以后，随着计算机技术、人工智能技术、大数据技术、信息技术等现代科技的快速发展，“机进人退”问题开始出现，“职业技术培训、再就业、终身教育”等职业教育再次回到教育界的视野，倒逼教育界对原有的职业教育思想和职业教育理论重新进行审视，“职业教育类型”观点应运而生。

三、我国职业教育类型建设的时代需求

（一）加强我国职业教育类型建设，服务我国人才供给侧结构性改革

当前学校精英教育备受追捧，职业技术教育不受重视，是不争的事实。然而，随着人工智能、信息技术等现代科技的快速发展，相继出现了“人机大战”“机器代替人工劳动”“高校毕业生就业难”等问题，倒逼各级教育管理者不得不开始思考破解之道。牛津大学学者卡尔·拜纳狄克德·弗瑞（Carl Benedikt Frey）在《就业的未来》这篇报告中指出：“随着计算机技术、人工智能技术的发展，未来有47%的工作有被计算机取代的风险。”② 我国工程院原常务副院长潘云鹤院士认为：“新一代人工智能技术将会有一个广阔的应用前景，它将在电子商务、智能城市、智能交通、智能医疗、智能物流、智能制造、智能电网、智能社区、智能经济、智能图书馆等方面广泛运用。同时，将会产生很多新的产品，包括无人机、无人车、机器人、智能手机、智能游戏、穿戴式设备，各种AR/VR装备。”③ 马云认为：“今天50%的职业将在未

---

① 郭俊朝．对我国高职教育层次与类型问题论争的反思［J］．湖北职业技术学院学报，2011（4）：20-22，90.

② 赫拉利．未来简史［M］．林俊宏，译，北京：中信出版社，2017：293.

③ 李开复．超50%的工作机会被人工智能取代［EB/OL］．（2016-12-06）［2020-09-12］．https：//dy.163.com/article/CP5QA76I0519D3BI.html.

来消失，我们的未来是由教育决定的。”① 创新工场董事长兼首席执行官李开复指出：“40 年前最伟大的科技公司是 IBM，25 年前最伟大的科技公司是微软，5 年前最伟大的科技公司是谷歌，他们都在做人工智能……AI 不是取代一个人、一台机器，而是取代无数的人……50%的人类工作在未来十年将被取代。”② 世界经济论坛发布的《2018 年未来就业报告》提出：“到 2025 年，机器所占份额将进一步增长至 52%。”③ 甚至有研究认为：“我国当今 3.9 亿人的工作将被人工智能机器所替代。”④

产业界、学术界已经发出预警，当今过半职业未来有可能被人工智能机器所替代。那么，教育界应该如何应对这一迫切的现实问题？一方面，需要科技进步推动经济社会发展；另一方面，科技成果开始大量排斥工作岗位。尽管这一矛盾早就存在，但从来没有像今天这么尖锐！毕竟无论是“毕业即失业”还是“中年失业”，都是人生的挑战。

科技发展要求教育变革。对此，学术界给出的破解之道是：科技进步会催生一大批新行业、新产业，而新行业、新产业又会产生一大批新职业、新岗位，因此要加强职业技术教育。联合国教科文组织则呼吁各国大力发展终身职业技术教育。教育机构是人才的供给者，行业、企业是人才的需求端，因为行业、企业的人才需求正在发生或即将发生重大而剧烈的变化，所以由政府组织实施“人才供给侧结构性改革”势在必行。目前，我国的职业教育相对于学校普通教育还比较落后，提高职业教育质量以及职业教育类型的社会地位尤为迫切。正如有些学者所言：“当前职业教育对类型属性的需求如此迫切，是因为智能化时代职业结构的变化产生了对职业教育体系的建设需求。”⑤ 只有通过产教融合、校企合作教育途径建立教育链、人才链、产业链、创新链紧密结合的职业教育类型模式，才能培养出适应科技不断进步的高素质应用型、实用型人才，以此动态满足产业结构转型升级对人才多样化的

---

① 马云. 50%的职业将消失 我们的未来是教育决定的 [EB/OL]. (2019-12-07) [2020-09-12]. https://tech.sina.com.cn/i/2019-12-07/doc-iihnzahi5854361.shtml.

② 李开复. 未来十年 50%的工作会消失 [EB/OL]. (2016-12-06) [2020-09-12]. https://news.pedaily.cn/201705/20170514413394.shtml.

③ 第一黄金网. 2025 年全球一半工作将被机器人接手 [EB/OL]. (2018-09-19) [2020-09-14]. http://www.dyhjw.com/gold/20180919-95489.html.

④ 陈衍，袁柳，裴姗姗. 人工智能与职业教育变革 [J]. 中国高校科技，2019 (1)：94-97.

⑤ 徐国庆. 确立职业教育的类型属性是现代职业教育体系建设的根本需要 [J]. 华东师范大学学报，2020 (1)：1.

需求。①

（二）加强我国职业教育类型建设，服务我国现代职业教育高质量发展

《中共中央关于制定国民经济和社会发展第十四个五年规划和二〇三五年远景目标的建议》提出，要“加大人力资本投入，增强职业技术教育适应性，深化职普融通、产教融合、校企合作，探索中国特色学徒制，大力培养技术技能人才”。② 2021 年，全国职业教育大会也创造性提出建设技能型社会的理念和战略。为此，我们要高举“技能型社会”这面旗帜，加快构建面向全体人民、贯穿全生命周期、服务全产业链的职业教育体系，加快建设国家重视技能、社会崇尚技能、人人学习技能、人人拥有技能的技能型社会，让技术技能“长入”经济、“汇入”生活、“融入”文化、“渗入”人心、“进入”议程。③

要增强职业技术教育适应性、高质量发展现代职业教育，就必须加强职业教育类型建设，正如教育部原副部长鲁昕所言：职业教育与普通教育是两种不同教育类型，具有同等重要的地位。职业教育类型建设是高质量教育体系建设的重要内容。一方面，通过巩固提高中等职业教育发展水平、创新发展高等职业教育、引导普通本科高等学校转型发展、积极发展多种形式的继续教育，完善职业教育人才多样化成长渠道，加快构建纵向贯通、横向融通的现代职业教育体系和完整的技术技能型、应用型人才培养体系；另一方面，通过大力发展中等、高等、本科职业教育，优化高等教育结构，为高质量教育体系建设奠定科学合理的结构基础。④ 中国职业技术教育学会常务副会长刘建同也把“职业教育类型建设”列为高质量发展现代职业教育的八项任务之一，即“一是提高政治站位；二是建立系统思维；三是重塑知识结构；四是增强数字能力；五是着眼未来技术；六是构建未来技能；七是坚定职教类型；八是立足终身学习”。⑤

（三）加强我国职业教育类型建设，服务中国特色教育学学科发展

与我国历史学等学科相比，我国教育学学科整体特色不够突出。不论是

---

① 王兴．职业教育类型发展：现实必然、价值取向与强化路径［J］．中国职业技术教育，2020（16）：43.

② 中共中央关于制定国民经济和社会发展第十四个五年规划和二〇三五年远景目标的建议［A/OL］．（2020-10-21）［2020-11-03］．http：//www.gov.cn/zhengce/2020-11/03/content_5556991.htm.

③ 陈宝生．办好新时代职业教育服务技能型社会建设［N］．光明日报，2021-05-01.

④ 鲁昕．高质量发展现代职业教育为强国建设提供坚实人才支撑［N］．人民政协报，2021-12-09.

⑤ 刘建同．在中国职业技术教育学会 2020 年学术年会上的讲话［EB/OL］．（2020-10-11）［2021-01-31］．http：//www.chinazy.org/info/1040/6403.htm.

基础教育，还是高等教育、职业教育，教育学界总习惯拿西方的教育理论来解释我国的教育现象。我国教育学学科理论亟待构建具有中国国情、中国特色的教育学学科理论。近年来，我国职教界所提出的“类型说”，既是中国特色的职业技术教育学科新观点，更是中国特色教育学科新观点。不但能推动我国职业技术教育学科理论发展，也能推动所有我国教育学学科发展。

职业教育“类型说”强调产教融合应用型人才培养过程的类型化。“产教融合”是西方教育学词典中不曾有的词汇，属于我国教育理论特色。“产教融合”完全是基于我国当代快速发展的人工智能、信息技术等新业态实际需求而提出的教育理念，它源于我国产业经济的实践需求，服务于我国产业经济和社会发展，具有中国智慧、中国方案等中国教育学理论特质。

职业技术教育“类型说”强调校企合作办学形态和治理模式的类型化。目前，我国5G技术、高铁技术、人工智能技术、航空航天技术等众多技术领域已走在世界的前列，未来数年，中国将在更多科学技术领域走在世界前列。而各级教育必须跟上科技进步的时代步伐并为产业经济和社会发展提供强大的人才和技术支撑，这是我国教育的未来发展趋势，也是我国职业技术教育的时代担当。职业教育“类型说”强调校企合作办学模式等共建、共管、共享教育治理模式，必然对我国当今的各级教育办学模式和治理模式造成巨大的冲击。截至目前，尽管我国各级教育一直在大力推行转型发展和产教融合教育教学改革，但“校地两张皮”“校企两张皮”“专业同质化”“大学生就业难”等大局并没有得到彻底改观，职业技术教育“类型说”作为一种新学说，并以“职教二十条”即国家意志的形式予以确认，有利于打破传统的教育学学科理论固有认知，有利于催生基于产教融合型的中国特色教育学学科新理论、新观点。从微观层面来看，“类型说”有助于人们进一步审视和厘清不同类型教育的特点及属性，实施不同的教学方式、专业建设、课程建设、师资队伍建设、科学研究、考核方式和社会服务方式、学校治理模式等学校管理体制机制；从宏观层面来看，“类型说”有助于“国家、地方教育行政部门和举办者按类型教育的特点和规律进行顶层设计、分类施策、分类管理，分类制定教育标准、分类评估等”。①

（四）加强我国职业教育类型建设，服务中国崛起与中华民族的伟大复兴

国与国之间的竞争，归根结底是人才和科技的竞争。新时代，中国崛起

① 黄斌．职业教育作为类型教育的内涵、特征及其培育［J］．中国职业技术教育，2020（1）：68.

和实现中华民族的伟大复兴是时代主旋律。中国崛起和实现中华民族的伟大复兴的宏伟目标，最关键的因素有两个：一是数量众多的高层次人才，二是数量众多的高水平科技项目。培养高层次人才和开展高水平科技项目的途径也有两个：一是学校普通教育，二是职业技术教育。目前，我国施行的创新驱动发展战略、乡村振兴发展战略、人才强国发展战略、科教兴国发展战略、“一带一路”倡议等都离不开职业技术教育。以我国高铁建设为例，一方面，需要数量众多的高层次高铁技术研发人才；另一方面，需要数量众多的高素质高铁应用技术人才。高素质应用技术人才和中低端应用技术的培养与锤炼需要由职业技术教育来完成，并以此“开展应用技术研究和新产品、新服务的创新与开发，解决生产实践中的关键问题”。[①] 中国高铁如此，中国航天、中国人工智能、中国新能源等行业同样如此。

中国崛起和实现中华民族的伟大复兴的宏伟目标，社会稳定是基础。欲达到社会稳定的目的，就必须想尽一切办法实现充分就业。职业教育是为就业服务的。研究表明，职业教育招生数占比每提高 1 个百分点，第二、第三产业吸纳就业的比重就上升约 0.5 个百分点。要继续把发展职业教育作为缓解就业矛盾的关键一招，解决好“技工荒”、大学生结构性就业难、高技能人才供不应求等结构性就业矛盾。同时，通过技能型社会建设，提高技能人才待遇水平，加快从“好就业”转向“就好业”，让广大青年主动选择接受职业教育。[②] 就业是民生之本，是财富之源，是稳定之基。职业技术类型教育的新定位就是“形成产业与学校跨界合作的结构形式和双主体协同育人的办学格局”，即通过职业技术类型教育，在培养大批应用技术技能型人才的同时，通过不间断的职业技术技能培训，尽一切可能解决人工智能、云计算、大数据、物联网等现代科技带来的数以亿计的转岗工人、进城农民、退役军人、贫困人口以及残疾人等特殊群体的再就业问题。正如教育部原副部长鲁昕所言：“就业导向、服务导向是职业教育的办学宗旨，未来的就业市场需要什么，就要让学生学什么。”[③]

职业教育类型新定位有利于实现“让每个人都有人生出彩机会”。我国有 14 亿多人，而每个人的经济基础、教育程度、能力水平各不相同，并非每个

---

① 王兴．职业教育类型发展：现实必然、价值取向与强化路径［J］．中国职业技术教育，2020（16）：44.

② 陈宝生．办好新时代职业教育服务技能型社会建设［N］．光明日报，2021-05-01.

③ 鲁昕．职教扩招 200 万，学什么？重点是这三“新”［EB/OL］．（2020-05-27）［2020-12-71］．http：//www.edu.cn/xxh/focus/zc/202005/t20200527_1729587.shtml.

人都有机会接受高等教育，客观需要职业技术教育类型进行弥补。因此，必须关注不同类型人群的成长需求，关注所有人的发展诉求，让每个人都有人生出彩的机会。职业类型教育关注不同类型群体的教育公平，与学校普通教育互为补充，共同为人民群众提供“适合的教育，促进个人终身职业成长和个性化发展”。①

职业教育类型新定位有利于构建服务全民终身学习的教育体系。职业类型教育新定位增加了职业教育的开放性，即强调个人的终身职业技术教育。在类型教育要求下，职业教育与普通教育相互融通形成了完善的现代教育体系；同时，职业技术教育强调社会多元主体参与、学历教育与非学历教育培训并重的办学格局，“能够支撑工学交替、现代学徒制、在职学习等灵活的学习方式，提供更加开放灵活的学习时间、空间和途径，使得终身学习有了手段保障”。②

第二节 我国职业教育的类型特征

职业教育之所以成为一种“类型”，主要是因为职业教育具有不同于普通教育的“类型特征”。因此，只有把职业教育的类型特征从普通教育类型特征中剥离出来，才能更清晰地认识职业教育类型的本质，更好地推动我国职业教育类型建设。

作为一类具有共同特征的教育类型，探讨职业教育的类型特征非常必要。目前，教育界对职业教育的类型特征表述众说纷纭、歧异互现，如李鹏等认为，职业教育的类型特征是“跨界性、职业性、技术性”；③ 孙善学认为，职业教育的类型特征是“产教融合、校企合作、能力本位、德技并修、工学结合、双元育人、育训并重、面向人人”；④ 姜大源认为，职业教育的类型特征是“企业与学校联姻的跨界合作，产业与教育链接的需求整合，共性与个性并蓄的框架重构”⑤，即职业教育具有“整合性、能本性和跨界性”，“能本

① 王兴．“适合的教育”理念下高职人才分层培养模式构建与实践［J］．中国职业技术教育，2018（29）：39-44.

② 王兴，王丹霞．1+X 证书制度的若干关键问题研究［J］．职业技术教育，2019（12）：7-12.

③ 李鹏，石伟平．中国职业教育类型化改革的政策理想与行动路径：《国家职业教育改革实施方案》的内容分析与实施展望［J］．高校教育管理，2020（1）：106-114.

④ 孙善学．对 1+X 证书制度的几点认识［J］．中国职业技术教育，2019（7）：72-76.

⑤ 姜大源．跨界、整合和重构：职业教育作为类型教育的三大特征：学习《国家职业教育改革实施方案》的体会［J］．中国职业技术教育，2019（1）：9-12.

性”是指“以能力为本位”;[1] 李玉静认为，职业教育的类型特征是“开放性、灵活性、多元化和个性化”;[2] 等等。

经过综合研究我们认为，职业教育的类型特征应该划分为核心特征和衍生特征，分述如下。

一、职业教育的核心特征

职业教育的核心特征，主要指职业教育独有，与普通教育区别较大的教育特征。

（一）职业性

职业性是职业教育最基本的类型特征。一是“职业教育”强调“职业”这一关键词，使职业教育与学校精英教育、学校普通教育有了本质区别。二是职业教育强调“以职业为导向”，而非“以升学为导向”。三是大学后职业技术培训及终身教育是普通学校教育所不具备的教育特质。概言之，职业性回答的是职业教育“是什么”的核心问题。

（二）技术性

技术性是职业教育人才培养目标定位特征。一是职业教育人才培养目标定位是“培养技术技能型人才”，与研究型大学人才培养目标定位显著不同。二是职业教育的人才培养内容强调与“职业岗位”相衔接，其专业及课程对应社会职业岗位所需的职业道德、技术技能要素；其人才培养方案、课程、教材、实践教学等要素与职业工作过程相吻合。三是准确来说，职业教育是“职业技术教育”，带有“技术”二字，职业教育教师的教学、科研、服务强调“应用技术”，与研究型大学教师的教学、科研、服务的主要目标显著不同。概言之，技术性回答的是职业教育“教什么”的核心问题。

（三）跨界性

跨界性是职业教育的人才培养模式特征。一是跨界性突出的是职业教育人才培养类型特征，即产教融合、校企合作人才培养模式类型。二是职业教育强调教育界与产业界密切合作，学校与行业、企业密切合作，共同开展职业技术教育。三是职业教育强调校企合作办学模式类型，即强调校地互动、校企合作，共建、共管、共享办学的模式类型。概言之，跨界性回答的是职

---

① 张健．类型视野下对职业教育特性与发展的再审思［J］．教育与职业，2020（14）：28.

② 李玉静．职业教育作为一种类型教育：基本特征［J］．职业技术教育，2019（1）：1.

业教育“怎么教”的核心问题。

（四）全民性

全民性是职业教育的教育对象特征。一是以学校教育为主的普通教育不具有全民性，普通教育是一种金字塔式教育，越往下，基座越大（如小学教育）；越往上，塔尖越小（如博士教育）。二是所谓“高等教育大众化”，就是适龄青年升入高等学校者占15%~50%；所谓“高等教育普及化”，就是适龄青年升入高等学校者占50%~80%。职业教育则是“人人教育”，即全民教育。三是职业教育对象除学校教育适龄青年外，还包括初中毕业未升入高中的学生、高中毕业未升入高校的学生、下岗职工、退役军人、进城农民等。概言之，全民性是职业教育回答“全民如何学”的核心问题。

（五）终身性

终身性是职业教育的时空特征。一是普通教育是学校教育，不具有终身性。二是职业教育既包括学校教育，也包括大学后的职业技术技能培训。科技不停地发展，个人只有不停地学习才不至于落伍。职业教育强调个人随科技进步不间断地接受职业技术技能培训和教育，即“活到老、学到老”，老年大学即职业教育终身性的典型诠释。三是联合国教科文组织把终身教育列为职业教育。概言之，终身性回答的是“个体如何学”的核心问题。

（六）实学性

实学性是职业教育区别于普通教育的历史特征。一是我国自古就客观存在学校普通教育和职业技术教育的分野，我国古代及近代先贤均认为职业技术教育是“实学”而不是“官学”。二是我国自古就客观存在“学”与“术”、“道”与“器”的分野，“学”和“道”强调学校式、知识型的教育，“术”和“器”强调师徒式、实用型的教育。三是近代我国高等学堂教育兴起，又客观存在“实业教育”与“普通教育”的分野，“实业教育”即“实学教育”。概言之，实学性回答的是职业教育“技术如何应用”的核心问题。

二、职业教育的衍生特征

职业教育的衍生特征，主要指具有典型职业教育特征、职业教育和普通教育均具有的教育特征，该类特征往往是职业教育核心特征所引申和生发出来的。

（一）应用性

应用性不是职业教育所独有的类型特征。研究型大学的人才培养、科学研究和社会服务都具有很强的应用性，特别是科学研究和社会服务，应用性特质非常明显。应用性是职业教育和普通教育均具有的类型特征，但相比研究型大学，应用型本科高校和职业技术学院更加强调人才培养、科学研究、社会服务的应用性。从某种意义上说，应用性是职业性和跨界性的衍生特征。

（二）能本性

能本性即强调“以能力（职业技术）为本位”，它与“以知识为本位”相对应。实际上，“以能力（职业技术）为本位”与“以知识为本位”并非对立关系，研究型大学既强调“以知识为本位”，也强调“以能力（职业技术）为本位”。从职业教育类型特征来看，能本性是技术性的衍生特征。

（三）开放性

开放性并非职业教育独有的特征，高等教育也具有开放性、国际化。从职业教育类型特征来看，开放性实际上是跨界性的衍生特征。

（四）迭代性

有学者认为，职业教育“可以在技术知识的探究过程中，增加迭代性特征”。[①]“迭代性”强调技术的快速迭代导致职业技术教育内容的快速迭代。但迭代性并非职业教育独有的特征，研究型大学的教学、科研、服务均具有迭代性，而且研究型大学教师往往站在学术和技术制高点，其教学、科研、服务的迭代性更为鲜明。从职业教育类型特征来看，迭代性实际上是职业性和技术性的衍生特征。

（五）多元性

多元性主要强调职业教育办学多元化、教学多元化、科研多元化、服务多元化、评估多元化，即与行业、企业合作办学，合作开展教学、科研、服务与评估等。但研究型大学的教学、科研、服务同样具有多元化。从职业教育类型特征来看，多元性实际上是跨界性的衍生特征。

（六）灵活性

持职业教育具有“灵活性”特征观点的人认为，职业教育是一种校企合作式教育，受时空限制较小，时时可学、处处可学。但灵活性不是职业教育所独有的，普通教育同样具有灵活性，普通本科教育也有“实践周”、“实践月”、“实践学期”甚至“实践学年”。从职业教育类型特征来看，灵活性实

① 徐平利．从“技艺经验”到“技术知识”：职业教育作为“类型”的知识论逻辑［J］．职业技术教育，2020（19）：20.

际上是跨界性的衍生特征。

第三节 “转型发展”“产教融合”与中国职业教育类型

“职业教育类型说”产生的重要原因之一，是近年来我国地方高校的“转型发展”和“产教融合”教育教学改革活动。这场轰轰烈烈的教育教学改革，在一定程度上借鉴了欧洲应用技术大学的教育理念，而欧洲应用技术大学和其他大学类高校是“不同类型但是等值”① 的高等学校。

地方高校“转型发展”、地方高校“产教融合”发展和职业教育类型发展演进轨道见图 1-5。

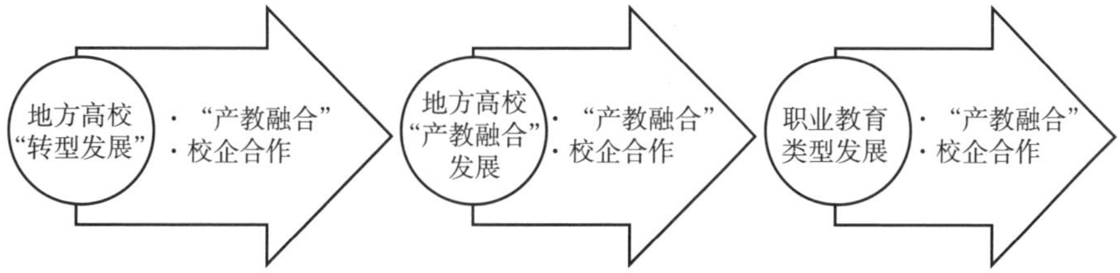

图 1-5 地方高校“转型发展”、地方高校“产教融合”和职业教育类型发展演进轨道

尽管职业教育作为一种类型一直客观存在，但我国教育界对“职业教育类型说”有一个逐步认识的过程。从一定意义上说，“职业教育类型说”是“地方高校转型发展说”和“地方高校产教融合发展说”的理论升华。正是由于地方高校的“转型发展”教育教学改革活动和“产教融合”教育教学改革活动，使“职业教育是一种教育类型且与普通教育等值”这一固有结论重新引起我国教育界的广泛重视。

一、“转型发展”与“产教融合”

地方高校的“转型发展”与“产教融合”之间是一种递进关系，换言之，“转型发展”是形式，“产教融合”是内容，“产教融合”教育教学改革活动是“转型发展”教育教学改革的延伸或递进。

（一）地方高校转型发展教育教学改革活动

地方高校的转型发展教育教学改革活动始于 2012 年下半年，时值欧债危

① 胡蕾蕾．德国应用科技型大学的制度研究［D］．南京：南京理工大学，2010.

机，教育部部长袁贵仁到欧洲考察发现：应用技术大学比较发达的国家如德国、瑞士、荷兰、芬兰等，社会秩序相对比较稳定、经济发展平稳，大学毕业生就业率和就业质量也较高；而应用技术大学比较落后的国家如意大利、希腊等，社会秩序相对比较混乱，大学毕业生就业率和就业质量不高。欧洲的应用技术大学在办学层次上与我国地方普通应用型本科高校较为接近，但当时我国地方高校普遍存在“校企两张皮、专业同质化、大学毕业生就业难”等诸多问题。因此，借鉴欧洲应用技术大学办学经验，推动我国地方高校教育教学改革，不失为一条有效途径。是年底，教育部规划司在教育部副部长鲁昕同志的具体领导下，拟定“地方高校转型发展工程研究”“应用科技大学改革试点战略研究”“欧洲应用技术大学国别研究”等5个重大委托项目向全国地方普通本科高校下文征求改革意见，地方高校转型发展教育教学改革活动由此展开。

地方高校转型发展教育教学改革活动有两个特定的关键词，一是“地方高校”主要指1999年以来通过“专升本”途径升格的本科高校（时称“新建本科院校”），该类本科高校由于办学历史短、发展速度快，所呈现的“专业同质化、大学毕业生就业难”等问题最为突出；二是“转型发展”一词主要借用了当时我国产业经济领域提出的“调整结构、转型升级”概念，试图借用“转型发展”实现高等教育与产业经济的有效衔接，进而提高应用型人才培养质量、应用型科学研究和社会服务能力。

2013年6月，在教育部的指导下，由百余所地方性普通新建本科院校在天津职业技术师范大学发起成立了“应用技术大学（学院）联盟”。该联盟的成立，极大地推动了地方高校的转型发展教育教学改革活动，众多新建本科高校相继加入地方高校转型发展教育教学改革活动。10月，黄淮学院项目组推出《地方高校转型发展工程研究报告》；12月，我国教育科学研究院项目组也推出《欧洲应用技术大学国别研究报告》。2014年1月，应用技术大学（学院）联盟推出《地方本科院校转型发展实践与政策研究报告》。三大报告的出台，为地方高校转型发展教育教学改革活动提供了一定的理论基础。

地方高校转型发展教育教学改革活动顺应了我国施行“创新驱动发展战略”的需求。2012年，党的十八大报告强调要“坚持走我国特色自主创新道路、实施创新驱动发展战略”。“创新驱动发展战略”强调人才和技术，高校是各个地方高层次人才和高水平科技的聚集地，中央和地方各级政府迫切希望高校在“创新驱动发展战略”中发挥更大的作用，因此，地方高校转型发展教育教学改革活动受到了党中央、国务院的重视。2014年2月，国务院做出“引导一批普通本科高校向应用技术型高校转型”的重大部署。4月，第一届“产教融合发展战略国际论坛”在河南省驻马店市举行，来自全国170所新建本科院校的校长、中央及省市政府领导、全国著名企业领袖，以及德国、英国、芬兰、印度、荷兰等国家的专家学者共700余人参会，论坛围绕“建设我国特色应用技术大学”主题展开了热烈的学术探究，并一致达成了在我国新建本科院校转型发展征程中具有里程碑式意义的《驻马店共识》。

第一届“产教融合发展战略国际论坛”之后，各省根据实际，先后遴选了一批“转型发展示范校”（应用技术大学建设示范校），由各省人民政府设立专项资金进行重点扶持，希望地方高校在各地的创新驱动发展过程中发挥更大的“社会服务”高校功能。以河南省为例，河南省委、省政府于2014年决定设立4亿元专项资金重点建设黄淮学院、许昌学院、周口师范学院、黄河科技学院、商丘师范学院、洛阳理工学院、平顶山学院、河南工程学院、南阳理工学院、南阳师范学院10所示范校。工业经济较为发达的江苏、浙江、广东等省份对“示范校”的财政支持力度更大，如应用技术大学（学院）联盟副理事长单位东莞理工学院，因在转型发展过程中表现突出获得广东省级财政35亿元专项资金、东莞市政府15亿元专项资金。

2013—2014年，地方高校转型发展教育教学改革活动总体上处于“教改摸索阶段”，教育教学改革举措主要集中在校企合作办学模式、应用型专业结构性调整、实践教学模式创新、“双师型”师资队伍建设、应用型课程建设、应用型教材建设、应用型科研模式创新以及社会服务模式创新等方面，尚未上升到“产教融合”的高度。由于绝大多数新建本科高校脱胎于“专科学校”，很多教师（特别是不做科研或少做科研的中老年教师）习惯于“备课—上课”工作节奏，对“校企合作开展应用技术研发项目、校企合作开展应用型教学项目”有一定的畏难情绪，加之教育界广泛存在“转型发展”与“职业教育”的学术争议，这一时期的改革活动尽管表面上轰轰烈烈，但来自各方面的阻力比较大，取得的改革成果相对有限。

（二）产教融合：地方高校转型发展的理论升华

我国“产教融合”核心教育教学理念的形成是一个渐进的过程（2014—2017年）。“地方高校转型发展”只是一种高等教育教学改革形式，而应用型本科高等教育的核心内容是“产教融合”。我国的“地方高校转型发展”希望构建具有我国特色的应用技术型大学，即引导一批地方普通本科高校由“理论教学型高校”向“应用技术型高校”转型发展。对于该类型本科高校办学的核心理念，各国均有自己的特色表述，如德国的“双元制”（高校与企业合作）模式、英国的“三明治”模式、瑞士的“三元制”模式、美国的“CEB 合作教育制”模式[①]、日本的“产学官”模式、澳大利亚的“TAFE”模式[②]等，我国需要凝练自己的特色模式。

针对德国的“双元制”的不足，分析美国学者亨利·埃茨科威兹（Henry Etzkowitz）提出的“三螺旋”模式，并以此解析知识经济时代“政府、产业和大学”三者之间的创新互动关系。[③] 基于我国是一个“大政府”国家，政府在高等教育改革中具有举足轻重的地位。2013—2014 年，我国应用型高等教育或“地方高校转型发展”的核心理念是什么？学术界在“校企合作”“工学结合”“产教结合”“产学研合作”“产学结合”等众多热词中，要选择一个被各级教育界专家和广大教师共同接受的核心教育理念并不是一件容易的事。恰逢 2014 年 5 月国务院出台的《关于加快发展现代职业教育的决定》明确要求：“深化产教融合、校企合作，培养数以亿计的高素质劳动者和技术技能人才。”[④] 教育部学校规划建设发展中心主任陈锋认为，党的十八届三中全会决定在过去“产教结合”的基础上提出“产教融合”教育思想和教育观念，就是要改变传统的教育与产业联结方式，就是要在当前高新技术革命背景下实现现代教育制度的重大创新。[⑤] 至此，“产教融合”模式成为与德国“双元制”模式、英国“三明治”模式并驾齐驱，具有我国特色的应用型高等教育教学理念。

2015 年 10 月，教育部、国家发展改革委、财政部三部委联合下发《关于引导部分地方普通本科高校向应用型转变的指导意见》（教发〔2015〕7 号）[⑥]，标志着新建本科院校“转型发展”的数年努力最终得到国家的认可和政策支持，我国应用型高等教育改革进入“产教融合”发展阶段。

---

① 即以职业能力为基础的合作教育模式，见陈维霞．应用型大学协同育人管理机制研究［J］．中国职业技术教育，2017（32）：45。

② 即职业技术教育和继续教育模式，见胡青华．应用型大学转型背景下“产教融合、校企合作”人才培养模式的路径选择［J］．沈阳工程学院学报（社会科学版），2017（2）：236。

③ Loet Leydesdorff. The Triple Helix of university-industry-government relations［J］. Scientometrics, 2003（58）：191.

④ 国务院．关于加快发展现代职业教育的决定（国发〔2014〕19 号）［A/OL］．（2014-06-22）［2020-06-12］．http：//www.gov.cn/zhengce/content/2014-06/22/content_8901.htm.

⑤ 陈锋．关于部分普通本科高校转型发展的若干问题思考［J］．中国高等教育，2014（12）：17.

⑥ 教育部，国家发展改革委，财政部．关于引导部分地方普通本科高校向应用型转变的指导意见（教发〔2015〕7 号）［EB/OL］．（2015-10-21）［2020-07-20］．http：//www.gov.cn/xinwen/2015-11/16/content_5013165.htm.

2016年5月，国务院决定，从2017年开始，中央财政拿出100亿元以“‘十三五’产教融合发展工程规划建设项目”重点建设100所“产教融合发展工程应用型本科高校”（又称“十三五”产教融合发展工程应用型本科高校），并要求省市财政给予相应的配套资金。目前，已有30余所应用型本科高校获得国家财政专项建设资金，具体如表1-1所示。

表1-1 2017年“十三五”产教融合发展工程应用型本科高校

省份	高校名称
江苏	常熟理工学院、南京工程学院、淮阴工学院、徐州工程学院、常州工学院
浙江	宁波工程学院、浙江科技学院、嘉兴学院
重庆	重庆科技学院、重庆第二师范学院
天津	天津职业技术师范大学
河北	河北民族师范学院
河南	黄淮学院、许昌学院、商丘师范学院、南阳理工学院
安徽	合肥学院
山东	山东交通学院
山西	太原工业学院
福建	厦门理工学院
海南	海南热带海洋学院
广西	北部湾大学（原钦州学院，2018年11月更改校名）
云南	滇西应用技术大学、昆明学院
湖南	湖南商学院、湖南理工学院
湖北	湖北工程学院
吉林	长春工程学院
辽宁	辽宁科技学院
四川	成都工业学院
贵州	铜仁学院

资料来源：各省份教育厅、各本科高校官网。

2017年1月，《国家教育事业发展“十三五”规划》明确要求：“推动各地开展转型发展试点……把办学模式转到产教融合、校企合作上来。”《教育部关于“十三五”期间高等学校设置工作的意见》也明确要求：“推动具备条件的普通本科学校向应用型转变，把办学模式转到产教融合校企合作上来。”[①] 教育部部长陈宝生指出：“实施好产教融合应用型高校建设项目，同步推进项目建设和转型改革，切实把办学真正转到服务地方经济社会发展上来，转到产教融合校企合作上来，转到培养应用型、技术技能型人才上来，转到增强学生就业创业能力上来。”[②] 2017 年 9 月，党的十九大报告指出“完善职业教育和培训体系，深化产教融合、校企合作”。2017 年 12 月，《国务院办公厅关于深化产教融合的若干意见》发布。“产教融合”正式成为具有我国特色的应用型高等教育和高等职业教育的核心理念及特色模式。实事求是地说，“转型发展说”是应用型本科高等教育的贡献，“产教融合说”则是高等职业技术教育的贡献。

二、“产教融合”与中国职业教育类型

从“转型发展”到“产教融合发展”，我国应用型本科高等教育和高等职业教育继续推进实践探索与理论创新。2019 年，我国应用型高等职业教育改革进入“类型发展”阶段。

（一）产教融合发展战略国际论坛

“产教融合发展战略国际论坛”（International Forum for Industry & Education）是我国地方高校“转型发展”“产教融合发展”“职业教育类型发展”的主阵地。该论坛由教育部学校规划建设发展中心、中国职业技术教育学会、中华职业教育社、应用技术大学（学院）联盟和中国教育国际交流协会联合主办，河南省教育厅、驻马店市人民政府和黄淮学院具体承办（第二届增加一次秋季论坛，由江苏省常熟市、常熟理工学院承办），每年一届，2014 年至 2020 年已成功举办了 7 届，各届“产教融合发展战略国际论坛”主题见表 1-2。

表 1-2　各届“产教融合发展发展战略国际论坛”主题（2014—2020 年）

序号	时间	地点	主题	参会人数
第一届	2014 年 4 月 25—26 日	河南省驻马店市	建设中国特色应用技术大学	700 余人
第二届 春季论坛	2015 年 4 月 15—16 日	河南省驻马店市	拥抱变革，创造价值	600 余人

① 教育部 . 关于“十三五”期间高等学校设置工作的意见（教发〔2017〕3 号）[A/OL].（2017-02-04）[2020-09-18]. http：//fzzx. zzuli. edu. cn/2018/1128/c2999a189213/page. htm.

② 陈宝生 . 2017 年全国教育工作会议工作报告 [J]. 中国高等教育，2017（3）：11.

续表

序号	时间	地点	主题	参会人数
第二届秋季论坛	2015 年 11 月 25—26 日	江苏省常熟市	服务创新、致力创业：应用技术大学的职责与使命	700 余人
第三届	2016 年 5 月 14—15 日	河南省驻马店市	向“互联网+”与智能制造进军	600 余人
第四届	2017 年 6 月 23—24 日	河南省驻马店市	跨界融合——战略性新兴产业崛起与人才培养机制改革	400 余人
第五届	2018 年 5 月 17—18 日	河南省驻马店市	扎根中国大地办大学——新时代产教融合新作为	780 余人
第六届	2019 年 5 月 17—18 日	河南省驻马店市	劳动·实践·创造——开启新时代加快教育现代化建设新征程	400 余人
第七届	2020 年 10 月 16—17 日	河南省驻马店市	新征程——面向未来三十年	200 余人

资料来源：黄淮学院官网。

各届论坛举办期间，教育部原副部长鲁昕、教育部学校规划建设发展中心主任陈锋都亲临会场，指导论坛的具体事宜。每届论坛的参与者既有来自教育部、各省市人民政府官员，也有来自中兴、华为等企业的 CEO 及应用型本科高校的书记、校长等管理人员，还有来自德国、芬兰、印度、英国、美国等 20 余个国家的大学校长。各届论坛的主题都紧扣时代脉搏，谋划中国“产教融合”教育教学改革。该论坛的成功举办，对我国“转型发展”和“产教融合发展”等应用型高等教育教学改革起到了巨大的推动作用。

（二）“产教融合”教育教学改革活动

2015—2018 年是我国高等教育和高等职业教育大规模“产教融合”教育教学改革期。2013 年至今，“转型发展”“产教融合发展”“职业类型教育发展”始终相互交织，各有侧重。2013—2014 年，教育界关注的重点是地方高校“转型发展”。2015 年 10 月，教育部、国家发展改革委、财政部出台《关于引导部分地方普通本科高校向应用型转变的指导意见》，明确指出：“建立产教融合、协同育人的人才培养模式。”① 2015 年 10 月是一个时间节点，从此以后，教育界的关注点从“转型发展”转向“产教融合”，即围绕“产教

① 教育部，国家发展改革委，财政部．关于引导部分地方普通本科高校向应用型转变的指导意见（教发〔2015〕7 号）［EB/OL］．（2015-10-21）［2020-07-20］．http：//www.gov.cn/xinwen/2015-11/16/content_5013165.htm.

融合”开展应用型教育教学改革。特别是，2016 年，国家发展改革委设立 100 亿元专项资金支持“‘十三五’产教融合发展工程建设项目”，从政策和资金两个方面进一步推动了“产教融合”教育教学改革活动。

如果说地方高校“转型发展”注重“校企合作”，那么地方高校“产教融合”更注重“校地融合、校行融合、校企融合、校社融合、校际融合”。简单的“校企合作”往往适合高校理工科专业的应用型教学、科研和服务活动，而宏观的“产教融合”则适合高校文科、理科、工科所有专业的应用型教学、科研和服务活动，使地方高校文科师生的政策咨询服务（智库服务）、文化传承与创新服务有了政策依据。从 2015 年开始，地方高校的教育教学改革发生了微妙变化。一是产教融合探索高校现代治理模式，即从松散的“校企合作联盟”模式逐渐向紧密的、实质性的“产教共治”模式转变。重点建设学校层面和院系层面的理事会（董事会），理事会成员包括政府官员、行业领袖、企业管理或技术人员。其间，各高校建立了大量的“行业二级学院”（或称为“产业二级学院”），如黄淮学院在这一时期相继建立了昊华骏化学院、中集华骏智能制造学院、农产品加工学院、嫘祖服装智能制造学院等 7 个特色产业二级学院。[①] 二是产教融合进行应用型专业改造，即围绕地方主导产业、特色产业调整专业结构，优化专业布局，积极发展与地方主导产业、特色产业和战略性新兴产业关系密切的应用型专业。三是产教融合开展应用型人才培养，即校地互动、校企合作大规模开展应用型人才培养方案修订工作、实践教学工作、打造应用型“金课”工作，进行“课堂革命”。[②] 四是产教融合共同开展应用型课程建设。“应用型课程建设”被认为是产教融合教育教学改革的突破口，各高校均围绕产业链、专业链、创新链相衔接原则建设了大量基于“模块化”的应用型课程及应用型新教材，突出了课程内容的实践板块和创新板块。五是产教融合共同开展“双师”“双能”型师资队伍建设。一方面，根据实践教学需要，规模型外聘行业、企业专职教师；另一方面，规模型派遣学校专业教师到行业、企业接受产业技术锻炼。六是产教融合开展应用技术研发，即扭转原来“职称科研、理论科研为主”的局面，重点加强横向科研（应用科研、实用科研）。七是产教融合共建协同创新平台，即校地互动、校企合作共建、共治、共管、共享协同创新中心，如许昌学院与地方政

① 张彦群，刘海峰．经济欠发达地区新建本科高校服务地方的实践探索［M］//余东升，魏曙光．中国院校研究案例，第五辑．武汉：华中科技大学出版社，2016：208.

② 张彦群．创新引领　构筑转型发展新生态［J］．中国高等教育，2018（Z2）：23-24.

府、地方企业联合成立了智能电网、超硬材料制品、发制品生产工艺与生产设备研发等 17 个协同创新中心，围绕企业技术需求开展联合攻关，并取得了许多应用科研成果。① 八是产教融合共同探索产教融合体制机制。2017 年，国务院办公厅下发《关于深化产教融合的若干意见》后②，各地方高校积极投身于“产教融合型城市”和“产教融合型企业”建设活动，与地方政府和地方企业合作共建紧密型、实质性的“产教融合命运共同体”。最突出的成果是地方高校建立的“地方产业创新发展研究院”，该新型研究院是典型的“政府主导、行业指导、企业和高校主体及社会组织参与”③“五位一体”的产教融合管理体制和运行机制。研究院的主要领导由市级主要官员、地方行业领袖担任，研究项目资金由市级政府和高校、企业共同出资，研究项目均来自地方行业、企业急需的应用技术和热点难点问题。教师带领学生“组团”参与行业、企业的应用项目，学生在“双导师”指导下进行应用技术研发、技术推广、社会调研、智库决策、文化传承与创新等项目。

总而言之，2015—2018 年，绝大多数地方高校进入实质性的产教融合教育教学改革阶段，并取得了显著成绩。

（三）职业教育类型：产教融合教育教学改革的理论升华

2019 年是我国应用型高等教育和高等职业教育改革的另一个重要节点。是年 1 月，国务院正式颁布“职教二十条”，明确提出“职业教育与普通教育是两种不同的教育类型”。我国地方高校“产教融合”教育教学改革增加了新的改革内容，标志着“深化产教融合”步入“职业教育类型建设”的新时代。

既然“职业教育类型”是“产教融合发展”的产物，那么对产教融合进行明确定义自然是必要的。我们认为，无论从理论角度来看还是从实践角度来看，“产教融合”的概念都有广义与狭义之分。广义上说，“产教融合”就是教育与产业融合发展的过程；狭义上说，“产教融合”就是高校、企业与政府、行业以及其他社会组织围绕人才培养、技术研发与推广、职业技术培训、就业创业等开展的教育界与产业界一体化协同发展。广义上的“产教融合”在“教育与生产劳动相结合”的教育方针指导下，包括从小学、中学到大学

---

① 许昌学院党委．深化产教融合，构建应用型人才培养体系［J］．河南教育，2019（11）：30.

② 国务院办公厅．关于深化产教融合的若干意见（国发〔2017〕95 号）［A/OL］，（2017-12-05）［2020-08-22］．http：//www.gov.cn/zhengce/content/2017-12/19/content_5248564.htm.

③ 谭贞，等．新建本科高校转型发展模式研究［M］．北京：科学出版社，2017：103.

乃至“大学后”整个职业技术教育过程，即终身教育过程。不仅大学教育需要“产教融合”，中小学教育、职业技术教育和“大学后”职业技术教育也需要“产教融合”。概言之，由“产教融合”的科学内涵可以推导出“职业教育类型”这一逻辑结果。

近几年，我国一般把“产教融合、校企合作”并列表述，主要目的是避免人们对“产教融合”产生模糊认识，进而偏离“校企合作”的主轨道。实际上，“产教融合”与“校企合作”本身不是并列关系，而是包含关系，即产教融合包含“校企合作”，“校企合作”只是“产教融合”的核心内容，“产教融合”还包含“学校与政府融合”“学校与行业融合”“学校与社区融合”“学校与社会组织融合”等，而且包含“大学后的职业技术培训”和“终身职业技术教育”。“产教融合”与校企合作的层次不同，“产教融合”属于宏观层次，校企合作属于中观层次，工学结合属于微观层次。① “产教融合”与校企合作的关系如图 1-6 所示。

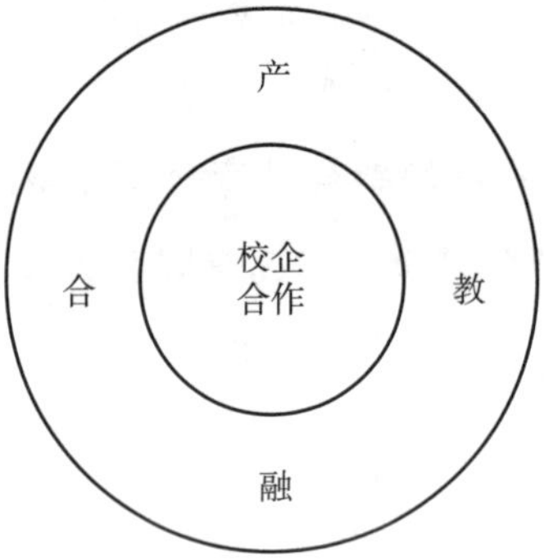

图 1-6 “产教融合”与校企合作的关系

“职业教育类型建设”是“产教融合”教育教学改革的应然逻辑。一方面，“职业教育类型建设”是“产教融合”教育教学改革的组成部分，准确地说，“职业教育类型建设”是“产教融合”教育教学改革的主要任务之一；另一方面，加强“职业教育类型建设”，促进深化“产教融合”教育教学改革。认识到职业教育与普通教育为“不同类型、地位相同”，有助于人们正确认识职业技术教育的重要性，进而促进深化“产教融合”教育教学改革。

---

① 葛道凯．中国职业教育二十年政策走向［J］．课程・教材・教法，2015（12）：8.

第二章

中国职业教育类型建设

2019 年 2 月，国务院出台“职教二十条”，首次明确了职业教育作为类型教育，具有与普通教育同等重要地位，具有划时代的意义。党的十八大以来，以习近平同志为核心的党中央高瞻远瞩，对发展职业教育高度重视。尤其是党的十九大以来，随着全国教育大会的召开、“职教二十条”的颁布，职业教育作为类型教育被明确提出，一大批重要的职业教育政策文件密集出台，翻开了新时代我国现代职业教育发展的新篇章。2021 年 4 月，全国职教大会进一步强调，深刻认识职业教育“不同类型、同等重要”的基本定位。但当前，教育界对中国职业教育类型的整体认识歧异互现，非常有必要厘清中国职业教育类型建设的历史演进、理论溯源、现实困境、建设方法、改进路径、建设任务、保障措施等基本理论问题。只有阐释清楚诸多基本理论问题，才能更好地推动中国职业教育类型建设。

第一节　中国职业教育类型建设的历史演进及理论渊源

自从有了人类，便有了职业技术教育。职业技术教育远早于学校普通教育。人类的进步，在一定程度上可谓是职业技术教育的进步。中国的文明发展史就是一部职业教育发展史，早在夏、商、周时期，我国就存在父子世袭、兄弟传承的师徒制职业教育，中国古代重大科技成果几乎都是职业教育直接推动的。至迟于周代，中国就出现了家庭师徒制职业教育与学校学习式普通教育的分野，并诞生了“百工技艺父子世传”与“四民分业定居”的职业教育思想。

一、职业教育类型源头笺证

有学者认为“在人类教育史上，一般认为裴斯泰洛齐（Johann Heinrich Pestalozzi）举办了世界上第一所工业学校，也是世界上第一所实施职业教育的学校”。① 该论点有待商榷。瑞士人裴斯泰洛齐只是在1776年收留了20余名流浪儿童，并对其进行了纺织技术职业教育。如果把裴斯泰洛齐1776年筹办的纺织技术教育培训班视为“世界上第一所实施职业教育的学校”失之偏颇，难使人信服。

事实上，把“职业学校教育”和“职业教育”归源于西方近代职业教育，是不符合中国史实的。因为中国古代不仅存在大量民间“百工”师徒传承的职业技术教育，而且存在如隋唐时期太医署专门教授弟子体疗、少小、疮肿、耳目口齿、角法等技艺，太乐署专门教授弟子音乐、器乐、舞蹈等技艺，司天台专门教授弟子观天、天文、历法、漏刻等技艺这样典型的官方职业技术学校教育。另“墨子被学界称作在我国率先实行职业教育的第一人”②，也值得商榷。墨子之前的夏、商、周时期，制陶业、造车业、制玉业等“百工”手工业技艺传承有没有“职业技术教育”性质？答案是肯定的。

中国职业教育类型至迟在周代就客观存在。一方面是社会上广泛存在百工职业技术教育；另一方面是官学“辟雍”普通学校教育。据古本《竹书纪年》等文献载：我国夏代、商代“百工”职业技术类型教育已经初具雏形，师傅者，一般称为“正”，如“奚仲作车，夏禹时人也”③，“为夏车正”④；生徒者，一般称为“人”，如“舆人为车”。⑤《管子·形势》云：“奚仲之为车器也，方圆曲直，皆中规矩钩绳，故机旋相得，用之牢利，成器坚固。”⑥ 又据《山海经·海内经》载：“帝俊生禺号，禺号生淫梁，淫梁生番禺，是始为舟。番禺生奚仲，奚仲生吉光，吉光是始以木为车。”⑦《山海经·海内经》所载的“造舟”和“造车”过程是一种典型的“父子相传”式职业技术类型教育。以造车业为例，涉及我国古代算学、力学、农学、兵学等多种学科和木工技术、雕工技术、铜工技术、金工技术、漆工技术、革工技术、铁工技术、麻工技术、丝工技术、竹工技术、烤工技术、揉工技术

① 徐平利．从“技艺经验”到“技术知识”：职业教育作为“类型”的知识论逻辑［J］．职业技术教育，2020（19）：20.

② 张幼林．论墨子的教育思想以及对我国职业教育的启示［J］．中国成人教育，2010（12）：8.

③ 秦嘉谟．世本八种［M］．宋衷，注．北京：商务印书馆，1957：27.

④ 王守谦，等．左传全译［M］．贵阳：贵州人民出版社，1990：1411.

⑤ 周礼．考工记［M］//黄侃．黄侃手批白文十三经．上海：上海古籍出版社，1983：120.

⑥ 黎翔凤．管子校注［M］．北京：中华书局，2004：1174.

⑦ 袁珂．山海经校译［M］．上海：上海古籍出版社，1985：300.

等诸多专业技术。以制陶技术为例，包含洗泥术、成形术、慢轮制作术、快轮制作术、刻绘术、打磨术、烧制术等专业技术。多门技艺相互协作的制造业自然需要技术的大量积累和传承，而技艺传承就离不开父子传承或师徒传承的职业技术教育。

中国自古就有强调官学精英教育、轻视百工职业教育的文化传统。我们一提到古代教育，就会想起孔子私塾精英教育，而往往忽视社会上更大规模的“百工师徒”职业教育。中国25部“正史”实际上是“官史”而不是“民史”。“官史”强调学校精英教育，这是中国自古重视官学精英教育、轻视“百工”职业教育的原因所在。但中国古代“四大发明”或“十大科技”都是职业技术教育而不是官学精英教育的结果，在“技术立国”“科技强国”的今天，通过对中国古代职业技术类型教育的探讨，可进一步加深对职业教育类型建设重要性的感悟与认知。

二、中国古代的职业教育类型

黄炎培先生曾言：“中国古时没有职业教育之名称，而很早就有职业教育之事实。”[①] 中国古代“百工”师徒职业教育与学校教育（官学教育、私塾教育）并驾齐驱，夏、商、周时期，我国“百工”的技艺传承与“官学”并行于世，可以说职业教育类型，自古及今，一脉相承。

（一）中国古代职业教育类型出现至迟不晚于周代

尽管夏代文字、商代文字（甲骨文）出土极少，但周代的职业技术类型教育在《周礼》《诗经》等典籍中就有明确记载，一方面，有专供贵族子弟及士大夫子弟学习的官学（学在官府），京师学校称为“辟雍”，如《毛诗·大雅·灵台》载：“于论鼓钟，于乐辟雍。”[②] 地方及诸侯国贵族子弟学校称为“泮宫”，如《毛诗·鲁颂·泮水》载：“明明鲁侯，克明其德。既作泮宫，淮夷攸服。”[③] 辟雍及泮宫教习内容主要为礼、刑、乐、射诸学，为国家培养精英管理人才。

辟雍与泮宫“官学”之外，就是数量众多、规模庞大的“百工”职业技术类型教育。从《周礼·考工记》来看，师傅者，一般称为“正”或“师”，如宫正（造宫殿之师）、车正（造车之师）、酒正（造酒之师）、甸师、医师、

① 黄炎培．职业教育论［M］．北京：商务印书馆，2019：261.
② 毛诗［M］//黄侃．黄侃手批白文十三经．上海：上海古籍出版社，1983：102.
③ 毛诗［M］//黄侃．黄侃手批白文十三经．上海：上海古籍出版社，1983：141.

追师、乡师、舞师、载师、闾师、贾师、遂师、鄙师、旅师、肆师、乐师、大师、小师、磬师、钟师、笙师、镈师、韎师、籥师、陶师、牧师等；生徒者，一般被称为“人”或“徒”，如鬯人、鸡人、冢人、旄人、囿人、场人、廪人、舍人、仓人、舂人、饎人、稾人、草人、迹人、丱人、角人、羽人、稻人、质人、廛人、调人、轮人、舆人、辀人、鲍人、函人、玉人、失人、雕人、陶人、梓人、廬人、匠人、车人、弓人等。① 虽然《周礼》中的“师”与“人”都是“官”，但有官，必然有民，且“匠民”人数应该更多。《周礼》把“师”与“人”分开叙述，因而可以明确他们之间“师徒技艺传承”的职业教育类型关系。

从《周礼·考工记》来看，“百工”手工业大概可分木工、金工、皮工、设色工、刮摩工等，每个工种又可细分各种专业匠人，如“攻木之工又分为：轮、舆、弓、庐、匠、车、梓；攻金之工分为：筑、冶、凫、栗、段、挑”；等等。② 专业化水平如此之高，分工如此之精细，没有父子相继、师徒传承的职业技术教育是不可能完成的。因此，黄炎培认为：“中国古代人伦教育以外，只有职业教育。”③

虽说《考工记》是西汉人撰写并补入《周礼》的，但近年来发掘出土的大量西周、东周、春秋时期（为东周的延续）精美的陶器、铜器、玉器等物品，足以说明周代职业技术教育的规模和水平。

（二）中国古代职业教育类型非常发达

最能反映春秋时期职业技术教育状况的《管子》，所载的士、农、工、商“四民分业定居”制度是典型的职业技术教育制度。《管子·小匡》载：“今夫工群萃而州处，相良材，审其四时，辨其功苦，权节其用，论比计制，断器尚完利……以教其子弟。少而习焉，其心安焉，不见异物而迁焉。是故其父兄之教不肃而成，其子弟之学不劳而能。”④ 可见当时“百工”技艺传承方式是言传身教、口手相传式的父兄之教、子弟之学。

最能反映战国时期职业技术教育状况的《墨子》，所载的“匹夫徒步之学”⑤ 也是典型的职业技术教育。墨子曰：“上说王公大人，次匹夫徒步之

---

① 周礼［M］//黄侃．黄侃手批白文十三经．上海：上海古籍出版社，1983：18-30.
② 周礼［M］//黄侃．黄侃手批白文十三经．上海：上海古籍出版社，1983：107.
③ 黄炎培．职业教育论［M］．北京：商务印书馆，2019：108.
④ 黎翔凤．管子校注［M］．梁运华，整理．北京：中华书局，2004：401-402.
⑤ 吴毓江．墨子校注［M］．孙启治，点校．北京：中华书局，1993：737.

士。王公大人用吾言，国必治；匹夫徒步之士用吾言，行必修。”① 墨子所处战国时代，天下大乱，昔日官府的“学府百工”变为“匹夫徒步之学”，但“百工”技艺传承绵延不绝。墨子所谓的“王公大人之学”②，即为精英教育、普通教育；“匹夫徒步之学”即指职业教育、技术教育。从墨子言行来看，春秋战国时期，职业教育与精英教育存在“类型”分野。

秦朝至清朝时期，始终存在普通教育与职业教育的“类型”分野。中国传统的师徒制就是职业技术教育。随着时间的推移，我国古代师徒制不断完善，逐渐形成民间自发式师徒制、官营作坊式师徒制和宫廷作坊式师徒制。民间自发式师徒制规模最大、数量众多，景德镇的陶器制作属于典型的官营作坊式师徒制技艺传承，工部的楼房建造、兵部的兵械制造属于典型的宫廷作坊式师徒制技艺传承。以北宋为例，科举以外，朝廷还专门设置了学习医学、算学、书学、画学、武学、律学 6 种专门学校，如画学，专门开设山水、鸟兽、花竹、人物、佛道、屋木等专业绘画课程。这些专门学校属于典型的职业技术教育。此外，北宋时期我国在印刷、瓷器、水利、冶金、纺织、交通工具、机械制造、建筑、兵器等方面遥遥领先于世界，这些辉煌成就离不开背后强大的职业技术教育支撑。

再以清代雷氏家族建筑技艺传承为例，从雷发达到雷献彩共计 8 代人为朝廷设计并督建了故宫、北海、中南海、天坛、圆明园、畅春园、静宜园、仪鸾殿、颐和园、避暑山庄、清东陵、清西陵、盛京永陵等诸多宫廷工程，不少被列入世界非物质文化遗产名录（圆明园、避暑山庄、故宫、天坛、颐和园、清东陵、西陵），没有雷氏家族式父子相传的职业技术教育，完成如此宏大的宫廷建筑是不可想象的。英国学者李约瑟博士认为，中国“在 3—13 世纪保持了一个西方所望尘莫及的科学知识水平，现代西方世界所应用的许多发明都来自中国，中国是一个发明的国度”。③

（三）中国古代重大科技发明主要是职业教育类型的贡献

中国古代重大科技发明主要是职业教育类型的贡献，而不是科举精英教育的贡献。

如中国古代重大科技的发明者隶首（发明算盘）、奚仲（发明造车术）、鲁班（发明木工工具）、马均（发明指南车、发石机）、蔡伦（发明造纸术）、

---

①② 吴毓江．墨子校注［M］．孙启治，点校．北京：中华书局，1993：736.

③ 科技部．中国科技发展历程［EB/OL］．（2005-09-23）［2006-10-30］．http：//www. gov. cn/test/2005-09/23/content_69616. htm.

张衡（发明地动仪）、杜诗（发明鼓风机）、孙思邈（改进火药）、毕昇（发明活字印刷术）、黄道婆（发明大纺车）等，没有一个是通过科举培养出来的，都是“职业技术”的长期积累即职业教育类型的结果。

三、中国近代的职业类型教育

（一）晚清职业教育类型

宣统元年（1909），时任商务印书馆出版部部长的陆费逵（中华书局创办人）在《教育杂志》上宣传教育救国论，其在《论改革当从社会始》一文中提到“职业主义”和“职业教育”。他认为：“生计教育是得民心稳天下的重器……对女子进行职业教育，培养她们以生活的能力。”[①] 陆费逵是中国首次提出“职业教育”这一概念的学者。宣统三年（1911），晚清政府颁布《中国教育会章程》，在总纲第三条规定：“提倡男女补习教育及职业教育。”这是“职业教育”一词第一次出现于中国官方文献中，但近代中国职业教育的社会实践更早。

鸦片战争后，魏源倡导“师夷长技以制夷”理论思想，主张向西方学习先进科学技术以抵御西方列强的入侵，开中国近代职业技术教育之先声。洋务运动时期，洋务派为学习、引进西方先进技术，先后创办福州船政学堂、上海机械学堂、北洋铁路学堂、天津电报学堂、广州鱼雷学堂、旅顺鱼雷学堂、上海操炮学堂、江西桑蚕学堂、焦作矿务学堂、山西农林学堂等洋务学堂，这些洋务学堂实际上是职业教育性质的学校。

近代中国官办职业教育学校始于同治年间，确切时间可追溯至同治七年（1868）福州船政局所设立的驾驶学堂、管轮学堂等。这些学堂都是典型的官办职业技术教育性质的学校，只不过没有冠名“职业教育”（当时称“实业教育”）。

国内很多学者认为，近代中国职业教育始于光绪二十九年（1903）的“癸卯学制”。是年，清廷命张之洞、张百熙等仿制日本学制制定《奏定学堂章程》（以下简称《章程》），《章程》既涵盖蒙养院（幼儿园）、初等小学堂（小学）、高等小学堂（初中）、中学堂（高中）、高等学堂（大学）等普通学校教育的办学章程，也涵盖初等农工商实业学堂（初等职业技术学校）、中等农工商实业学堂（中等职业教育学校）、高等农工商实业学堂（高等职业教育学校）等职业技术教育的办学章程。“癸卯学制”于光绪三十年（1904）

---

① 陆费逵．陆费逵文选［M］．上海：中华书局，2011：363.

颁布推行。次年，清廷正式宣布废除延续1300余年的科举制度。但“癸卯学制”所涉及的初等、中等和高等实业学堂与同治七年（1868）福州船政局所设立的驾驶学堂、管轮学堂同属一个性质，实业学堂都是“实业教育”，即职业技术教育。

当然，晚清时期除官办职业技术学堂（学校）以外，民间的职业技术教育依然延续着中国数千年以来的父子相传、师徒相传的师徒制职业技术教育，且由于大量西方机械、冶金等近代技术的加入，晚清的民间师徒制职业技术教育比古代师徒制职业技术教育更为发达。

（二）1912—1949年的职业教育类型

1912年，蔡元培提出了“发展实利主义教育”的主张。① “实利主义教育”就是职业技术教育，其目的在于通过职业技术教育提高国民整体素质。1917年，全国实业学校校长召开会议，会议表决了《振兴实业学校办法案》《职业教育进行计划案》等32个提案，并适应工商业发展需要设置了工、商、农等专科职业学校，学校普遍筹建实验室、科学馆，加强实践实验职业教育，培养学生的职业技术能力。这是中国最早尝试以国家法律形式推动职业教育的发展。

这一时期职业教育的代表人物黄炎培，被誉为“近代中国职业教育第一人”。② 黄炎培认为，“实业教育与职业教育，二者皆以解决生计问题为目的……职业教育，则凡学成后可以直接谋生者皆是”。③ 黄炎培先生不但躬身创办各种职业学校、创办中华职业教育社，而且提出了“一面做，一面学，从做里求学”的职业教育办学原则、“工学合一”的职业教育方法以及“矢忠矢孝、即知即行、以手以脑贡献于国家民族的强有力的保卫者”④ 等职业教育理论。由于黄炎培等的大力提倡，职业教育得到社会的普遍认可。

1923年，《请各省区教育实业官厅积极提倡职业教育并确定计划直拨专款组设全省区总机关案》颁布，该案明确要求各省区“确定职业教育系统计划、设全国省区总机关并拨专款、设职业教育指导专员、举行职业教育研究会”等任务，该案极大地推动了各地职业教育的发展。⑤

总之，这一时期是我国职业教育大发展的时期，既出台了职业教育的诸

---

① 吴国荣．清末民初职业教育研究［M］．北京：中国社会科学出版社，2015：119-122.
② 朱雪莲．黄炎培职业教育思想对我国职业道德教育的启示［J］．智库时代，2020（3）：184.
③ 黄炎培．职业教育论［M］．北京：商务印书馆，2019：59.
④ 黄炎培．职业教育论［M］．北京：商务印书馆，2019：110.
⑤ 黄炎培．职业教育论［M］．北京：商务印书馆，2019：275.

多法律法规，也出现了职业教育的相关理论。截至 1929 年，全国各地共建有职业学校 149 所，在校生 16641 人，在校生人数占一般教育在校生的 0.181%。[①] 尽管职业学校在校生人数很少，但与清代相比，已经是巨大的进步了。

四、中国当代的职业教育类型

（一）中华人民共和国成立初期的职业教育类型

1949 年 9 月，《中国人民政治协商会议共同纲领》规定了新中国的教育基本方针，即“有计划有步骤地实行普及教育，加强中等教育和高等教育，注重技术教育……以应革命工作和国家建设工作的广泛需要”。由此可见，中华人民共和国的缔造者在中华人民共和国成立伊始就非常“注重技术教育”。毛泽东曾指出：“培养技术人员，是我们国家的根本之途。”[②] 同年 12 月，教育部在成立不到 2 个月时间就召开了第一次全国教育工作会议，马叙伦在开幕词中明确表示：“我们的教育应该以工农为主体，应该特别着重于工农大众的文化教育、政治教育和技术教育……我们的小学校应该多多吸收工农的子女，我们的中学校和大学校，也应该有计划有步骤地为工农青年大大开门。”[③] “开门办学”“工农识字”“注重工农大众的技术教育”成为当时教育的主旋律。

1950 年 6 月，政务院颁布《关于开展职工业余教育的指示》，其中强调，除加强对企业职工“业余识字”教育外，“为进一步提高职工技术水平，适应工业生产发展对于技术工人的需要，现在各工厂企业应斟酌情形有计划地进行技术教育”。[④] 截至 1950 年底，我国共建立了 507 所中等技术学校，在校生 11.03 万人。短短一年多的时间职业技术学校的学生人数就达到了 1912—1949 年的 6 倍。

1951 年 2 月，政务院印发《职工业余教育实施办法》，明确要求：“一般工人的技术教育，应以提高操作技术为主，可采用师徒合同、技术研究组、座谈会等方式……进行较有系统的技术及政治理论学习。”[⑤] 同年 6 月，第一次全国中等技术教育会议召开，目的在于推进中等技术教育的发展，提出每

---

① 黄炎培．职业教育论［M］．北京：商务印书馆，2019：277.
② 何东昌．中华人民共和国重要教育文献（1949—1975）［M］．海口：海南出版社，1997：95.
③ 何东昌．中华人民共和国重要教育文献（1949—1975）［M］．海口：海南出版社，1997：6.
④ 何东昌．中华人民共和国重要教育文献（1949—1975）［M］．海口：海南出版社，1997：27.
⑤ 何东昌．中华人民共和国重要教育文献（1949—1975）［M］．海口：海南出版社，1997：81.

年新增7万名新生的目标，并规定中等技术学校的课程要求，即“必须注意基础业务课与专门业务课互相间的联系与衔接，平日实习和假期校外实习的总和，应与业务课授课时数的总和，约占相近的比重”。① 1952年3月，政务院发布《关于整顿和发展中等技术教育的指示》，明确要求，各级政府、工矿企业和农场大力发展各级各类中等技术学校，“学校必须与有关的工厂、矿山、农场等建立密切联系，重视校内和校外的实验与实习”。② 同年7月，教育部颁布《中等技术学校暂行实施办法》（以下简称《办法》），这是中华人民共和国第一部关于“职业技术教育”的政府法规。《办法》明确了中等技术学校和初级技术学校的设置、领导、课程、学时、考试、组织、编制、教师、学生、经费、设备等方面的相关规定，对规范中等技术教育具有重要的指导意义。由此可见，中华人民共和国成立初期，党和政府在大力发展高等教育的同时，十分重视对工农大众的职业技术教育。

1958年1月，毛泽东在《工作方法六十条》中专门对中等技术学校、技工学校、高等工业学校等职业技术学校提出指导意见：“都要让学生参加劳动，实行半工半读的学校制度。”③ 同年5月，刘少奇在中共中央政治局扩大会议上强调：“我们国家应该有两种主要的学校教育制度和工厂农村的劳动制度。一种是现在的全日制学校教育制度和现在工厂里面、机关里面8小时工作的劳动制度，这是主要的。此外……就是半工半读的学校教育制度和半工半读的劳动制度。”④

1963年10月，周恩来发表“重视中小学教育和职业教育”的谈话，他明确指出：“每年的中学毕业生能升到高等学校的只有十几万人，而近几年全国每年进入小学的新生约1500万人……所以必须努力办好职业教育……大中城市要逐渐发展一批职业学校。将来小城镇也要办一些职业学校。职业学校不可能过多地依靠初中改办，要发动工交财贸系统的厂矿、企业单位和大农场、林场办，国家也要直接办一些，还可以要求军队办一点……近几年内，大中城市不宜发展过多的普通初中，主要发展职业学校，职业学校每年要增加招生约20万人才行。”⑤

---

① 何东昌．中华人民共和国重要教育文献（1949—1975）［M］．海口：海南出版社，1997：97.

② 何东昌．中华人民共和国重要教育文献（1949—1975）［M］．海口：海南出版社，1997：146.

③ 刘国华．对毛泽东社会主义教育理论与实践的思考［J］．党史研究资料，2002（4）：45.

④ 刘少奇．我国应有两种教育制度、两种劳动制度［J］．高教战线，1986（1）：4-6.

⑤ 何东昌．中华人民共和国重要教育文献（1949—1975）［M］．海口：海南出版社，1997：1221.

总之，1949—1964 年中国职业教育发展速度是比较快的。截至 1964 年底，全国各级各类职业技术学校在校生已由 1950 年的 11 万人上升至 38 万人，计划到 1970 年职业学校在校生要达到 530 万人。①

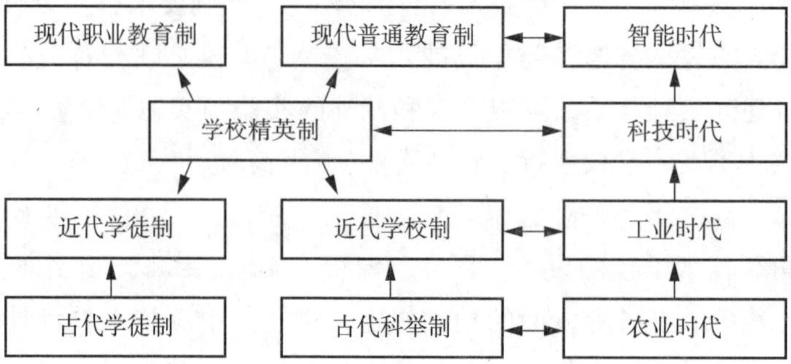

图 2-1　产业时代—普通教育—职业教育三者关系

（二）改革开放后的职业教育类型

我国职业技术教育大发展是在改革开放之后，改革开放至今，我国职业教育大抵经历了五个发展阶段。

1. 恢复重建阶段（1978—1984 年）

1977 年，国家恢复高考。1978 年，国家决定大力发展农业中学、职业高中、中等学校、技工学校。到 1984 年底，全国技工学校总数接近 3500 所，招生人数突破 31 万人，在校学生达到 64 万人。1980 年，中国第一所高等职业院校——金陵职业大学②诞生，职业教育由中专层次发展到大专层次。截至 1984 年底，各类职业大学达到 82 所，在校学生人数达到了 5 万人。这一时期，我国职业高中、职业中专技工学校、大专高等职业学校全面恢复。

2. 迅速发展阶段（1985—1997 年）

在这一阶段，我国经济迅速发展，各行各业都需要大量的技术技能人才。1985 年，中共中央颁布《关于教育体制改革的决定》，提出在完善中等职业教育基础上发展高等职业教育。1986 年，改革开放后第一次职业教育工作会议召开，会议着重解决职业教育正规化发展问题。1991 年，国务院颁布《关于大力发展职业技术教育的决定》，要求职业技术教育实施三级办学体制和分

---

① 何东昌．中华人民共和国重要教育文献（1949—1975）[M]．海口：海南出版社，1997：1240.

② 金陵科技学院的前身。

流体制。1993 年，我国开始实行“自主择业、双向分配”制度，职业教育毕业生就业压力增大。1996 年，《中华人民共和国职业教育法》颁布，这是我国第一部关于职业教育的法律。同年，试办五年制职业教育。截至 1998 年，全国高职院校招生规模达到 45 万人，在校生人数突破 120 万人。

3. 深化发展阶段（1999—2004 年）

1999 年，国家实施高校扩招政策，高校扩招对象主要是普通高中毕业生，导致职业高中与职业高校生源锐减。为保持职业教育发展，教育部于同年下发《试行按新的管理模式和运行机制举办高等职业技术教育的实施意见》，鼓励开办多种形式的职业学校和民办职业技术学院，随即出现短期职业大学、职业技术学院、民办职业技术学院、普通高等专科学校、本科院校之独立学院、成人高校“六路大军办高职”的局面。2002 年，国务院出台《关于大力推进职业教育改革与发展的决定》，确立了中等教育普职比例相当的政策。在这一政策鼓励下，2003 年全国中职学校招生规模达到 450 万人。2004 年，教育部等多部委联合出台《关于进一步加强职业教育工作的若干意见》，明确职业教育实施综合管理体制，建立部门联席会议制度，对我国专科性质的高等职业教育发展起到了重大的推动作用。

4. 内涵发展阶段（2005—2013 年）

2005 年，国务院颁布《关于大力发展职业教育的决定》，国家决定投入 100 亿元加强职业教育的国家技能型人才培养培训工程、农村劳动力转移培训工程等“四大工程”，以及“中等职业学校教师素质提升计划”等“四项计划”。特别是，“100 所国家示范校高等职业院校建设计划”被誉为中国职业教育的“211 工程”。① 在随后的几年里，我国着力加强职业教育基础设施建设、加大职业教育专业和课程改革力度、加强“双师型”“工匠型”职业教师建设、建立中等职业教育资助体系，现代职业教育体系初步成形。从 2012 年起，我国职业教育实施放宽职业学校招生门槛、减免职业学生学费等系列措施。2013 年底至 2014 年初，我国中等职业学校学生平均公共财政预算经费达到 9320 元，高等职业学校学生平均公共财政预算经费达到 9959 元，国家对职业学院的财政支持（按生计算）比 2005 年增加了 2 倍多。

5. 提质增效阶段（2014 年至今）

2014 年，教育部出台《关于开展现代学徒制试点工作的意见》，大力建

① 石伟平，匡瑛，等．中国教育改革 40 年：职业教育［M］．北京：科学出版社，2018：18.

设现代学徒制职业教育，培养大国工匠。2017 年，教育部修订了中等职业教育的专业目录，重新制定高职教育的教学标准，优化职业教育专业结构和规范职业教育产教融合、校企合作教学方法。2018 年，教育部等多部委联合出台《职业学校校企合作促进办法》，这是我国第一部国家层面的“校企合作”法规。2019 年，国务院正式颁布“职教二十条”，提出构建具有中国特色现代职业教育体系的发展目标，并明确了“应用型本科职业教育”的发展目标，决定 2019 年高职院校扩招 100 万人、技师学院扩招 20 万人。2020 年，国务院决定，2020 年和 2021 年高职院校每年再扩招 100 万人。中国职业技术教育迎来了快速发展和提质增效的新时代。

五、中国职业教育类型的理论溯源

当今教育界提出“中国职业教育类型”理论，并非凭空想象，而是有深厚的理论渊源。“中国职业教育类型”理论有两大源头，一是古代、近代和当代的中国职业教育实践；二是古代、近代和当代的中国职业教育思想。“中国职业教育类型”理论有一个“层累”的构建过程，综合考察，其理论溯源至迟可至与周代工商食官制度相向而行的“命工师令百工”师徒制。[①] 陆费逵是中国提出“职业教育”概念的第一人，蔡元培是中国近代把“职业教育”与“普通教育”区分开来的第一人，黄炎培是中国近代职业教育理论构建的第一人。

（一）中国古代的职业教育思想

1. 周代的“父子世传”职业教育思想

周代职业教育实际上代表了夏、商、周三代的职业教育，因为周代沿袭的是商代的“工商食官”制度。“百工”由国家集中供养，职业技艺由“父子世传”。《礼记·月令》云：“季春之月……命工师令百工。”[②] “父子世传”师徒制保证了工艺技术传承的稳定性、传承性、无保留性和创新性，奠定了我国职业技术教育的理论基础。

2. 管仲的“四民分业定居”职业教育思想

管仲认为，士、农、工、商应“四民分业定居”，相同职业的人聚在一处。“同业相聚，父子相承，子弟相学”，久久为功，即可达到“相语以事，

---

① 孙希旦．礼记集解［M］．北京：中华书局，1989：435.

② 孙希旦．礼记集解［M］．北京：中华书局，1989：430-435.

相示以巧，相陈以功”。①

3. 墨子的“博乎道术”职业教育思想

诸子百家中，墨家最强调科学和技术教育。《墨子·修身》载：“士虽有学，而行为本也。”②“行”即“实践”，仅仅有“学”还不行，天下财富是“行”出来的。《墨子·尚贤》载：“厚乎德行，辩乎言谈，博乎道术。”③ 在墨子看来，人们既要学“大道”，也要学“技术。”

4. 孔子的“因材施教”职业教育思想

孔子是精英教育的倡导者，但其“因材施教”“三人行，必有我师”的教育理念同样适用于职业技术教育。实际上，孔子在提倡“五经之学”的同时，并不排斥“六艺之学”，如《论语·述而》载：“志于道，据于德，依于仁，游于艺。”④ 由此可知，孔子也极为重视“礼、乐、射、御、书、数”六艺之学。

5. 司马迁的“因势利导”职业教育思想

《史记·货殖列传》载：“故善者因之，其次利道之，其次教诲之，其次整齐之，最下与之争。”⑤ 在司马迁看来，士、农、工、商“四业并重”，农与商“本末俱利”，“本富为上，末富次之”。⑥ 教人之法，重在“因势利导”。

6. 颜之推的“薄技在身”职业教育思想

颜之推在《颜氏家训·勉学》中指出：“父兄不可常依，乡国不可常保，一旦流离，无人庇荫，当自求诸身耳，积财千万，不如薄技在身。”⑦ 在颜之推看来，人世变化无常，只有“薄技在身”，才能自保。

7. 王安石的“崇尚实用”职业教育思想

王安石在《上仁宗皇帝言事书》中指出：“苟不可以为天下国家之用，则不教也；苟可以为天下国家之用者，则无不在于学。”⑧ 提倡“实用”之学，培养“实用”之才。

---

① 黎翔凤．管子校注［M］．梁运华，整理．北京：中华书局，2004：402.
② 吴毓江．墨子校注［M］．孙启治，点校．北京：中华书局，1993：10.
③ 吴毓江．墨子校注［M］．孙启治，点校．北京：中华书局，1993：66.
④ 刘宝楠．论语注疏［M］．北京：中华书局，1990：257.
⑤ 司马迁．史记［M］．北京：中华书局，1959：3253.
⑥ 司马迁．史记［M］．北京：中华书局，1959：3272.
⑦ 严氏家训［M］．檀作文，译注．北京：中华书局，2007：101.
⑧ 王安石文［M］．褚东郊，选注．上海：商务印书馆，1928：7.

8. 王阳明的“知行合一”职业教育思想

王阳明在《传习录》(上卷五) 中指出:“就如吾子之说，则知行之为合一并进，亦自断无可疑矣。”① 提倡学习知识与躬身实践并重。

9. 黄宗羲的“经世致用”职业教育思想

全祖望在《梨洲先生神道碑文》中对黄宗羲的“经世致用”思想评价道:“经术所以经世，方不为迂儒之学。”黄宗羲认为:“道无定体，学贵适用……道不能达之事功，论其学则有，适于用则无；讲一身之行为则似是，救国家之急难则非也，岂真儒哉?”②

(二) 近代中国的职业教育思想

1. 蔡元培的“地基之房屋”职业教育思想

蔡元培是中国近代把“职业教育”和“普通教育”区分开来的第一人，他认为:“普通教育和职业教育，显著分别是：职业教育好像一所房屋，内分教师寝室，有个别的用处；普通教育则像一所房屋的地基，有了地基，便可把楼台亭阁等建筑起来。”③ 在蔡元培看来，普通教育侧重于“学”，强调“知识教育”；职业教育侧重于“术”，强调“技术应用”。“学”与“术”不可分割、相互依托。

2. 黄炎培的“做学合一”职业教育思想

黄炎培是近现代中国著名的职业教育家，他大力提倡“大职业教育”，“生活需要什么人才，即办某种学校”，“职业教育的目的乃在养成实际的、有效的生产能力，欲达此种境地，须手脑并用、做学合一”。④

3. 陶行知的“教学做合一”职业教育思想

陶行知在《生利主义之职业教育》一文中指出:“在做上教的是先生，在做上学的是学生。从先生对学生的关系说，做便是教；从学生对先生的关系说，做便是学。先生拿做来教，乃是真教；学生拿做来学，乃是实学。”⑤

---

① 王阳明．王阳明集·传习录［M］．许啸天，整理．上海：群学社，1926：6.

② 黄宗羲．黄梨洲文集［M］．北京：中华书局，1959：77.

③ 高平叔．蔡元培教育论集［M］．长沙：湖南教育出版社，2011：302.

④ 黄炎培．断肠集［M］．上海：生活书店，1936：54.

⑤ 华中师范学院教育科学研究所．陶行知全集［M］．长沙：湖南教育出版社，1984：80.

第二节 中国职业教育类型建设的困境、方法与路径

职业教育类型建设说到底是一场职业教育类型改革，既然是一场职业教育类型改革，就必须明白职业教育类型建设的现实困境、主要任务、建设方法和改进路径。

一、中国职业教育类型建设的现实困境

（一）社会地位难同等

职业教育类型建设的目标之一就是“同等社会地位”的类型教育。何谓“同等社会地位”？职业教育不苛求比普通教育“优先”，但至少应包括社会认同平等、招生制度平等、教育财政供给平等、就业机会平等，但短时间内难以做到。以职业教育的首端和末端为例，在招生顺序上职业学校是“最后录取”，“即使是办学条件最差的本科院校，其录取也要在办学条件最优的高职之前。这对职业院校的办学积极性是有很大负面影响的”。[①] 末端从就业上来看，用人单位更喜欢研究型大学的毕业生，2020 年深圳中小学教师招聘、浙江余姚街道办招聘最后录取人员大都是北京大学、清华大学等“985”高校、“双一流”高校的硕士、博士毕业生，一度引起社会的热议。国外很多国家的职业教育与普通教育已经达到了“同等社会地位”，联合国教科文组织也已早认定职业教育与普通教育“同等社会地位”，但我国职业教育与普通教育要实现“同等社会地位”的目标尚需时日。

（二）观念难改变

在中国人的教育观念里，重视普通教育、轻视职业教育自古有之。在墨子那里，职业技术教育被称为“贱人教育”，《墨子·非乐上》载：“君子不强听治，即刑政乱；贱人不强从事，即财用不足。”[②] 古代中国社会，士、农、工、商“四民”之中，“士”排在首位，“农、工、商”次之，“学而优则仕”的观念根深蒂固。职业教育往往是“穷人教育”“次等教育”“工人教育”“农民教育”的代名词，在短时间内改变民众对职业教育的偏见很难。然而，“重视职业教育”是时代发展的必然要求，人工智能、大数据等现代科技越发

---

① 徐国庆．确立职业教育的类型属性是现代职业教育体系建设的根本需要［J］．华东师范大学学报，2020（1）：3.

② 吴毓江．墨子校注［M］．孙启治，点校．北京：中华书局，1993：382.

达，就越要重视职业技术教育，这是毫无疑问的。瑞士、德国、荷兰、芬兰等国家的职业学校毕业生招生率和招生质量、就业率和就业质量普遍高于研究型大学，社会普遍认同职业教育。要改变社会民众对职业教育的偏见，关键在于提高职业教育教学质量。

（三）法律保障难

欧洲国家职业教育之所以发达，是因为其有完善的职业教育法律法规体系。在国家层面，有国家职业教育保障性法律，如德国的《联邦政府职业教育法》；在地方层面，有地方职业教育保障性法规，如德国的《州政府职业教育法》。在欧洲国家，企业不参与学校的人才培养是违法的，带有强制性。同时，欧洲国家的职业教育法内容丰富、详细，如英国的《职业教育与培训法》有 300 多页 3 万余字。我国现有的职业教育法是 1996 年制定并颁布的，只有 3000 余字。企业不参与学校人才培养，不需要付出任何代价。因此，“无论是学制层次结构的完善，还是内部畅通进路的构建，都需要从国家政策上明确职业教育是一种教育类型”。① 此外，我国地方缺失相关职业教育法规，学校制度也不完善，而芬兰、德国、英国等欧洲国家都单独制定了多科性技术学院法或应用技术大学法。职业教育具有强烈的“跨界性”类型特征，没有强有力的法律法规为职业技术教育保驾护航，单靠教育部门出台的“教育法规”显然难以奏效。

（四）理论构建难

现代职业教育理论体系构建难，现代职业教育类型理论体系构建更难。长期以来，人们对职业教育早已形成了惯性的、固化的层次认知，即提到职业教育，就是幼儿教育和基础教育的劳动技术教育、中职高职教育、本科层次职业教育、专业学位研究生教育。从“横面”上重新构建“职业教育类型理论”对职业教育界的挑战是巨大的。构建“职业教育类型理论体系”不可能一蹴而就，至少需要十多年的理论探索，建立科学完善的“职业教育类型理论体系”并得到社会各界的认可，则需要更长的时间。

（五）资金供给难

职业教育不同于普通教育，其需要大量的建设资金。普通学校教育，有教室、教师、教材、学生即可。职业教育，除普通学校教育基本硬件、软件

---

① 徐国庆．确立职业教育的类型属性是现代职业教育体系建设的根本需要［J］．华东师范大学学报，2020（1）：3.

条件外，还需要实验室、实训室、实践基地等，以满足“应用技术研发和实践教学”的基本需要，且仪器设备须是最先进的，以便跟上产业技术的发展步伐。目前，我国中央财政、地方财政教育经费投入主要面向基础教育和高等教育等普通教育，各层次的职业教育经费捉襟见肘。一般本科高校，省级财政供给大约是人均 12000 元，而高职、高专省级或市级财政供给是人均不到 9000 元。各级各类纵向科研经费和各级各类横向科研经费是学校办学经费的重要来源，但普通应用型本科高校各级各类科研经费大约只有研究型大学和老牌本科高校的 4.55%。[①] 至于高职高专的各级各类科研经费更是少得可怜。“巧妇难为无米之炊”，没有充足的资金保障，职业教育快速发展就是“一厢情愿”。

（六）利益协调难

中国职业教育类型建设，决不能照抄照搬欧洲的职业教育类型建设模式，必须“中国化”，符合中国国情、校情。有人建议“把职业教育与成人教育司变更为高等职业教育与成人教育司，专门负责专科、本科层次的高等职业教育事务以及成人教育事务管理”。[②] 该建议不切合实际，“基础职业教育”怎么办？不论是高等教育与高等职业教育管理部门之间，还是基础教育与初级职教管理部门之间，都存在利益之争，职业教育与行业、企业之间也客观存在利益之争。处理、协调诸多利益之争，确实不易。协调不好这些利益，职业教育类型改革难免遭遇各种阻力。

（七）跨界融合难

职业教育客观需要跨界开展教育教学活动，但目前职业教育面临学校跨界难、行业企业跨界难双重困境。就职业学校跨界而言，不同层次的职业学校跨界并不容易，因为不同层次的职业学校各有特色，打通各层次职业教育短时间内不易做到，如专科高职与本科高职之间，尽管有“专升本”通道，但该通道极为狭窄，满足不了高职、高专毕业生的需求；各应用型本科高校每年招生几乎满员，短时间内让应用型本科高校大量扩招，并不现实。应用型本科高校毕业生报考专业硕士研究生也是一样，受专业学位研究生年度招生名额限制，只有少部分毕业生经过激烈竞争才有机会考上专业硕士研究生。

---

① 刘海峰，白玉，刘彦军．我国应用技术大学建设与科研工作的转型［J］．中国高教研究，2015（7）：70.

② 丁晨，闫玮．本科职业教育建设的时代诉求、现实困境与适切路径［J］．教育与职业，2020（9）：19.

不同层次职业学校跨界难，职业学校与行业、企业融合更难。一方面，行业、企业追求利润最大化，既担心过多接收学校学生造成“次品增加”，又担心企业内部核心技术“对外泄露”；另一方面，职业学校科技服务能力差，行业、企业既担心职业学校毕业生水平低，又担心职业学校教师应用技术研发水平低。为保险起见，行业、企业更愿意与研究型大学等高水平大学展开合作。

二、中国职业教育类型建设的主要方式

有学者认为，加强中国职业教育类型建设的主要方式是“破除社会对职业教育的偏见”。该观点有待商榷，破除社会对职业教育的偏见，关键在于提高职业教育质量。有学者认为，加强中国职业教育类型建设的主要方式应是通过职业办教育，在分类基础上再分层，坚持以职业为导向。但“通过职业办教育”和“以职业为导向”实际上是职业教育类型建设的内涵而非方式，“先分类再分层”不符合我国职业教育发展的现状和实际。

中国职业教育类型的建设方式可分为总体方式和具体方式。总体方式是产教融合、校企合作。这是由职业教育类型建设的内涵建设和特色发展决定的，职业教育不论是纵向的层次职业教育，还是横向的类型职业教育，根本建设方式都可概括为产教融合、校企合作。目前，我国教育界尚处于对“职业教育类型”的认知和探索阶段，结合历史发展实际，加强我国职业教育类型建设的具体方式应注重以下几点。

（一）加强产教融合、校企合作职业教育类型建设的理论研究

理论是实践的先导，当前推动职业教育类型建设最迫切的任务是研究并明确中国职业教育类型建设的意义、内涵、结构、特征、任务、措施等基本理论问题，尤其要把“特征”和“任务”说清楚，做到有的放矢。

（二）加强产教融合、校企合作职业教育类型建设的实践探索

历史经验告诉我们，改革需进行“试点”试验，待理论基本成熟后再进一步推广。在职业教育类型建设方面，我国应用型本科高校走在所有职业学校的前列。近年来，我国应用型本科高校一直致力于“转型发展”和“产教融合”的教育教学改革。不论是“转型发展”，还是“产教融合”，都是借鉴欧洲应用技术大学①的办学模式、人才培养模式、科学研究模式和社会服务模式等，实际上就是基于应用技术型人才培养的职业教育类型改革。截至目前，

① 在欧洲各国高等教育中，应用技术大学是一种职业教育性质的应用型本科高校，属于 BBBBB 级，与研究型大学地位相同。应用技术大学与研究型大学属于“类型不同、地位相等”的类型教育。

我国应用型本科高校的“转型发展”和“产教融合”教育教学改革取得了丰硕成果，但也碰了很多钉子、跌了不少跟头。教育改革的经验告诉我们：教育改革等不得，但也急不得；国外好的经验要学习，但必须中国化，仓促而激进的改革，极易招致非议乃至失败。试点先行、以点带面、循序渐进、稳步推进是中国职业教育类型建设（改革）获得成功的最佳方式。

（三）找准职业教育类型建设的工作抓手

职业教育类型建设要有“大职业教育观”，眼光不能局限于职业技术学院，工作抓手是“100 所产教融合发展工程建设项目示范校”（以下简称“100 所示范院”）。100 所示范校名义上是产教融合教育教学改革示范校，但实际上是职业教育类型建设的试点单位，100 所示范校既有应用型本科高校，也有职业技术学院。目前，100 所示范校都在努力探索具有中国特色的产教融合、校企合作教育教学改革。中国职业教育类型建设的工作抓手不能贪多、贪大，应该集中精力把 100 所示范校教育教学改革抓好，试点单位是纲，全国职业学校是目，先纲后目，纲举目张，示范校先行先试，及时总结经验，示范引领。

三、中国职业教育类型建设的改进路径

关于中国职业教育类型建设的改进路径，有学者认为，在宏观方面要产教融合，中观层面要校企合作，微观层面要工学结合。但产教融合本身就包含“校企合作、工学结合”，逻辑上难以成立。也有学者认为，应构建与类型发展相适应的职业教育治理体系。只是“校企合作多元化治理”是职业教育类型建设的任务之一，而非“建设路径”。还有学者认为，建设职业教育类型发展全要素的标准化，同样地，“职业教育类型标准化建设”也是职业教育类型建设的任务之一，而非“建设路径”。职业教育类型建设的标准化涵盖职业教育专业目录、专业建设标准、应用型师资队伍建设标准、人才培养方案建设标准、理论教学和实践教学标准、应用型课程标准、应用型教材标准、应用科研标准、社会服务标准、实训条件建设标准等，且依据不同教育对象（如职业学校学生、复员军人、新型农民）还要制定相应的建设标准。如此规模的“标准体系”建设，没有五年以上时间是无法完成的。

从实际出发，我国职业教育类型建设的改进路径可分为总体路径和具体路径。总体路径为“产教融合、校企合作”。

具体可围绕职业教育类型建设的主要任务寻求最佳实现路径。

（一）坚持跨界办学，走融合发展之路

各层级职业学校应树立主动服务意识，扩大校企合作发展联盟，建立学校层面实质性的理事会（董事会），建立“政、校、行、企”命运共同体平台（如地方产业创新发展研究院等），把学校发展规划融入地方政府、行业企业发展规划，与地方政府、地方行业、地方企业同频共振实现融合发展、协调发展。

（二）聚焦应用型特色专业集群，走差异化发展之路

围绕地方主导产业、特色产业、战略性新兴产业，通过产教融合、校企合作方式，校地互动、校企合作共建、共管、共享应用型特色专业（集群），以应用型特色专业（集群）为地方行业企业培养“急用、顶用、能用、实用、适用”高素质的应用技术人才。

（三）坚持以点带面，走重点突破之路

职业教育类型建设不宜“胡子眉毛一把抓”，重点是抓好各层级“试点”（50 所应用型本科高校、50 所高水平高等职业学校）产教融合教育教学改革工作以及新型农民、复员军人、下岗工人、待业学生等各类职业技术培训“试点”工作。“试点”即“重点”，把有限的人力、物力、财力集中投入到“试点”，抓好典型，抓出成效，让全社会真真切切认识到、感受到职业教育类型建设的巨大威力和战略价值。

（四）坚持技术创新，走特色发展之路

欧洲多科性技术学院和应用技术大学之所以赢得与研究型大学“同等地位”，是因为都走“应用技术研发与创新”之路。“应用技术研发—应用技术教学—应用技术服务一体化发展”是职业学校提高职业教育质量的不二法宝。新时代，职业学校应大力提倡“应用技术研发与创新”，积极开展“新知识、新技术、新技能”研究与教学，以优质高效的人才和技术服务赢得合作企业的认可、赞誉和尊重。持之以恒、一以贯之，假以时日，待职业教育质量显性提高、职业教育特色彰显之时，就是全社会认同职业教育类型和职业教育类型建成之时。

第三节　中国职业教育类型建设的主要任务

改革必有明确的任务，中国职业教育类型建设也有明确的建设任务，按

照主次轻重，中国职业教育类型建设的主要任务如下。

一、推动职业技术教育高质量发展

所有教育改革的核心任务都是“提高教育质量”，中国职业教育类型化建设的核心任务也是“提高职业技术教育人才培养质量”或“推动职业技术教育高质量发展”，正如孙春兰副总理所言：“质量是职业教育的生命线。”①

职业教育欲获得与普通教育同等的社会地位，除了提高职业技术教育质量外，别无他法。新时代怎样提高职业技术教育质量？目前，最迫切的就是在各个职业教育层级中普及教育智能制造技术、信息技术、生物技术、新能源技术、新材料技术等最新科技，特别是人工智能应用技术与创新技术。既要贯穿基础职业教育、高职教育、应用型本科教育和专业学位研究生教育，又要贯穿轮岗工人职业教育、新型农民职业教育，让各层级的受教育者了解熟悉数字化人工智能经济时代人工智能技术的基本发展趋势，明确被数字化人工智能经济时代淘汰或即将淘汰的职业岗位、智能机器不可替代的职业岗位以及新出现的职业岗位，让职业教育毕业生在未来就业市场更具竞争力。行业、企业等用人单位的满意度是衡量职业教育教学水平高低的唯一标尺。

二、提高职业教育师资队伍水平

人才是第一资源。加强职业教育类型建设、提高职业技术教育质量，关键在教师。职业教育不管是“教什么”，还是“怎么教”，关键因素都在职业教育的教师。教师是教育教学的主体，“打铁还需自身硬”，提高职业教育质量，首先要提高职业教育教师教学水平。让不懂人工智能最新技术和发展趋势的教师去教好人工智能应用技术是不可想象的，让不懂本产业最新前沿技术的教师去做好本专业教学同样是不可想象的。

一是应提高专任教师“双师双能型”教育教学能力。“双师双能型”重点是“双能”而非“双师”，更非“双证”。应让职业学校教师通过定期下企业、下基层等多重渠道了解、熟悉产业发展的最新前沿技术的发展动态，提高职业学校专职教师应用技术教学能力。二是应提高产业教师“双师双能型”教育教学能力。职业学校不可随意外聘行业、企业兼职教师，要聘任高水平产业技术研发专家和管理人才，并通过学校“教师发展中心”给予教育教学

---

① 孙春兰．突出类型特色，着力提升质量，推动职业教育改革任务落地见效［N］．光明日报，2020-01-16（02）．

基本技能的培训，使之能够顺利开展学校职业技术教育。总之，“通过人才链与产业链的紧密对接，培养大量满足产业链中多个岗位能力要求且具有工艺开发、技术创新能力的高素质技术技能型人才，动态满足产业结构转型升级对人才多样化的需求”。①

三、提高职业教育应用技术研发与创新能力

怎样提高职业学校师资队伍水平？纵观中外教育发展史，提高教师水平的最有效途径是教师自身加强科学研究。职业教育强调应用技术研究，职业学校教师应加强应用技术研发与推广的科学研究。职业技术学院和应用型本科高校之所以在人才培养质量上广受社会诟病，不是因为行业、企业合作育人的积极性不高，而是因为职业技术学院和应用型本科高校应用科研水平较低。

不少学者注意到了职业教育向普通教育“飘移”的问题，并把“飘移”问题归因于科学研究。这是一种错误认知、短视行为和懦弱表现。职业教育强调的是应用技术研究，强调校地互动、校企合作开展应用技术研发与创新研究，是科学研究的“转型”而非“飘移”。教师如果平时不加强应用技术研究，那么怎么能够传授学生最新应用技术？

欧洲应用技术大学非常注重应用型科研，这是欧洲职业教育被社会广泛认可的根本原因。高校不同于中小学，凡是高校，都具有人才培养、科学研究、社会服务三大基本职能。与此相对应，凡是高校教师，都应认真履行人才培养、科学研究、社会服务三大应尽义务。应用型科研，一头担着应用型教学，一头担着社会服务，不加强应用型科研而要提高职业教育质量不符合教育教学规律。我国职业技术学院和应用型本科高校同样要加强应用技术研发与推广的应用型科研，否则就称不上“高校”。在短期内提高我国职业技术学院和应用型本科高校教师应用科研水平很难甚至不现实，但再难也必须坚持；否则，改变社会对职业教育的偏见、提高职业教育的质量最终都会沦为空谈。深圳职业技术学院在此方面为我国所有职业技术学院和应用型本科高校确立了新的标杆。我国各地职业技术学院和应用型本科高校应充分发挥各自的地缘、人缘优势，积极与本地（区域）行业、企业加强联系并合作开展应用技术研发与推广项目，特别要加强与地方小微企业合作开展应用技术研

① 王兴．职业教育类型发展：现实必然、价值取向与强化路径［J］．中国职业技术教育，2020（16）：43.

发与推广项目，帮助地方企业“开展应用技术研究和新产品、新服务的创新与开发，解决生产实践中的关键问题”。[①] 只有通过持久的努力，培养出高水平和高质量的技术人才，才能为职业教育赢得社会的认可和赞誉。

四、创新现代职业教育办学模式

“职教二十条”明确要求：现代职业教育应逐步实现“由政府举办为主向政府统筹管理、社会多元办学的格局转变”。[②] 我国的职业教育要从现有的参照普通教育办学模式向“行业企业参与”的职业教育类型转变，从而拉近与市场和产业的距离，优化职业教育内部治理结构，采用“产教融合、校企合作”的办学模式。

与“产教融合、校企合作”办学模式相对应的顶层设计是学校理事会（董事会）内部治理模式，该办学模式在国外应用技术大学中被普遍采用。既要建立学校层面的理事会（董事会），又要建立院系层面的理事会（董事会）。理事会成员至少50%为地方政府官员和行业、企业专业技术人员，不但拥有学校人才培养、科学研究、社会服务、学科专业建设等重大决策权，还拥有学校政策执行的监督权和评价权。我国民办职业技术学院和民办本科高校原本实行的就是该办学模式，关键是我国公办职业技术学院和公办应用型本科高校进行理事会（董事会）内部治理结构性改革比较困难，必须强调改革的中国化。我国公办高校实行的是党委领导下的校长负责制，构建新型理事会（董事会）内部治理结构，必须是党委领导下的校长负责、理事会参与制度，这是由我国国情、校情决定的。基于此，我国现代职业教育办学模式应强调三点：一是坚持党委领导制度。校党委是学校改革与发展的最终决策者，理事会（董事会）必须服从校党委的直接领导。二是筹建学校层面的理事会（董事会）和二级院系层面的理事会（董事会），参与学校和二级院系的重大决策和监督、评估工作。三是制定理事会章程，明确理事会（董事会）及其成员的权利和义务以及共同治理的体制机制，真正达到理事会（董事会）与学校共建、共治、共管、共享的职业教育类型建设目的。在此方面，常熟理工学院所建立的党委领导下的校长负责、董事会参与制度，值得我国公办职业技术学院和应用型本科高校参考借鉴。

---

① 王兴．职业教育类型发展：现实必然、价值取向与强化路径［J］．中国职业技术教育，2020（16）：44.

② 国务院．关于印发国家职业教育改革实施方案的通知（国发〔2019〕4号）［A/OL］．（2019-02-13）［2020-08-20］．http：//www.gov.cn/zhengce/content/2019-02/13/content_5365341.htm.

五、创新现代职业教育人才培养模式

目前，国外现代职业教育人才培养模式主要有德国的“双元制”、瑞士的“三元制”、美国的“CEB 合作教育制”等，我国创新现代职业教育人才培养模式主要是构建基于“产教融合、校企合作”的人才培养模式，可称为具有中国特色的“产教融合制”。

创建产教融合型人才培养模式，一是实施产教融合型人才培养方案修订制度。在各专业人才培养方案修订过程中，应增加实践教学时间和课时总数，加强大学生思想政治教育和人工智能、大数据、云计算等新科技教育内容，“向学生普及人工智能的基础知识，使其了解人工智能的前沿信息，并对今后就业发展动向有一定的认识，将未来从业所要掌握的信息通信、软硬件开发管理、数据分析等技术融入课堂教学”。[①] 二是建立产教融合型教学模式。即学校教学与产业技术紧密联系，实现教学链与岗位链的密切结合，各专业教学均应以项目化、案例式教学为主，教学内容应逐步由以理论知识讲授为主向以产业前沿技术知识为主转变，考核方式也应向创新性成果等多元化方向转变。三是建立产教融合型科研模式。校地互动、校企合作加强应用技术的研发与推广，把应用技术研发与推广项目及时转化为“应用型教学项目”，真正实行校企“双导师”教育教学制度，以应用型科研促进应用型教学。四是建立产教融合型服务模式。职业学校应树立主动服务意识，主动为地方行业、企业提供人才服务、技术服务、智库服务、文化服务和资源服务，不断积累“服务成果”，以实实在在的社会服务带动学校的实践教学和技术创新。应用型教学、应用型科研、应用型服务是职业学校提高职业教育人才培养质量的三大关键要素。

六、构建现代职业教育应用型专业体系

职业教育强调专业跟着产业走，产业市场需要什么，职业学校就教什么内容，办什么专业。建立专业链与产业链紧密衔接的专业建设管理制度是现代职业教育的内在要求。

基于此，职业教育类型建设必须推进类型化应用型专业结构性改革。一是产教融合、校企合作共建应用型专业体系。通过与地方行业、企业共建、共管、共教、共享，不断优化学校专业结构，提高应用型专业比例，逐步克

---

① 陈衍，袁柳，裴姗姗．人工智能与职业教育变革［J］．中国高校科技，2019（1）：96.

服专业同质化难题。二是产教融合、校企合作共建应用型课程体系。应根据职业岗位的实际需求设计模块化应用型课程，增加实验、实训、实习等实践教学课时数，将行业、企业真实的工作任务与课程相结合，使学生通过课程学习更快、更好地适应行业、企业的岗位、职业技术需求。三是产教融合、校企合作共建应用型教材体系。教材的“老化和理论化”是我国职业技术学院和应用型本科高校普遍存在的教材建设问题。科学技术日新月异，职业教育内容应与时俱进，客观需要职业教育教材及时更新，反映产业最新前沿技术，最好是“新型活页式、工作手册式”动态更新型教材。

七、打通现代职业教育的内部融通渠道

职业教育层级融通是国际职业教育的一贯做法，即不同层级的职业教育相互贯通；职业资格证书与课程学分互换融通也是国际职业教育的一贯做法，即取得某一职业资格证书，可免修相应的考试课程。

实现现代职业教育的内部融通，要做好以下几个方面的工作。一是招生考试融通。职业教育既然与普通教育属于不同类型的教育，就应该推行“职业高考”制度，职业技术学院从职业高中录取新生、本科职业高校从高职高专录取新生、本科高校从职业学校录取新生，都应该采取不同于“普通高考”的“职业高考”制度，如“对口单招”制度、“高职优秀生直接选拔”制度、“文化课+专业技能”招生制度等。二是“学分银行”融通。由国家教育主管部门通过大数据技术建立“国家学分银行”，专门对职业院校的学生设置学习账号，便于不同层次职业教育之间实现学生学分的认定、积累和转换。三是社会职业证书与高校课程融通。社会人员获得某一职业资格证书，进入学历或非学历成人教育时，可免修相应的考试课程。四是校企之间融通。职业教育主要通过校企“双主体”合作育人，客观需要校企合作开展人才培养方案修订、实践教学、技术研发、监督评估等。

八、开展高质量的职业技术培训

职业教育肩负着“后学校教育”的社会重任，加强非学历职业技术技能培训是职业学校和职业培训机构的法定职责。

新时代，开展高质量职业技术技能培训，一是高质量开展市场紧缺应用技术人才的技术技能培训。“市场紧缺人才”是职业教育人才培养的方向标，也是职业教育弥补普通教育的调节器。如当前就业市场紧缺人工智能工程技术人员、大数据工程技术人员、云计算工程技术人员、健康护理师、智能制

造工程技术人员、物联网工程技术人员等，普通高校一时满足不了市场需求，这一空缺可由职业教育进行填补。二是高质量开展不同类型人才的针对性技术技能培训。职业学校和职业培训机构应通过校企合作方式，针对初中毕业未升入高中学生、高中毕业未升入高校学生、下岗职工、退役军人、新型农民、退役运动员等不同类型的职业受教育者提供高水平、个性强、好就业的职业技术技能培训。三是高质量开展行业、企业内部职业技术技能培训。科技发展日新月异，行业、企业内部职工需要经常开展新知识、新观念、新技术、新技能、新成果、新工艺的职业技术技能培训，只有加强行业、企业内部职工的最新技术技能职业培训，行业、企业才能保持较强的竞争力和持久的创新力。

第四节　中国职业教育类型建设的政策需求与保障机制

职业教育类型建设说起来容易，但要实现其目标困难重重，没有外部的法律保障很难实行，没有强大的组织保障、财力保障、工程保障和制度保障也很难推行。

一、中国职业教育类型建设的政策需求

（一）从国家法律层面保障产教融合、校企合作职业技术教育

欧洲的职业教育之所以既“叫好”又“叫座”，是因为各国国家层面的职教法详细规定了企业参与职业教育的权利和义务，如学生实践参与企业应用技术研发与推广项目，政府奖励企业 6000 欧元；学生参与一般性职业技术技能实践锻炼，政府奖励企业 2000~3000 欧元；同时，对不参与学校人才培养的企业征收一定数额的“职业教育税”。我国对企业参与学校人才培养并没有多少奖励，对不参与学校人才培养的企业也没有什么惩罚，这是我国“校企两张皮”问题至今未获得解决的原因所在。

教育部出台某项教育法规甚至某个“指导意见”只对各级学校具有较大约束力，而职业教育涉及各行各业，必须由全国人民代表大会颁布的代表国家意志的职业教育法才能对各行各业特别是企业具有约束性。建议国家在修订职业教育法以及与职业教育相关法律时，明确行业、企业参与学校人才培养的法定权利和义务，明确校企合作办学、合作育人体制机制，明确行业、企业参与学校人才培养的奖励和惩罚措施。从国家法律层面推动职业教育产

教融合、校企合作综合改革。

（二）从国家法律层面保障就业、再就业群体的职业技术教育

就业及再就业关乎社会的稳定。目前的就业、再就业问题在很大程度上是由于机械工程技术、人工智能工程技术、计算机工程技术、物联网工程技术等先进科技“机进人退”造成的，如物联网工程技术的快速发展造成大量街铺关门歇业，人工智能工程技术的快速发展造成大量技术工人失业等。一方面，新的工程技术导致大量职业岗位消失；另一方面，新的工程技术催生新的职业岗位。新旧职业岗位的迭代升级越来越快，“失业—再就业”将成为就业市场的新常态。毫无疑问，解决再就业问题要靠职业技术教育。

建议国家在修订职业教育法及其相关法律时，更加关注未就业青年、下岗职工、复员军人、退役运动员、新型农民等再就业职业技术教育，明确再就业职业技术教育的国家办学主体地位、财政保障地位；明确再就业职业技术教育的管理体制和运行机制；明确中央和地方政府再就业职业技术教育的财政供给比例并列入年度财政预算；明确再就业职业技术教育的奖励机制、约束机制、监督机制和评估机制。从国家法律层面保障就业、再就业群体的职业技术教育权益。

二、中国职业教育类型建设的保障机制

（一）组织保障

“职业教育—民众就业”是重要的民生工程，关乎社会稳定和“两个一百年奋斗目标”的顺利实现，必须加强组织领导。一是必须加强党对职业教育的全面领导，保障职业教育改革与发展的大方向；二是发挥国务院职业教育工作部际联席会议的重大决策作用，部委联动、综合协调，统筹规划国家职业教育的重大事项，及时解决职业教育遇到的重大问题；三是发挥国家职业教育指导（咨询）委员会的指导和监督职能，对各级各类职业教育进行研究、指导、监督、评估并及时提出整改意见；四是发挥中华职业教育社的特殊职能，及时发布国家职业教育年度蓝皮书，向党中央和国务院提供改进与提高职业教育的智库对策；五是发挥省级和市级职业教育指导（咨询）分会的指导与监督职能，针对本省、本市各级各类职业教育进行研究、指导、监督、评估并及时提出整改意见。

（二）工程保障

职业教育类型建设是一个宏大的系统工程，建议在“十四五”期间继续

实施“产教融合发展工程”，组织实施“未就业青年技术培训工程”“新型农民技术培训工程”“复员军人技术培训工程”“下岗工人技术培训工程”等重大人才技术培训工程。

后疫情时代，竞争将更加激烈。国与国之间的竞争，说到底是人才和技术的竞争；而造就人才和创新技术不外乎“内培”与“外引”两条途径。在两条途径中，应以“内培”为主，而“内培”主要依靠职业技术教育。“以人为本”是国家意志，“以人才为本”是国家战略。国家应从战略高度及时组织实施“重大人才工程”，不仅要明确“重大人才工程”的战略意义、指导原则、总体目标、具体目标、主要任务、保障措施，而且要明确下一步的行动计划和重点项目以支撑“重大人才工程”的顺利实施与如期完成。

（三）资金保障

投资于人才建设的项目是收益率最大的项目。我国目前最紧缺的人才是与高新技术相关联的本土工程师等“师字辈”高水平、高素质研发型、创新型、应用型人才和专业技术技能型人才。这些人才的培养与各级各类职业技术教育密切相关。

职业教育与普通教育区别之一是，职业教育是一种高投入的教育类型，职业教育的正常开展需要大量尖端实验、实训仪器设备。基于此，一是建议各级政府在年度财政预算中单列“职业技术教育”专项资金，并明确专项资金占总预算资金的比例，以便专款专用于各级各类职业技术教育。二是建议政府对规模型企业开征“职业教育税”，参与学校人才培养、技术研发、技术技能培训、仪器设备捐赠的企业支出可抵销等额的职业教育税。对规模型企业征收职业教育税是欧洲创新型国家的普遍做法。三是改进省级和市级财政“生均经费”供给制度。一方面，中职、高职、应用型本科高校生均经费普遍提高至不低于12000元；另一方面，职业学校与主管教育部门每三年签署绩效协议，不按学生人头平均分配12000元生均经费，对开展产教融合应用技术研发成效突出者适当提高生均经费。这也是欧洲创新型国家的普遍做法，该做法可快速提高职业技术学院和应用型本科高校的应用技术研发水平。

（四）制度保障

除外部法律法规保障外，职业学校的内部制度保障对职业教育类型建设也至关重要。目前，我国中职、高职和应用型本科高校的各项内部管理制度在很大程度上不适应“产教融合、校企合作”教育教学改革的需求，亟待进行一场“系统性”制度变革。现有的管理制度主要是2010年以来在过去管理制度基础上修补而来的，不仅带有较强的“普通教育”管理特性，而且普遍存在互不衔接甚或“相互打架”的现象。建立实质性、系统性的产教融合型现代职业学校内部管理体系任重道远。

构建现代职业学校内部管理制度体系（或称为“内部治理体系”）是职业教育类型建设一项重大而艰巨的任务。一方面，应建立、修改和完善与产教融合、校企合作教育教学改革相适应的各种管理制度，如学校理事会（董事会）管理制度、各种应用技术型教学管理制度、各种应用技术型学科专业建设管理制度、各种应用技术型师资队伍管理制度、各种应用技术型科研管理制度、各种应用技术型社会服务管理制度、各种应用技术型学生管理制度、各种应用技术型后勤管理制度等；另一方面，应建立、修改和完善与产教融合、校企合作教育教学相适应的应用技术型评估评价标准体系，各种应用技术型管理制度，均需制定与之相配套的建设评估评价标准，以配套标准具体指导各项管理制度的落实、执行、中检、督察、终检、评估、评价和整改，“通过制度建设，提升学校的治理能力和治理水平”。[①]

---

① 任君庆．建设与职业教育类型相适应的制度和标准体系［J］．江苏教育，2019（68）：1.

第三章

我国职业教育结构重塑

改革开放40余载，职业教育结构始终是我国职业教育体系的一个重要组成部分。[①] 中国职业教育结构重塑研究主要分析我国职业教育的组成，探索我国现代职业教育的体系，寻求其合理的层次结构、空间结构、比例结构等，为建设现代职业教育体系提供理论支持，力争建设“不求最大，但求最优，适应社会需要”[②]，结构合理、功能完善、运行协调的，与内外部环境要素保持互动、开放、依存、协同的现代职业教育结构。

第一节　我国职业教育结构重塑的时代溯源

社会转型期既是职业教育发展的关键期，也是职业教育结构调整的关键期。所谓结构，是指诸要素在该系统范围内的秩序，即系统内部各组成要素间相互联系和相互作用的内在形式，[③] 具体指系统诸要素在时间、空间中的相对位置和它们在不同性能方面的相互搭配及相互间的联结方式。[④] 其表现形式为数量比例关系、时空结构关系和相互连接方式。在本书看来，诸要素相互连接的方式多种多样、错综复杂，既可以是单向的，也可以是双向，还可能是交互的、立体的，甚至是网络的。

一、我国职业教育结构简况

2020年，全国共有职业学校1.15万所，在校生2857.18万人；中职招生人数600.37万，占高中阶段教育的41.70%；高职（专科）招生人数483.61万，占普通本专科的52.90%。累计培养高等学历继续教育本专科毕业生5452

① 井文．改革开放40年我国高等职业教育结构的历史演进与未来展望［J］．职教通讯，2019（7）：53.

② 张胜，高建进，王斯敏．办学与成长，但求适应社会［N］．光明日报，2021-03-31（09）.

③ 王世忠．论高职院校办学的科学定位［J］．理论月刊，2004（11）：76-78.

④ 陈慧娟．美国加州公立高等教育系统的现状、经验与启示［D］．南昌：南昌大学，2011：8.

万人，开展社区教育培训约3.2亿人次。“十三五”以来，国家各级教育主管部门认真贯彻落实《国务院关于加快发展现代职业教育的决定》《国家中长期教育改革和发展规划纲要（2010—2020年）》“职教二十条”，坚持把职业教育作为教育综合改革的突破口，扎实推进各项工作，在健全办学体制、完善育人机制、提升内涵质量、增强服务能力、建设“双师型”教师队伍、建成世界最大规模的职业教育体系等方面取得了可喜成绩。

（一）构建起纵向贯通、横向融通的现代职业教育体系

“十三五”以来，我国职业学校体系结构更加合理、定位更加清晰，职业教育的吸引力大幅增强。在纵向贯通上，巩固中等职业教育的基础地位，强化高等职业教育的主体地位，稳步推进本科层次职业教育试点进程。特别是，2019年以来，教育部批准22所学校开展本科层次职业教育试点，打破了职业教育止步于专科层次的“天花板”。在横向融通上，加强职业教育、继续教育、普通教育的有机衔接、协调发展。面向在校生和全体社会成员广泛开展职业培训，促进学历教育与非学历培训衔接联通。开展职业技能等级证书制度试点，遴选了92个职业技能等级证书。推进社区教育、老年教育建设，确定国家级社区教育实验区129个、示范区120个，建成28所省级老年开放大学。加快学分银行建设，促进资源互享、课程互通、学分互认，畅通各类人才成长通道。

（二）迈入提质培优、增值赋能的高质量发展新阶段

“十三五”以来，在制度标准上，建立了国务院职业教育工作部际联席会议制度，形成各部门之间、中央与地方之间协同发展职业教育的合力；《中华人民共和国职业教育法》修订工作取得实质性进展；制定中等职业教育德育大纲、中等职业学校公约，规范德育工作，完善专业目录、专业教学标准、课程标准、顶岗实习标准、专业实训教学条件建设标准“五位一体”的职业教育国家教学标准体系，发布中职专业368个，高职（专科）专业779个，本科职教试点专业80个，修（制）订并发布347个高职和230个中职专业教学标准、51个职业院校专业实训教学条件建设标准、136个专业类顶岗实习标准。启动实施了“中国特色高水平高职学校和专业建设计划”、高水平实训基地等重大项目。在协同育人上，坚持校企合作、工学结合，强化教学、学习、实训相融合的教育教学活动；推行项目教学、案例教学、工作过程导向教学等教学模式。开展现代学徒制试点，布局了558个现代学徒制试点单位，覆盖1000多个专业点，惠及10万余名学生（学徒）；印发《职业学校校企合

作促进办法》，健全企业参与制度，发挥企业重要办学主体作用；依托行业职业教育指导委员会，发布近60个行业人才需求预测与专业设置指导报告。在“三教”改革上，连续举办全国职业院校技能大赛教学能力比赛，强化教师教学能力建设；推广线上线下混合式教学，遴选公布232门在线精品开放课程，建设203个职业教育国家专业教学资源库；发布中职公共基础课程方案和七门课程标准，遴选约4000种“十三五”职业教育国家规划教材。

（三）培养了一大批支撑经济社会发展的技术技能人才

“十三五”以来，在服务国家战略上，全国职业学校开设了1200余个专业和10余万个专业点，基本覆盖了国民经济各领域，每年培养1000万左右高素质技术技能人才。在现代制造业、战略性新兴产业和现代服务业等领域，一线新增从业人员70%以上来自职业院校毕业生，职业教育社会认可度显著提升。制定实施《制造业人才发展规划指南（2016—2020年）》，加快培养制造业紧缺人才。在服务区域发展上，实施职业教育东西协作行动计划，推进“东西职业院校协作全覆盖、东西中职招生协作兜底、职业院校全面参与东西劳务协作”三大行动，累计投入帮扶资金设备超过18亿元，共建专业点683个、实训基地338个、分校（教学点）63个，共同组建职教集团（联盟）99个，就业技能培训14万余人，岗位技能提升培训16万余人，创业培训2.3万余人。在服务脱贫攻坚上，职业院校的学生70%以上来自农村，千万家庭通过职业教育拥有了第一代大学生。“职教一人，就业一人，脱贫一家”成为阻断贫困代际传递见效最快的方式。例如，顺德职业技术学院开展的“一人学厨，全家脱贫”帮扶培训项目，就是职业教育助力精准扶贫、乡村振兴的典型。“十三五”期间，共创建国家级农村职业教育与成人教育示范县（市、区）261个。在促进教育公平上，中职免学费、助学金分别覆盖超过90%和40%的学生，高职奖学金、助学金分别覆盖近30%和25%以上的学生。用三年时间扩招300万人，服务“六稳”“六保”，踢出了中国高等教育普及化的“临门一脚”。

（四）实现了更高水平的内外开放格局

全国职业教育大会指出，培养高素质人才依托在企业。校企合作是职业院校办学的基本模式。要通过引企入校、引校入企，把学校办成企业的培训基地，把企业办成学校的实践基地。[①]“十三五”以来，在向产业开放上，配

① 陈宝生．办好新时代职业教育服务技能型社会建设［N］．光明日报．2021-05-01（07）．

合国家发展改革委培育800多家产教融合型企业、试点建设21个产教融合型城市，构建了以城市为节点、以行业为支点、以企业为重点的产教融合新模式。成立了1500个职业教育集团，3万多家企业参与职业教育；鼓励多元主体组建职业教育集团，确定150家示范性职业教育集团（联盟）培育单位。在向企业开放上，组建56个行业职业教育教学指导委员会，发布近60个行业人才需求预测与专业设置指导报告。遴选了73家职业教育培训评价组织，绝大多数是行业龙头企业、“小巨人”企业。现代学徒制试点参与企业2200多家。在向世界开放上，与70多个国家和国际组织建立了稳定联系，有400余所高职院校与国外办学机构开展合作办学，成立了海外独立举办的第一所高职院校“中国-赞比亚职业技术学院”。在“一带一路”沿线国家和地区建设“鲁班工坊”，打造中国职业教育国际品牌。①

二、我国职业教育类型结构②

（一）初等职业教育

初等职业教育是在初级中学阶段开展的职业教育，是职业教育的初始形态，也是九年义务教育的一个组成部分。实施该教育的学校主要是职业初级中学，其主要生源对象是小学毕业生或相当于小学文化程度的人员。在课程设置上，一般在讲授初中文化课的同时，开设一些专业的生产劳动和职业技术类课程，使学生获得一技之长，学制三年或四年。这类学校主要设置在经济欠发达的农村地区和边远山区。随着我国经济社会的转型升级和优化发展，初等职业教育将逐渐转型为基础的或入门级别的职业技能培训。③

（二）中等职业教育

中等职业教育培养具有一定技能水平的初级、中级职业资格的操作技能型人才。中等职业教育主要为义务教育阶段之后的职业教育做准备，以社会存在的职业岗位或者工种来设计专业进行招生和教学。与其他类型的职业教育比较而言，中等职业教育偏重于经验性和技能型知识的传授，而对于理论

① 教育部：从“层次”到“类型”职业教育进入高质量发展新阶段［EB/OL］.（2020-12-08）. http：//www.moe.gov.cn/fbh/live/2020/52735/sfcl/202012/t20201208_503998.html.

② 关于我国职业教育类型结构，国内学者存在不同的见解。依据大多数学者的观点，本书基于层次结构予以论述。需要指出的是，我国职业教育类型结构不仅包含层次结构，还应包含内部结构、外部结构、培养目标结构、专业结构、课程结构、师资队伍结构、生源结构、供需结构以及地理空间结构等诸多方面。同时，还应该包含职业技能培训结构。

③ 国务院办公厅中央政府门户网站，http：//www.gov.cn/ztzl/2006-08/27/content.

性要求较高的知识传授相对较少，更加关注学生职业素养和素质的养成训练，使其达到基本的职业资格准入条件，可以从事非技术类岗位或简单技能型岗位的实际工作；或为生产、服务一线培养具有一定职业素养和技能水平的中级劳动者，可以从事一般技能型岗位工作。通过与企业、行业合作以工学结合的模式培养操作技能，直接为其输送合格的劳动力。①

培养目标——中级技能人才。近年来，关于中等职业教育的培养目标不断发展完善，从“面向制造业、加工业的中级技术工人”，到面向“现代农业、工业、服务业和民族传统工艺的一线技术技能人才”。中等职业教育服务的领域在不断扩展，由最初的以制造业和加工业为代表的第二产业到今天涵盖第一产业（农业）、第二产业（工业）、第三产业（服务业）。中等职业教育培养的人才可以熟练运用基本技能独立完成本职业的常规工作，甚至较复杂的工作。在我国的职业资格框架体系中，其培养的人才规格对应国家职业资格四级，即中级工。

2020 年 9 月 23 日，教育部等九部委印发的《职业教育提质培优行动计划（2020—2023 年）》（教职成〔2020〕7 号，以下简称《行动计划》）指出，强化中等职业教育的基础性作用，把发展中等职业教育作为普及高中阶段教育和建设中国特色现代职业教育体系的重要基础，保持高中阶段教育职、普比例大体相当。系统设计中职考试招生办法，使绝大多数城乡新增劳动力接受高中阶段教育。全面核查中职学校基本办学条件，整合“空、小、散、弱”学校，优化中职学校布局。结合实际，鼓励各地将政府投入的职业教育资源统一纳入中职学校（含技工学校、县级职业教育中心等）调配使用，提高中职学校办学效益。支持集中连片特困地区每个地市原则上至少建好办好 1 所符合当地经济社会发展需要的中职学校。建立普通高中和中职学校合作机制，探索课程互选、学分互认、资源互通，支持有条件的普通高中创办综合高中。加大“三区三州”等深度贫困地区的普职融通力度，发挥职业教育促进义务教育“控辍保学”作用。到 2023 年，中职学校教学条件基本达标，遴选 1000 所左右优质中职学校和 3000 个左右优质专业、300 所左右优质技工学校和 300 个左右优质专业。②

2021 年 4 月 12 日至 13 日，全国职业教育大会在北京召开，会议传达了

① 张静．现代职业教育体系构成要素研究［D］．天津：天津大学，2014：16.

② 教育部等九部委．职业教育提质培优行动计划（2020—2023 年）（教职成〔2020〕7 号）［A/OL］．(2020-09-23)．http：//www.gov.cn/zhengce/zhengceku/2020-09/29/content_5548106.htm.

习近平总书记的重要指示和李克强总理的批示。会议就中等职业教育明确指出，构建现代职业教育体系基础在中职。解决不好中职的基础性问题，高质量的职业教育体系就无从谈起。要总体保持职、普比大体相当的战略定位不动摇，加强省级统筹和分类指导，使中职学校与普通高中办学投入、培养质量、学生受益大体相当，通过职、普协调均衡发展，实现职、普规模大体相当。要完善一体化职业学校体系，改善中职学校办学条件，打造一批优质中职学校和专业，巩固中职的基础地位。会议还进一步指出，给中等职业教育增值赋能，中职学校要发挥区位优势，拓展办学功能，提高办学质量，为高职教育打好基础。① 这些会议精神为新阶段中等职业教育改革发展指明了前进方向，提供了根本遵循。

（三）高职高专教育（高等职业专科教育）

职业专科教育教育实施机构主要包括各种职业技术学院、职业大学、高等专科学校、成人高等学校。高等专科教育是在 20 世纪 50 年代以后作为弥补中等专业教育数量不足而实施的一种过渡性教育，至 20 世纪 70 年代末，专科学校一直是高等职业专科教育的主要载体。1950 年，全国高等教育工作会议提出，“我们教育部门要和各业务部门密切配合起来，大量举办专科学校”。1953 年 2 月，高等教育部在哈尔滨工业大学召开第三届教学研究会，会议指出：“高等学校的专修科以培养高级的技术员为目标。”20 世纪 80 年代初至 90 年代末，职业大学、成人高校和五年制高职得到发展，但是相比于中等职业教育，规模还是很小。中等职业教育是这一时期职业技术人才培养的主要阵地。20 世纪 90 年代末以来，国家相继提出“三改一补”和“三多一改”的发展方针，高职规模进入迅速扩充时期，职业技术学院在这一时期逐渐发展起来，招收普通高中和中等职业学校毕业生，学制 2~3 年，主要培养高级技术人员、管理人员。强调专业设置与区域经济发展紧密结合，强调课程内容的实用性和产学研的重要意义，在“高等”和“职业”这两个属性之间，更多地偏向“职业”。1994 开始，教育主管机构开始将高等职业专科教育确定为我国高等职业教育的重点，同时确立了其法律地位。这一阶段标志性事件是全国教育工作会议召开和《中华人民共和国职业教育法》颁布。2004 年至今，高等职业专科教育步入全面提升质量的阶段。办学体制更加多元，专业设置更趋于合理，规模也在快速增长，每年招生的人数、在校生数以及毕业学生人数占普通高校学生总人数的比例在逐年递增。

---

① 陈宝生．办好新时代职业教育服务技能型社会建设［N］．光明日报．2021-05-01（07）．

职业专科教育是在中等教育基础上进行的属于高等教育层次的职业教育，在现代职业教育体系中起着承上启下的作用，横向与普通教育、社会教育相融合，纵向与中等职业教育、本科层次以上教育相衔接，是构建现代职业教育体系的重要枢纽。2004 年发布的《高职高专院校基本办学条件指标（试行）》明确将“技术型人才”作为高等专科职业教育的培养目标，要求高等专科教育毕业生熟练掌握基本技能和专业技术完成较复杂的工作，甚至包括非常规工作，能够独立解决工作中出现的问题，同时可以指导他人完成工作任务。相较于中等职业教育，在强调操作技能的同时强调智力投入，一方面要求可完成非常规工作，对个体的创新和灵活变通能力做出规定；另一方面要求在一线工作岗位可对他人进行指导。因此，高等职业专科教育培养的人才，在我国职业资格框架体系中对应国家职业资格三级，即高级工。

《行动计划》指出，要把发展专科高职教育作为优化高等教育结构和培养大国工匠、能工巧匠的重要方式，输送区域发展急需的高素质技术技能人才。不限制专科高职学校招收中职毕业生的比例，适度扩大专升本招生计划，为部分有意愿的高职（专科）毕业生提供继续深造的机会。推动各地落实职业学校毕业生在落户、就业、参加机关事业单位招聘、职称评审、职级晋升等方面与普通高校毕业生享受同等待遇。扎实推进中国特色高水平高职学校和专业建设计划，加强绩效考核与评价，建成一批高技能人才培养培训基地和技术技能创新平台。探索高职专业认证。推进专科高职学校高质量发展，遴选 300 所左右省域高水平高职学校和 600 个左右高水平专业群。[①]

（四）职业本科教育（技术本科教育、应用型本科教育）

全国职业教育大会指出：“坚持高标准、高起点，严把质量关，稳步发展职业本科教育，发挥好引领作用。”[②] 职业本科教育教育培养具有较高职业素质、文化素质和能力素质的高层次技术技能人才，可以从事复杂的技术及重要的管理岗位工作。这类人才不仅掌握技术，而且了解技术和技能的发展，具有较强的信息处理能力，能够不断学习新知识和新技术，并且具备良好的人际交往与沟通能力，有合作精神和合作意识，具有较强的现场管理能力，能够进行创造性劳动。职业本科教育教育毕业生不仅需要具有两个（或两个以上）专业基本知识和基本能力，还需要具有宽厚理论基础和解决实际技术

---

① 教育部等九部委．职业教育提质培优行动计划（2020—2023 年）（教职成〔2020〕7 号）[EB/OL].（2020-09-23）. http：//www. gov. cn/zhengce/zhengceku/2020-09/29/content_5548106. htm.

② 陈宝生．办好新时代职业教育服务技能型社会建设［N］．光明日报．2021-05-01（07）.

问题的能力。依据这一要求，学校要以学科来设计专业，具有“宽”“专”的复合性技术知识结构，但并不以学科理论为本位，而是必须对接现实专业技术，以需求为导向。职业本科教育教育培养对象应该具有一定的专业技术理论知识和较扎实的文化基础，如优秀的高职毕业生，培养高端技能人才，或具有较扎实文化基础的普通高中毕业的学生，以培养技术员和助理工程师等复合技术型人才。培养复合技术型人才的关键是对学生实践能力、沟通能力、理论应用能力的锻炼和培养，要运用产学研结合的培养模式，依据复合应用型人才的特点和社会经济发展需要，设计学生的知识、能力、素质结构和培养方案。

10 余年来，职业本科教育开展得如火如荼，成效显著。2003 年，北京联合大学设置了 15 个技术应用型本科试点专业，采用两种模式进行招生，一种是四年制本科模式，另一种是专升本模式。试点取得了很好的效果，不仅为本地区培养了大批实用性人才，还为建设发展应用型本科院校提供了良好的经验。

2009 年“两会”上，全国政协委员、浙江科技学院院长杜卫提议将应用型院校作为高校的一个类型，国家重点资助建设 100 所地方应用型本科院校。

2011 年，教育部发布《关于推进中等和高等职业教育协调发展的指导意见》（教职成〔2011〕9 号）指出，完善高端技能型人才通过应用本科教育对口培养的制度。为贯彻落实文件精神，河北、山东等地相继展开了应用型本科教育试点工作，积极探索应用型本科教育承担高等职业教育任务的新途径。

2012 年起，部分国家示范性高等职业院校开始以与本科院校合办的形式试办本科层次的专业。2012 年，黑龙江省委、省政府深入实施“1161”工程，重点支持包括黑龙江科技学院等 6 所高校建设特色应用型本科院校。

2013 年，江苏省教育厅确定无锡职业技术学院等两所国家示范性高职院校分别与江苏大学等普通本科院校联合培养四年制高职本科专业人才，作为江苏省与教育部共建的“高等教育综合改革试点区”的试点项目之一。特别是，在 2014 年 3 月 22 日召开的中国发展高层论坛上，时任教育部副部长鲁昕表示，即将出台方案，实行两类人才、两种模式高考，分别为技术技能人才的高考和学术型人才的高考，前者增加技能知识的考核。即将而来的高考制度“双轨制”改革必然促进应用技术本科教育的发展。

2015 年 2 月 12 日，教育部发布 2015 年工作要点提出：印发引导部分地方本科高校向应用技术型高校转型发展改革试点的指导意见，启动改革试点，有序引导部分有条件、有意愿的地方高校转型发展。

2019 年 12 月，《中华人民共和国职业教育法（修订草案）》发布，将“高等职业学校”的概念修改为与“普通高等学校”并列的“职业高等学校”。本科层次职业学校是职业高等学校中的一个层次，且是现阶段职业高等教育体系中的最高层次。教育部在 20 余所本科层次职业学校的批复函中，明确要求其“保持职业教育属性和特色”“坚持培养高层次技术技能型人才的定位”。

2021 年 1 月 22 日，教育部办公厅印发《本科层次职业教育专业设置管理办法（试行）》。从当前来看，除了已有的 20 余所本科层次职业学校外，还有部分普通本科高校举办高职本科专业以及部分高职院校与相关本科院校联合试办高职本科专业。目前，教育部批复的试点院校有山东外国语职业技术大学、山东工程职业技术大学、山东外事职业大学、泉州职业技术大学、南昌职业大学、江西软件职业技术大学、河南科技职业技术大学、广东工商职业技术大学、广州科技职业技术大学、广西城市职业大学、海南科技职业大学、重庆机电职业技术大学、成都艺术职业大学、西安信息职业大学、西安汽车职业技术大学、运城职业技术大学、辽宁理工职业大学、上海中侨职业技术大学、南京工业职业技术大学、新疆天山职业技术大学、浙江广厦建设职业技术大学、湖南软件职业技术大学。

应用型本科属于职业教育，与普通本科及高等工程教育分属不同类型。应用型本科培养的人才相较于高等职业专科教育，理论水平更高，应用能力更强，培养方式上更注重技能的拓展性与操作的延展性，更注重强调技术技能的复合性和创新性。具体表现为，毕业生能够熟练运用专业技术完成非常规或者复杂性工作，能够独立处理技术或工艺问题，掌握本职业核心关键技术，在具体工作中可以创新，指导他人工作，具备一定的管理能力等。“以某应用型技术本科院校自动化专业为例，其培养目标具体表述为：培养德、智、体、美全面发展的、面向区域社会和经济建设第一线的、具有自动化专业基本理论知识和较强的工程实践能力，从事信息采集、计算机应用、处理控制、设备自动化及仪器仪表测试与控制等方面工作，并具有自动化系统设计、运行、维护、管理及研发等方面能力的高级现场工程技术人员。”① 由此可见，应用型本科教育更加强调知识的投入，在我国职业资格框架体系中，应用型本科教育培养的人才对应国家职业资格二级，即技师，在人才层次结构上属

① 张宽政．试论我国职业教育层次的划分［J］．机械职业教育，1997（6）：9-10.

于高级技术技能型人才。①

《行动计划》指出，要稳步发展高层次职业教育，把发展本科职业教育作为完善现代职业教育体系的关键一环，培养高素质创新型技术技能人才，畅通技术技能人才成长通道。稳步推进本科层次职业教育试点，支持符合条件的中国特色高水平高职学校建设单位试办职业教育本科专业。推动具备条件的普通本科高校向应用型转变。②

（五）专业学位研究生教育

专业学位研究生教育培养目标应定位于培养研发核心技术人才，即培养既懂科学又会技术，富有创新精神和实践能力的精英人才，专业学位研究生的实践能力更强、涉及学科范围更广、层次和水平更高。③ 这样的人才，在思维和品格方面应具有战略视野、探索欲望、坚韧品质和协作精神，在具体能力方面应具有综合与分析、创新与集成、跨学科学习和实践能力，在知识和素养方面应具有哲学与美学、职业素养、专业理论和技术基础。依据专业学位研究生教育的目标和复合创新型专业人才的特点，专业学位研究生教育尽管以学科来设计专业，构建"宽""专""交"的系统性技术知识结构，但并不以学科为本位，而是必须对接现实、以需求为导向；在招生对象方面，应该从有实践经验的技术人员和有实践经验的应届本科毕业生中选拔，基于其丰富的实践经验和扎实的专业理论知识，可以培养成为工程师等具有创新能力的复合技术型人才。这类人才只能通过产学研结合来培养，因为专业学位研究生教育要培养技术研究和开发人才，必须做到职业性和学术性的统一，既要有鲜明的实践取向，又要有严谨的学术品格，要为特定职业的发展与变革提供新的智力支持，并能够在已有的职业经验中总结、提炼出具有普适性的观点和原则，提升从业者的专业素养。④

专业学位研究生教育主要面向产业部门专业需求，培养各行各业的专业人才。专业学位研究生教育位于学历（学位）职业教育体系的最高层次，其培养的专业学位研究生要具备应用技术本科人才的职业能力和素养，同时在

---

① 张静．现代职业教育体系构成要素研究［D］．天津：天津大学，2014：20.

② 教育部等九部委．职业教育提质培优行动计划（2020—2023 年）（教职成〔2020〕7 号）［EB/OL］．（2020-09-23）．http：//www. gov. cn/zhengce/zhengceku/2020-09/29/content_5548106. htm.

③ 徐德龙，冯政清；李洪胜，等．搞好专业学位研究生教育综合改革试点—探索多元化创新性精英人才培养新体系［J］．学位与研究生教育，2011（4）：15-18.

④ 牛国卫，张红．专业学位的特性与专业学位研究生质量的提升［J］．研究生教育研究，2011（4）：81-85.

知识、技术的应用、开发性研究与设计上达到更高的水准。具体表现为，可以独立处理解决高难度工艺及生产问题，在技术攻关、技术改革等方面有创新，能组织开展技术改造、技术革新和专业技术培训，具有管理能力。专业学位的获得者要具备特定社会职业所要求的专业能力和素养，具备从业的基本条件，能够运用专业领域的理论、知识和技术有效地从事专业工作，合理地解决专业问题。因此，专业学位研究生教育培养目标为专家级技能型人才，对应职业资格认定系统中的一级（见图 3-1）。

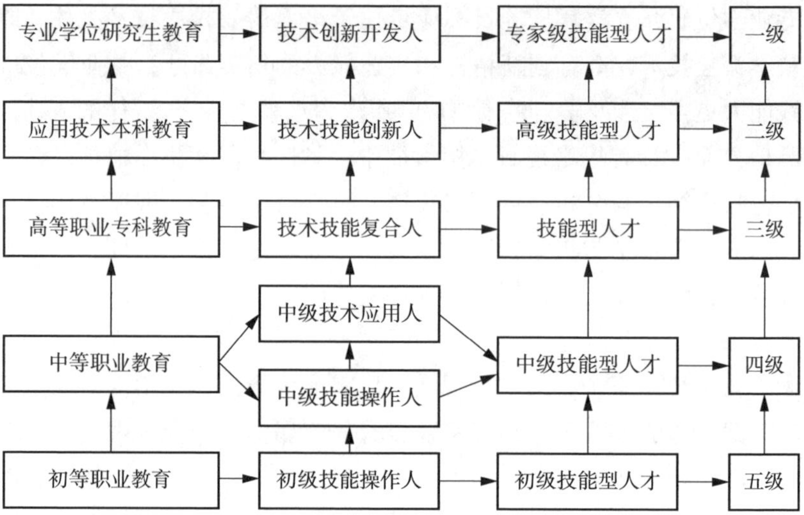

图 3-1 学历（学位）职业教育体系构成要素

《行动计划》指出，根据产业需要和行业特点，适度扩大专业学位硕士、博士培养规模，推动各地发展以职业需求为导向、以实践能力培养为重点、以产学研用结合为途径的专业学位研究生培养模式。①

国内有学者基于内部结构、外部结构，以及培养目标结构、专业结构、课程结构、师资队伍结构、生源结构等对职业教育结构进行分析；也有学者将职业教育结构要素分解为专业规模结构、专业形式结构、专业层次结构、专业布局结构四个方面②，具体如表 3-1 所示。

---

① 教育部等九部委．职业教育提质培优行动计划（2020—2023 年）（教职成〔2020〕7 号）[EB/OL]．(2020-09-23)．http：//www.gov.cn/zhengce/zhengceku/2020-09/29/content_5548106.htm.

② 张森，徐涵．职业教育结构合理性及其要素分析［J］．现代教育管理，2016（3）：94.

表 3-1 职业教育结构构成要素及评价指标

职业教育结构	分析维度	构成要素	评价指标
专业规模结构	合规律性	专业规模结构与产业结构人才需求的匹配度	三产领域的专业人才培养规模比例与三产人才需求规模比例关系的一致度
	合目的性	专业规模结构与人才培养规划结构的匹配性	专业大类人才培养数量与主管部门的人才培养计划（目标年度）的匹配度
	合规范性	与相关政策、制度要求的符合性	有关具体专业人才规模调整的具体政策的实施效果
专业形式结构	合规律性	职业学校学历教育人才数量和职业培训人才数量比例合理性	区域职业学校学历教育与职业培训人才数量比例与国内外高水平职业教育地区相应比例数值域的契合度
	合目的性	专业形式结构与相关部门的规划匹配度	职业学校与职业培训人才培养比例与相关部门的规划比例的匹配度
	合规范性	与相关政策、制度要求的符合性	专业形式结构相关政策规定的实施情况
专业层次结构	合规律性	专业层次结构与地区产业发展带来的技术结构发展需求的匹配度	某专业大类不同层次职业资格证书发放数量与社会不同技术层次人才需求数量的匹配度
	合目的性	专业层次结构与相关部门在技术结构发展预测基础上所做规划的匹配度	某专业大类获得不同层次职业资格证书人数与人力资源社会保障部每年技术等级鉴定中心的评定数量规划的匹配度
	合规范性	与相关政策、制度要求的符合性	在层次调整中相关政策的实施情况
专业布局结构	合规律性	专业布局区位合理	专业大类人才培养空间分布规模与地区相应产业人才需求规模匹配度
	合目的性	专业布局与城市人才规划匹配性	各市职业院校专业设置及人才培养数量及规格与各市人才需求规划情况匹配度
	合规范性	与相关政策、制度要求的符合性	专业布局调整中的政策规定的实施情况

注：指标的建立既包括对职业学校，也包括对职业培训的监测与评价。

三、完善职业教育结构的条件日臻成熟

（一）教育发展目标任务进一步明确，职业教育发展有了纲领性文献指导

《中国教育改革和发展纲要》《面向 21 世纪教育振兴行动计划》《中共中

央国务院关于深化教育改革全面推进素质教育的决定》等文件和国务院职教工作会议确定的职业教育发展规划，为完善高等职业教育结构提供了坚实的政策保障和理论支持。2019 年 1 月，国务院印发“职教二十条”，开宗明义指出：“职业教育与普通教育是两种不同教育类型，具有同等重要地位”，正式确定职业教育是一个单独种类的教育。到 2022 年，职业院校教学条件基本达标，一大批普通本科高等学校向应用型转变，建设 50 所高水平高等职业学校和 150 个骨干专业（群）。经过 5~10 年时间，职业教育基本完成由政府举办为主向政府统筹管理、社会多元办学的格局转变，由追求规模扩张向提高质量转变，由参照普通教育办学模式向企业社会参与、专业特色鲜明的类型教育转变，大幅提升新时代职业教育现代化水平，为促进经济社会发展和提高国家竞争力提供优质人才资源支撑。

2021 年 4 月，全国职业教育大会指出，深刻认识“不同类型、同等重要”的基本定位。这是我国在教育理念上的一次重大变革，也是党和国家把握教育发展规律、职业教育办学规律、人的全面发展规律做出的一个重大判断。要在思想上破除“重普轻职”的传统观念，在行动上把职业教育和普通教育区分开，特别是要把科学和技术、知识和技能区分开，践行类型教育新理念。会议还明确指出优化职业教育结构的重大时代命题。

（二）经济社会发展对高技能人才的迫切需求，呼唤职业教育结构改革

2012 年，教育部副部长鲁昕在第一期职业院校院（校）长培训班上做了以“提升能力承担责任，全面推进现代职业教育体系建设”为主题的讲话。她指出，经济发展与社会和谐需要以合理的人力资源结构为基础，而人力资源结构则需要通过合理的教育结构来实现。教育结构取决于产业结构、经济结构和社会结构。教育规划纲要明确提出，教育要为建设人力资源强国服务，这是基于我国经济社会发展和教育实际提出的战略性要求。现阶段，我国经济发展，需求量最大的还是职业技术人才，特别是技能型人才、高端技能型人才。因此，必须推进教育结构的战略性调整，加速高等职业院校结构调整，满足人民群众多样化的教育需求。把完善职业教育结构作为构建合理职业教育体系重大举措之一，使人才培养的类型结构、层次结构更加合理，进而为社会经济转方式、调结构、惠民生的国家战略做出贡献。

（三）职业教育的发展为进一步优化职业教育结构奠定了基础

改革开放以来，各高职院校加强理论研究，积极探索高等职业教育的规律和特点。1985 年，高等职业教育研究会成立；作为会刊，《高等职业教育》

杂志也于1987年创刊，成为职业教育研究和实践的交流阵地。此后，全国性和地域性高等职业研究刊物大量出现，研究高等职业教育的专著、丛书、论文大量涌现，对推动高等职业教育建设发挥了重要作用。“以服务为宗旨，以就业为导向，走产学研结合的发展道路”日益成为高等职业教育领域的共识。而“办学以市场为导向服务社会，教学以就业为导向服务学生”则是教育机构办学理念的具体化。此外，一直制约高等职业教育发展的教育经费的合理分担机制正在形成。以天津市为例，有地方政府投资的学校，有各行业投资建设的学校，有民营资本投资建设的学校，还有外资进入高等职业教育机构合作举办的学校。中央财政近年来采取多种形式加大对高等职业教育机构的投入，促进了高等职业教育事业的发展和示范校的建设。高等职业专科教育的健康发展，为本科教育和研究生教育提供了可行性。①

“十三五”以来，党和国家始终把职业教育作为社会经济发展的一项重要工作，摆在了前所未有的突出位置，做出了一系列重大决策部署。

“十四五”期间，职业教育进入高质量发展新阶段，职业教育战线将以习近平新时代中国特色社会主义思想为指导，认真贯彻党的十九届五中全会精神，落实立德树人根本任务，对标对表《中国教育现代化2035》和《加快推进教育现代化实施方案（2018—2022年）》，以构建高质量教育体系为总目标，切实增强职业教育适应性，加快形成具有世界水平的中国特色现代职业教育体系，奋力把习近平总书记对职业教育“大有可为”的殷切期盼转化为职业教育战线“大有作为”的生动实践，为促进经济社会发展和提高国家竞争力提供优质人才资源支撑。②

第二节　我国职业教育结构重塑的理念原则

当前，我国进入经济社会转型发展的新时期，发展方式的转变和产业的转型升级，带来经济结构的深刻变革，教育尤其是职业教育需要加快结构改革步伐，进一步深化职业教育供给侧结构性改革。国家已明确将教育供给侧结构性改革作为今后一个时期教育事业发展的主线。职业教育结构是职业教育体系的主体，构建合理的职业教育结构体系对职业教育的发展有着重要的

---

① 张静．现代职业教育体系构成要素研究［D］. 天津：天津大学，2014：32.

② 教育部．从“层次”到“类型”职业教育进入高质量发展新阶段［EB/OL］（2020-12-08）. http：//www. moe. gov. cn/fbh/live/2020/52735/sfcl/202012/t20201208_503998. html.

推动作用，而构建职业教育结构需要正确把握一些基本理念和原则。

一、我国职业教育结构重塑的学理依据

（一）系统科学

系统观认为系统是普遍存在的，整个世界就是系统的集合，整体性、相关性、层次性、动态性、时序性是系统的基本特征。① 系统具有整体性，其功能不是各要素的机械组合或简单相加，而是需要以一定的、合理的结构进行有效整合。要素决定整体，整体制约要素。系统的结构分析法指出每个系统都由更小的系统构成，每个系统都包含多个层次，层次的多少在一定意义上代表系统的复杂程度。系统的要素不是一成不变的，各要素之间既有合作也有竞争，要素之间的协同和竞争引起系统的“涨落”，不断推动系统的演化。②

（二）职业带理论

联合国教科文组织于 1981 年出版的《工程技术员命名和分类的几个问题》指出，当今人才结构可分为三种类型：技术工人类、技术员类以及工程师类，如图 3-2 所示。

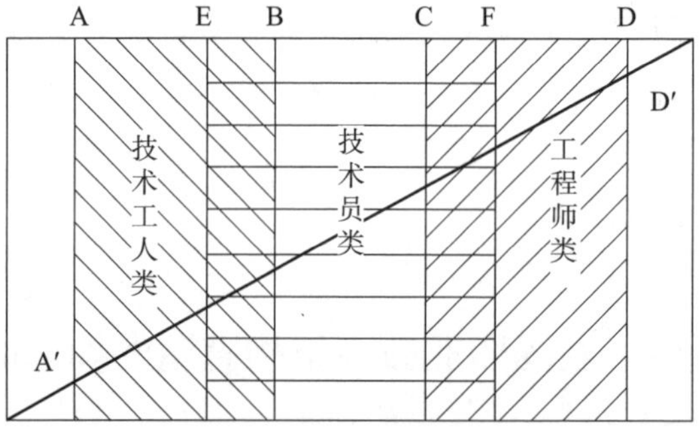

图 3-2　职业带理论示意

由图 3-2 可以发现，不同类型的人才的知识和技能结构是不相同的。技术工人（A-B）侧重操作技能，工程师（C-D）侧重理论知识，技术员（E-F）需要操作技能与理论知识并重。为此，将主要依靠操作技能工作的工

① 贝塔朗菲．一般系统论［M］．林康义，译．北京：清华大学出版社，1987：61.

② 周红利，周雪梅．系统论指导下的现代职业教育体系建构［J］．教育与职业，2014（3）：11-13.

人称为“技能型人才”，将既需要一定操作技能又需要一定理论知识的技术员称为“技术型人才”，将侧重理论知识的工程师称为“工程型人才”。社会的进步、技术的发展不断推动社会人才结构发生变化。职业带理论虽然针对的是工业职业领域，但其依据知识和技能组合结构划分人才的方式，对分析现代职业教育体系的构成要素具有重要的启示和借鉴意义。

（三）终身教育理论

在 1965 年联合国教科文组织成人教育会议上，法国教育思想家和成人教育家保罗·朗格朗（Paul Lengrand）首次提出终身教育思想。其发表于 1970 年的《终身教育引论》和 1972 年的《学会生存——教育世界的今天和明天》都强调了终身教育的重要性。教育应该贯穿每个人生命的始终，并包含社会各个方面，不应仅局限于学校普通教育领域，更不应对受教育者年龄有所限制。教育本身具有终身性和全员性特点。具体到职业教育，终身教育理念体现在个体的整个职业生涯，不仅涵盖职业预备教育（多在学历职业教育体系内完成），还应该包括在岗培训、转岗培训以及再就业培训等。基于此，分析职业教育体系内部构成要素就应该考虑个体整个职业发展过程，终身教育理念在指导现代职业教育体系构建方面具有重要意义。①

（四）组织论

组织论是一门与企业或项目管理密切相关的基础理论学科，是管理学的母学科。组织论认为系统的目标决定了系统的组织，而组织是目标能否实现的决定性因素。组织结构模式、组织分工和工作流程是其重要的研究内容。组织结构模式分为职能组织结构、线性组织结构和矩阵组织结构。组织分工分为工作任务分工和管理职能分工。工作流程分为管理工作流程、信息处理工作流程和物质流程。对职业教育结构而言，职业教育是我国教育系统的有机组成部分，职业教育机构离不开职业教育组织，职业教育的组织结构模式不同职业教育的结果就会不同；职业教育的组织分工不同，各部门之间的协作、协同实效也会有差异；职业教育的工作流程时间顺序、空间布局等都会对职业教育产生或这样或那样的影响。因此，研究职业教育的结构以及结构的重塑离不开组织理论的有力支撑。

---

① 张静．现代职业教育体系构成要素研究［D］．天津：天津大学，2014：13.

二、我国职业教育结构的主要特征[①]

（一）整体性

职业教育层次结构是一个由初等职业教育、中等职业教育、专科职业教育、本科职业教育和研究生职业教育五个层次要素（子系统）组成的有机整体。职业教育层级取决于社会经济发展的需要和职业教育自身的发展规律，但不管层级如何，都要构成一个体系。职业教育各个层次要素或部分行为只有协调于职业教育系统的整体行为中，才能发挥整体的功能作用。因此，任何层次或者类型的职业教育不在整体职业教育层次结构体系中运行，或者说忽视任何一个职业教育层次，单层次或整体的职业教育功能都会减退。当前，我国正处在职业教育层次结构调整时期，应该依据每个职业教育层次类型在社会经济中的地位和作用来调整，以便有效发挥各层次不可替代的特色和优势。

（二）目的性

职业技术教育系统的目的就是培养生产、建设、管理、服务一线的德、智、体、美、劳全面发展的工程型、技术型和技能应用型人才。各个层次的应用型人才是由不同层次的职业教育培养出来的，准确理解职业技术教育系统各层次的目标是办好职业技术教育的关键，是确定职业教育教学内容、教学组织形式、教学评价体系等的重要依据。确定职业教育系统各层次目标的依据是经济结构、产业结构对不同层次应用型人才的需求。按照职业教育培养目标规格和要求的不同，纵向上形成初等职业教育、中等职业教育和高等职业教育，其中高等职业教育分为专科层次的高等职业教育、本科层次的高等职业教育和研究生层次的高等职业教育。各个层次的职业教育培养目标指向或针对经济结构和产业结构所需技能或技术的相应等级。

（三）稳定性

稳定性是指系统要素在外界影响下表现出来的某种平衡状态。就职业教育结构本身而言，稳定性是相对的，永远不变的结构是不存在的。职业教育层次结构建立后，必定有一个相对稳定的时期；否则，职业教育就很难发展

---

① 这里的“职业教育结构特征”，是基于学界既有研究成果和公认结论；除上述特征之外，开放性、独立性、差异性、发展性、相关性以及环境适应性也是职业教育结构应有之特征。

和提高。尽管构成职业教育的基本要素会受到社会发展的影响和制约，但外部因素只是起推动和促进作用，发挥主要作用的还是其内部力量。职业教育层次结构不可能经常变化，其内在结构（如专业规模结构、形式结构、层次结构、空间布局结构）在短时间内很难有大改变，在相当长时间内是相对稳定的。此外，职业教育层次结构的变化具有一定的滞后性，只有把握职业教育结构量变和质变的规律，才能推动职业教育的适应性发展。

（四）动态性

系统作为运动的有机体，稳定是相对的，运动则是绝对的。系统作为一个功能实体而存在，且作为一种动态而存在。职业教育层次结构是职业教育结构的重要组成部分，其对应的是经济社会发展所需人才的技能水平，与区域经济的发展水平、用人单位的需求联系密切。可见，职业教育层次结构不是固定不变的，而是随着社会经济大环境发展进行调整的。职业教育具有高度的开放性，每时每刻都在与社会其他子系统进行物质、能量和信息的交换，处于运动状态。因此，一旦社会、政治、经济等环境因素发生变化，尤其是随着政策和经济结构的改变，职业教育层次结构必然进行相应的调整跟进，以使得层次结构更合理、更利于促进国家经济社会发展。①

三、我国职业教育结构重塑的基本原则

基于经济社会发展、科技进步的客观要求，职业教育逐步形成了自身的体系与结构。科学地揭示职业教育的体系和结构，无疑会促使职业教育沿着健康的轨道发展。在笔者看来构建现代职业教育结构需遵循以下基本原则。

（一）职业教育结构要适应社会发展的整体要求

教育结构体系要适应我国社会先进生产力对教育提出的要求，为培养不同类型的建设者而努力。同时，教育要体现我国先进文化的前进方向。因此，教育结构体系对社会发展的适应性是全面的、整体的，我们不应孤立地强调某一个领域的需要，而忽视其他领域的要求。随着科学技术和经济的发展以及人民生活水平的提高，人民群众对提升人文素养以及精神生活品质提出了更高和多样化的要求，21 世纪的职业教育结构体系必须积极适应这方面的

---

① 董显辉．中国职业教育层次结构研究［D］．天津：天津大学，2013：92.

要求。

职业教育结构体系改革不仅要适应当前社会发展的要求，更要适应未来的需要，促进社会的可持续发展。换言之，合理的教育结构体系必须具有引导和改造环境的能力。我们可以通过优化职业教育结构体系，培养高素质的劳动者和各类人才，影响社会各行各业，引导社会对人才的需求，创造新的就业岗位和产业，促进经济、科技的发展和社会的进步。

（二）职业教育结构要满足受教育者多样化需求

教育具有促进社会发展的功能，更具有促进人的发展的功能。合理的职业教育结构必须体现广大人民群众的根本利益。换言之，职业教育结构要坚持以人为原则、坚持以人民为中心的基本立场，从而有利于多出人才、快出人才、出好人才，满足不同类型、不同岗位的人对职业教育的多种需求。多样化是职业教育发展的客观规律。各级各类职业教育虽有不同的功能和分工，但都担负着为社会主义建设事业培养人才的任务。不能把提高受教育者的素质与强化职业准备教育或专业教育对立起来。基础教育、职业教育和高等教育都要重视受教育者的全面发展特别是思想道德品质的提高，注意培养学生的学习能力、实践能力和创新能力，以更好地满足受教育者对个性化、差异化、多样化、优质化的教育需求。

（三）职业教育结构调整要基于人才结构和学历水平

随着教育事业的蓬勃发展，20 年来我国各行业劳动力的学历水平和专门人才的比例有较大提高。但由于教育基础比较薄弱，我国现有人才学历层次总体上仍然比较低，且很不平衡。专业技术人员在数量、质量上与发达国家有很大差距。因此，一方面，我们要把培养高级专门人才摆在突出位置，重视统筹各类人才和劳动者的培养。在积极发展高等教育的同时必须重视中等职业教育的发展和改革，提高中等职业教育的质量。正如全国职业教育大会所强调的，“构建现代职业教育体系基础在中职。解决不好中职的基础性问题，高质量的职业教育体系就无从谈起”。[①] 抓住经济和科学技术快速发展的新的历史机遇，在提高国民素质的同时，加快各类人才的培养。另一方面，我们要从我国的实际出发，避免和减少由于教育层次、科类结构上的不合理导致的人才配置和使用上的浪费，充分发挥我国教育资源的效能。

---

① 陈宝生．办好新时代职业教育服务技能型社会建设［N］．光明日报．2021-05-01（07）．

（四）职业教育结构调整要适应全方位多层次新发展格局的需求

《中共中央关于制定国民经济和社会发展第十四个五年规划和二〇三五年远景目标的建议》概要总结决胜全面建成小康社会的决定性成就，准确研判深刻复杂变化的国内外环境，就“十四五”时期和未来更长时期加快构建以国内大循环为主体、国内国际双循环相互促进的新发展格局做出重大决策。为此，习近平总书记指出：“人力资源是构建新发展格局的重要依托。要优化同新发展格局相适应的教育结构、学科专业结构、人才培养结构。”① 根据这一重要论述，教育系统特别是职业教育必须密切联系新发展格局，全方位多层次地增强适应性，在支撑中国制造和中国创造、推动经济社会高质量发展方面发挥重要作用。

第三节　我国职业教育结构重塑的方法路径

教育要同发展要求相适应、同人民群众的需求相契合、同我国综合国力和国际地位相匹配。要坚定职教类型，优化高等教育结构，开展现代职业教育试点，探寻我国职业教育结构重塑的方法路径，不断丰富中国特色现代职业教育理论和实践。

一、影响我国职业教育结构重塑的因素

职业教育结构重塑的主要任务是按照各层次人才需求的比例，培养各种不同层次的技术应用型人才，最大限度地满足区域经济发展的需要，因而深受经济结构、产业结构、技术结构等经济因素影响。英国教育学家迈克尔·夏托克（Michael Shattock）认为：“要确定适当的高等教育结构，应该考虑劳动市场、关于受高等教育机会的政策、高等学校的形式、科研的组织和经费以及资源的分配等问题。”② 郝克明等认为：“分析高等教育结构必须考虑经济、政治、社会、教育、文化、科学技术、资源、劳动制度、国际关系和个人 10 个因素。”③

---

① 构建新发展格局，习近平总书记这样战略布局［EB/OL］.（2020-09-24）. http://www.qstheory.cn/zhuanqu/2020-09/23/c_1126531690.htm.

② 夏托克．高等教育的结构和管理［M］. 王义端，译．上海：华东师范大学出版社，1987：5.

③ 郝克明，汪永铨．中国高等教育结构研究［M］. 北京：人民出版社，1987：451-452.

我们认为，应从职业教育结构本身出发，在综合考虑职业教育与经济社会互动关系和重要程度的基础上，依据重要程度，把影响职业教育结构的因素分为“决定性因素”“主体性因素”“发展性因素”① 三个层面。“决定性因素”和“发展性因素”是外部因素，“主体性因素”是内部因素。

（一）决定性因素

决定性因素是指“影响职业教育结构变化发展最原始、具有前期决定性作用的因素”。② 在职业教育结构变迁中，哪些是最原始、最具有前期决定性的内容？从职业教育的运作上来看，其组成要素有三，即职业教育者、受职业教育者与职业教育手段。因此，职业教育决定性因素有人口结构、经济基础和教育基础。

1. 人口结构

教育是一种培养人的活动，“人”既是教育活动展开的主体，又是教育活动的客体，没有人，教育活动就不存在。职业教育作为一种培养技能人才和技术人才的活动，一般招收接受过初等教育、初级中等教育、高级中等教育以及同等学力的青年。这些青年是职业教育的直接对象，离开了这个人口结构，职业教育活动就无法展开。人口结构始终是影响职业教育结构变化发展的前提基础，人口结构包括人口总数、人口性别结构、人口年龄结构、人口的职业结构、城乡人口结构、不同教育水平的人口结构的数量关系及变化特征等。不同的人口指标对职业教育结构的影响不同，尤其是不同教育水平的人口结构的数量直接影响职业教育层次的构成。

2. 经济基础

经济是教育发展的基础，经济决定社会能够向教育提供多少人、财、物。同基础教育相比，职业教育活动本质上是一种社会再生产的过程，具有典型的社会再生产特征。社会再生产必须有生产资料的投入，职业教育要存在，要发展，就必须有一定数量的职业学校，需要一定的办学场所、教学设备、教师和管理人员等；要有实习、实训场所，需要购置一定的土地、生产设备、生产资料，聘请生产工人和实习、实训教师等。从这个意义上来看，经济基础直接决定了职业教育的投入，成为影响职业教育结构的因素之一。因此，

①② 刘六生．省域高等教育结构调整研究：以云南省为例［D］．大连：辽宁师范大学，2011：114.

一旦经费短缺就会限制培养成本高的教育类型的发展。例如，我国在扩张高等教育规模的过程中，文科类专业招生人数增幅比工科类专业大得多，尤其是 2000 年以后的新建本科院校，第一批升本的大多是文科专业。国家或地区的经济水平决定了职业教育结构的发展，因为有什么样的经济水平就要求有什么样的职业教育结构与之相适应，如在我国经济水平较低的地区还存在小学后分流进行初中阶段的职业教育，而在经济水平发达地区，初中后分流的中等职业教育规模在缩减，高职高专教育，甚至本科职业教育和专业学位研究生教育都在大力发展。这一职业教育发展的规律很好地印证了为何我国东南沿海尤其是江浙一带职业教育较为发达，而中部和西部地区相对薄弱。

3. 教育基础

上一级教育和下一级教育是相互影响的关系，下一级教育的发展不仅为上一级教育发展提供可能，同时对其施加压力。职业教育作为一种初级中等教育或高级中等教育后的分流教育，它的教育对象都接受过一定程度的教育，一旦分流前的教育规模变小，职业教育的规模就会下降。职业教育是基础教育之上的教育，如果没有为劳动者提供坚实的基础教育，职业教育也不可能培养出合格的技术劳动力。依据职业教育发展逻辑，有什么样的基础教育就有什么样的职业教育；向下延伸，有什么样的初等职业教育就有什么样的中等职业教育；有什么样的中等职业教育就有什么样的高职高专教育……反过来看，较高层次的职业教育为较低层次的职业教育培养了师资，反作用于职业教育。可见，初级中等教育是中等职业教育的基础，高级中等教育或中等职业教育是高等职业教育的基础，直接决定着职业教育的数量和层级，并最终制约职业教育结构。由此可见，全国职业教育大会提出的“构建现代职业教育体系基础在中职”①，意义重大、影响深远。

（二）主体性因素

职业教育结构既受职业教育外部因素的影响，也受自身主体性因素的影响。所谓主体性因素，是指能够展现主体在社会实践活动中凭借自主、主动、能动、自由、有目的的活动表现自主性、创造性、自为性以及能动性的因素。② 主体性因素也称“职业教育内部因素”，在职业教育中职业教育机构是主体，最主要的职业教育机构是职业学校。职业教育结构变化受到职业学校

① 陈宝生．办好新时代职业教育服务技能型社会建设［N］．光明日报，2021-05-01（07）．

② 刘六生．省域高等教育结构调整研究：以云南省为例［D］．大连辽宁师范大学，2011：114．

定位、内部管理、培养目标、专业结构、课程结构等方面的影响。职业学校的能动性表现在职业教育结构的变化发展都是通过职业学校实现的。职业学校对职业教育结构发展变化的作用主要是通过其办学定位、内部管理、人才培养模式及职能发挥等来实现，即职业教育结构主体性影响因素包括：①职业学校办学定位，包括学校层次定位、办学形式定位、专业定位等；②职业学校内部管理体制，包括学校内部资源分配原则、学校内部评价制度等；③职业学校人才培养模式，包括其人才培养规格、专业课程设置、教学模式与方法等；④职业学校的职能发挥，包括其人才培养和直接为社会服务的取向和成效。[①]

（三）发展性因素

除了决定性和主体性因素之外，必然还存在一些与职业教育相互关联，影响到职业教育结构发展变化的其他因素，即发展性因素。发展性因素包括经济结构、政治因素、文化传统、科技因素等，这些因素在相当程度上交互影响职业教育结构。

1. 经济结构

这里的经济结构不同于决定性因素中的经济基础。经济结构是指社会经济各种成分、要素、门类、行业的结合方式及比例关系，主要包括产业结构、经济的区域结构和经济体制结构。经济结构变化引起产业结构、经济体制结构和经济的区域结构变化。产业结构变化引起人力资源结构变化，人力资源结构变化引起职业教育专业结构变化；产业结构升级带来技术水平的提高，技术水平的提高引起职业教育层次结构的高移。职业教育作为培养与产业紧密联系的人才，其专业结构和层次结构必须适应社会，适应不断变化的经济形势。随着经济结构变化引起人力资源的需求变化，职业教育结构必然不断调整。

按照国际通行的划分方法，农、林、牧、渔各业为第一产业；工业加工，包括重工业和轻工业构成第二产业；为生产和生活服务的交通运输、商业、邮电通信、文化教育、卫生等为第三产业。每个产业都包含了很多行业，行业结构反映了经济发展水平，与职业教育结构紧密相连。每个行业提供了各种不同的工作岗位，行业的发展需要相关岗位的人员按一定比例组合，使人才资源得到合理的配置和利用。职业教育需要根据生产发展的趋势和生产对人才的需求来构建职业教育的结构。产业结构的变化包括产业结构的升级和不同产业之间比例的调整，是影响职业教育层次结构的一个重要因素。例如，

---

① 刘六生．省域高等教育结构调整研究：以云南省为例［D］．大连辽宁师范大学，2011：114.

从工业化社会初期至中期，再到后期，对劳动力的知识能力和技能要求各有不同，这是导致中等职业教育转向高等职业教育的重要因素。

2. 政治因素

职业教育作为人类社会活动的一个重要领域，必然受到特定的政治环境和政治要求的影响。政治对职业教育的影响是直接、深远的，不仅体现在培养目标和教育内容上，还体现在职业教育结构的调整方面。克拉克·克尔(Clark Kerr)① 说："政治体系的任何一次重大变更，都必然直接产生一种新的、与变革了的政治体系相适应的政治文化观念和信仰，都必然导致现行教育体系、教育管理体制的解体、改造和重组，从而产生一种新的、与改变了的政治基础相一致的教育结构、教育秩序。"② 政治因素包括国内的和国外的政治因素。国内执政党的意志往往决定着职业教育的发展方向，通过制定体现执政党意志的职业教育的相关政策和制度来规制职业教育的发展，包括对职业教育结构的调整，如 1957 年刘少奇提出两种劳动制度、两种教育制度，使半工半读学校得到大力发展；1981 年中共中央总书记胡耀邦建议将 1/3 的普通中学改为职业中学，促进了城市中等职业教育的发展。国外的政治因素对我国职业教育结构也会产生影响，如在 20 世纪 50 年代，我国出现"中专"这一类型的职业学校，同时一度取消专科学校，与苏联的影响不无关系；20 世纪 80 年代后，我国对外交流增多，西方发达国家的职业教育结构开始对我国职业教育结构产生影响，如我国职业中学的发展受到德国"双元制"职业教育结构的影响，高等职业技术教育的发展受到美国社区学院的影响等。③

3. 文化传统

文化传统主要指社会的总体文化水平，民族文化特点及观念（如哲学观、教育观）等。需强调的是，政治制度相同经济发展水平相当的国家，其职业教育结构也不一定相同甚至存在很大差异。文化、传统因素往往是造成这一现象的主要原因，如德国和美国都是经济发达国家，但社会观念和文化传统有很大区别，对职业教育认知大不相同。美国职业教育与普通教育在高中后分流，而德国在高中阶段实行职业教育与普通教育分流。我国传统文化中重"学"轻"术"的思想是影响职业教育发展的重要因素，职业教育被认为是

① 克拉克·克尔，1911—2003，美国教育改革家、劳动和工业关系经济学家。
② 克尔．大学的功用［M］．陈学飞，陈恢钦，周京，等译．南昌：江西教育出版社，1993：74.
③ 郝克明．当代在中国教育结构体系研究［M］．广州：广东教育出版，2001：136.

“二流教育”。思想上还不同程度地受“重普轻职”的传统观念影响，在行动上还没有真正把职业教育和普通教育区分开来，特别是把科学和技术、知识和技能区分开来，践行类型教育新理念。随着传统思想的改变和职业教育水平的提高，接受职业教育人口数量及素质逐步提升，对从事职业教育的教师素质要求越来越高，职业学校招聘人才时对于学术、技术及综合素质的考量越来越严格，其中对硕士和博士研究生的要求更明显，需要双师型人才，这就给职业教育师资培养学校的学科门类和层次结构提出了更高的要求。

4. 科技因素

科技发展催生新知识和新技术不断涌现，这就要求人们不断加强学习。调查发现，一般科技人员一生工作时间约为 45 年，所用的知识只有 10%～20%是在学校学到的，其余 80%～90%则是从工作中习得，或者培训获得的。[①] 这表明，不可能在学校里学到所有的知识，必须建立学习型社会，进行终身学习，使教育从“一次性教育”走向终身教育。此外，科技的发展要求提高职业教育的层次结构。伴随着科技的分化与综合，近年来许多领域都在酝酿着重大技术突破，各行各业高学历工作者的比例不断提高，推动了行业发展。在这种形势下，各行各业对人才提出了更高要求，逐步重视本科层次和研究生层次职业教育的发展。根据教育部公布的信息，2009 年专业学位教育研究生的招生比例为 10%，2010 年达到 15%。2015 年专业学位研究生招生比例提高到 50%以上，这便是很好的例证。[②] 2020 年专业学位硕士招生占比已经超过 60%。

二、我国职业教育结构重塑的方法路径

服务社会经济发展，为其培养相适应的人才是职业教育肩负的神圣使命，基于此，职业教育结构在整体上需要与经济结构相协调。根据世界经济技术发展的基本趋势和我国经济发展战略，结合职业教育发展中遇到的问题，重塑我国职业教育结构的方法路径主要有以下几条。

（一）区域结构：中、东、西部协调发展，以中、西部为重点

我国东部、中部和西部经济发展呈梯级形态，中、西部发展相对滞后。产业转型升级过程中，劳动密集型产业会逐步向资本密集型产业与知识密集型产业发展，并向发展程度较低的区域转移。职业教育担负着培养高素质劳

① 金一鸣．中国教育类别与结构的研究［M］．上海：上海教育出版社，1999：175.
② 董显辉．中国职业教育层次结构研究［D］．天津：天津大学，2013：95.

动者和技能型人才的任务①，是劳动密集型产业和资本密集型产业发展的重要支撑力量。职业教育的基本功能决定了中、西部是我国职业教育的重点区域，东部发达地区则依靠发达的高等教育为中、西部职业教育发展提供师资和咨询服务。随着东部地区产业结构升级和发展方式转变，第二产业需要的人员逐步减少，对中等职业教育的需求呈显著下降趋势。作为一个经济体，东部地区将更多地发展高等教育并向西部地区提供高级人才，西部地区则更多地发展职业教育为东部地区提供服务人才。因此，要实现《国家中长期教育改革和发展规划纲要（2010—2020）》提出的职业教育规模与普通教育大体相当的目标，不应简单地强求东、西部地区相同，而应该根据各地经济实际发展情况确定普通教育与职业教育的具体比例，东部地区应该高于西部地区，譬如，京、津、沪等地区为8∶2，湘、鄂、赣等地区为5∶5，而新疆、青海、贵州等地区可确定为3∶7。②

（二）城乡结构：城乡协调发展，以面向农村的职业教育为重点

我国人口众多且人口老龄化逐渐加深，资源相对稀缺。要逐步实现城镇化和现代化，就要依靠职业教育提高人口素质，促进农村人口向城镇有序转移。随着公共服务城乡等值化的推进，职业教育资源必将更多地配置于农村，实现这一目标的途径主要有两个：一是加大对县级职业教育机构的投入，使与农村联系更紧密的小城镇吸纳更多的优秀教师，提升乡镇职业教育办学水平；二是城市职业院校扩大农村生源比例，并通过城乡职业院校师资交流和联合办学实现协调发展。与改革开放初期不同的是，农村职业教育的发展不仅是规模的扩张，还是规模与质量、结构、效益的协调发展。国家应该通过制定职业教育办学标准，使农村职业院校师资队伍建设和人才培养质量达到与城市相当的水平。

职业教育重点向农村转移人口倾斜，需要全面实施学费减免制度，免除中等职业教育学费，将高等职业教育学费降到普通高校以下水平。只有实行免费制度和职业教育产品国家购买制度，职业院校才能实现区域合作和城乡合作，鼓励城市职业院校尽可能多地招收农村户籍学生，实现中等职业教育生源以农村为主，高等职业教育生源城乡大体相当。

---

① 中共中央关于全面深化改革若干重大问题的决定［EB/OL］. http：//finance. ifeng. com/a/20131115/11093995_0. shtml.

② 崔发周. 我国职业教育结构优化的基本目标与调整策略［J］. 职教论坛，2014（1）：70.

（三）专业结构：大类协调发展，以面向服务业为重点

要全面提高职业教育人才培养质量和就业质量，实现与经济社会协调发展，就必须让专业结构与产业结构、用人结构基本吻合。专业结构调整主要包括三个方面：一是专业设置宽度，要与面向的行业一致，服务面越宽，专业设置宽度越大；二是各专业的培养规模，要与相应行业发展规模一致；三是专业内部的课程结构，要与行业技术发展水平一致。整体来看，由于新型城镇化的推动，我国服务业在 GDP 中所占比例逐年增加，特别是老年服务业将快速增长。随着工业技术水平和劳动生产率的提高，特别是智能制造技术带来的革命性变化，制造业对于操作技能型人才的需求明显减弱，甚至出现行业规模扩张但从业人员反而减少的现象；服务业则不同，尽管也在不断进步，先进的操作设备不断引入，但就业弹性系数较大，远高于第一、第二产业。因此，培养服务技术技能人才的专业应成为近期的发展重点。

（四）层次结构：中高职协调发展，以中等职业教育为重点

职业教育的层次结构取决于经济发展对不同层次技术技能人才的需求。由于科技水平的不断提高，我国对高层次技术技能人才的需求规模不断扩大，高素质技术技能人才在实用技术人才中所占比例逐步提升。因此，从长远来看，高等职业教育的规模将不断扩展，并且逐步向本科和研究生层次发展；中等职业教育和初等职业教育的规模逐步萎缩，可能生源总量保持不变，但这种发展趋势不会改变。随着信息技术的融入，工业发展对劳动力的需求增长速度将会低于工业发展速度，这使得中等职业教育有加快萎缩的趋势，尤其是面向工业企业的技工教育。但是，在我国基本实现工业化和城市化之前，中等职业教育的培养规模总体上高于高等职业教育。这是因为，我国城市化进程滞后于工业化，目前大约有 2.3 亿农民工处于流动状态，城镇化率不足 50%。农村转移人口要落户城镇，需要通过中等职业学校的教育提高职业能力；尽管高等职业院校通过培养目标下移挤占了一部分中职学校的生源，但中职学校在培养成本上占有绝对优势，在市场经济环境下，农村转移人口参加中等职业教育成为首选。

（五）功能结构：就业与升学协同，以服务就业为重点

职业教育的基本属性决定其以就业为导向，而不是以升学为导向。在中职学校在校生不断减少的情况下，2010—2012 年我国高中在校生人数依次为

2427.34万人、2454.82万人和2467.17万人①，增长趋势明显，这说明学生家庭更倾向于通过基础教育升入高等学校，而不是通过中等职业教育升入高等职业教育。但对于某些技术技能型职业而言，需要进行长期的技能训练，如艺术类、体育竞技类以及高级护理类职业等，这些职业的典型特征是入门知识要求不高，但取得成就的难度很大。一些学生家长盲目地为中学学业不良的学生选择艺术类职业，结果却事与愿违，原因就在这里。但是，在我国经济转型升级、国家实施创新驱动战略的大背景下，随着智能制造技术的逐步推广，社会对高端技术技能人才的知识要求越来越高，客观上要求参加高等教育阶段学习的学生具有基础教育阶段的知识准备，中等职业教育毕业生只有通过一定形式的补偿教育才能满足这种要求。因此，尽管少数中职学校毕业生可以升入高等学校，但更多的毕业生应该成为社会发展所需要的技能型人才，通过“做中学”与“学中做”的方式不断提高职业能力。这既符合技能型人才成长的规律，也符合经济社会发展的规律。

（六）技术结构：线下与线上教学协同开展，以线上教学为重点

现代教育信息技术带来了新的教学形态，师生之间的交互活动由原来的以面对面（face to face）形式为主转变为以通过媒介（media to media）交流的形式为主。在后疫情时代，线上教育加快发展，不仅有效降低了疫情对教育系统的冲击，还为传统学校教育与在线教育融合发展提供了新契机。由于职业教育需要一定的技能训练，通过媒介交流比普通教育难度更大，需要解决一些技术问题。职业教育信息化教学的主要难点包括：①操作技能的训练需要昂贵的虚拟现实设备，这种投入甚至高于真实设备；②技术知识的更新频率高于学科基础知识，教学信息资源需要及时更新；③教学内容包括形象化的视频素材，这些视频素材的处理比文字更困难；④普通教育的教师主要在学校，而职业教育的教师主要在学校和企业等多个地点；⑤普通教育的学生差异性较小，而职业院校的学生成分复杂，信息资源需要有更强的适应性；⑥职业教育专业类别较多，不同专业差异较大，资源开发需要更多的创新，而共享程度低于其他领域。尽管如此，职业教育信息化的发展趋势还是不可逆转，而且将占据主导地位。通过信息化教学，职业院校教师的角色发生了重大变化，由传统的“师傅”变为教学资源开发者、教学系统维护者、学习过程评价者和职业生涯指导者；学生的个性化需求可以得到更大的满足，基

① 麦可思研究院.2013年中国大学生就业报告［M］. 北京：社会科学文献出版社，2013：15-30.

于不同的职业能力起点获得最优化发展。可以说，第一轮职业教育教学改革的重点是增加实践教学的比例，改变理论与实践脱节的问题，并且取得了显著成效。但由于生产技术条件的变化，过分强调真实设备的实践教学只能是一种理想，很难达到传统的技工训练效果；新一轮基于现代信息技术的职业教育教学改革，不仅可以实现各种技术条件下的模拟训练，而且可以超越现实技术条件，开展面向未来的技术训练，满足复杂多样的个性化学习需要。

进入 21 世纪后，人类全面进入信息化社会，职业教育信息化、数字化推动了人类的“第二次进化”，信息数字技术向社会生活各领域全面推进。数字化使信息、数据成为生产力中最重要的因素，作为信息社会形成和运作的先决条件，成为社会发展的战略资源。数据、信息与农业社会的土地资源、工业社会的矿藏资源及石油资源同样重要，引发数字经济、信息经济、网络经济和知识经济等在全球的迅速发展，数字化时代已经来临。

第四节　我国职业教育结构重塑的保障机制

现代职业教育要立足第二个百年目标，对接国家现代化建设、对接高质量发展、对接高端制造业，推动高等教育结构与产业结构相适应，着力构建“中高本硕”衔接的技术技能人才培养体系，为我国中高端制造业输送大量生产、服务一线高端技术技能人才。这些愿景的实现既需要我们仰望星空，又需要我们脚踏实地，积极寻觅我国职业教育结构重塑的保障机制，为实现中华民族伟大复兴的中国梦做出职业教育应有之贡献。

一、制度保障：做好职业教育制度设计

（一）完善对高等职业教育的有关规定

1998 年颁布的《中华人民共和国高等教育法》（以下简称《高等教育法》）第十六条规定：“专科教育应当使学生掌握本专业必备的基础理论、专门知识，具有从事本专业实际工作的基本技能和初步能力。本科教育应当使学生比较系统地掌握本学科、专业必需的基础技能、方法和相关知识，具有从事本专业实际工作和研究工作的初步能力。硕士研究生教育应当使学生掌握本学科坚实的基础理论、系统的专业知识，掌握相应的技能、方法和相关知识，具有从事本专业实际工作和科学研究工作的能力。博士研究生教育应当使学生掌握本学科坚实宽广的基础理论，系统深入的专业知识，相应的技

能和方法，具有独立从事本学科创造性科学研究工作和实际工作的能力。”①

《高等教育法》对普通高等教育各层次进行了明确定位，同时规定了专科的年限是2~3年，本科生是4~5年，研究生是2~3年。《高等教育法》是我国普通高等教育得以快速发展的保障。由于我国明确提出高等职业教育概念比较晚，并且一直认为高等职业教育仅仅是专科层次，所以在《高等教育法》中没有明确其层次级数。近几年，高等职业教育作为高等教育一种类型已达成共识，并且像普通高等教育一样有专科层次、本科层次和研究生层次。为此，要想使高等职业教育有全面权威的法规保障，应在《高等教育法》中补充有关高等职业教育的规定或出台高等职业教育法，对高职性质、任务、管理职责、举办学校等用法律形式做出规定，特别要对高等职业教育的办学层次做出明确规定。

（二）改革学位制度

高等职业教育作为高等教育的重要组成部分，与普通高等教育一样拥有从专科到博士研究生完整的学位层次。美国高等教育学家克拉克·克尔说过，“在某种意义上，学位就是红绿灯，使得学生的车流通过高等教育的各个阶段。从副学士到博士学位，各级学位都起着测量和奖励学习成绩的作用，它们影响着录取政策、课程内容和年轻人在大学中的学习期限”。② 为使学位在各个层次的高等职业教育中发挥引领和监督作用，我国可以从以下几方面完善高等职业教育学位层次。

1. 增设专科层次职业教育学位，丰富专业学位类型

目前，我国学生在本科毕业时，符合条件的可以获取毕业证书和学位证书，其中毕业证书代表学历，学位证书代表学力。学位证书与学历证书相比较，是基于更严格的科学训练和考核基础，不仅是国家给予学位获得者的一种荣誉和鼓励，还是获得者学习成绩和学术水平（或技术水平）的标志。专业学位颁发给具备某一特定职业或者职业群所需要的综合职业能力、为生产和管理第一线服务的高技术应用型人才，表示拥有者具有一定的技术水平。目前，我国的高等职业教育分专科、本科、硕士研究生、博士研究生四个层次，但学位只有学士、硕士、博士，没有设置专科学位，这不利于高职高专

① 全国人民代表大会常务委员会．中华人民共和国高等教育法［EB/OL］．（1998-08-29）．http：//www. people. com. cn/item/flfgk/rdlf/1998/111603199802. html.

② 余雪莲，李巧针．高等教育专科层次学位的国际比较与设置规律［J］．比较教育研究，2005（5）：38-42.

健康发展和教学质量的监控。在以就业为导向的专科职业教育中，突出对学生技能的培养，即应该更重视学生的学力。因此，我们可以借鉴英、美、日等国家的做法，改革现有学位类型和等级，在高等职业院校和高等专科学校设立副学士学位，让每个层次的高等职业教育都有对应的学位，形成从副学士、学士、硕士到博士的高等职业教育专业学位体系。

2. 授予应用型本科教育专业学位，扩充专业学士学位规模

产业升级转型需要技术技能型人才、复合技能型人才以及知识技能型人才，当前这几类人才基本是由应用型本科阶段教育进行培养。但无论是学术型本科高等教育还是应用型本科高等教育，学生在毕业时都被授予学术型学位，《中华人民共和国学位条例》并没有对学术型学位和专业型学位类型进行明确区分，在学位授予标准等方面是一样的。忽视专业学位教育和学术学位教育的本质特征，造成专业学位授予的学术化，导致两种学位类型混淆不清，两类人才在学位上难以区别。这不利于学士学位体系的建设以及高等教育的分类指导、特色发展。

“职业的发展必然导致学位的发展，二者互相促进，相得益彰。现代社会里新职业的出现，都会伴随着相应学位的产生，没有学位资格要求的职业在社会上难以得到应有的尊重，难以维持长久的吸引力。”[①] 事实上，从事社会生产的各个部门都需要从低到高的应用型技术人才，而这类人才的培养需要得到从低到高层级结构的专业学位的引导。“在我国目前的经济和教育发展水平下，培养应用型高等级专门技术人才的主体是专科和本科层次职业教育，基于此，根据学位理论体系发展完善的需要，加快专业学士学位教育的发展步伐，打通高等职业教育与专业学位间的通道势在必行。”[②] 目前，在我国没有真正能与专科层次职业教育（高职高专）相衔接的本科职业教育及相应的专业学士学位。高职高专毕业生基本都是通过“专升本”获取本科学术型学位实现向应用型专业硕士迈进。这样不仅本科学术型学位与专业硕士学位之间存在硬性结合的问题，还会导致培养周期过长，不能为社会经济发展提供急需的应用型专门人才。将专业型学位能与应用型本科教育结合，既有利于学位制度的改革和完善，又有利于作为关节点、立交桥的应用型本科的建设和发展，还能更好地满足这一时期社会经济发展对不同类型人才的需要，与

① 骆四铭．学位的起源、发展及其特征［J］．比较教育研究，2006（4）：35-40.

② 陈勃生．加快专业学士学位教育发展步伐，打通高职与专业学位间的通道［J］．湖南医科大学学报（社会科学版），2002（S1）：35-37.

专业硕士及高职高专院校职业技术人才、专升本人才培养实现衔接（见图 3-3）。

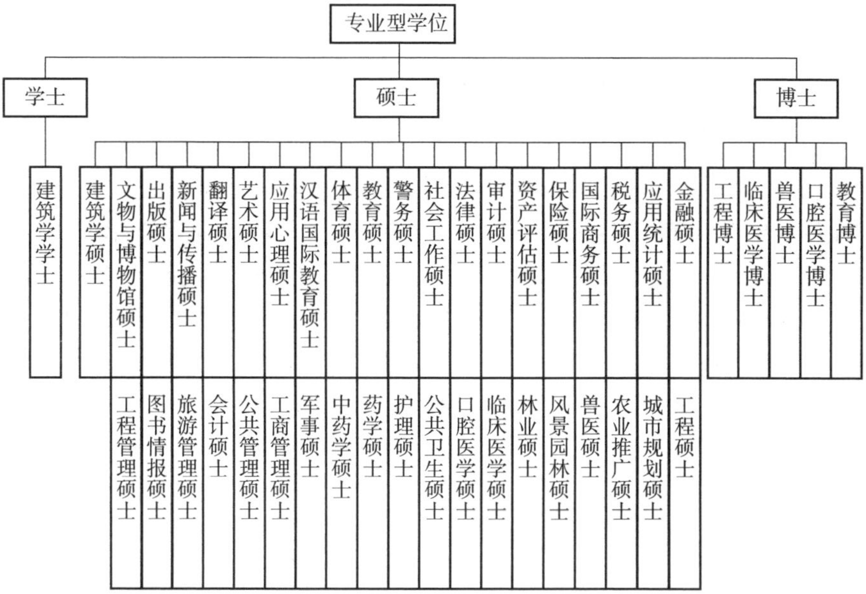

图 3-3 我国专业学位类型

（三）推行职业资格证书制度，完善就业准入制度

1. 严格职业资格和等级鉴定

要在国家职业标准范围内严格执行职业资格制度，必须有含金量高的职业资格，因此要规范职业资格和职业技术等级的认证。为规范职业资格和等级的认证机构，人力资源社会保障部可以成立由国家职业资格委员会、行业指导机构、证书审核和颁发机构、鉴定站四部分组成的工作机构体系，明确这些机构的职责，形成一个职业对应一个资格认证的国家职业资格证书制度。国家职业资格委员会负责各种职业资格证书种类和等级的审核，各种等级考试大纲的颁布；行业指导机构负责制定各级各类职业的岗位职责条件和标准，以对职业资格证书的鉴定命题和鉴定站进行评估。要结合企业生产经营的实际编制技能鉴定题库，找到既符合国家职业标准，又兼顾企业生产实际的结合点，重点考核学生执行操作规程、解决生产问题、完成工作任务和技术攻关的能力；劳动人事部门证书审核和颁发机构负责资格证书的发放和鉴定工作；劳动人事部门在企业成立技能鉴定机构负责职业资格和等级认定。大力探索并推行培养机构和鉴定机构分离，使职业资格真正成为检测和促进教与学的有效手段。用人单位对职业资格和等级认定的有效性要有追溯的权利，

技能鉴定机构应对其服务的效果负责。

2. 强化就业准入制度

《中共中央关于建立社会主义市场经济体制若干问题的决定》提出，要“实行学历文凭和职业资格证书制度”。1994 年颁布的《中华人民共和国劳动法》规定：“国家确立职业分类，对规定的职业制度、职业技术标准实行职业资格证书制度。”1996 年颁布的《中华人民共和国职业教育法》明确规定：“职业教育要根据实际需要，与国家制定的职业分类和职业等级标准相对应，要实行学历证书与培训证书、职业资格证书相结合的教育制度。”就业准入制度是实现合理就业的重要保证，为促使从业者接受职业教育，推动职业教育发展，建议国家根据劳动法的规定，加快实行职业资格证书制度和就业准入制度，并逐步扩大准入的职业范围，使应该实施准入政策的行业、企业和职业岗位尽快建立就业准入制度。在全社会实行职业资格证书制度，规定各类技工学校、职业（技术）学校、就业训练中心及其他职业培训机构的毕（结）业生，高等教育毕业生必须取得相应等级专业职业资格证书才能从事技术工种岗位。各级劳动监察机构要深入用工单位进行监督检查，对违反规定招收录用无职业资格证人员的单位责令改正，并按规定进行处罚。

（四）改革考试制度，使职业教育纵向贯通、横向融通

“打造纵向贯通、横向融通的现代职业教育体系”，是全国职业教育大会提出的主要任务。[①] 落实这项任务，需要积极推进高考制度改革。高考制度是影响教育发展的重要杠杆，如果高考制度能够为职业学校的毕业生升学提供一线生机，职业教育的发展境遇就会有很大的改观。改进职业教育的层次结构，加大职业高等教育的发展，为职业学校的毕业生进一步深造提供机会，对于稳定和发展职业教育十分有利。我们认为，严格的“双轨制”是一种相互牵制、相互掣肘的制度，职业教育应该与普通教育横向融通。有的国家实行的综合中学制是一种较好的策略；还有的国家实行普通学校职业课选修制，也是一种解决“双轨制”的好方法。

开放教育制度是一种必然选择，实行中等教育综合化是必经之路。开放教育制度是指人们可以自主地选择受教育的形式，而不是强制性的分流制度；中等教育综合化是指在中学阶段不仅要接受一般的普通教育，还要接受一定的职业训练，即在中等教育阶段不进行社会身份划分，所有学生拥有平等的发展机会，都应该把接受普通教育作为权利，把接受职业训练作为义务。近

① 陈宝生．办好新时代职业教育服务技能型社会建设［N］．光明日报．2021-05-01（07）．

年来，我国在探索职业教育招生与考试方面，进行了一些有益的探索，部分地区已经先行先试。具体而言，高职分类考试招生是普通高校考试招生制度改革的重要组成部分，属国家教育考试。通过高职分类考试招生录取的考生，在学籍管理及就业等方面，与通过普通高校统一考试招生录取的考生享受同等待遇。基于“文化素质+职业技能”的高职分类考试招生，为学生接受高等职业教育（含应用技术本科）提供选择的机会，有利于学校深入推进素质教育，促进学生全面而有个性的发展，有利于构建现代职业教育体系和职业院校科学选拔技术技能人才。2018 年起，重庆市实行高等职业教育分类考试招生，并逐年扩大高职分类考试招生规模；到 2021 年，全面形成高职分类考试招生与普通本科考试招生相对分离的高校考试招生模式。①

二、物质保障：加大职业教育财政支持力度

要构建衔接贯通的现代职业教育层次结构，必须实现各层次目标、学制、课程、教材、教学、评价等环节的衔接，其中最本质的是课程和教学的衔接。课程和教学的衔接需有坚实的物质保障，因为课程建设需要更新教材和网络资源建设，教学需要教学场所和教学设备。各种类型的职业教育只有具备一定的教学场所和教学设备条件，才能完成教学任务和实现教学目标。

职业教育以技能型人才为培养目标，重视实践教学，突出对动手能力的训练。因此，只有为学生提供必要和良好的实习、实训场所和设备，才能实现职业教育培养目标。建设实习、实训基地是一笔巨大的资金投入，学校是难以承担的。事实上没必要每个学校、每个专业（群）都建立实习、实训基地，因为实习、实训实践是有限的，如果一个学校建成的实习、实训基地只对本校学生进行实习、实训，就是一种浪费。为了有效使用实习、实训基地，各级政府要协调各学校，把各学校建设的实习、实训基地整合起来，统筹安排，建立可以共享的实习、实训综合基地，也可以联合区域企业提供实习、实训基地。地方政府要按照互惠互利、风险共担、发挥优势的原则，建立具有实际意义和内容的、良性循环的资源共享机制。把各类型职业教育的实习、实训基地结合在一起，可以促进中高等职业学校加强彼此的了解，便于中高等职业学校在专业以及课程设置方面进行协调，促进中高等职业教育的衔接。

由于实训、实习基地建设需要大量资金，建议中央和地方政府单列职业教育投入资金，确保教育经费的充足，职业学校学生可与师范、农林、地矿

① 高等职业教育分类考试招生制度［EB/OL］.（2019-03-07）. http：//zsw.cqcvc.com.cn/city/2019/show-686-424-1.html.

等学校学生一样享受优惠政策，享受奖学金、助学金、减免学费等待遇；建议政府将职教与普教的收费标准拉平，甚至低于普教，为促进职业教育的发展，政策上应给予一定的倾斜。

三、环境保障：营造职业教育发展环境

我国职业教育发展大而不强、发展不均衡、不充分等问题依然存在，症结在于职业教育的社会吸引力低，缺少有利于职业教育发展的环境。职业教育社会认可度低是当前职业院校发展面临的主要问题。在这种社会文化环境下，单纯依靠财政资金的拉动，不一定有实质效果，职业教育发展的关键是重塑制度文化环境。国家要建设现代职业教育发展体系，就要转变传统的以财政投入为先导的职业教育管理方式，破除矮化职业教育发展的制度束缚，重塑制度文化环境。为此，国家要明确职业教育功能定位，提升职业教育地位，创新体制机制，强化产教融合、校企合作，鼓励社会各主体兴办职业教育，重视技能、重视技能型人才，在全社会营造人人皆可成才、人人尽展其才的良好发展环境。

一方面，从就业环境角度来看，国家应通过制度建设进一步保障劳动者在工作报酬、职业安全与生涯发展机会等方面的应有权利，使劳动者就业进入更加规范化、稳定化的轨道，提高技能型人才的社会地位和待遇，加大对有突出贡献的高技能人才的宣传表彰力度。从评价标准角度来看，国家应制定高技能人才激励办法，使高技能人才在聘任、工资、学习等方面与工程技术人员享有同等待遇。

另一方面，营造重视技能、重视职业教育发展的社会氛围。国家在学前教育、学校教育、就业教育、社会评价和认识等多领域、多环节，融入技能、职业教育理念。同时，各级政府要引导舆论，转变目前社会上存在的轻视职业教育的传统观念，大力宣传优秀一线技能人才的社会贡献，在理念上崇尚一技之长，不唯学历、唯文凭，而是凭能力，营造职业教育发展的良好社会环境。

2021 年，全国职业教育大会呼吁，强化宣传，营造良好环境；提高政治站位，准确解读和传递国家发展职业教育的政策导向与重大举措，让广大师生视野更宽、使命更强；开展立体化宣传，发掘一批技能人才成才的典型事迹，打造一批职业教育宣传新平台，办好一批宣传展示品牌活动，在全社会弘扬劳动光荣、技能宝贵、创造伟大的时代风尚。①

---

① 陈宝生. 办好新时代职业教育服务技能型社会建设［N］. 光明日报 . 2021-05-01（07）.

四、质量保障：健全职业教育质量监评机构

科学合理评价职业教育质量是规范职业院校办学和稳步提高职业院校教育质量的有效手段，更是深化职业教育内涵建设和促进职业教育事业持续健康发展的重要保障。职业教育质量评估指标体系是职业教育质量标准的具体量度表达，作为衡量职业教育满足个人及社会发展需求程度、判断职业教育结构和运行状况是否科学的参量系统，在保障职业教育活动有效性上发挥着指针与调控作用。

通过国际比较可以看出（见表3-2），职业教育质量保障机构对于职业教育质量保障意义重大，专门化的职业教育质量保障机构通过为职业教育发展提供专业意见，可以确保职业教育高水平运行，为培养高素质的人才提供必要支持。但是，我国尚未建立起针对职业教育的质量保障的专门化认证制度，当前我国国家级别的教育评估机构为教育部高教教学评估中心，尚缺乏针对职业教育质量的国家级别的评估机构，仅有部分省市有职教评估机构，如香港学术及职业资历评审局、上海市的教育评估院下设了职业与成人教育评估所、黑龙江省教育教学评估所等。因此，构建健全的专门化的职业教育质量评估机构十分必要。

表3-2 部分发达国家与我国职业教育外部质量监控对比①

项目	部分发达国家与地区	我国职业教育质量保障现状	我国职业教育质量保障未来完善方向
专门化的质量保障机构	澳大利亚：成立了包括国家质量委员会以及州/领地的注册/课程认证等质量保障机构 德国：“鉴定机构”或“专业中心” 美国：职业教育评估协会	国家层面尚无针对职业教育质量保障机构；省市层面，只有部分地区有	构建包含国家、省市、学校三级网络化的职业教育质量保障机构
行业参与职业教育质量评价制度	澳大利亚：国家、各州/领地到学校层面在质量管理人员的组成上均有行业参与 德国：咨询委员会成员包含来自行业的人员	职业教育质量评价中评价主体以学校和专家为主，行业并未参与其中	建立学校、专家和行业三维评价主体体系

① 匡瑛．从国际比较的角度看职业教育外部质量保障制度与政策体系，［J］．职教通讯，2013（7）：29.

续表

项目	部分发达国家与地区	我国职业教育质量保障现状	我国职业教育质量保障未来完善方向
法律保障制度	美国和澳大利亚：法律体系完善，立法技术成熟	有部分职业教育法律，但未建立起完善体系，立法技术不成熟，执法力度和法律可操作性不强	提高立法过程的科学化，建立起完善的法律体系；法律的具体化和可操作化，形成法律修订机制，保持法律的连续性和时效性
资金投入制度	澳大利亚：商业化拨款 美国："授权拨款""优税免税"	主要依据学校的招生数进行投资，缺少激励机制和竞争机制	改革投资机制，加入资金投入的竞争和激励元素
国家与地方职教质量标准的协调机制	澳大利亚：国家质量标准和框架体系 美国：国家统一的职业技能标准	职业教育质量管理以地方为主，缺少国家统一的质量标准	建立职业教育质量的国家标准，同时协调各个地区的差异性

第四章

中等职业教育

“构建现代职业教育体系基础在中职。解决不好中职的基础性问题，高质量的职业教育体系就无从谈起。”① 中等职业教育是在高中教育阶段进行的职业教育，包括一部分高中后职业培训，其定位是在九年义务教育的基础上培养数以亿计的技能型人才和高素质劳动者。中等职业教育是我国职业教育的主体，由中等职业学校实施，招生对象主要是初中毕业生和具有初中同等学力的人员，基本学制以三年制为主。长期以来，作为我国职业教育体系的关键组成部分，中等职业教育在推动教育大众化进程中发挥着积极作用。目前，我国中等职业学校共有四类：中等专业学校（以下简称“中专”）、技工学校、职业高级中学（以下简称“职业高中”）、成人中等专业学校（以下简称“成人中专”）。进入21世纪后，传统的四类中等职业学校的培养目标逐渐趋同，办学形式日益接近，逐步走向融合，统一规范为“中等职业技术学校”或“中等职业学校”。②

第一节　我国中等职业教育发展现状

1949年以来，中等职业教育从无到有，从弱到强。历经70多年的发展与变革，中等职业教育取得了长足发展，完成了从层次教育到类型教育的重要转变。在数量、质量、规模上都有了巨大的增长和提高③，培养了数以亿计的高素质劳动者和技能型人才，优化了人力资源结构比例，推动了高等教育的快速发展，已成为中国现代职业教育体系建设的重要基础性力量。④

---

① 陈宝生．办好新时代职业教育服务技能型社会建设［N］．光明日报．2021-05-01（07）．

②③ 许丽丽．建国后我国中等职业教育发展研究［D］．长春：东北师范大学，2009：8，25．

④ 曹晔．普及高中阶段教育：中等职业教育的时空贡献［J］．河北师范大学学报（教育科学版），2019（3）．

一、我国中等职业教育的发展轨迹

纵观我国中等职业教育70多年的发展历程，作为我国职业教育体系的重要组成部分，中等职业教育随着职业教育的发展大抵经历了整顿发展期、改革创新期、全面发展期和高质量发展期，逐渐成为培养人才、改善民生、提升就业、促进公平、脱贫解困、服务发展的重要力量。[①]

（一）整顿发展期（1949—1978年）

中华人民共和国成立之初，技术技能人才供给严重不足，党和国家通过改造旧中国遗留的职业学校，满足了恢复国民经济之需。这一时期，中等职业教育成为教育领域的一支重要力量，在调整中获得迅速发展。

1. 改造旧职教，实施新学制

1949年，《中国人民政治协商会议共同纲领》明确提出，“中国的文化教育是新民主主义的，即民族的、科学的、大众的文化教育。人民政府应该有计划、有步骤地改革旧的教育制度、教育内容和教育方法，注意技术教育”。[②] 1951年10月，《关于改革学制的规定》指出改革中等教育，设立多种形式的中等学校，包括中学、工农速成中学、业余学校、中等专业、新的师范学校和技工学校。[③] 明确了中等技术学校在学校系统中的地位、任务、修业年限与招生条件等。1952年3月，政务院下发《关于整顿和发展中等技术教育的指示》，明确了以调整、整顿为主，有条件发展的方针，对公立学校进行接管，对私立学校进行整顿和改造。1953年，我国开始实行计划经济体制，中等职业教育仍然贯彻改造、整顿的方针，有计划地发展技术学校和技工学校。1954年，中央人民政府、国务院《关于改进中等专业教育的决定》规定对中等技术学校实行全国集中统一的行政体制。上述代表性政策为我国职业教育事业的扩大奠定了基础。在这一阶段，职业教育体系初见规模。

根据《中国教育统计年鉴》的数据，全国中等职业教育招生人数由1949

---

① 张兆诚，曹晔．中华人民共和国成立70年来我国中等职业教育发展历程与成就［J］．职教通讯，2019（23）：16-22.

② 腾讯新闻．1949年《中国人民政治协商会议共同纲领》全文［EB/OL］．（2011-11-17）［2020-08-12］．https：//news. qq. com/a/20111116/000896. htm.

③ 张乐天，等．中华人民共和国成立以来农村教育政策的回顾与反思［M］．北京：北京师范大学出版社，2016：6.

年的 9.74 万人增加到 1965 年的 76.52 万人，1965 年是 1949 年的 7.86 倍。[①] 与 1949 年相比，1956 年技工学校由 3 所增加到 212 所，在校生人数由 2700 人增加到 110867 人；中等专业学校由 561 所增加到 755 所，在校生人数由 77100 人增加到 538500 人。[②]

2. 整顿调整，稳定发展

1961 年，教育部对职业学校进行了较大规模压缩与调整，各类型中等职业学校与技工学校进入恢复和稳步发展时期。1963 年，国务院批转教育部《关于中等专业学校专业的设置和调整问题的规定》，对中等专业学校的专业设置进行了调整，规范职业学校的教育工作。到 1963 年，我国中等专业学校仅为 1335 所，减少了 4890 所；技工学校 220 所，减少了 1959 所；农业中学 3757 所，减少了 18840 所。[③] 总的来看，调整过后，中等专业学校、技工学校和农业中学的规模被压缩，发展趋于稳定，中等职业教育教学秩序和管理逐渐规范，教育质量得到了提高。“两种教育制度，两种劳动制度”的提出使半工半读学校获得发展。1965 年，中等职业技术学校达到 7294 所，在校生人数达到 126.65 万人。与此同时，技工学校、中专和农村职业高中人数达到 143.5 万人，占高中阶段总人数的 52.3%，中等职业教育发展达到高峰。[④] 1971—1976 年，中等技术学校和技工学校逐渐恢复办学，但是半工半读学校、职业中学和农村职业中学一直没有招生，农村职业教育受到打击，直到 1980 年才逐步恢复。[⑤]

在 1949—1978 年的整顿发展期，经过对旧中国职业学校的接管、改造、提升和有计划地发展新的学校，我国中等专业学校和技工学校得到了较好的发展，奠定了新中国中等职业教育的基本力量。根据《中国教育统计年鉴》的数据，1949—1978 年，我国共培养中等专业学校毕业生 520.65 万人，是 1931—1946 年累计数的 9.52 倍。2500 余万名中等专业学校毕业生在一定时期满足了我国国民经济恢复和社会主义建设初期对应用型技术人才的需要。

---

① 赵琳，冯蔚星．中国职业教育兴衰的制度主义分析：“市场化”制度变迁的考察［J］．清华大学教育研究，2003（6）：41-46.

② 万卫．混合所有制职业院校的兴起［J］．职业技术教育，2017（12）：42-47.

③ 中国教育年鉴编辑部．中国教育年鉴（1949—1981）［M］．北京：中国大百科全书出版社，1984：180-207.

④ 锻造大国工匠奠基中国制造：新中国 70 年职业教育改革发展历程［EB/OL］．（2019-09-27）［2021-08-22］http：//edu. cssn. cn/jyx/jyx_ zdtj/201909/t20190927_4978397. shtml.

⑤ 黄育云．职业技术教育在中国［M］．成都：电子科技大学出版社，2002：112.

（二）改革创新（恢复探索）期（1979—1998年）

1. 调整中等教育结构

改革开放以后，全党的工作重心转移到了经济建设上来。发展经济需要大量的技术技能人才，调整教育结构、大力发展职业技术教育成为必然选择。1977年，普通高中毕业生726.1万人，中专毕业生18.1万人，技工学校毕业生12万人，后两类仅占高中阶段毕业生总数的4%。① 1978年，全国教育工作会议召开，邓小平在会上提出要扩大各类中等职业学校的比例。面对“普职”结构性矛盾，国家于1980年启动了以职业教育结构改革为重点的教育结构改革，职业教育的规模得到迅速扩大。1983年，《关于加强和改革农村学校教育若干问题的通知》和《关于改革城市中等教育结构、发展职业技术教育的意见》分别从农村和城市两个层面强调了改革中等教育结构，大力发展职业技术教育。在国家政策的引导和支持下，各类中等职业学校蓬勃发展，学校数量和在校生人数快速增长，尤其是由普通高中改办而成的职业高中成为这一时期的主力军，在发展规模和速度上均超过中等专业学校和技工学校。1980—1998年，中职在校生人数由239.74万人增加到1467.87万人，增幅为512%；中等职业学校与普通高中的在校生规模之比，由18.9∶81.1提高到60∶40。

2. 扩大中等职业学校规模

20世纪90年代，随着改革开放的深入，为适应社会主义市场经济发展的需要，国家密集出台鼓励中等职业教育发展的有关政策，中等职业学校开始面向市场办学，扩大学校发展规模。1991年，国家颁布的《关于大力发展职业技术教育的决定》明确要求“要努力办好现有各类职业技术学校”，并要求“扩大中等职业技术学校的招生规模”。1994年，国务院印发《关于〈中国教育改革和发展纲要〉的实施意见》，要求大力发展中等职业教育。中等职业教育招生数量于1996年达到新高，占高中招生总数的57.6%。② 1996年，《中华人民共和国职业教育法》颁布，发展职业教育有了法律依据和保障。

在政策的推动下，1978—2000年我国中等职业教育招生规模大幅增长。根据《中国教育统计年鉴》的数据，中等职业教育招生人数从1978年的70.4

① 杨明．应试与素质：中国中等教育60年［M］．杭州：浙江大学出版社，2009：81.

② 陈光．大力发展职业教育提高劳动者素质［J］．职教论坛，1997（6）：6-7.

万人，增长至2000年的386.75万人,[①] 是1978年的5.49倍。

总的来说，这一时期我国中等职业教育的迅速发展，主要得益于改革开放后良好的发展环境。从外部环境来看，一是改革开放促进了我国经济的快速发展，加之社会人才供给严重短缺，中等职业教育毕业生市场需求大、就业岗位好；从教育内部来看，国家出台了以《中共中央关于教育体制改革的决定》为代表的一系列政策文件，尤其是《中华人民共和国职业教育法》的颁布，使得中等职业教育走向了规范化、法制化道路。据统计，1978—1998年，中等专业学校、技工学校、职业高中分别增加了1349所、2382所、5288所；中等专业学校、技工学校、职业高中在校生规模分别增加了409.2万人、134.8万人、409.5万人。[②] 中等职业教育的快速发展使我国原本单一的中等教育结构得到了显著改善。经过改革，中等职业技术学校在校生占高中阶段学生的比例由1978年的7.6%上升到1990年的45.7%,[③] 基本上改变了中等教育结构单一化的状况。

（三）全面发展（健全完善）期（1999—2013年）

1. 优化学校布局结构

20世纪90年代末，中国教育迎来了三个重大变革：一是高等教育大规模扩张导致中等职业学校生源大幅度减少，中等职业学校规模开始缩减;[④] 二是市场经济体制改革的深入促使劳动人事制度调整，中等职业学校招生就业制度改变，职业学校毕业生就业市场化进程加快，“双轨制”体系解体;[⑤] 三是从1998年开始，国务院实行机构改革，大批部门、行业办的中等职业学校下放到地方，并在此后建立起分级管理、分工负责、条块结合、地方为主的职业教育管理体制。1999年9月，教育部《关于印发〈关于调整中等职业学校布局结构的意见〉的通知》指出，我国中等职业学校要适应教育体制改革的需要，做好四个“改变”,[⑥] 从布局结构、教育内部管理、办学效益和内涵发展着手，对中等职业教育进行优化改革。

---

① 李梦卿，周艳．中华人民共和国成立六十年我国职业教育政策综述［J］．教育与职业，2009（36）：5-8.

② 曹晔．当代中国中等职业教育［M］．天津：南开大学出版社，2016：89.

③ 国家教育委员会职业技术教育司．中国职业技术教育简史［M］．北京：北京师范大学出版社，1994：69.

④ 孟庆国，曹晔，杨大伟．中国职业技术师范教育史［M］．北京：教育科学出版社，2016：169.

⑤ 曹晔．当代中国中等职业教育［M］．天津：南开大学出版社，2016：257.

⑥ 葛道凯．中国职业教育二十年政策走向［J］．课程·教材·教法，2015（12）：3-13.

进入21世纪后，职业教育人才培养更加强调能力本位，要求职业学校加强教育教学改革。2000年3月，教育部下发《关于全面推进素质教育深化中等职业教育教学改革的意见》，以素质教育为抓手，对中等职业教育教学改革提出明确要求；随后，《关于大力推进职业教育改革与发展的决定》明确指出，为适应社会和企业需求，要推进中等职业学校管理体制和办学体制改革，深化教育教学改革。以质量项目为引领，注重内涵式发展。2006年的100所国家示范性高职院校和2010年的1000所示范性中等职业学校建设，意味着我国职业教育进入内涵发展及质量提升阶段。一是加强职业教育基础能力建设。2005年，全国职业教育工作会议首次提出加强职业教育基础能力建设，并以“四项工程”“四大计划”“四项改革”等措施促进职业教育的发展。这一时期高职院校人才培养水平不断提升，为区域经济发展做出了重大贡献。二是重视职业教育教学质量提升。《关于全面提高高等职业教育教学质量的若干意见》提出“加大课程建设与改革力度，提高课程教学质量”，注重精品课程建设，改革教学方法，增强学生职业能力。《高等职业院校人才培养工作评估方案》提出建立完善的高职院校人才培养评估体系，通过人才评估促进教学发展。三是注重提升师资水平。《关于实施职业院校教师素质提高计划的意见》与《中等职业学校教师专业标准（试行）》对职业院校师资队伍建设提出具体目标与规范要求，通过打造“双师素质”教学团队、开发教学科研项目以及争创教学名师等活动提升职业院校师资水平。

2. 中职资助体系建立

进入21世纪后，加强职业教育基础能力建设，加大对落后贫困地区职业教育扶持力度，成为中等职业教育发展的重要任务。为落实统筹城乡发展和区域发展的要求，2003年11月，教育部、财政部、劳动保障部下发《关于开展东部对西部、城市对农村中等职业学校联合招生合作办学工作的意见》，提出加强东西部、城乡之间职业教育的合作，促进西部和农村地区中等职业教育的发展。2005年10月，国务院下发《关于大力发展职业教育的决定》，明确提出要加强职业教育基础能力建设，实施职业教育实训基地、县级职教中心、示范校和教师素质提高四大计划，建立职业教育贫困家庭学生助学制度。2006年7月，财政部、教育部制定了《关于完善中等职业教育贫困家庭学生资助体系的若干意见》，此后又多次调整完善了相关政策，中等职业教育免学费和助学金制度得到确立。这一系列政策体现了党和国家对民生问题的关注，对教育公平的重视，是实现全面建成小康社会的重要举措。“十一五”期间，中央财政投入100亿元的资金资助基本设施建设，重点建立完善助学金和学费减免等贫困资助制度。《中等职业学校国家助学金管理办法》指出，国家助学金由中央和地方政府共同出资设立，逐渐形成以中央政府为主导，以财政为主体，社会各方参与，多元化助学手段并举的助学制度体系，如“中等职业教育券”“藏区‘9+3’”免费教育等模式。

总之，21世纪的最初十年，中等职业教育得到全面发展，实现了三大转变：一是发展方式由注重规模数量向注重质量效益转变；二是培养模式由学校本位逐渐向校企合作、工学结合转变；三是重视教育公平，促进区域协调发展。

（四）高质量发展期（2014至今）

1. 深化产教融合，校企合作

自2008年亚洲金融危机爆发以来，世界经济处于低迷状态，各国都在加快产业结构调整和升级，我国提出了创新驱动发展战略、“互联网+”战略和“一带一路”倡议等，深化产教融合成为职业教育对接国家战略倡议的重要着力点。2013年1月，教育部印发《关于2013年深化教育领域综合改革的意见》，提出“完善职业教育产教融合制度”。2014年5月，国务院发布《关于加快发展现代职业教育的决定》，在全面规划现代职业教育的指导原则、任务目标、创新体制机制层面提出要实行产教融合、校企合作。

党的十九大提出了要完善职业教育和培训体系，深化产教融合、校企合作，职业教育产教融合的目标方向、发展重点和具体任务①得到进一步明确。2017年，国务院办公厅《关于深化产教融合的若干意见》提出，创新发展理念，构建教育和产业统筹融合发展格局；2018年，教育部等六部门出台《职业学校校企合作促进办法》，使职业教育产教融合落到实处有了制度保障；2019年，中央全面深化改革委员会审议通过的《国家产教融合建设试点实施方案》更是从产教融合型城市、产教融合型行业、产教融合型企业等多个维度推出实施产教融合的具体举措，产教融合、校企合作成为职业教育基本办学模式。校企合作、产教融合是体现职业教育特点和提升职业教育质量的重要抓手，正呈现深度融合的新面貌。

2. 发展现代职业教育

为落实全国教育大会精神，加快职业教育的高质量发展，2014年国务院

① 周晶．中国职业教育发展的根本方向：40年来职业教育产教融合发展的历程、规律与创新［J］．职业技术教育，2018（18）：6-16.

《关于加快发展现代职业教育的决定》提出“加快发展现代职业教育，是党中央、国务院作出的重大战略部署，对于深入实施创新驱动发展战略，创造更大人才红利，加快转方式、调结构、促升级具有十分重要的意义”，并明确提出“提高人才培养质量”的要求。2019 年初发布的“职教二十条”提出：一是加快建立健全教学标准化体系，将标准化建设作为统领职业教育发展的突破口；二是启动“1+X”证书制度试点工作，完善职业教育人才培养制度；三是深化“三教”改革，全面提高人才培养质量，即探索组建高水平、结构化的教师教学创新团队，建设一大批校企“双元”合作开发的国家规划教材、新型活页教材等，适应“互联网+职业教育”需求，运用现代信息技术改进教学方法。可以预见，制度化、标准化和高质量发展必将推动现代职业教育加快发展。中等职业学校获得职业资格证书的毕业生比重从 2010 年的 62.91% 增长至 2017 年的 79.19%，增长了 16.28 个百分点。[①] 中等职业教育不仅实现了规模的扩张，还促进了高素质技能型人才的培养。

这一时期，高素质技能型人才培养成为中等职业教育的新目标。

二、我国中等职业教育的成就

中华人民共和国成立以来，我国中等职业教育历经 70 多年的发展变革，规模不断扩大，质量不断提高，办学思想和教学改革不断深化，教育经费和学生资助体系不断完善，为我国经济建设培养了大批的实用人才，取得了巨大成就，积累了不少中国特色的职业教育改革与发展经验。

（一）办学规模不断扩大，教育结构更加合理

中华人民共和国成立后，中等职业教育的规模不断扩大。据统计，1950 年，全国中等技术学校共有 500 所。到 1978 年，中等职业学校已发展到 4700 多所，当年招生 70.4 万人，占高中阶段教育招生总数的 6.1%，在校生 130 万人。[②] 2007 年，全国中等职业学校 14600 多所，招生规模达到 810 万人，在校学生达到 1987 万人，中等职业教育的招生规模已占高中阶段招生总数的 48.3%，占据了高中阶段教育的半壁江山；中等职业教育和高等职业教育加起来招生人数达到 1100 万人，在校生人数近 3000 万人，充分体现了我国教育结构调整的成果。当前中等职业教育的发展规模更是迅猛扩大。2018 年，全国中等职业教育学校共有 1.03 万所，招生 559.41 万人，在校生 1551.84 万

① 杨海华．基于 CIPP 的职业学校创业教育评价研究［J］．职教论坛，2019（9）：37-41.

② 孟广平．当代中国职业技术教育［M］．北京：高等教育出版社，1993：43.

人，招生和在校生分别占高中阶段教育的41.37%、39.47%。与此同时，各地积极开展各种形式的职业培训，加快推进继续教育和社区教育。目前，全国有国家级社区教育实验区114个、示范区34个，省级社区教育实验区400个左右，基本覆盖各省、自治区、直辖市和计划单列市。每年接受培训的城乡劳动者达到1.6亿人次。①

（二）办学思想发生转变，改革思路更加清晰

中华人民共和国成立后，尤其是改革开放以来，中等职业教育的办学思想有了重大转变，突出表现为“由计划培养向市场驱动转变，由政府直接管理向宏观引导转变，由学历本位向能力本位转变，中等职业教育改革发展的思路更加清晰”。②

在办学方向上，坚持“以服务为宗旨、以就业为导向”，坚持面向社会、面向市场、面向企业、面向农村，坚持为经济结构调整和技术进步服务，为促进就业和再就业服务，把加快职业教育发展与繁荣经济、促进就业、消除贫困、维护稳定和谐紧密结合起来。

在办学体制和机制上，坚持实行政府主导、面向市场、多元办学，深入推进产教融合、校企合作。全国共组建了56个行业职业教育指导委员会，会聚各方面专家3000多人，搭建起指导职业教育的组织平台。组建1400个职教集团，有3万多家企业参与，广泛开展订单培养，组织实施校中厂、厂中校、现代学徒制等，基本形成产教协同发展和校企共同育人的格局。联合行业、企业，发布了230个中职专业教学标准，136个职业学校专业（类）顶岗实习标准，30个职业院校专业实训教学条件建设标准（专业仪器设备装备规范）。在发展中等职业教育过程中，日益重视国际间的交流与合作，学习其他国家和地区先进的中等职业教育经验，并与多个国家和国际组织建立了稳定联系，重点面向发展中国家开展系列人才培训、学校援建项目，分享我国职业教育的经验和成果，为世界职业教育发展贡献力量。

在办学模式上，坚持实事求是，追求灵活、多样、开放。扩大中等职业院校在合作办学、招生、专业设置、学籍管理、课程开发与安排、教师聘任、教材选用等方面的自主权，提高其面向市场依法自主办学的活力；坚持学历

① 中华人民共和国教育部．职业教育与继续教育［EB/OL］．（2008-10-08）［2020-10-25］http：//www.moe.gov.cn/jyb_xwfb/xw_fbh/moe_2606/moe_2074/moe_2437/moe_2444/tnull_39457.html.

② 王敏勤．中等职业教育的发展趋势研究［J］．职业技术教育（人大复印资料），2003（6）：10-13.

教育与培训并举，职前和职后教育相结合，以社会需要为准则，开展形式多样、长短结合的职业教育，不拘一格培养人才；实行开放式办学，整合教育资源，使职业教育向规模化、集约化、连锁化方向发展。

（三）教学改革不断深化，教育质量明显提高

围绕经济社会发展的需求，不断深化中等职业教育教学改革。在不同的历史时期，国家先后颁布了各类职业院校的教学计划和各科教学大纲。根据行业、企业、社会用人标准和劳动力就业市场的需求，及时调整中等职业教育的专业设置、课程结构、组织方式、教学内容和教学方法，指导教材的开发。特别是，近年来，“中等职业教育坚持以就业为导向，大力推行工学结合、校企合作、顶岗实习的人才培养模式，促进职业教育与生产劳动相结合，着力培养学生的职业道德、实践能力和就业能力。开展‘订单’培养，逐步实行学分制，探索建立弹性学制，为学生分阶段完成学业提供方便，较好地满足了学生多样化的学习需求”。[①] 自 2015 年起，每年举办职业教育活动周，连续举办 11 届全国职业院校技能大赛，累计超过 6 万人次参加总决赛。连续举办 13 届中等职业学校“文明风采”活动，2018 年有超过 392.1 万学生参加。全面展示了职业院校学生积极向上、奋发进取的精神风貌和熟练的职业技能，在全社会引起了强烈反响。

随着中等职业教育教学改革的不断深入，中等职业教育的质量显著提高。近几年，中等职业学校毕业生的就业率不断升高，毕业生受到用人单位的普遍欢迎。中等职业学校毕业生就业率连续 10 年保持在 95%以上。

（四）教育经费不断增加，基础能力建设成效明显

为了推动职业教育的发展，各级政府以财政拨款为主，多渠道筹措职业教育经费，不断加大投入力度，努力改善职业院校办学条件。

1983 年起，中央财政设立了城乡职业技术教育专项补助经费，引导和支持各地改善职业教育的办学条件。2002 年，全国职业教育工作会议召开后，中央财政用于职业教育的经费投入大幅度提高。特别是，2005 年，国务院决定，“十一五”期间，中央财政对职业教育投入 100 亿元，重点用于支持职业教育基础能力建设。近年来，国家实施了示范性中等职业学校建设、现代职业教育质量提升计划、产教融合工程等重大项目，打造了一批骨干学校、专业，提升了师资力量。2017 年，全国职业教育财政性教育经费达 3350 亿元。

① 开军．中等职业教育：解答五大难题的创新策略［J］．职业技术教育（人大复印资料），2003（2）：13-16.

地方政府不断增加对职业教育的投入，加强职业教育基础能力建设。除增加各级财政投入外，国家鼓励企事业单位、社会团体和公民个人捐资助学，多渠道筹措职业教育经费。在各级政府、有关部门、办学单位的关心支持下，职业院校的办学条件逐步得到改善。

（五）学生资助体系确立，有效促进教育公平

2005 年，温家宝在全国职教会上明确提出："要建立和完善职业教育学生助学制度，使贫困家庭学生通过国家帮助和本人勤工俭学得以顺利完成学业，进一步体现社会主义教育的公平与公正。"2006 年，财政部、教育部联合印发《关于完善中等职业教育贫困家庭学生资助体系的若干意见》和《中等职业教育国家助学金管理暂行办法》，并安排 8 亿元资助家庭经济困难的中等职业学校学生。2007 年，国务院印发《关于建立健全普通本科高校高等职业学校和中等职业学校家庭经济困难学生资助政策体系的意见》，对建立和完善中等职业教育贫困家庭学生资助政策体系、国家助学金评审程序、助学金的管理与监督等内容都做了明确规定，标志着新的中等职业学校学生资助政策体系确立。

2011—2019 年，国家基于中等职业教育免学费、助学金两项政策累计投入 1109 亿元；2017 年，超过 90%和 40%的中职生分别享受了免学费、助学金待遇。中等职业学校在校三年级学生，通过工学结合、顶岗实习可获得一定的报酬，用于支付学习和生活费用。职业院校家庭经济困难学生资助政策体系的建立和完善，对改变鄙薄职业教育的观念、扩大职业教育规模、促进职业教育发展和教育公平发挥了重要作用。

第二节 我国中等职业教育发展存在的问题及原因分析

回顾过去的 70 多年，尽管我国中等职业教育发展成绩可观，但在充分肯定中等职业教育的历史成就的同时，也要清醒地认识职业教育的发展还面临不少困难和挑战：在一些地方还存在轻视、忽视职业教育的现象，职业教育仍然是我国教育事业的薄弱环节，发展不平衡，投入不足，办学条件比较差，管理体制、运行机制以及人才培养的规模、结构、质量还不能很好地适应经济社会发展的需要，这些都直接或间接地影响了职业教育的贡献力、吸引力和社会认可度。

一、社会认可度低

中等职业教育的社会认可度受两个因素的影响：一是传统的就业择业观念，二是中等职业教育自身条件以及毕业生出路问题。

（一）传统的就业择业观念是间接因素

观念上的偏差是造成中等职业教育社会认可度低的间接因素。传统儒家文化“学而优则仕”的观念一直影响民众，认为读书是为了仕途，而职业教育是培养人的就业技能，不能为受教育者带来仕途上的发展，导致职业教育难以获得社会和民众的青睐。

改革开放以前，人们选择中等职业教育，一方面是因为普通高校招生人数极其有限，很多人“望而却步”；另一方面是因为当时中等职业教育毕业生分配采取“统招统分”的方法，工作条件相对较好。但“高校扩招”后普通高中招生数量和毕业生升学率迅速上升，迎合了公众追求高等教育的需求，社会鄙薄职业教育的观念进一步强化，中等职业教育的社会认可度进一步降低。传统观念对我国农村中等职业教育的发展影响最大。据董泽芳和沈百福关于“在校初中生的教育意向的调查”显示，“当前农村初中毕业生升学（升普通高中）比例与经济社会水平并不相关，与教育发展水平和教育条件也不相关，甚至与政策影响因素也无多大关系，而仅仅是受到人口文化素质，即文化传统影响的结果”。① 这在很大程度上预示了我国发展职业教育的艰巨性。

（二）中等职业教育自身条件以及毕业生出路问题是直接原因

中等职业教育自身的发展是其社会认可度的内部因素、主要因素，是起决定作用的因素。目前，“全国举办职业教育的几类学校，普通中专、成人中专，职业高中、技术高中，14000多所学校，但是很多学校虽然挂了职业学校的牌子，但是实验、实训的条件非常差，与实际应用的设备差距巨大，设施不足，设备陈旧，师资力量薄弱，根本不能保证培养质量。中等职业学校培养的学生不能适应企业对人才的要求，毕业生就业难的问题随即出现，最终影响中等职业教育的社会认可度”。② 另外，中等职业教育学生很多是中考失利、家庭经济条件不理想及学习能力较弱的学生，他们在学习过程中也面临诸多学习障碍，部分学生还出现自卑心理，中等职业教育的毕业生虽然能够

① 李志伟．中等职业教育：摆脱困境创新路［J］．教育与职业，2000（10）：21-23.

② 和菊芬．对中等职业改革的几点看法［J］．中等职业教育，2007（5）：13-15.

进入相关企业工作，但是其职业认可度及社会认可度与高等教育毕业生存在明显差距，这些因素直接影响着整个中等职业教育的社会认可度。

二、师资力量薄弱

师资力量是决定学生培养质量的决定性因素，是提升学校育人质量的基础。我国中等职业教育发展至今，教师队伍建设仍然是一个薄弱环节，还存在一些不容忽视的问题和困难。教师数量与快速发展的职业教育不相适应，总量不足和结构性短缺并存，生师比偏高，专业课教师和实习指导教师比例偏低，骨干教师和专业带头人缺乏，兼职教师补充困难；教师队伍整体素质与素质教育及职业教育就业导向的要求不相适应，教师学历水平总体偏低，专业技能水平和实践教学能力偏弱，专业化程度不高；教师培养培训体系不够完善，职教师资基地基础条件较差，培训项目不健全、不规范，培养培训能力不足；教师管理体制尚待理顺，管理制度有待完善，教师补充渠道单一，兼职教师政策不到位，适应教育改革要求的学校用人新机制尚未形成。具体问题如下。

（一）专任教师总量不足

随着中等职业教育事业的快速发展，教师队伍的数量规模已无法满足其需求。早在 2007 年，教育部印发的《关于“十一五”期间加强中等职业学校教师队伍建设的意见》就提出：到 2010 年，全国中等职业学校教师规模达到 130 万人，生师比逐步达到 16∶1 左右。

如表 4-1 所示，2011—2019 年中等职业教育的专任教师数量总体呈现下降趋势。截至 2019 年，全国中等职业学校专任教师为 84.30 万人，与“十一五”期间中等职业学校教师队伍建设目标相去甚远。近十年，中等职业教育的生师比虽逐渐下降，但距 16∶1 还有一定距离。专任教师的巨大缺口和高居的师生比严重影响中等职业教育的发展和教学质量的提高。

表 4-1　2011—2019 年我国中等职业学校专任教师数量及生师比

年份	专任教师数量（万人）	生师比
2011	88.19	25.0∶10
2012	88.10	24.7∶10
2013	86.80	23.0∶10
2014	85.80	21.3∶10

续表

年份	专任教师数量（万人）	生师比
2015	84.40	20.5：10
2016	84.00	19.8：10
2017	83.90	19.6：10
2018	83.35	19.1：10
2019	84.30	18.9：10

资料来源：笔者整理。

（二）学历合格率偏低

《中华人民共和国教师法》规定，取得高级中学教师资格和中等专业学校、技工学校、职业高中文化课、专业课教师资格，应当具备高等师范院校本科或者其他大学本科及以上学历。

如表 4-2 所示，2011 年我国中等职业学校中本科及以上学历的专任教师占总教师的比例为 85.4%，远没有达到“十一五”期间中等职业学校教师学历达标率 90% 的目标，与普通高中同等学力的教师所占比例的差距达到 10.3%，虽然中等职业学校教师的学历合格率逐年上升，但和普通高中教师学历合格率仍有差距。数据显示，到 2019 年底，我国中等职业学校教师具有本科及以上学历的占 92.6%。[①] 这与我国教师法规定的中等职业学校教师应具备的学历标准仍有一定的差距。这一状况与中等职业教育所承担的培养大批高素质劳动者和发展科学文化的重任不符，无法为职业教育的高质量发展提供保障。

表 4-2　2011—2019 年我国中等职业学校和普通高中教师学历合格率

年份	中等职业学校教师学历合格率（%）	普通高中教师学历合格率（%）
2011	85.4	95.7
2012	87.0	96.4
2013	87.9	96.8
2014	89.3	97.3

① 李风震，郭效勤．关于中等职业教育师资队伍建设问题的思考［J］．中小学教育与管理，2002（6）：18-19.

续表

年份	中等职业学校教师学历合格率（%）	普通高中教师学历合格率（%）
2015	90. 1	97. 7
2016	90. 8	97. 9
2017	91. 6	98. 2
2018	92. 1	98. 4
2019	92. 6	98. 6

资料来源：笔者整理。

（三）“双师型”教师缺乏

具备理论教学和实践教学能力的“双师型”教师和教学团队短缺，已成为制约职业教育改革发展的瓶颈。“一方面，要像文化课教师那样，有较高的文化和专业理论水平，有较强的教学、科研能力；另一方面，又要类似于工程技术人员那样，有广博的专业基础知识，熟练的专业实践技能，一定的组织生产经营和科技推广能力，以及指导学生创业的能力和素质。”① 中等职业教育是以培养学生某一领域操作技能和实践能力为目标的教育。它的教学内容要适应生产实践发展，教学时空跨度大，教学对象在学习目标、知识基础方面具有较大差异，这些特点客观上决定了从事中等职业教育的教师必须是“双师型”教师。但是我国中等职业学校的教师大部分是刚毕业的大学生，只有很少一部分是从行业、企业调入或兼职教师，且教师较少定期到企业单位实践，多数教师实践能力、动手能力、实训教学能力较弱，不符合“双师型”教师要求。当前，中等职业教育“双师型”教师的缺口很大，“双师型”教师匮乏的问题已成为制约中等职业教育发展的瓶颈。②

如表 4-3 所示，我国中等职业学校“双师型”教师的数量虽然呈现上升趋势，但是“双师型”教师占专任教师的比例刚刚突破 30%。2019 年 10 月，教育部印发《深化新时代职业教育“双师型”教师队伍建设改革实施方案》（以下简称“职教师资 12 条”），指出新时代职业教育师资的具体目标是到 2022 年，职业院校“双师型”教师占专业课教师的比例超过一半。从目前中等职业教育师资来看，用三年的时间使“双师型”教师占专业课教师比例达

① 毛临宙．中等职业技术教育的现状与问题［J］．教育与职业，2001（3）：2-3.

② 李风震，郭效勤．关于中等职业教育师资队伍建设问题的思考［J］．中小学教育与管理，2002（6）：18-19.

50%以上，是一项艰巨的任务，任重道远。

表 4-3　2011—2019 年我国中等职业学校专任教师数量及“双师型”教师比例

年份	专任教师（万人）	“双师型”教师比例（%）
2011	88.19	23.7
2012	88.10	25.2
2013	86.80	26.3
2014	85.80	27.6
2015	84.40	28.7
2016	84.00	29.5
2017	83.90	30.0
2018	83.35	30.6
2019	84.30	30.6

资料来源：笔者整理。

三、招生难、升学难、就业质量差

招生困难、升学空间狭窄是当前中等职业教育面临的关键问题，从根本上说是中等教育结构的问题，也是高中阶段的教育分流问题。在整顿发展的前期，中等职业教育发展迅速，中等教育结构比较合理。十年“文革”，中等职业教育被破坏殆尽。党的十一届三中全会以后，我国开始恢复发展中等职业教育，尤其是 1985 年中等教育结构改革以后，普通高中和中等职业教育逐渐协调发展。1998 年，“科教兴国”战略被提出，随之而来的是高等院校的持续扩招，极大地压缩了中等职业教育的生源，中等教育结构严重失衡，中等职业教育发展面临前所未有的挑战，主要表现在如下几个方面。

（一）中等职业学校招生困难

由于高校扩招，高中阶段的毕业生升学率在短时间内迅速提高，2015 年《中国教育年鉴》数据显示，1993 年到 2003 年，普通高中升学率从 43.3%急剧提升到 83.4%，这给中等职业教育带来巨大影响，“一是普通高中在校生数量的扩张，分流了部分原本进入中等职业学校的生源。二是高校的扩招直接导致中等职业教育生源质量的下降”。[①] 不断降低入学的录取分数，甚至可以

① 王建军．中等职业技术教育的改革走向［J］．张家口农专报，2005（1）：86-87.

免试入学，大大降低了中等职业学校生源质量，为毕业生升学难、就业质量差埋下隐患，中等职业教育陷入了恶性循环。

从表 4-4 可以清楚地看出，中等职业教育与普通高中教育之间的关系。1994—1998 年，中等职业教育稳中有升，但是 1998—1999 年，中等职业教育与普通中学教育的关系出现转折，普通高中在校生人数迅速攀升，1998—2018 年，普通高中教育一直处于上升趋势，中等职业学校在校生人数、招生人数急剧下滑。

中等职业学校招生难不仅表现为生源数量少，还表现在在校生的动态流失，很多学生在入学 1~2 年后辍学务工，有部分班级一年级时 30~40 人，到了三年级就需要合班，因为每个班级的人数已经不足 15 人。①

表 4-4　1993—2019 年我国中等职业学生与普通高级中学基本情况对比

年份	中等职业学校			普通高级中学		
	学校数（万所）	招生数（万人）	在校生（万人）	学校数（万所）	招生数（万人）	在校生（万人）
1993	1.68	316.12	969.10	1.44	228.34	656.90
1994	2.19	455.96	1113.30	1.42	243.39	664.80
1995	2.21	494.19	1230.10	1.40	273.65	713.76
1996	2.22	491.57	1268.10	1.39	282.23	769.30
1997	2.22	520.75	1354.60	1.39	322.61	850.10
1998	2.22	530.10	1467.90	1.39	359.55	938.00
1999	2.15	473.40	1417.00	1.41	396.32	1049.71
2000	1.97	408.30	1284.50	1.46	472.69	1201.26
2001	1.76	400.00	1165.00	1.49	557.98	1404.97
2002	1.59	473.60	1190.80	1.54	676.70	1683.81
2003	1.47	515.80	1256.80	1.58	752.13	1964.83
2004	1.45	566.20	1409.24	1.60	821.51	2220.37
2005	1.45	655.66	1600.05	1.61	877.73	2409.09
2006	1.47	747.82	1809.89	1.62	871.21	2514.50
2007	1.48	810.02	1987.01	1.57	840.16	2522.40
2008	1.48	812.11	2087.09	1.52	837.01	2476.28
2009	1.44	868.52	2195.16	1.46	830.34	2434.28
2010	1.39	870.42	2238.50	1.41	836.24	2427.32

① 陈先进．关于中等职业学校招生难的思考［J］．河南科技学院学报，2012（4）：84-85.

续表

年份	中等职业学校			普通高级中学		
	学校数（万所）	招生数（万人）	在校生（万人）	学校数（万所）	招生数（万人）	在校生（万人）
2011	1.31	813.87	2205.33	1.37	850.78	2454.82
2012	1.27	754.13	2113.69	1.35	844.61	2467.17
2013	1.20	674.80	1922.97	1.30	822.70	2435.88
2014	1.20	619.80	1755.28	1.30	796.60	2400.47
2015	1.12	601.25	1656.70	1.32	796.61	2374.40
2016	1.09	593.30	1599.01	1.34	802.90	2366.65
2017	1.07	582.40	1592.50	1.36	800.10	2374.55
2018	1.03	559.41	1551.84	1.37	792.71	2375.37
2019	1.01	600.40	1576.50	1.40	839.50	2414.30

资料来源：笔者整理。

（二）中等职业学校毕业生升学难

中等职业教育以服务为宗旨，以就业为导向，在完成初高中基础教育任务的同时，培养各行业所需的技术能手。中职生除了参加普通高考外，还可以“对口升学”。然而，“对口升学”路径虽在，却相当狭窄，升学比例受到严格限制。1987 年，国家教育委员会颁布《普通高等学校招收少数职业技术学校应届毕业生的暂行规定》，为多渠道培养职教师资，国家面向职校生采取“对口升学，单考单招”的升学政策，并限制升学人数为毕业生总数的 1%；① 1991 年，国家教育委员会《关于推荐应届职业高中毕业生参加高考有关问题的通知》要求，职校生通过参加普通高考，以专业对口的方式升学，并要求升学人数是毕业生总数的 3%；② 2006 年，为延缓就业，确保高等教育健康发展，并完成扩招任务，国家要求职校生升学人数为毕业生总数的 5%。③ 2007 年，教育部《关于进一步做好高等学校各类招生管理工作的通知》明确规定，高校对口招生中职毕业生的计划不超过当年应届中职毕业生 5%的比例安排。这一规定，限定了中职生的升学比例，也明确了中等职业教

① 国家教委．国家教育委员会普通高等学校招收少数职业技术学校应届毕业生的暂行规定［EB/OL］.（1987-03-24）［2021-08-19］. http：//www.110.com/fagui/law_116009.html.

② 教育部．关于推荐应届职业高中毕业生参加高考有关问题的通知［EB/OL］.［2021-08-19］. http：//laws.66law.cn/law-15712.aspx.

③ 教育部，国家发改委．关于编报 2006 年普通高等教育分学校分专业招生计划的通知［EB/OL］.［2021-08-19］. http：//www.moe.gov.cn/s78/A03/moe_639/tnull_18778.html.

育的就业导向。近年来，我国中等职业学校毕业生的升学比例虽有所提高（如表 4-5 所示），但与普通高中学生相比，仍是天差地别。这一时期的政策限制是阻碍中等职业学校学生升学的重要原因。

表 4-5　2006—2016 年我国中等职业学校毕业生升学比例

年份	中等职业学校毕业生升入高一级学校就读比率（%）
2006	16.37
2007	13.00
2008	10.19
2009	10.00
2010	9.19
2011	7.69
2012	11.10
2013	14.57
2014	15.32
2015	20.02
2016	25.10

资料来源：笔者整理。

2019 年 5 月公布的《高职扩招专项工作实施方案》，取消高职招生中职毕业生比例限制，允许符合高考报名条件的往届中职毕业生参加高等院校单独考试招生。但高等院校的招生考试制度对中职生有形和无形的限制仍然存在，只有从中职生的角度对招生考试制度进行改革才能完全打开中职生的升学大门。

（三）中等职业学校毕业生就业质量差

就业质量反映了劳动者整体工作状况的优劣和就业过程中各环节上的公平程度。[①] 对于中职生来说，无论是就业去向、工资水平，还是社会保障等都处于较低水平，尤其是高校扩招以后，这种趋势日趋严重。随着我国教育事业的快速发展，每年本科毕业生数量快速增加，市场需求趋于饱和，学历成为重要的衡量标准，用人单位忽视技能型人才的重要性，加之中等职业学校

① 李军峰．中国非正规就业研究［M］．郑州：河南人民出版社，2005：90.

的毕业生缺乏竞争能力，进一步加剧了中等职业学校毕业生就业困难。中等职业学校毕业生只能选择一些环境差，待遇差的工作，造成中等职业教育的“出口”梗阻。

一方面，表现在中职生的就业走向主要为生产制造企业和服务型企业，且多集中在劳动密集型岗位，包括农业、林业及纺织、服装、玩具、皮革、家具等第一生产线和批发、零售、住宿、餐饮等服务业。据教育部2014年的统计，就职于制造业的职业学校毕业生人数、就业人数、对口就业率均居首位。① 2015年的就业状况调查显示，职业学校毕业生在加工制造业的就业比例仍居首位，其次是信息技术类②；2016年的就业状况调查显示，服务业成为中职毕业生就业的主渠道。从专业大类来看，能源与新能源类，超过加工制造业成为对口就业率最高的专业。这些岗位的社会地位和职业声望不高，且属于劳动密集型产业，只需掌握低技能即可。

另一方面，中职生所获得的劳动报酬相对较低。《中国教育报》发布的2016年全国中等职业学校毕业生就业报告显示，近年来，中职毕业生就业率高达96.72%，但就业后月平均工资2000~3000元的占37.70%，高于3000元的占15.76%。③2016年，上海中职毕业生平均起薪首次突破3000元，增长至3061元（2015年为2786元）。其中，超过3001元的比例为36.49%，比2015年的24.16%增加了12.33个百分点；2001~3000元的比例为63.51%。④ 2016年农民工月平均收入为3275元⑤，可见中职毕业生的工资收入甚至不如农民工。

此外，中职生就业后的社会保障也不完善，难以保障自身的权益。2015年，教育部关于中等职业学校毕业生就业质量调整数据显示，中职毕业生就业过程中仍有10.74%没有签订劳动合同。⑥ 在养老保险、医疗保险、失业保险、工伤保险和生育保险以及住房公积金等方面，2016年教育部统计的全国中等职业学校毕业生就业报告显示，中职毕业生的社会保障状况有所改善，

---

①③ 梁国胜．2014年全国中等职业学校毕业生就业率达96.68%［N］．中国青年报，2015-03-04(03)．

② 2015年的全国中职就业率达96.3%，超过90%的学生在城镇就业［N/OL］中国教育报．．［2021-08-19］．http：//www.moe.gov.cn/jyb_xwfb/s5147/201602/t20160226_230668.html.

④ 2016年上海市中职毕业生就业状况，平均起薪首破3000元［EB/OL］．（2016-11-17）［2021-09-01］．http：//www.mnw.cn/edu/news/1463805.htm.

⑤ 2016年人力资源和社会保障事业发展统计公报全文［EB/OL］．（2017-05-31）［2021-08-19］．http：//www.cankaoxiaoxi.com/china/20170531/2065530.shtml.

⑥ 2015年全国中职就业率达96.3%，超过90%的学生在城镇就业［N/OL］．中国教育报，2016-02-26［2021-08-19］．http：//www.moe.gov.cn/jyb_xwfb/s5147/201602/t20160226_230668.html.

但仍有15.39%的中职毕业生没有社会保险。

四、教育经费不充足

中等职业教育担负着为社会培养需求量最大的中级人才的重任，关系到社会劳动者素质的提高和经济的发展。尽管近年来我国一直在加大中等职业教育的投资力度，但是仍然不能满足其需求。长期以来，我国一直存在教育经费投资比例不合理的问题：整体上向高等教育倾斜，而在中等教育上向普通高中倾斜，对中等职业教育投资比例过低。① 与普通教育相比，中等职业教育需要实习基地、实验设备以及大量材料，且这些设施需要根据专业、经济的发展不断更新，根据市场发展进行师资培训，相比普通教育需要更大的投入（一般是普通教育的1~2倍）。②

如表4-6所示，普通中学教育经费总投入从1997年的767.63亿元增长到2011年的6660.72亿元，增加了5893.09亿元，增幅为767.70%；而中等职业教育经费总投入只从1997年的296.65亿元增长到2011年的1638.5亿元，增加了1341.85亿元，增幅为452.33%，增加总量和幅度都大大低于普通中学教育经费总投入。从动态上看，我国中等职业教育占国家财政性教育经费投入的比重呈逐年下降趋势。全国中等职业教育经费总投入占国家财政性教育经费的比重从1999年的15.93%逐年下降到2011年的8.82%，下降了7.11个百分点。普通中学教育经费总投入虽然也有所下降，但相比中等职业教育经费总投入下降幅度，并不明显。由此可见，虽然社会对发展中等职业教育的呼声比以往高，但是在整个教育体系中职业教育受重视程度还是不及普通教育。

表4-6 1997—2011年我国中等教育经费投入情况

年份	国家财政性教育经费（亿元）	中等职业教育经费总投入（亿元）	普通中学教育经费总投入（亿元）	中等职业教育经费总投入占国家财政性教育经费比重（%）	普通中学教育经费总投入占国家财政性教育经费比重（%）
1997	1862.54	296.65	767.63	15.93	41.21
1998	2032.45	312.49	873.44	15.38	42.97
1999	2287.18	349.32	981.89	15.27	42.93

① 张万朋．对我国中等职业教育经费现状的分析及相关思考［J］．清华大学教育研究，2010（4）：119-124.

② 马庆发．当代职业教育新论［M］．上海：上海教育出版社，2002：31.

续表

年份	国家财政性教育经费（亿元）	中等职业教育经费总投入（亿元）	普通中学教育经费总投入（亿元）	中等职业教育经费总投入占国家财政性教育经费比重（%）	普通中学教育经费总投入占国家财政性教育经费比重（%）
2000	2562.61	365.20	1026.02	14.25	40.04
2001	3057.01	376.86	1386.37	12.33	45.35
2002	3491.40	396.65	1668.23	11.36	47.78
2003	3850.62	441.62	1912.07	11.47	49.66
2004	4465.86	512.71	2223.02	11.48	49.78
2005	5161.08	568.72	2589.61	11.02	50.18
2006	6348.36	651.76	2907.94	10.27	45.81
2007	8280.21	851.8	3448.23	10.29	41.64
2008	10449.63	1049.24	4123.99	10.04	39.47
2009	12231.09	1198.87	4763.43	9.80	38.95
2010	14670.07	1357.31	5416.5	9.25	36.92
2011	18586.7	1638.5	6660.72	8.82	35.84

资料来源：笔者整理。

中等职业教育经费投入不足制约了中等职业学校的发展。教育经费不足导致生均校舍面积、生均图书、生均教学仪器设备值等指标不断下降。教育经费不足使一部分教师因为待遇低而离岗，致使在职教师流失，师资匮乏；在岗教师因为缺少进修、培训、学习机会而得不到提高，最终影响中等职业教育的教学质量；[①] 同时，直接导致产业需求与职业教育结构间的脱节，中等职业学校毕业生就业困难。

第三节　促进中等职业教育发展的对策与建议

高等职业教育是我国职业教育体系的重要组成部分，其招生考试制度不仅影响整个职业教育的发展，还影响我国中等职业教育的发展。2019 年 3 月，李克强总理在十三届全国人大二次会议所做的政府工作报告中明确指出，要“改革完善高职院校考试招生办法，鼓励更多应届高中毕业生和退役军人、下

① 马庆发．当代职业教育新论［M］．上海：上海教育出版社，2002：32.

岗工人、农民工等报考，今年大规模扩招 100 万人”。由此，高职院校迎来了发展新机遇。高中毕业生是高职扩招的最重要对象，而高职院校对高中毕业生的录取方式有高考、自主招生以及对口单招，前两者主要针对普通高中生，对口单招则主要针对中职生。目前，高职院校对中职生的对口单招数量较少，以 2015 年为例，“我国中等职业教育毕业生升入高一级学校就读比例仅为 20.02%”。[①] 因此，在高职扩招背景下，高职院校招生录取中职生具有较大的提升空间；但高职扩招必然放宽招生录取的条件，中职毕业生面临相比普通高中毕业生更加严峻的升学竞争，这要求中等职业教育必须做好应对，以适应社会的发展趋向。

一、重塑良好社会声誉

随着社会的发展，人们对中等职业教育的观念发生了翻天覆地的变化，中等职业教育沦落为“差生教育”“低级教育”，这对中等职业教育的改革和发展非常不利。因此，有必要修复人们对中等职业教育的信任度，提升中等职业教育的价值，促使社会形成对中等职业教育的正确认知，不断增强民众对中等职业教育的认同度。一方面，需要加强中等职业学校与初中、小学的合作，对初中生和小学生进行正确的职业启蒙教育，培养其职业兴趣，深耕职业平等理念，引导中小学生树立正确的职业观和价值观，并为其职业选择提供价值指导。另一方面，应通过电视、网络、报纸、杂志等媒体积极宣传中等职业教育的社会意义和个人发展意义，强调职业教育的类型属性，以生动形象的案例向民众宣传中等职业学校的办学理念、培养方式及未来发展等，不断加深民众对于中等职业教育的认同和理解，提高中等职业教育的社会声誉。此外，教师对职业教育的认知深刻影响学生对中等职业教育的选择和认同，进而影响中等职业教育的社会声誉。宣传教育不仅要针对小学和初中教师，还要针对职业学校的教师。对于小学和初中教师，需要帮助其树立正确的人才观和职业观，在日常教学过程中切忌流露轻视职业教育的言行，让学生对职业教育形成不良印象；对于职业学校教师，需要加强其对自身工作及教育对象的认可，改变对职业学校学生的固有印象，积极为学生服务。

中等职业教育社会认可度比较低，要改变这一局面并非一日之功，需要多方面去努力。

---

① 高靓. 2015 年全国中职就业率达 96.3% [N]. 中国教育报，2016-02-26 (1).

（一）加强职业教育立法和舆论宣传工作

职业教育是我国教育事业的重要组成部分，拥有与其他教育同等的地位，对促进我国经济发展具有重要作用。1996 年《中华人民共和国职业教育法》的颁布确定了职业教育在我国教育系统中的地位，是推动我国职业教育发展的重要法律保证。此外，“社会对于职业教育产生认知偏差是因为人们对于职业教育缺乏足够了解，对于劳动者的层次结构缺乏足够认识，要通过社会宣传和舆论引导使人们认识到当前经济发展对职业教育人才的巨大需求，引导教育适龄者选择职业教育”。[①] 要使人们愿意选择中等职业学校，愿意接受中等职业教育，就必须转变教育适龄者个人的教育观念，而个人教育观念往往受社会教育观念的影响。因此，要通过多种宣传手段，以竞赛、访谈、介绍等方式加强对中等职业教育发展前景的宣传工作，使社会重新认识中等职业教育的重要社会价值，引导人们改变对职教的看法，提高中等职业教育社会认同感。同时，在中小学阶段对学生进行正确引导，增加职业教育类课程，在中学阶段开展职业指导和引导性培训。还可以通过咨询、培训、发放资料等形式对下岗人员和农村劳动力进行职业指导，通过组织学习当前的就业形势、就业政策，促进人们转变就业观念，在全社会树立起“劳动光荣”“行行出状元”的新风尚，纠正人们对中等职业教育的偏见。

（二）中等职业教育自身要做强、做好

中等职业教育要提高社会认同感，首先要提升自身的教育质量。近年来，我国通过中等职业教育评估，确定了国家级重点中等职业学校 960 所，提升了教育质量，但是中等职业教育整体发展水平较低的局面没有根本好转。为此，中等职业教育要采取灵活多样的办学模式、改善办学条件、调整专业设置，解决中等职业教育目前存在的两个主要问题：教育质量不高、毕业生就业难。[②] 实践证明，中等职业教育发展需要规模化、集约化、社会化，因而需要提高其办学水平和办学效益，充分调动各方积极性，加大中等职业教育的改革力度，构建与多元经济结构相适应的多元化办学体制。

二、增强中等职业教育综合实力

办学质量是中等职业教育发展的核心要素，只有提升中职学校的办学综合实力，满足社会发展对中职学生的需求以及中职学生个体的职业发展需要，

---

① 刘春生 . 21 世纪仍需要中等职业教育［J］. 天津教育报，2001（3）：45-46.

② 刘来泉 . 深化改革，狠抓落实，促进职业教育健康发展［J］. 职教论坛，2000（1）：31-33.

才能保证中等职业教育可持续发展。在办学形式上，应积极开拓多元渠道，不仅要关注传统的周期较长的学历教育，还要积极关注社会需要的短期非学历教育，加强学校与企业之间的合作，为进入企业的新员工或者处于转岗、晋升的职员提供必要的职业培训，满足企业对职工专业技能的要求。同时，各中等职业学校在办学上应加快整合，合并或实行联合办学，实现规模效应，发挥各学校的优势。在专业建设上，各地中等职业学校除了要根据科技进步及产业转型升级需要积极开设新专业、改造老专业外，还要根据学校所处的地域特征，联系当地经济社会发展实际，形成具有自身独特风格的特色专业和专业集群优势，提高中等职业教育对当地的社会服务能力。在课程开发上，应协调中、高等教育机构及行业组织等共同建设，转变以往以就业为导向的单一课程体系，建立以核心能力培养为重点的多元课程体系，以满足产业转型升级背景下不同岗位之间频繁转换的需要。在师资力量上，应加强“双师型”人才队伍建设。一方面，对于新教师的引进要重点关注实践技能方面的教学能力，不能仅仅采用学历筛选的方式，对于在技术技能方面能力突出者可以适当放宽理论方面的准入条件，或者先引进再要求其在入校一定年限内达到“双师型”教师需达到的理论水平；另一方面，学校要加强对本校专业教师的技能培训，增加实践专业课程，让教师在实践教学中提升专业技能，同时还可以采取定期派遣专业教师到企业顶岗实习的方式，增加一线教师的工作经验，引导其了解企业的最新需求。

（一）重视“双师型”教师培养，提升师资质量

从我国中等职业教育的发展可以看出，中等职业教育师资缺乏的问题一直没有得到真正解决，改革开放前主要表现在师资数量不足，改革开放后则体现为师资的质量没有保障。师资队伍建设是中等职业学校建设和发展的关键，建设一支高素质教师队伍是当前非常紧迫的任务。我国职业教育发展的经验证明，“双师型”教师的培养是中等职业教育解决师资问题的有效途径。

1. 强调创新精神和创新能力的培养

“双师型”教师不但要有一定的理论知识和实践经验，还要有创新精神和创新能力。科学技术在不断发展，知识在不断更新，这就要求专业教师不断探索新的知识领域，开拓视野，掌握本专业的前沿知识。另外，要培养学生的创新精神和创新能力，教师自身必须有创新精神和创新能力。

2. “双师型”教师的培养和建设要制度化、规范化

制定“双师型”教师的认定标准和审批程序。“‘双师型’教师一般既要

有中级以上的专业技术职务任职资格证书，又要有中级及以上本专业技能证书。”① 对于专业技能证书的规定，最好具体且有据可查，有章可依，如机械、电子类专业的中级工，计算机专业的软件程序员，财经类专业的会计师、统计师、审计师，法律专业的律师等。对于在企业中工作多年的技术人员，参考实践经历，可适当降低要求。对符合条件的教师可向上级教育行政部门提出申请，并上交相关证明材料，由上级教育行政部门组织专家进行评审，给合格者发放专门的“双师型”教师资格证书，资格证书有效期为2~5年，超过有效期应重新申报。学校根据教师受聘期间的工作表现，决定续聘还是解聘。

3. 建立“双师型”教师发展激励机制

由于“双师型”教师对中等职业教育发展至关重要，中等职业学校要建立“双师型”教师发展激励机制，在教师编制、任职条件、职称评审、工资待遇、聘任政策以及教师引进等方面向“双师型”教育倾斜。② 一方面，定期给“双师型”教师提供到大专院校和科研单位进行培训的机会；另一方面，给予“双师型”教师一定的津贴和科研经费。

4. 实施中等职业学校教师在岗继续培训制度

“从现在的职业教育办学情况看，学校与企业脱节比较严重。学生在校期间真正做产品的机会很少，不能做到零距离上岗。”③ 职业教育的特点在于其实践性，要求其随着科学技术和生产实践的发展不断提升。因此，学校要开通“双师型”教师的培养渠道，强化实训。鼓励理论型教师到企业锻炼实习，工程技术人员和实习指导教师获得理论教师资格，从而成为“双师型”教师。“双师型”教师要弹性地进入企业，了解专业发展的新情况、新问题，掌握企业的新方法、新技术，保证自身知识的前瞻性，了解企业对人才的新需求。同时，要对教师在岗培训、实习情况进行监督，防止挂职实习成为挂虚职实际未到岗的情况，使挂职实习落到实处。

（二）找准角色定位，在竞争中求生存

1998年“高校扩招”以后，中等职业教育“角色定位”问题逐渐被提上议程。在“高校扩招”以前，中等职业教育的定位比较明确，即为社会主义

---

① 刘宪宁．浅谈职业技术教育师资队伍建设［J］．安庆师范学院学报（社会科学版），2001（1）：14-17.

② 余南宁．我国中等职业教育面临的问题和对策［J］．黄山学院学报，2004（5）：121-123.

③ 谢勇旗．浅谈中等职业教育师资建设［J］．教育与职业，2005（18）：45-47.

现代化建设培养技能型人才和高素质劳动者，也就是培养一线技术工人。随着高等教育的扩招，高等教育学校和职业技术学校的专业设置日趋接近，就业去向的界限也逐渐模糊。中等职业教育面临来自高等教育的巨大压力，迫使其必须重新思考自身的"角色定位"，提高竞争优势，探索发展的增长点和改革的突破口。

1. 正确认识形势

现阶段我国处于并将长期处于社会主义建设的初级阶段，教育事业的发展不能超越社会主义建设初级阶段的实际。但是现阶段我国教育发展出现了"高重心"现象，具体体现在两个方面："一是普高热、高等教育热。二是职业教育高移化。"① 高等教育肩负着培养高级专门人才的任务，在教育结构中占有极其重要的地位。特别是，面对"科学技术突飞猛进，知识经济已见端倪，国家间综合国力竞争日趋激烈"的新形势。加快发展高等教育，培养一大批高素质的复合型、创造型专门人才，是当前我国教育事业的一项重要任务。但是，我国经济结构和产业结构的多层次还要求我们培养数以亿计的高素质劳动者和大量初中级应用人才，这个任务必须由中等职业教育来完成。

2020 年，全国中等职业教育共有学校 9896 所，招生 644.7 万人，占高中阶段教育招生总数的 42.49%，除少数经济发达地区外，我们不能盲目地发展普通高中教育。至于大学入学率，2020 年，全国各类高等教育在学总规模达 4183 万人，高等教育毛入学率为 54.4%，只是进入高等教育大众化的初级阶段，这个比例在农村地区更低。由此可见，发展中等职业教育是大有可为的。

对于目前出现的职业教育高移化趋势，同样要有准确的认识。由于新时代对就业人员的素质要求越来越高，许多国家提出职业教育要在更高层次普通教育的基础上进行，职业教育要逐步向高中后阶段推移，这是有必要的，也是职业教育发展的趋势。但是，基于我国的实际情况，除少数经济发达地区可以适当提高职业教育起点外，大多数地区还不具备大规模发展高等职业教育的条件。《中华人民共和国职业教育法》规定："国家根据不同地区的经济发展水平和教育普及程度，实施以初中后为重点的不同阶段的教育分流。"这说明，我国仍旧把中等职业教育的发展放在突出位置。近年来，国家出台了一系列政策扶持中等职业教育的发展，中等职业教育机构要认识到中等职

① 王向红．对我国职业技术教育师资培养模式的思考［J］．中国职业技术教育，2001（12）：15-17.

业教育在我国教育体系中的不可替代性，坚定信心，迎接挑战。

2. 寻找发展突破口

中等职业教育发展的宗旨是“培养数以亿计的高素质劳动者和数以千万计的高技能专门人才，特别是培养生产、服务一线急需的技能型人才，为我国新型工业化发展服务”。中等职业教育的发展必须立足于这个根本，即中等职业教育要培养高素质、强技能、宽适应、复合型的一线技工，把培养学生实践能力、创新能力作为切入点和突破口，以“肯干、够用、会学”作为技术人才培养的质量标准。“肯干”蕴含德育标准；“够用”体现专业要求；“会学”凸显发展潜力。中等职业教育应按照适应市场、服务市场、立足现实、着眼现实的发展思路，把重点牢牢锁定在培养“厚基础、强能力”的复合型人才架构上。[①] 中等职业教育与高等教育相比，其优势在于大大缩短了学生在校学习的时间和费用，所培养的学生实践操作能力强且培养时间短，中等职业教育的发展要抓住这两个优势。一方面，要根据学生情况选择其在较短时间内、较低成本下可学会的实用技能，加大发展农村中等职业教育的力度，推进中等职业教育为建设社会主义新农村服务，大范围培养农村实用型、技能型人才，大面积普及农业先进实用技术，大力提高农民思想道德和科学文化素质。同时，中等职业教育要为农村劳动力转移服务，促进农村劳动力合理有序转移和农民脱贫致富，提高农民工的职业技能，帮助农民工稳定就业。另一方面，基于中等职业教育培养“一线操作性、技能型人才”目标，加大对中职学校学生实践能力的培养。通过“校企合作”“订单培养”“定岗实习”等方式，把中等职业学校的学生真正培养成为实践型人才。

（三）深化教育教学改革，调整学校专业设置

中华人民共和国成立之初，我国中等职业教学以及专业设置主要根据苏联的办学经验开展并发展起来，后期逐渐探索走上适合我国经济社会发展状况的中等职业教育专业建设道路，并制定了《中等职业学校专业目录》。从国家的角度来看，我国中等职业教育的专业设置逐渐规范化、专业化、合理化，中等专业学校开始根据经济发展和市场需求不断调整专业设置。总结以往经验可知，中等职业学校的专业设置必须以经济、社会的发展需求为立足点和原则，坚持为经济建设和社会发展服务，面向企业、面向市场、面向社会。这是中等职业教育提高教育质量、保证毕业生就业率的基本途径，也是其他

---

① 黄尧．21 世纪初叶中国职业教育的改革和发展［J］．职教论坛，2001（2）：32.

一些国家的成功经验。

首先，中等职业教育的专业设置要适应市场的变化。中等职业教育的培养目标是从事生产实践的一线操作性人才，中等职业教育要和一线生产相结合，学生所学的专业受经济形势变化和经济结构变化的影响，这决定了中等职业教育的专业设置具有鲜明的“时代特征”。① 当今第一、第二产业增长趋缓，而第三产业持续上升，这要求中等职业教育的专业设置与行业发展形势保持同步。

其次，要注意中等职业学校专业设置的“灵活性”。具体表现在如下三个方面：一是在专业年限上，专业不同，周期可长可短。如可以将中等职业学校的三年制改为一年制、两年制、三年制三个教学模式，培育多层次技术人才。一年制以短期培训为主，借用中等职业教育的师资、实验实习条件，在实际操作和生产实践上狠下功夫，培养一批社会需要的初级实用人才，并颁发技术等级证书；两年制职业教育是在一年制基础上加强基础理论和专业知识的学习，提高人才素质的档次；三年制职业教育则理论、技能并重，培养既有理论知识又有操作能力，还具有一定创新性能力的人才。二是在学历要求上，既可以开设国家承认并颁发证书的专业，也可以开设地方企事业单位需要的、不颁发学历只颁发培训证书的专业。三是在学习方式上，根据学生情况，可以是全日制，也可以是函授、业余等。②

最后，坚持中等职业教育专业设置的“地方特色”。中等职业教育主要是为地方经济建设培养一线劳动者。所以，掌握地方经济的实际需求、抓住地方的资源优势，培养地方急需的人才，是优化中职学校专业设置的有效途径。

总之，中职要将自身特点和经济社会对人才的需要结合起来，培育特色专业和重点专业，形成适应区域经济发展的专业特色和优势。学校要主动适应企业用人需求，设置相关专业。政府要鼓励企业为学校提供实验实习基地，参与专业课程设置和教学计划的制订，选派优秀技术人才到学校兼课，担任实习指导教师。鼓励职业学校以地方经济为依托，坚持学历教育与职业培训并重，办学模式更灵活。促进中等职业学校的发展，发挥其在促进经济发展中的人才培养作用。

三、拓展中等职业学校毕业生升学发展空间

当前，随着我国经济增长方式的转变，高端制造业逐渐替代低端制造业，

---

① 金国．中等职业技术教育的现状与对策思考［J］．贵阳金筑大学学报（综合版），2001（9）：74-78.

② 陈至立．振奋精神开拓进取大力推进职业教育改革与发展［J］．职业技术育，2002：35-37.

产业发展对高素质技术技能型人才的需求越来越大，而中等职业教育培养的初、中级技术技能型人才难以满足产业转型升级以及智能制造的需求，从而引发中等职业教育存在必要性的争论。为此，中等职业教育可以升学和职业双重准备为目标，建立中高职贯通立交桥，为中等职业学校毕业生提供更好的上升渠道。中等职业学校毕业生目前的升学率较低，具有较大的发展空间，而现代职业教育体系的逐步建立也为中等职业学校毕业生的升学提供了诸多便利。从中等职业教育到高等专科职业教育，再到高等本科职业教育，直至研究生职业教育，即通过中职升高职、专科升本科、本科升硕士的形式，逐步打通技术技能型人才的上升通道。从高职院校的角度来看，中等职业学校毕业生应当是高职院校的最佳招生对象。“高职教育在人才培养过程中应当发挥提升技能而非培养技能的作用”①，也就是说，高职教育更适合招收具有一定文化知识水平和一定技术技能的生源。显然，与更重学业成绩的普通高中毕业生相比，中职学校毕业生更加适合作为高职院校的招生对象。技术技能型人才上升渠道的打通以及高职院校对中等职业学校毕业生的青睐，为中等职业学校学生的升学提供了绝佳的外部环境。中等职业学校应充分发挥这一优势，结合高职招生特征，为学生提供更好的升学指导，提高升学率，为毕业生打造更好的发展空间，逐步改变社会对于中等职业教育是“差生教育”的观念。

四、加强外部制度保障

（一）加快管理体制改革，加大政府统筹力度

中等职业教育管理体制改革的根本目的是使职业教育反映和适应经济和社会发展需要，为经济和社会发展服务，实现中等职业教育与经济发展良性互动。为此，要发挥地方政府的统筹作用和明确行业部门、行业组织在发展职业教育中的权力和责任。可见管理体制问题是一个制约中等职业教育发展的至关重要的问题，但中等职业教育的管理体制还存在权责不清、宏观统筹乏力、政府职能尚未根本转变等问题。要加快管理体制改革，加大政府统筹力度，可以从以下几个方面着手。

1. *厘清各政府部门职责*

应厘清旧的管理体制遗留下来的问题。避免各政府部门职能出现交叉，

---

① 刘晓，陈乐斌．百万扩招背景下的高职招生制度改革：现实诉求与改革路径［J］．高等职业教育探索，2019（5）：4.

对中等职业教育形成多头管理。[①] 教育部门对中等职业学校进行统一管理，劳动部门则负责对中等职业技能鉴定、落实毕业生的社会保障及社会用工的准入制度。

2. 整合统筹中等职业教育资源

“要使中等职业教育适应社会经济特别是当地经济发展，就必须打破中等职业教育条块分割、同质竞争的局面，由政府有针对性地制定中长期规划，整合统筹中等职业教育的办学资源，迅速提高中等职业学校的办学规模、改善办学条件，提高其在教育市场中的整体竞争能力，避免中等职业学校之间的恶性竞争。”[②] 中等职业教育资源的整合必须依靠政府的大力支持。地方政府要从全局出发，将中等职业教育发展纳入地方发展规划，并作为中等职业教育发展的依据。

3. 加强宏观指导与监控

政府应加大宏观指导力度，提高中等职业学校的招生比例和生源质量。教育部门应出台政策鼓励优秀学生报考职业学校，合理调整高中阶段入学招生政策，对国家级、省级示范性中等职业学校和优秀学生就读职业学校给予优惠政策，并认真组织做好中等职业学校招收高中毕业生的工作。[③] 教育部门应把中等职业学校招收高中毕业生接受中等职业教育纳入中职招生工作。各中等职业学校可通过注册入学方式自主招收高中毕业生，进行中等职业学历教育或培训。

目前，我国中等职业教育还不够强大，教育主管部门应该对中等职业教育给予大力支持，出台相关政策，在办学定位、专业建设等方面加以规范和引导；应组织专家或中介机构，为专业设置和学科发展提供信息与咨询服务，促进职业教育专业结构和办学模式的合理调整。我国职业教育情况复杂，地区差别很大。为确保整个中等职业教育质量，既应该加强宏观调控、统一标准，又应该承认地区差别，区别对待，避免随意设置专业学科及课程，引导中等职业教育沿着正确轨道健康发展。

同时，“为强化教育主管部门的指导监督作用，有必要建立中等职业教育目标考核责任制和督导检查制度”。[④] 要建立领导责任制，把促进中等职业教

---

① 袁绍岐．论21世纪职业技术教育的发展趋势［J］．广东青年干部学院学报，2001（2）：41-44.

② 韩久同．中等职业学校办学特色探讨［J］．教育与职业，2001（7）：23-27.

③ 杨金土．关于中专教育的基本评价和回应挑战的若干关系问题［J］．中国职业技术教育，2008（5）：34-36.

④ 朱益明．从国际发展看我国职业技术教育的前景［J］．教育发展研究，2007（8）：26-29.

育改革与发展作为对地方和部门主要领导政绩考核的重要指标。政府教育督导部门要加强对中等职业教育工作的督导，努力提高对中等职业教育的管理水平。

（二）拓宽投资渠道，加大教育经费投入

中等职业教育与普通高中教育相比较，最大的不同在于中等职业教育需要大量设备、实习场地，这是中等职业学校培养具有操作能力的一线技术人才的基本条件。但是目前我国中等职业学校经费不足非常普遍，已经成为制约其发展的主要障碍之一，这是作为基层教育单位的学校自身难以解决的问题，需要政府的大力扶持。同时，“中等职业教育的直接受益者，除了受教育者个人和接受职业教育毕业生就业的企业外，社会是最大的受益者。中等职业教育的这种‘准公共产品’特性决定政府必须提供经费投入”。①

政府应完善职业教育拨款政策和成本分担机制，确保经费投入，并出台相关政策确保职业教育专项经费专款专用，任何单位、个人不得挤占和挪用，阻碍职业教育的发展。政府应积极支持示范性中等职业学校的建设，各地方政府要加强统筹规划，增加经费投入，力争新创一批国家级、省级示范性中等职业学校。政府应进一步拓宽职业教育经费筹措渠道，采取有效措施吸引社会各界对中等职业教育投入更多资金，鼓励民间办学，鼓励企业与学校共同办学，努力建立以政府为主导，行业、企业、社区、个体等广泛参与的各种利益主体、多种渠道办学的格局。从某种意义上说，以市场化的方式让社会力量参与办学，对以市场为导向的中等职业教育的发展很重要。

此外，政府还可以鼓励企事业单位、社会团体和公民个人捐资助学，以减轻财政压力。凡通过政府部门或非营利组织对职业教育的资助和捐赠，可按现行税收法律法规和政策规定在应纳税所得额中扣除。各级教育、财政、审计、物价等部门要加强职业教育经费管理，严格执行财务审计制度，提高经费使用效益。② 政府除了要对中等职业学校的基础设施设备进行直接投入外，还要在中等职业教育中实行助学金、贷学金制度，以资助家庭困难的学生。接受中等职业教育的学生以来自农村地区的学生居多，常因贫困而辍学。因此，迫切需要实行助学金、贷学金制度，使广大农村学生有机会接受职业技术教育与培训，实现教育公平。

---

① 杨金土．对中等职教社会需求的再认识［J］．职教论坛，2002（9）：22-24.

② 伍琼．中等职业教育面临的形势与对策［J］．职业技术教育（人大复印资料），2001（2）：25-27.

总而言之，“要总体保持职普比大体相当的战略定位不动摇，加强省级统筹和分类指导，使中职学校与普通高中的办学投入、培养质量、学生受益大体相当。通过职普协调均衡发展，进而实现职普规模大体相当。要完善一体化职业学校体系，改善中职学校办学条件，打造一批优质中职学校和专业，巩固中职的基础地位”。[①]

① 陈宝生．办好新时代职业教育服务技能型社会建设［N］．光明日报．2021-05-01（07）．

第五章

专科职业教育

改革开放后，随着第五个国民经济计划的完成，为进一步满足社会主义现代化建设需要，扭转以往以培养从事研究、设计、教学等人才为目标的高等教育发展不平衡状况，弥补地方直接服务于“第一线生产、服务、管理的实用型、技艺型、实干型”① 人才缺口，解决由于高校数量少及升学政策导致的大量高中毕业生不能升学，特别是将大量品学兼优的高中毕业生拒之门外的现实问题，国家开始积极在高等教育领域寻求改革。②

1980 年 3 月 1 日，财政部在杭州召开财政教育规划会议，提出“各省市对所需大学毕业生，要部分或大部分自给”③ 的发展要求。5 月 30 日，国务院副总理方毅主持召开教育问题座谈会，与会很多代表提出我国地域面积广阔，经济、文化教育发展很不平衡，不能“一刀切”，要充分利用多种途径，做到广开学路，大力发展教育事业。在种种因素推动下，8 月 27 日，标志着中国高等职业教育正式起步，打破传统高校办学模式，采用自费、走读、不包分配、毕业后由用人单位择优录取办学原则，中国第一所专科层次文理综合全日制高等职业大学——南京金陵职业大学，由江苏省人民政府批准成立。④

---

① 闻友信，杨金梅．职业教育史［M］．海口：海南出版社，2000：110.

② 除上述原因外，一些学者对短期职业大学出现背景，也有不少新的认识，如有些学者提出：“20 世纪 80 年代，随着经济恢复发展，社会对技术技能型人才的需求日益增加，但传统的高等专科教育却因自身存在的一些问题而不能完全满足这种需要。一方面，高等专科教育培养的人才数量低于实际的需求数量；另一方面，其培养模式存在‘重理论轻实践’的问题，被认为是本科教育的‘压缩饼干’，培养的学生质量不能很好地匹配社会的需求。面对这一情况，一些经济发达地区开始自己集资办学，培养本地区急需的专门人才。”参见石伟平，匡瑛等．中国教育改革 40 年（职业教育）［M］．北京：科学出版社，2018：4。

③ 王继平．中国教育改革大系：职业教育卷［M］．武汉：湖北教育出版社，2016：16.

④ 1979 年 2 月 16 日，国家劳动局、教育部《关于增设四所技工师范学院的通知》批准吉林技工师范学院、山东技工师范学院、河南技工师范学院、天津技工师范学院四所高校为高等专科院校。长期以来，一般均将师范教育与职业技术教育分开对待，故以金陵职业技术大学为高等职业技术教育的开端。

经过40多年的发展，专科职业教育为党和国家输送了大量人才，取得了令人瞩目的辉煌成就，有效推动了中国特色社会主义的建设进程。但由于发展时间短、国际国内经济社会形势的迅速变化等原因，还存在一些亟须改进的问题。

第一节 我国专科职业教育发展现状

中华人民共和国成立初期，中等职业教育曾长期占据国家职业教育体系改革和发展工作的核心地位。① 但随着经济社会发展和国民教育水平的不断提高，专科职业教育迅速发展，逐渐占据了中国高等教育的半壁江山。②

一、办学模式持续变革③

改革开放以后，由于经济的迅速发展，传统高等教育无法满足地方经济发展需要。为进一步加速专科职业教育的发展，1983年4月28日，国务院下发《国务院批转教育部、国家计委〈关于加速发展高等教育的报告〉的通知》，提倡大城市、经济发展较快的中等城市和大企业创办高等专科学校和短期职业大学，“可以单独办，也可以与有基础的院校合办”④，同时也“鼓励民主党派、群众团体和爱国人士举办这类学校”⑤，开放了创办高等教育的渠道。1992年，集团化办学模式开始出现，即以校校联合、校企联合为主要形式，在相同区域内，相同行业的院校、企业之间进行联合共享职业教育资源。⑥

1993年2月13日，中共中央、国务院印发《中国教育改革和发展纲要》要求“改变政府包揽办学的格局，逐步建立以政府办学为主体、社会各界共同办学的体制”⑦，而职业技术教育应主要“依靠行业、企业、事业单位办学和社会各方面联合办学”⑧，积极鼓励、支持社会团体和公民个人依法办学，

---

① 何东昌．中华人民共和国教育史［M］．海口：海南出版社，2007：692.

② 王继平．中国教育改革大系：职业教育卷［M］．武汉：湖北教育出版社，2016：16.

③ 有的学者将我国高等职业教育办学体制分为四个阶段，即初创起始阶段（1980—1987年）、广泛探索阶段（1988—1994年）、大力发展阶段（1995—2005年）、深化内涵阶段（2006年至今）。参见张瑶嵩．高等职业教育办学体制机制研究［M］.上海：复旦大学出版社，2017：10-21。注：原书“广泛探索阶段（1998—1994年）”写作“广泛探索阶段（1996—1994年）”，经前后文比较当为笔误，此处更正。

④⑤ 何东昌．中华人民共和国重要教育文献：1949—1997［M］．海口：海南出版社，1998：2085.

⑥ 石伟平，匡瑛，等．中国教育改革40年：职业教育［M］．北京：科学出版社，2018：113.

⑦⑧ 何东昌．中华人民共和国重要教育文献：1949—1997［M］．海口：海南出版社，1998：3469.

并对港澳台同胞、海外侨胞和外国友好人士捐资助学及国际合作办学进行了说明。1995 年 7 月 19 日，国务院办公厅转发《国家教委关于深化高等教育体制改革的若干意见》提出“鼓励企业、企业集团、科学研究单位积极参与高等学校的办学和管理”。[①] 1995 年 10 月 6 日，国家教委《关于推动职业大学改革与建设的几点意见》又提出职业大学“要加强与产业部门的联合，积极实行校企结合。有条件的学校，可建立包括企业界、科技界等方面代表组织的校董会。要努力探索产教结合的办学路子，大力发展校办产业”[②]。1996 年 9 月 1 日正式施行的《中华人民共和国职业教育法》则以法律形式规定了专科层次职业教育的办学模式。规定“职业学校教育分为初等、中等、高等职业院校教育……政府主管部门、行业组织应当举办或者联合举办职业学校、职业培训机构……国家鼓励事业组织、社会团体、其他社会组织及公民个人按照国家有关规定举办职业学校、职业培训机构”[③]，“境外的组织和个人在中国境内举办职业学校、职业培训机构的办法，由国务院规定”。[④] 国家将办学主体进一步扩展到国际合作层面，加速了高等职业院校办学模式的创新。但在此期间，“办学模式上最大的变化是明显的升格之风。近 2/3 的高职院校通过合并、重组等方式升格为本科院校，不到 1/3 的高职学校仍旧保持了原来的高职特色，还有少部分在合并等工作中被撤销”。[⑤]

1998 年，教育部将 1993 年提出的“三改一补”发展方针改为“三多一改”方针，“三多”即多渠道、多规格、多模式发展高职，“一改”则主要针对教学改革。1999 年 1 月 1 日正式施行的《高等教育法》[⑥] 第六十八条规定，“本法所称高等学校是指大学、独立设置的学院和高等专科学校，其中包括高等职业院校和成人高等学校”[⑦]，肯定了高职院校的地位。1999 年 1 月 11 日，教育部、国家计划委员会印发《试行按新的管理模式和运行机制举办高等职业技术教育的实施意见》，规定了具有高等职业教育资格的院校类别：“短期职业大学、职业技术学院、具有高等学历教育资格的民办高校……普通高等专科学校。本科院校内设立的高等职业教育机构（二级学院）……经教育部

① 何东昌．中华人民共和国重要教育文献：1949—1997［M］．海口：海南出版社，1998：3853.

② 何东昌．中华人民共和国重要教育文献：1949—1997［M］．海口：海南出版社，1998：3885.

③ 何东昌．中华人民共和国重要教育文献：1949—1997［M］．海口：海南出版社，1998：3986-3987.

④ 何东昌．中华人民共和国重要教育文献：1949—1997［M］．海口：海南出版社，1998：3987.

⑤ 石伟平，匡瑛，等．中国教育改革 40 年：职业教育［M］．北京：科学出版社，2018：106.

⑥ 2015 年 12 月 27 日，根据第十二届全国人民代表大会常务委员会第十八次会议公布的《关于修改〈高等教育法〉的决定》修正，但并未改变对高等职业院校的认定。

⑦ 何东昌．中华人民共和国重要教育文献：1998—2002［M］．海口：海南出版社，2003：168.

批准的极少数国家级重点中等专业学校，改办为既从事高等职业教育，又从事中等职业教育双重任务的学校（限于骨干专业举办高等职业教育）。办学条件达到国家规定合格标准的成人高校。但须视办学条件状况，相应调整成人脱产学历教育的培养规模。”① 以高职高专为主体的“六路大军”办高等职业教育模式正式进入实施阶段。2000 年 3 月 15 日，教育部印发了《高等职业院校设置标准（暂行）》，对高等职业院校的学校领导、师资队伍、硬件设施、专业课程设置、招生规模等方面进行了限制，以保证高等职业院校建设的水平和质量。

2002 年 8 月 24 日，国务院印发《国务院关于大力推进职业教育改革与发展的决定》重申要建立职业教育“政府主导、依靠企业、充分发挥行业作用、社会力量积极参与的多元办学格局”②，并提出“有条件的职业学校可以跨区域招生，可以与本地、异地职业学校联合办学”③，进一步打破地缘限制，推动了校校联合、校企联合的集团化办学模式发展，借鉴以往大学城建设经验而来的职业教育园区也快速发展起来。2015 年 6 月 30 日，教育部印发《教育部关于深入推进职业教育集团化办学的意见》，进一步明确支持和鼓励围绕区域发展规划、产业结构和人才需求等特点，示范、骨干职业院校、行业部门、中央企业和行业龙头企业、职业院校等，以“多元主体组建职业教育集团”。④

在 20 世纪 80 年代高等职业院校发展初期即被不断提及的侧重实践、侧重一线操作技能人才培养的办学模式和理念，在 21 世纪初被进一步升华为“产学研结合”模式。2002 年 10 月 29 日，周济在《光明日报》发表《“产学研结合”是高等职业教育发展的必由之路》文章，指出发展高等教育的总方针应是“政府统筹、面向社会、地方为主、依靠企业”。⑤ 2006 年 11 月 16 日，教育部《关于全面提高高等职业教育教学质量的若干意见》明确提出，要“以服务为宗旨，以就业为导向，走产学结合发展道路”。⑥ 此后这一办学模式从不同角度被不断强调，如 2010 年中共中央、国务院印发的《国家中长期教育改革和发展规划纲要（2010—2020 年）》、2014 年国务院印发的《国

---

① 何东昌．中华人民共和国重要教育文献：1998—2002［M］．海口：海南出版社，2003：216.

②③ 何东昌．中华人民共和国重要教育文献：1998—2002［M］．海口：海南出版社，2003：1324.

④⑥ 教育部．教育部关于深入推进职业教育集团化办学的意见（教职成〔2015〕4 号）［EB/OL］．(2015-07-02)［2020-08-20］．http：//www.moe.gov.cn/srcsite/A07/s3059/201507/t20150714_193833.html.

⑤ 周济．“产学研结合”是高等职业教育发展的必由之路［N］．光明日报，2002-11-28.

⑥ 何东昌．中华人民共和国重要教育文献：2003—2008［M］．海口：海南出版社，2010：1227.

务院关于加快发展现代职业教育的决定》等，并在应用中进一步拓展为“产教融合”“校企合作”“政产学研用”等。2015 年 6 月 30 日，教育部印发《教育部关于深入推进职业教育集团化办学的意见》，要求“强化产教融合、校企合作，推动建设以相关各方‘益链’为纽带，集生产、教学和研发等功能于一体的生产性实训基地和技术创新平台，促进校企双赢发展”，强化“校校合作”“区域合作、城乡一体”等。这一概念后被学者发展为“产教学研用”。

二、学校数量猛增

中国专科职业大学自建设之始，便爆发出强大的生命力。1980 年，紧跟南京金陵职业大学建立的就有合肥联合大学、武汉江汉大学等 6 所专科职业大学。① 1983 年 4 月 28 日，为进一步填补经济的快速发展带来的人才缺口，国务院印发《国务院批转教育部、国家计委〈关于加速发展高等教育的报告〉的通知》指出，“要在扩大高等教育规模的过程中，根据国家四化建设的需要，调整改革高等教育内部结构，增加专科和短线专业的比重……积极提倡大城市、经济发展较快的中等城市和大企业举办高等专科学校和短期职业大学”。② 1984 年，专科层次职业院校已经发展到 82 所，1985 年达到 120 多所。鉴于专科层次职业教育的巨大发展潜力及经济社会发展的现实需要，1985 年 5 月 27 日，中共中央下发《关于教育体制改革的决定》要求，“改变专科、本科比例不合理的状况，着重加快高等专科教育的发展”。③

1991 年 1 月 6 日，国家教育委员会下发《国家教委关于加强普通高等专科教育工作的意见》明确指出，普通高等专科教育（不含师专）“同本科教育、研究生教育一样，都是我国普通高等教育体系中不可缺少的重要组成部分”。④ 1995 年 10 月 6 日，为进一步落实 1993 年 2 月 13 日中共中央、国务院印发《中国教育改革和发展纲要》要求，国家教委印发《关于推动职业大学改革与建设的几点意见》再次肯定了高等职业教育、职业大学改革对我国高

① 由于统计口径不同，有的认为 1980 年共出现 7 所专科层次职业大学（闻友信，杨金梅．职业教育史［M］．海口：海南出版社，2000：111；王继平．中国教育改革大系：职业教育卷［M］．武汉：湖北教育出版社，2016：16）。有的认为出现 13 所（石伟平，匡瑛，等．中国教育改革 40 年：职业教育［M］．北京：科学出版社，2018：85）。

② 何东昌．中华人民共和国重要教育文献：1949—1997［M］．海口：海南出版社，1998：2084-2085.

③ 何东昌．中华人民共和国重要教育文献：1949—1997［M］．海口：海南出版社，1998：2288.

④ 何东昌．中华人民共和国重要教育文献：1949—1997［M］．海口：海南出版社，1998：3092.

等教育及地方经济、社会发展的重要意义。但由于尚处于摸索时期，至 1996 年，面对建设起点较低、专业课程设置不合理、招生困难等现实问题，有的专科层次高职院校抛弃自身特色通过与其他院校合并升格为本科院校，有的则在撤销和合并中消失，[①] 一度减少到 88 所。[②]

不过，随着 1996 年国家教委《关于积极发展高等职业教育的原则意见》的修改完成及《中华人民共和国职业教育法》的颁布实施，高等职业教育再次焕发出活力，到 1998 年，全国独立设置的高等职业院校达到 432 所。在此期间，1997 年 9 月 25 日，国家教委印发《国家教委关于高等职业院校设置问题的几点意见》对高职院校的名称进行了规范，规定“新设高等职业院校一般称为职业技术学院，可根据学校所在地、隶属关系、学科门类等因素冠以某些适当的限定词；高等职业院校的英文译名必须与中文名称相一致”。[③]

1998 年，为应对亚洲金融危机，时任亚洲开发银行驻北京代表处首席经济学家唐敏，向中央提出《关于启动中国经济有效途径——扩大招生量一倍》的建议书。该建议书分析了大学生数量提升潜力、扩大内需的必要性及群众对子女接受高等教育的迫切愿望等因素，提出扩大高校招生规模建议，被中央采纳。高校扩招自 1999 年正式开始，高职院校借此东风迅速增长。2002 年 8 月 24 日，国务院印发《国务院关于大力推进职业教育改革与发展的决定》，重申“扩大高等职业教育的规模”[④]。2003 年，全国专科层次职业院校已经发展到 908 所，2005 年达到 1091 所，[⑤] 短短几年，高职院校占据了高等院校的半壁江山。由于国内高职院校相对饱和，2005 年后，专科层次职业院校建设虽仍在持续增加，但发展趋于平缓，具体见表 5-1。[⑥]

---

① 陈荣荣，伍红军．首批高职院校的层次发展：对 1980—1985 年的 118 所短期职业大学的考察［J］．未来与发展，2012（11）：63-68.

② 统计口径不同，有的人认为在 1996 年职业大学数量为 73 所。参见石伟平，匡瑛，等．中国教育改革 40 年：职业教育［M］．北京：科学出版社，2018：106。

③ 何东昌．中华人民共和国重要教育文献：1949—1997［M］．海口：海南出版社，1998：4273.

④ 何东昌．中华人民共和国重要教育文献：1998—2002［M］．海口：海南出版社，2003：1324.

⑤ 教育部．全国教育事业发展统计公报（1990—2005 年）［EB/OL］．http：//www.edu.cn/edu/tjsj/zhsj/.

⑥ 2019 年全国高职（专科）院校 1423 所，但因尚未见到 2019 年《中国教育统计年鉴》，无法了解具体情况，故此处数据截至 2018 年。教育部．2019 年全国教育事业发展统计公报［R/OL］．（2020-05-20）［2020-08-20］．http：//www.moe.gov.cn/jyb_sjzl/sjzl_fztjgb/202005/t20200520_456751.html.

表 5-1　2003—2018 年我国高等学校及专科层次职业学校数量对比

年份	高等学校数①（所）	专科层次职业学校数（所）	所占百分比（%）
2003	2110	908	43. 03
2004	2236	1047	46. 82
2005	2273	1091	48. 00
2006	2311	1147	49. 63
2007	2321	1168	50. 32
2008	2663	1184	44. 46
2009	2689	1215	45. 18
2010	2723	1246	45. 76
2011	2762	1280	46. 34
2012	2790	1297	46. 49
2013	2788	1321	47. 38
2014	2824	1327	46. 99
2015	2852	1341	47. 02
2016	2880	1359	47. 19
2017	2913	1388	47. 65
2018	2940	1418	48. 23

资料来源：①②教育部发展规划司．中国教育统计年鉴（2003—2018 年）［M］．北京：人民教育出版社，中国统计出版社．

②教育部网站，http：//www. moe. gov. cn/jyb_ sjzl/s5990/。

三、招生规模爆发式增长

1980 年，中国第一所专科的文理综合全日制高等职业大学——南京金陵职业大学最初只招生 777 名。按这一招生规模估计，当时全国 7 所职业高校招生不过几千人。随着专科职业院校数量的快速增加，1984 年，在校学生总数已经达到 4. 69 万人。此后招生人数出现一定反复，但经过 20 世纪 80 年代末 90 年代初的调整，1996 年高职招生人数已经达到 46. 09 万人，在校总人数达到 122. 65 万人，占当时全国高等院校学生总人数 302. 11 万人的 40. 60%。借助高校扩招的“东风”，高职院校招生人数和在校生人数一路攀升。至

① 含成人高等教育院校。

2003 年，高职院校招生人数已经达到 199.64 万人，在校生人数增长至 479.35 万人。2004 年 3 月 3 日，国务院正式批转《2003—2007 年教育振兴行动计划》，提出“大力发展职业教育，大量培养高素质的技能型人才特别是高技能人才”，实施“职业教育与培训创新工程”的要求。专科职业教育得以进一步发展，招生人数和在校生人数不断攀升。分析对比 2003—2018 年专科层次职业学校与普通本专科学校招生人数和在校生人数，可以看出高等职业教育在中国高等教育体系中的重要地位，具体见表 5-2、表 5-3 和表 5-4。

表 5-2　2003—2018 年我国普通高等本专科学校招生总人数及专科层次职业学校招生人数对比

年份	普通高等本专科学校招生总人数（万人）	专科层次职业学校招生人数（万人）	所占百分比（%）
2003	382.17	199.64	52.24
2004	447.34	237.46	53.08
2005	504.46	268.09	53.14
2006	546.05	292.97	53.65
2007	565.92	283.82	50.15
2008	607.66	310.60	51.11
2009	639.49	313.39	49.01
2010	661.76	310.50	46.92
2011	681.50	324.86	47.67
2012	688.83	314.78	45.70
2013	699.83	318.40	45.50
2014	721.40	337.98	46.85
2015	737.85	348.43	47.22
2016	748.61	343.21	45.85
2017	761.49	350.73	46.06
2018	790.99	368.83	46.63

资料来源：①教育部发展规划司．中国教育统计年鉴（2003—2018 年）[M]．北京：人民教育出版社，中国统计出版社．

②教育部网站，http：//www.moe.gov.cn/jyb_sjzl/s5990/。

表 5-3　2003—2018 年我国普通高等本专科学校在校总人数及专科层次职业学校在校人数对比

年份	普通高等本专科学校在校总人数（万人）	专科层次职业学校在校人数（万人）	所占百分比（%）
2003	1108.56	479.35	43.24
2004	1333.49	595.65	44.67
2005	1561.77	712.95	45.65
2006	1738.84	795.50	45.75
2007	1884.89	860.59	45.66
2008	2021.02	916.80	45.36
2009	2144.65	964.80	44.99
2010	2231.79	966.17	43.29
2011	2308.50	958.85	41.54
2012	2391.31	964.22	40.32
2013	2468.07	973.63	39.45
2014	2547.70	1006.63	39.51
2015	2625.30	1048.61	39.94
2016	2695.84	1082.88	40.17
2017	2753.59	1104.95	40.13
2018	2831.03	1133.70	40.05

资料来源：①教育部发展规划司．中国教育统计年鉴（2003—2018 年）[M]．北京：人民教育出版社，中国统计出版社．

②教育部网站，http://www.moe.gov.cn/jyb_sjzl/s5990/。

表 5-4　2003—2018 年我国专科层次教育院校与普通本科学校在校生人数对比

年份	专科层次教育院校在校生人数（万人）	普通本科学校在校生人数（万人）	专科、本科在校生比例
2003	479.35	629.20	1∶1.31
2004	595.65	737.84	1∶1.24
2005	712.95	848.81	1∶1.19
2006	795.50	943.33	1∶1.19
2007	860.59	1024.30	1∶1.19
2008	916.80	1104.22	1∶1.20

续表

年份	专科层次教育院校在校生人数（万人）	普通本科学校在校生人数（万人）	专科、本科在校生比例
2009	964.80	1179.85	1∶1.22
2010	966.17	1265.61	1∶1.31
2011	958.85	1349.65	1∶1.41
2012	964.22	1427.08	1∶1.48
2013	973.63	1494.43	1∶1.53
2014	1006.63	1541.06	1∶1.53
2015	1048.61	1576.68	1∶1.50
2016	1082.88	1612.95	1∶1.49
2017	1104.95	1648.63	1∶1.49
2018	1133.70	1697.33	1∶1.50

资料来源：①教育部发展规划司．中国教育统计年鉴（2003—2018年）［M］．北京：人民教育出版社，中国统计出版社．

②教育部网站，http：//www.moe.gov.cn/jyb_sjzl/s5990/。

从以上数据可以看出，专科职业学校2008年后招生人数占高等教育本专科招生总人数的比例降至50%以下，但仍然保持在45%以上，在校生人数占高等教育本专科在校总人数的比例也呈现下降趋势，但基本保持在40%以上；专科层次职业学校在校生人数与普通本科学校在校人数之比一度上升，2008年达到1∶1.20，之后逐年下降，2013年之后稳定在1∶1.50左右。这与其间高职、高专合并升格为本科，普通本科高校迅速扩招有很大关系。

需要说明的是，本科除医学等少量专业为5年制外，以4年制为主，高职高专除为初中毕业生生源设计的4年制、5年制外，以2~3年制为主，这就导致本科高校在校生有4届，而高职高专只有2~3届。所以，高职、高专对高等教育人才的占有率、培养率及输出率很高，对整个高等教育的意义不言而喻。

四、教师队伍迅速壮大

专科职业院校最初建立时，师资相对比较充足，尚能适应当时学校数量和招生规模。当时国家对职业教育的改革重点尚以中等职业教育为主，如1985年5月27日，中共中央下发的《关于教育体制改革的决定》认为：“发展职业技术教育要以中等职业技术教育为重点。……师资严重不足，是当前发展中等职业技术教育的突出矛盾。"① 1987 年，全国 122 所短期职业大学的教职员工总量为 17944 人，专任教师总量为 9167 人，其中教授 31 人，副教授 502 人，讲师 2080 人，教员 2677 人，助教 3877 人，而当时在校生总量为 77531 人②，师生比接近 1∶8.46。

20 世纪 80 年代末期，随着高等职业教育的不断发展，学生数量猛增，高职院校师资问题凸显，引起国家关注。1989 年 8 月 17 日，国家教委职业技术教育司印发《国家教委职业技术教育司关于试行〈职业技术教育专业教师任职资格与培训〉的通知》，要求专科的职业技术学校教师必须具有"大学本科以上学历"③，同时对其专业知识、教学能力做出相应规定。1991 年 10 月 17 日，国务院下发《国务院关于大力发展职业技术教育的决定》提出，要大力加强职业教育师资建设，要"本着培养和培训、专职和兼职相结合的原则，多渠道地解决职业技术教育的师资特别是技能教师来源问题。要建立职业技术教育教师、干部的轮训进修制度……改善教师专业技术职务评聘办法，逐步实行教师资格证书制度"。④

为推动职业大学良性发展，1995 年 12 月 19 日，国家教委发布《关于开展建设示范性职业大学工作的通知》，要求申请示范点建设的职业大学，必须"有一支专兼结合、结构合理、素质较高的师资队伍。专业课教师和实习指导教师具有一定的专业实践能力，其中有 1/3 以上的'双师型'教师"。⑤ 1998 年 2 月 16 日，国家教委印发《面向 21 世纪深化职业教育教学改革的原则意见》，再次提出"要重视教学骨干、专业带头人和'双师型'教师的培养"。⑥"双师型"高职教师队伍建设要求职业教师不仅要能整合理论和实践，更能兼顾教育教学能力和专业技术能力。此后，"双师型"高职教师队伍建设不断被强调，如 1999 年 6 月 13 日中共中央、国务院印发的《关于深化教育改革全面推进素质教育的决定》要求，"加快建设兼有教师资格和其他专业技术职务的'双师型'教师队伍"；⑦ 2002 年 5 月 15 日印发的《教育部办公厅

① 何东昌．中华人民共和国重要教育文献：1949—1997［M］．海口：海南出版社，1998：3223.

② 国家教委．关于开展建设示范性职业大学工作的通知（教职〔1995〕15 号）［EB/OL］．（1995-12-19）［2020-08-20］．http：//www. chinalawedu. com/falvfagui/fg22598/20106. shtml.

③ 何东昌．中华人民共和国重要教育文献：1949—1997［M］．海口：海南出版社，2003：26.

④ 何东昌．中华人民共和国重要教育文献：1949—1997［M］．海口：海南出版社，2003：289.

⑤ 国家教委．国家教委关于开展建设示范性职业大学工作的通知［EB/OL］．http：//www. chinalawedu. com/falvfagui/fg22598/20106. shtml.

⑥ 何东昌．中华人民共和国重要教育文献：1998—2002［M］．海口：海南出版社，2003：26.

⑦ 何东昌．中华人民共和国重要教育文献：1998—2002［M］．海口：海南出版社，2003：289.

关于加强高等职业（高专）院校师资队伍建设的意见》要求，“各高职（高专）院校一方面要通过支持教师参与产学研结合、专业实践能力培训等措施，提高现有教师队伍的‘双师’素质；另一方面要重视从企事业单位引进既有工作实践经验，又有较扎实理论基础的高级技术人员和管理人员充实教师队伍”。[①] 自2006年起，教育部每隔5年便会以“实施意见”的形式发布“职校教师素质提高计划”。2019年2月13日，国务院印发《国家职业教育改革实施方案》明确要求，“多措并举打造‘双师型’教师队伍”[②]，规定从2020年起职业院校、应用型本科高校相关专业教师不再从应届毕业生中招聘，“原则上从具有3年以上企业工作经历并具有高职以上学历的人员中公开招聘，特殊高技能人才（含具有高级工以上职业资格人员）可适当放宽学历要求”[③]，对教师技能要求和实际应用经历提升到一个新高度。另外，2004年3月3日，国务院批转《2003—2007年教育振兴行动计划》，提出实施高素质教师和管理队伍建设工程，要求加强制度创新和依法治教，提出“构建开放灵活的教师教育体系……完善教师终身学习体系……积极推进全员聘任制度……加强和改善教育立法工作，完善中国特色教育法律法规体系。修订《义务教育法》《教育法》《教师法》”[④] 等法规。按照党和国家的要求、社会经济发展的需要及自身发展的内在需求，各高职院校积极完善自身师资队伍构建，补充师资力量，高等职业院校专任教师数量和质量不断提升。

单从教师人数来看，2003年，专科职业院校的专任教师总数已达19.68万人，是1987年的20余倍。此后，专科职业院校的专任教师人数不断增加，2003—2018年专科层次职业学校校均专任教师人数增长情况见表5-5，1994—2018年专科层次高职院校校均规模（学生人数）、师生比与普通本科学校校均规模（学生人数）、师生比对比见表5-6所示。

---

① 教育部办公厅．关于加强高等职业（高专）院校师资队伍建设的意见（教高厅〔2002〕5号）［EB/OL］．（2002-05-15）［2020-08-20］．http：//www.moe.gov.cn/s78/A07/zcs_left/moe_737/gzjy_qt/201006/t20100608_88980.html.

② 国务院．关于印发国家职业教育改革实施方案的通知（国发〔2019〕4号）［A/OL］．（2019-01-24）［2020-08-20］．http：//www.gov.cn/zhengce/content/2019-02/13/content_5365341.htm.

③ 国务院．国务院关于印发国家职业教育改革实施方案的通知［EB/OL］．http：//www.gov.cn/zhengce/content/2019-02/13/content_5365341.htm.

④ 中华人民共和国国务院．国务院关于印发国家职业教育改革实施方案的通知（国发〔2019〕4号）［A/OL］．（2019-01-24）［2020-08-20］ http：//www.gov.cn/zhengce/content/2019-02/13/content_5365341.htm.

表 5-5 2003—2018 年专科层次职业学校校均专任教师人数增长情况

年份	专任教师人数（人）	专科层次职业学校数（所）	校均教师（人）
2003	196872	908	216.82
2004	237654	1047	226.99
2005	267855	1091	245.51
2006	316299	1147	275.76
2007	354817	1168	303.78
2008	377137	1184	318.53
2009	395016	1215	325.12
2010	404098	1246	324.32
2011	412624	1280	322.36
2012	423381	1297	326.43
2013	436561	1321	330.48
2014	438300	1327	330.29
2015	454576	1341	338.98
2016	466934	1359	343.59
2017	482070	1388	347.31
2018	497682	1418	350.97

资料来源：①教育部发展规划司．中国教育统计年鉴（2003—2018 年）[M]．北京：人民教育出版社，中国统计出版社．

②教育部网站，http：//www.moe.gov.cn/jyb_sjzl/s5990/。

表 5-6 1994—2018 年专科层次高职院校校均规模（学生人数）、师生比与普通本科学校校均规模（学生人数）、师生比对比

年份	校均规模（人）		师生比	
	普通本科学校	专科层次高职院校	普通本科学校	专科层次高职院校
1994	3418	1338	1：9.00	1：9.25
1995	3632	1405	1：9.71	1：10.16
1996	3857	1466	1：10.32	1：10.20
1997	4062	1594	1：10.80	1：10.85
1998	4418	1701	1：11.63	1：11.09
1999	5275	1975	1：13.67	1：12.23
2000	6916	2282	1：16.04	1：17.65
2001	8730	2337	1：18.47	1：17.15
2002	10454	2523	1：20.60	1：14.20
2003	11662	2893	1：21.07	1：14.75

续表

年份	校均规模（人）		师生比	
	普通本科学校	专科层次高职院校	普通本科学校	专科层次高职院校
2004	13561	3209	1：17.44	1：13.15
2005	13514	3909	1：17.75	1：14.78
2006	13937	4515	1：17.77	1：18.26
2007	14057	5095	1：17.31	1：17.20
2008	12097	5564	1：17.21	1：17.27
2009	12634	5903	1：17.23	1：17.35
2010	13100	5904	1：17.38	1：17.21
2011	13564	5813	1：17.48	1：17.28
2012	13999	5858	1：17.65	1：17.23
2013	14261	5876	1：17.71	1：17.11
2014	14342	6057	1：17.73	1：17.57
2015	14444	6336	1：17.69	1：17.77
2016	14532	6528	1：16.78	1：17.73
2017	14639	6662	1：17.42	1：17.74
2018	14896	6837	1：17.42	1：17.89

资料来源：①教育部发展规划司．中国教育统计年鉴（2003—2018年）［M］．北京：人民教育出版社，中国统计出版社．

②教育部网站，http：//www.moe.gov.cn/jyb_sjzl/s5990/。

从以上数据可以看出，专科层次高职院校校均教师人数基本保持逐年上升，2018年相较于2003年校均教师数增加了1.5倍有余。但由于学校规模迅速扩大，20多年间，专科层次高职院校校均规模由1994年的1338人增加为2018年的6837人，扩大了4倍有余。因此，师生比例由1994年的1：9.25降至2018年1：17.89。

五、专业、课程、教材持续更新

为使高等职业教育进一步适应经济建设、社会发展、科技进步的需要，应对改革开放初期财经、政法等专业人才缺乏，结合专科职业教育培养周期短、实用性强等特点，中共中央于1985年5月27日下发了《关于教育体制改革的决定》，指出要“改变高等教育科类比例不合理的状况……加快财经、政法、管理等薄弱学科和专业的发展，扶持新兴边缘学科的成长”。[①] 专科层次职业院校开始纷纷增设或扩大财经、管理、政法专业。同时，在专业、教

① 何东昌．中华人民共和国重要教育文献：1949—1997［M］．海口：海南出版社，2010：337-338.

材、课程等方面赋予高校更多权利，即规定“在执行国家的政策、法令、计划的前提下，高等学校……有权调整专业的服务方向，制订教学计划和教学大纲，编写和选用教材”。[①]

1991 年 1 月 6 日，国家教育委员会下发《关于加强普通高等专科教育工作的意见》，进一步明确专科层次职业院校的功能地位，对其培养目标定位、专业设置、培养模式、课程设置原则和方向等都做了说明，要求普通高等专科学校培养“能够坚持社会主义道路、适应基层部门和企事业单位生产工作第一线需要的、德智体诸方面都得到发展的高等应用性专门人才……办出专科和本校特色”[②]，短期职业大学则要“在服务对象、专业设置、培养目标、培养模式、毕业生去向等方面……根据本地区经济建设和社会发展的实际需要，认真研究这些学校的办学方向”[③]，同时应通过充实、改善教学仪器设备、实验室建设，设立校办工厂、校办农场、附属医院等方式，保证“基础课和专业基础课有较高的实验开出率”[④]，并“要同经常接受实习的企事业单位进一步发展教育、科研、生产的联系，建立起相对稳定的校外实习基地”。[⑤] 确立专科职业院校不同于其他研究型高校、教学型高校专业，设置和课程安排偏重于科研教学和理论研究，以满足时代需求、地方需要和培养实践应用能力为目标进行专业设置、课程安排及更新。

在该意见指引下，专科职业教育快速发展，但直到 20 世纪 90 年代末在人才培养工作方面仍存在“办学特色不甚鲜明、教学基本建设薄弱、课程和教学内容体系亟待改革等问题”。[⑥] 为此，教育部于 2000 年 1 月 17 日下发《关于加强高职高专教育人才培养工作的意见》，再次明确高职、高专的人才培养目标是“培养拥护党的基本路线，适应生产、建设、管理、服务第一线需要的，德、智、体、美等方面全面发展的高等技术应用型专门人才”。[⑦] 专业设置要“针对地区、行业经济和社会发展的需要，按照技术领域和职业岗位（群）的实际要求设置和调整专业。专业口径可宽可窄，宽窄并存。同时，要妥善处理社会需求的多样性、多变性与学校教学工作相对稳定性的关

① 何东昌．中华人民共和国重要教育文献：1949—1997［M］．海口：海南出版社，1998：2288.

② 何东昌．中华人民共和国重要教育文献：1949—1997［M］．海口：海南出版社，1998：2288.

③ 何东昌．中华人民共和国重要教育文献：1949—1997［M］．海口：海南出版社，1998：3092.

④⑤ 何东昌．中华人民共和国重要教育文献：1949—1997［M］．海口：海南出版社，1998：3093.

⑥⑦ 何东昌．中华人民共和国重要教育文献：1998—2002［M］．海口：海南出版社，2003：493.

系”。[①] 将课程和教学内容作为高职、高专的改革重点和难点，“要按照突出应用性、实践性的原则重组课程结构，更新教学内容……教学内容要突出基础理论知识的应用和实践能力培养，基础理论教学要以应用为目的，以必需、够用为度；专业课教学要加强针对性和实用性”。[②] 明确高职、高专的专业设置应以地区、行业、社会需求为前提，课程教学的深度要以“必需、够用为度”[③]，要与研究型大学的教学和课程要求区分开来。2002 年 12 月 9 日，《教育部关于确定第一批国家高职高专精品专业建设项目和国家高职高专学生实训（师资培训）基地建设项目的通知》审批通过了国家第一批高职高专精品专业和实训课程基地建设项目，大大推动了高职、高专专业设置和发展的水平和质量。2004 年 12 月 2 日，周济在《大力加强教学工作切实提高教学质量》中提出，要大力推进优质教学资源建设与共享，要建设“国家、省、学校三级精品课程体系，重点建设 1500 门国家精品课程和共享平台”[④]，加快仪器设备、数字图书馆等教育资源共享系统建设，加大实践教学比重等。

2000 年以后，专科职业院校学校数量和招生规模迅速扩大，但仍无法满足日新月异的国际国内政治、经济、社会形势和科技进步对高水平技能型人才的需求。因此，2019 年 3 月 5 日，李克强总理在政府工作报告中再次提到高职院校要实施扩招。为适应高职扩招后生源多元化、发展需求多样化对教育教学的新要求，2019 年 6 月 5 日，教育部印发的《教育部关于职业院校专业人才培养方案制订与实施工作的指导意见》规定，学校可以根据“区域经济社会发展需求、办学特色和专业实际制订专业人才培养方案”[⑤]，专业课程应“紧密联系生产劳动实际和社会实践，突出应用性和实践性，注重学生职业能力和职业精神的培养”，同时强化思政教育地位，要求将“思想政治理论课、体育、军事课、心理健康教育等课程列为公共基础必修课程。将马克思主义理论类课程、党史国史、中华优秀传统文化、职业发展与就业指导、创新创业教育、信息技术、语文、数学、外语、健康教育、美育课程、职业素养等列为必修课或限定选修课”。2019 年 12 月 23 日，教育部办公厅印发《教育部办公厅关于做好扩招后高职教育教学管理工作的指导意见》，要求充分分

---

①②③ 何东昌．中华人民共和国重要教育文献：1998—2002［M］．海口：海南出版社，2003：494.

④ 何东昌．中华人民共和国重要教育文献：2003—2008［M］．海口：海南出版社，2003：561.

⑤ 教育部．关于职业院校专业人才培养方案制订与实施工作的指导意见（教职成〔2019〕13 号）［EB/OL］．（2019-06-11）［2020-08-20］．https：//hudong. moe. gov. cn/srcsite/A07/moe_953/201906/t20190618_386287. html.

析学情，分类制定人才培养方案。鼓励实施灵活多元的教学模式，“可实施弹性学习，最长不超过 6 年”①，在组织形式上“要采取集中教学与分散教学相结合、校内教学与校外教学相结合、线上教学与线下教学相结合等方式”②，“探索学习成果认定、积累和转换。鼓励高职院校开展‘1+X’证书制度试点，按规定兑换学分，免修相应课程或模块”。③ 其间，国家教委还提出了“半工半读制”“双证书制”“1+X 证书制”“师徒制”等有益于人才培养、专业、课程建设的改革措施。

教材建设是推动专业、课程改革的重要环节。20 世纪 80 年代，由于专科职业院校刚刚起步，依照 1985 年下发的《中共中央关于教育体制改革的决定》规定，在不违反法律规定的前提下，高校有权自主“制订教学计划和教学大纲，编写和选用教材”。④ 进入 20 世纪 90 年代，随着学校和学生数量的增多，专业和课程建设形势出现变化，国家开始加强对专科职业院校教材建设的领导工作。1993 年 5 月 13 日，国家教委下发《国家教委印发〈关于职业技术教育教材规划工作的意见〉等文件的通知》对职业技术教育教材工作进行了分工，规定“职业技术教育教材实行国家和省两级规划……国家教委统筹协调职业技术教育教材工作，各省、自治区、直辖市以及中央业务部门主要负责做好各自分工部分的教材规划与建设工作”。⑤ 其后又通过《国家教育委员会关于建立两级职业技术教育教材审定组织的意见》《国家教育委员会关于职业技术学校教材选用工作的意见》等，成立了国家和省（自治区、直辖市）两级职业技术教育教材审定委员会⑥，将职业技术教育教材建设纳入国家管理，两级规划、两级审定机制得以建立。1999 年，为落实《面向 21 世纪教育振兴行动计划》，国家设置职业教育改革和教材建设基金，大大推动了职业教育教材建设的进程。

---

① 教育部办公厅．关于做好扩招后高等职业教育教学管理工作的指导意见：教职成厅函〔2019〕20 号［EB/OL］.（2019－12－25）［2020－08－20］. http：//www. moe. gov. cn/srcsite/A07/moe_ 737/s38 76_ qt/201912/t20191227_ 413753. html.

② 教育部办公厅．关于做好扩招后高等职业教育教学管理工作的指导意见（教职成厅函〔2019〕20 号）［EB/OL］.（2019－12－25）［2020－08－20］. http：//www. moe. gov. cn/srcsite/A07/moe_ 737/s38 76_ qt/201912/t20191227_ 413753. html.

③ 教育部办公厅．关于做好扩招后高等职业教育教学管理工作的指导意见：教职成厅函〔2019〕20 号［EB/OL］.（2019－12－25）［2020－08－20］. http：//www. moe. gov. cn/srcsite/A07/moe_ 737/s38 76_ qt/201912/t20191227_ 413753. html.

④ 何东昌．中华人民共和国重要教育文献：1949—1997［M］. 海口：海南出版社，1998：2288.

⑤ 何东昌．中华人民共和国重要教育文献：1949—1997［M］. 海口：海南出版社，1998：3513.

⑥ 王继平．中国教育改革大系：职业教育卷［M］. 武汉：湖北教育出版社，2016：16.

进入21世纪，专科职业院校教材建设工作进一步加快。2000年3月23日，教育部高等教育司印发《教育部高等教育司关于加强高职高专教育教材建设的若干意见》明确提出，“教材建设工作是整个高职高专教育教学工作中的重要组成部分”①，决定成立教育部高职、高专规划教材编写委员会，“制定各类基础课程教学基本要求和专业大类培养规格，组织教材编写、出版队伍，力争经过5年的努力，编写、出版500本左右高职高专教育规划教材”②，同时要求地方政府重视对教材建设工作的领导。2002年8月24日，国务院下发《国务院关于大力推进职业教育改革与发展的决定》，将“开发和编写反映新知识、新技术、新工艺和新方法、具有职业教育特色的课程和教材”③ 列入职业教育改革与发展的重要措施。2004年3月3日，国务院批转《2003—2007年教育振兴行动计划》明确规定，高职院校办学要“以就业为导向……以促进就业为目标”④，允许专业设置适应市场变化可进行一定程度的增减，专业点设置不断细化，具体如表5-7、表5-8所示，教材编写必须贴近现实需要。此后，国家不断强化对专科层次职业教育教材建设工作的指导，如教育部先后印发《关于制定〈2004—2007年职业教育教材开发编写计划〉的通知》（2004年3月24日）、《关于“十二五”职业教育教材建设的若干意见》（2012年11月6日）、《关于组织开展“十三五”职业教育国家规划教材建设工作的通知》（2019年10月9日）等。这些政策指导规范性文件，大大推动了专科职业院校专业、课程、教材的建设工作，提升了质量，有效促进了应用型人才的培养。由于专业设置和课程贴合实际需要，专科高职毕业生就业率很高，有时甚至高于本科院校毕业生就业率，具体如表5-9所示。

表5-7 2011—2016年高职、高专院校专业设置变动

年份	专业种类			专业点数		
	专业种数（种）	较上年增减数（种）	较上年增减比例（%）	专业点数（个）	较上年增减数（个）	较上年增减比例（%）
2011	1060			44129		
2012	1158	98	9.25	46263	2134	4.84
2013	1108	-50	-4.32	47347	1084	2.34

①② 教育部高教司．关于加强高等职业高专教育教材建设的若干意见（教高司〔2000〕19号）［EB/OL］.（2000-03-23）［2020-08-20］. http：//www.110.com/fagui/law_118247.html.

③ 何东昌．中华人民共和国重要教育文献：1998—2002［M］. 海口：海南出版社，2003：1325.

④ 何东昌．中华人民共和国重要教育文献：2003—2008［M］. 海口：海南出版社，2010：336.

续表

年份	专业种类			专业点数		
	专业种数（种）	较上年增减数（种）	较上年增减比例（%）	专业点数（个）	较上年增减数（个）	较上年增减比例（%）
2014	1115	7	0. 63	47951	604	1. 28
2015	1102	-13	1. 17	48556	605	1. 26
2016	789	-313	-28. 40	50158	1602	3. 30

注：2016—2010 年，《教育统计年鉴》将本科与专科合并统计，因无法看出专科设置数目，故仅以 2011—2016 年数据为例。

资料来源：教育部发展规划司．中国教育统计年鉴（2011—2016 年）［M］．北京：人民教育出版社，中国统计出版社，2017.

表 5-8　2000 年后部分涉及专科层次职业教育专业、课程、教材文件

日期	文件名称
2000 年 1 月 17 日	《教育部关于组织实施〈新世纪高职高专教育人才培养模式和教学内容体系改革与建设项目计划〉的通知》
2002 年 12 月 9 日	《教育部关于确定第一批国家高职高专精品专业建设项目和国家高职高专学生实训（师资培训）基地建设项目的通知》
2004 年 10 月 22 日	《教育部关于印发〈普通高等学校高职高专教育指导性专业目录（试行）〉的通知》
2006 年 3 月 30 日	《教育部关于职业院校试行工学结合、半工半读的意见》
2009 年 2 月 9 日	《关于开展高等职业教育国家精品课程建设与应用现状调查的通知》
2009 年 8 月 19 日	《教育部办公厅　中国轻工业联合会关于在高等职业教育食品工程与生物技术专业、玩具设计与制造专业实施“双证书”制度的通知》
2010 年 8 月 21 日	《教育部关于高等职业教育专业教学资源库 2010 年度立项项目建设方案及项目任务书的批复》
2012 年 12 月 26 日	《教育部关于成立教育部职业院校部分专业类教学指导委员会的通知》
2013 年 6 月 5 日	《教育部关于开展〈高等职业院校专业目录〉修订工作的通知》
2015 年 10 月 26 日	《教育部关于印发〈普通高等学校高等职业教育（专科）专业设置管理办法〉和〈普通高等学校高等职业教育（专科）专业目录（2015 年）〉的通知》
2016 年 11 月 2 日	《教育部办公厅关于做好〈高等职业院校专业教学标准〉修（制）订工作的通知》
2017 年 8 月 23 日	《教育部办公厅关于公布第二批现代学徒制试点和第一批试点年度检查结果的通知》

续表

日期	文件名称
2019 年 3 月 29 日	《教育部　财政部关于实施中国特色高水平高职学校和专业建设计划的意见》
2019 年 5 月 31 日	《教育部关于印发〈高等职业院校物流管理专业实训教学条件建设标准〉等 21 项职业教育教学标准的通知》
2019 年 11 月 11 日	《教育部办公厅　国家发展改革委办公厅　财政部办公厅关于推进 1+X 证书制度试点工作的指导意见》
2019 年 12 月 16 日	《教育部关于印发〈中小学教材管理办法〉〈职业院校教材管理办法〉和〈普通高等学校教材管理办法〉的通知》
2019 年 12 月 23 日	《教育部办公厅关于做好扩招后高职教育教学管理工作的指导意见》
2020 年 1 月 13 日	《教育部关于公布 2020 年高等职业教育专业设置备案和审批结果的通知》

表 5-9　2015—2019 年高职、高专院校与本科高校学生毕业生就业率

年份	高职、高专院校（%）	本科高校（%）
2015	91. 2	92. 2
2016	91. 5	91. 8
2017	92. 1	91. 6
2018	92. 0	91. 0
2019	—	91. 1

注：截至书稿完稿时，2020 年高职高专生就业报告尚未公布，故数据空缺。

资料来源：麦克思研究院．中国本科生就业报告（2016—2020 年），中国高职高专生就业报告（2016—2019 年）［M］．北京：社会科学文献出版社，2020.

六、制度体系不断健全

教育是国家公共事业，与保障国民受教育权利及促进政治、经济、社会发展等紧密相关，因而必须有其相适应的制度基础。专科职业教育制度在国家及地方政府的指引和规范下，经过不断调整、改革，制度体系不断健全。

1978 年 2 月 17 日，国务院转发《教育部关于恢复和办好全国重点高等学校的报告》，以办好全国重点高校为契机，对高校进行扩建，并对部分高校的领导权进行改革。“少数院校由有关部委直接领导，多数院校由有关部委和省、自治区、直辖市双重领导，以部委为主”①，为以地方为主创办职业大学

① 何东昌．中华人民共和国重要教育文献：1949—1997［M］．海口：海南出版社，1998：1597.

打下了基础。1978 年 2 月 26 日，《团结起来，为建设社会主义的现代化强国而奋斗——在第五届全国人民代表大会第一次会议上的政府工作报告》指出，“要加快建设新的高等学校，认真办好高等的、中等的专业学校和技工学校”。[①] 筹办职业高等教育开始酝酿。1978 年 3 月 5 日通过的《中华人民共和国宪法》强调了公民有受教育的权利，“国家逐步增加各种类型的学校”。[②] 1978 年 3 月 18 日发布的《培养科学技术人才是教育战线的重要任务》扭转了长期以来对科技人才、教师的错误看法，指引了人才培养的正确方向。1978 年 4 月 14 日，国务院批转《教育部关于专科学校改为学院审批权限的请示》，指出高等学校的学制要长短结合，“有必要区分为学制较长的大学、学院和学制较短的专科学校”[③]，并规定“今后凡增设和撤销高等学校，包括大学、学院和专科学校，仍应由省、自治区、直辖市革委会或部委报请国务院审批。”[④] 1978 年 7 月 8 日，《国务院批转教育部〈刘西尧同志在全国教育工作会议上的报告和总结〉》强调，高等教育要实行多种学制，要“大力发展两年或三年制的高等专科学校，试办两年或三年的以学习基础课为主要内容的大学基础班或基础大学”[⑤]，使省、自治区、直辖市能够基本上自行培养需要的人才。地方建设短期职业大学的法理基础基本确立。

1980 年，专科职业院校出现后，为积极应对国际国内及地方经济社会形势的变化，国家又积极对其进行指导与规范。相关文件涉及专科职业院校工作的方方面面，既有专门性的，也有综合性的。

专门性指导文件，有关于招生、学籍管理、学制、毕业分派的，如《高等学校毕业生调配派遣办法》（1981 年 10 月 14 日）、《全日制普通高等学校学生学籍管理办法》（1983 年 1 月 20 日）、《教育部、卫生部关于高等学校招生体检工作的通知》（1984 年 4 月 3 日）、《教育部关于高等工程教育层次、规格和学习年限调整改革问题的意见》（1984 年 4 月 10 日）；有关于学生军训、纪律、思想教育的，如《教育部关于施行高等学校教师工作量制度的通知》（1981 年 4 月 20 日）、《教育部关于高等学校教职工退休退职如何处理的回复》（1981 年 7 月 27 日）、《教育部、总参谋部、总政治部关于高等学校学生军事训练工作几个问题的通知》（1981 年 12 月 31 日）、《教育部、财政部关于颁发〈普通高等学校、中等专业学校学生生产实习经费开支办法〉的通

---

① 何东昌．中华人民共和国重要教育文献：1949—1997［M］．海口：海南出版社，1998：1599.

② 何东昌．中华人民共和国重要教育文献：1949—1997［M］．海口：海南出版社，1998：1600.

③④ 何东昌．中华人民共和国重要教育文献：1949—1997［M］．海口：海南出版社，1998：1604.

⑤ 何东昌．中华人民共和国重要教育文献：1949—1997［M］．海口：海南出版社，1998：1611.

知》（1982 年 1 月 15 日）、《教育部关于当前执行〈国务院关于高等学校教师职务名称及其确定与提升办法的暂行规定〉的实施意见》（1982 年 2 月 18 日）《教育部关于印发〈高等学校学生守则〉〈中等专业学校学生守则〉（试行草案）的通知》（1982 年 2 月 27 日）、如《教育部关于加强高等院校哲学社会科学研究工作的意见》（1983 年 1 月 20 日）《中共中央宣传部、中共中央书记处研究室关于加强爱国主义宣传教育的意见》（1983 年 7 月 2 日）；有关于教师队伍构建、工作量、经费使用、科研、职称评定的；有关于学校机构设置、基础建设、设备管理的，如《教育部印发〈关于加强普通教育行政干部培训工作的意见〉的通知》（1982 年 2 月 19 日）、如《国务院办公厅转发农牧渔业部〈关于迅速加强农业技术培训工作的报告〉的通知》（1982 年 12 月 2 日）、《高等学校实验室工作暂行条例》（1983 年 12 月 15 日）、《高等学校仪器设备管理办法》（1984 年 5 月 22 日）、《教育部党组关于高等学校试行设立校务委员会的通知》（1984 年 12 月 29 日）等。此外，还有关于学校行政干部培训的，如；关于社会服务的，等。

综合性文件也有很多，如《中华人民共和国宪法》（1982 年 12 月 4 日）确立了我国教育体系的属性及教育发展的基本导向；《国务院批转教育部、国家计委关于〈加速发展高等教育的报告〉的通知》（1983 年 4 月 28 日）对大中城市建设高等专科学校和短期职业大学的举办办法和管理提供了宏观指导；《中华人民共和国民族区域自治法》（1984 年 5 月 31 日）赋予了民族自治机关根据社会主义建设需要从当地民族中培养各级干部，各级科学技术、经营管理的专业人才和技术工人的权力；《国务院批转国家经委关于加强工交、财贸系统经济管理干部学院建设若干问题的通知》（1985 年 4 月 29 日）对工交、财贸系统经济管理干部学院建设中专科班的办学目标、招生、教学、教师、教材、经费、领导等问题进行了详细规定。

在相当长的一段时间内，关于专科层次职业教育的文件多与针对其他性质、类别的高校文件一起下发，不过也有一些直接针对专科职业教育的指导文件，如 1991 年 1 月 6 日，国家教委印发《国家教委关于加强普通高等专科教育工作的意见》肯定了专科职业教育的重要地位，指出“它同本科教育，研究生教育一样，都是我国普通高等教育体系中不可缺少的重要组成部分”。[①] 1995 年 10 月 6 日，《国家教委关于推动职业大学改革与建设的几点意见》对职业大学在我国高等职业教育事业发展中的地位和作用、改革与建设

① 何东昌. 中华人民共和国重要教育文献：1949—1997［M］. 海口：海南出版社，1998：3092.

的基本要求和措施、职业大学的领导等进行了规定。1997 年 9 月 25 日，《国家教委关于高等职业院校设置问题的几点意见》进一步补充了《普通高等学校设置暂行条例》中关于高职院校设置的规定，对高职院校在校长、师资、专业、教学设备、在校生规模、中英文校名、设置程序等方面的要求进行了说明。

2000 年，职业教育法制建设有了重大突破。2000 年 9 月 18 日，王湛在《认真贯彻江总书记“狠狠抓”的指示，坚持积极发展职教的方针不动摇》中指出：“职业教育的法制建设有了重大突破，初步形成了以《职业教育法》为核心，地方配套法规为支撑的职业教育法律法规体系，为职业教育的发展奠定了法律基础，提供了法律支持。”[①] 2015 年以后，针对职业教育已经形成以《中华人民共和国宪法》为基础，以《高等教育法》《中华人民共和国职业教育法》[②] 为纲领的管理制度体系。

教育部网站按发文单位、公文形式将各部委发布的有关高等职业教育的指导文件分为部令、部文、部函、厅文、厅函、其他六大类，但实际上相关文件可以细分为几十种不同文件类型，择其主要类型简要介绍如下。

制度，规定应共同遵守、认同的办事准则，如《教育收费公示制度》（作为 2002 年 5 月 17 日印发的《国家计委、财政部、教育部关于印发〈教育收费公示制度〉的通知》附件下发）。

纲要，指法令或指导性的纲领性文件，如《国家教育事业发展“十一五”规划纲要》（2007 年 5 月 16 日）。

计划，指事先拟订的具体事务安排方案，如《高等职业教育创新发展行动计划（2015—2018 年）》（作为 2015 年 10 月 19 日印发的《教育部关于印发〈高等职业教育创新发展行动计划（2015—2018 年）〉的通知》附件下发）。

方案，指拟订阶段性施政方针或具体项目实施的公文文件，如《高职扩招专项工作实施方案》（作为 2019 年 5 月 7 日印发的《教育部等六部门关于印发〈高职扩招专项工作实施方案〉的通知》附件下发）。

章程，指规定机关或团体条例的办事规则文件，如《全国职业院校技能大赛章程》（作为 2018 年 2 月 7 日印发的《教育部等 37 部门关于印发〈全国职业院校技能大赛章程〉的通知》附件下发）。

标准，指规定事务准则的文件，如《高等职业院校物流管理专业实训教

---

① 何东昌．中华人民共和国重要教育文献：1998—2002［M］．海口：海南出版社，2003：693.

② 2022 年 4 月 20 日，第十三届全国人民代表大会常务委员会第三十四次会议通过修订，2022 年 5 月 1 日起旅行。

学条件建设标准》（作为 2019 年 5 月 21 日印发的《教育部关于印发〈高等职业院校物流管理专业实训教学条件建设标准〉等 21 项职业教育教学标准的通知》附件下发）。

办法，指规定处理事务或解决问题具体方法的文件，如《普通高等学校高职高专教育专业设置管理办法（试行）》（作为 2004 年 10 月 21 日印发的《教育部关于印发〈普通高等学校高职高专教育专业设置管理办法（试行）〉的通知》附件下发）。

规定，指规定行为规范的文件，如《全国职业院校技能大赛阳光廉洁办赛规定》（作为 2016 年 5 月 10 日印发的《教育部关于印发〈全国职业院校技能大赛阳光廉洁办赛规定〉的通知》附件下发）。

规范，指明文规定的标准文件，如《职业院校数字校园规范》（作为 2020 年 6 月 18 日印发的《教育部关于发布〈职业院校数字校园规范〉的通知》附件下发）。

条例，指分条订立规则的文件，如《学校卫生工作条例》（作为 2018 年 2 月 26 日印发的《教育部办公厅关于征求〈学校卫生工作条例〉修订意见的通知》附件下发）。

细则，指有关规章制度、措施、方法等详细的规则文件，如《全国高校文明校园测评细则》（作为 2017 年 6 月 7 日印发的《教育部办公厅　中央文明办秘书局关于印发〈全国高校文明校园测评细则〉的通知》附件下发）。

准则，指规定行为标准或原则的文件，如《普通学校学生行为准则》（2005 年 3 月 17 日）。

决定，指对事情做出结论的文件，如《国务院关于大力发展职业教育的决定》（2005 年 10 月 13 日）。

意见，指对某些事务的建议文件，如《教育部关于职业院校试行工学结合、半工半读的意见》（2006 年 3 月 29 日）。

批复，指上级对下级的书面报告批注意见、答复，如《国务院关于同意建立国务院职业教育工作部际联席会议制度的批复》（2018 年 5 月 30 日）。

公示，指指政府机关或团体下达的指示、通告等，如《关于全国首批深化创新创业教育改革示范高校名单的公示》（2016 年 12 月 16 日）。

公告，指对公众宣布时所用文件，如《教育部办公厅关于取消相关事项证明的公告》（2016 年 7 月 5 日）。

函，指传达消息或指示的信件，如《教育部办公厅关于公布实施专科教育高等学校备案名单的函》（2018 年 5 月 10 日）。

通知，指发布告知性内容的文件，如《国家发展改革委关于开展全国教育收费专项检查的通知》（2013 年 7 月 29 日）。

由不同类型文件构成的专科职业教育制度体系①，覆盖了专科职业教育发展的全方位，有开展专科职业教育的律法、制度基础，有实施某项行为前的纲要、计划、方案、章程、标准、办法，有实施过程中的指导性细则、准则、决定、意见，有反馈问题或解决问题后下发的批复、公示、公告、函，还有使其他类型文件得以顺利下发的通知，从而构成一个有机统一体，大大促进了高等职业教育的健康发展。

第二节 我国专科职业教育存在的问题及原因

我国专科职业教育经过 40 多年发展，取得了辉煌的成就，但仍存在不少问题。深入分析这些问题，有助于更好地发展专科职业教育，实现其功能，为新时期中国特色社会主义建设做出更大贡献。

一、院校发展不平衡

专科职业教育院校发展不平衡突出体现在以下三个方面。

一是院校区域分布不平衡，主要表现在两个方面：一方面，各省的专科层次职业教育院校数量不平衡。以 2019 年各省、自治区、直辖市（不含港、澳、台地区）专科层次高职院校数量分布为例②，具体如表 5-10 所示。全国专科层次高职院校 1423 所③，省级区域平均值约为 42 所。但江苏、广东、河南、山东、四川、湖南、安徽等省份远超均值，海南、宁夏、青海、西藏等省份远低于均值。按东、中、西④三大区域划分，东部 11 个省级区域共有专科层次高职院校 553 所，省级区域均值为 50 所；中部 8 个省级区域有 466 所，

① 这些文件使用范围很广，并不局限于专科层次职业教育。

② 因年鉴制作具有滞后性，2018 年年鉴为 2019 年出版，2019 年年鉴为 2020 年出版。由《2019 年全国教育事业发展统计公报》可知，2019 年“高等职业（专科）院校 1423 所，比上年增加 5 所”，变化小，不影响分析结果。具体见教育部 . 2019 年全国教育事业发展统计公报［R/OL］.（2020-05-20）［2020-08-20］http：//www. moe. gov. cn/jyb_ sjzl/sjzl_ fztjgb/202005/t20200520_ 456751. html。

③ 其中，公办高职高专院校 1098 所，民办高职高专院校 322 所，中外合作办学高职高专院校 3 所。

④ 东部地区包括河北、北京、天津、山东、江苏、上海、浙江、福建、广东、海南、辽宁；中部地区包括山西、河南、安徽、湖北、江西、湖南、吉林、黑龙江；西部地区包括陕西、四川、云南、贵州、广西、甘肃、青海、宁夏、西藏、新疆、内蒙古、重庆。

省级区域均值为58所；西部12个省级区域共有404所，省级区域均值为34所，低于全国省级区域均值。东、中部地区的院校数分别是西部地区的1.37倍、1.15倍。

东部地区有5.73亿人口，中部地区有4.35亿人口，分别是西部地区人口3.75亿的1.53倍、1.16倍，具体如表5-11所示。考虑区域人口因素，东、中、西区域高职院校数量差距会有所减小，但西部地区拥有专科层次职业院校相较东部地区仍然偏少。例如，甘肃总人口为0.26亿，天津总人口为0.16亿，但甘肃拥有专科层次职业院校仅27所，天津则为25所。如果加上甘肃和天津各自本科高校数量，则两省份高等院校拥有量差距更大。

表5-10 2019年全国专科层次职业院校区域分布

区域	院校数（所）	区域	院校数（所）	区域	院校数（所）
河北	61	河南	84	内蒙古	36
山西	49	湖北	60	广西	40
辽宁	51	湖南	74	西藏	3
吉林	25	广东	87	宁夏	11
黑龙江	42	海南	12	新疆	36
江苏	90	四川	74	北京	25
浙江	49	贵州	43	天津	25
安徽	74	云南	49	上海	26
福建	51	陕西	38	重庆	39
江西	58	甘肃	27		
山东	76	青海	8		

资料来源：教育部网站。

表5-11 2019年全国各省级区域（不含港、澳、台）人口分布

区域	人口（亿）	区域	人口（亿）	区域	人口（亿）
河北	0.75	河南	0.96	内蒙古	0.25
山西	0.37	湖北	0.59	广西	0.49
辽宁	0.44	湖南	0.69	西藏	0.03
吉林	0.27	广东	1.12	宁夏	0.07
黑龙江	0.38	海南	0.09	新疆	0.24

续表

区域	人口（亿）	区域	人口（亿）	区域	人口（亿）
江苏	0.75	四川	0.83	北京	0.22
浙江	0.57	贵州	0.36	天津	0.16
安徽	0.63	云南	0.48	上海	0.24
福建	0.39	陕西	0.38	重庆	0.30
江西	0.46	甘肃	0.26		
山东	1.00	青海	0.06		

资料来源：国家统计局．中国统计年鉴（2020）［M］．北京：中国统计出版社，2020.

另一方面，高水平专科职业院校区域分布不平衡。自2006年起，为了提升高职院校办学水平，国家先后启动了“国家示范性高等职业院校建设计划”“骨干高职院校建设计划”。其中，列入“国家示范性高等职业院校建设计划”的109所高职院校被誉为“高职院校的985”。2010年11月，教育部和财政部联合下发《关于进一步推进“国家示范性高等职业院校建设计划”实施工作的通知》，并先后新增100所国家骨干高职院校（被称为“高职院校的211”），预计建设500所左右。但这些高水平职业院校在地域分布上极不平衡，以“国家示范性高等职业院校建设计划”“骨干高职院校建设计划”涉及的高职院校为例①，截至2010年，“国家示范性高等职业院校建设计划”“骨干高职院校建设计划”共计119所，区域平均6.7所。但江苏15所、浙江11所、山东13所、广东11所、四川11所远超均值，而部分省份远低于均值，如海南2所、贵州2所、云南3所、青海2所、宁夏3所，西藏1所。专科高水平高职院校数最多区域（江苏）是最少区域（西藏）的15倍，差距很大（见表5-12）。

表5-12　列入2006年“国家示范性高等职业院校建设计划”和2010年“骨干高职院校建设计划”院校区域分布

区域	示范院校数（所）	骨干院校数（所）	区域	示范院校数（所）	骨干院校数（所）	区域	示范院校数（所）	骨干院校数（所）
河北	4	4	河南	4	3	内蒙古	2	2
山西	1	3	湖北	4	5	广西	2	3
辽宁	4	3	湖南	5	4	西藏	1	0

① 近几年，首批列入“国家示范性高等职业院校建设计划”“骨干高职院校建设计划”的多数院校已经升格为本科，此处仍列入。

续表

区域	示范院校数（所）	骨干院校数（所）	区域	示范院校数（所）	骨干院校数（所）	区域	示范院校数（所）	骨干院校数（所）
吉林	3	1	广东	4	7	宁夏	2	1
黑龙江	4	3	海南	1	1	新疆	3	2
江苏	7	8	四川	6	5	北京	4	2
浙江	6	5	贵州	1	1	天津	4	3
安徽	3	5	云南	2	1	上海	4	3
福建	2	4	陕西	3	3	重庆	3	3
江西	1	4	甘肃	2	3			
山东	6	7	青海	1	1			

资料来源：笔者整理。

二是设备仪器资源不平衡。院校之间拥有的教学、科研设备仪器资源价值存在较大差距。为方便说明，从我国东、中、西部地区各选三个省级区域，东部地区以江苏、浙江、广东为例，中部地区以河南、湖北、安徽为例，西部地区以甘肃、云南、新疆为例。每个区域各选一所国家示范性高等职业院校、国家骨干高职院校、省级骨干高职院校、普通高职院校进行对比，具体如表 5-13所示。

表 5-13　不同区域、水平专科层次高职院校设备仪器资源价值对比 单位：亿元

区域	国家示范性高等职业院校	设备仪器价值	国家骨干高职院校	设备仪器价值	省级骨干高职院校	设备仪器价值	普通高职院校	设备仪器价值
江苏	无锡职业技术学院	2.3	南京科技职业学院	2.3	江苏电子信息职业学院	1.9	苏州信息职业技术学院	0.4
浙江	浙江机电职业技术学院	3.1	浙江交通职业技术学院	2.4	浙江经贸职业技术学院	1.3	丽水职业技术学院	0.6
广东	深圳职业技术学院	9.6	顺德职业技术学院	3.7	广州民航职业技术学院	2.4	阳江职业技术学院	>1.0
河南	黄河水利职业技术学院	3.6	河南工业职业技术学院	2.6	濮阳职业技术学院	1.1	驻马店职业技术学院	0.7
湖北	武汉职业技术学院	2.7	襄阳职业技术学院	1.9	恩施职业技术学院	>1.0	湖北铁道运输职业学院	0.3

续表

区域	国家示范性高等职业院校	设备仪器价值	国家骨干高职院校	设备仪器价值	省级骨干高职院校	设备仪器价值	普通高职院校	设备仪器价值
安徽	芜湖职业技术学院	>1.0	安徽机电职业技术学院	1.6	池州职业技术学院	1.2	马鞍山师范高等专科学校	0.5
甘肃	兰州石化职业技术学院	>3.0	武威职业学院	0.9	陇南师范高等专科学校	1.0	平凉职业技术学院	0.8
云南	云南交通职业技术学院	0.7	云南机电职业技术学院	1.2	保山中医药高等专科学校	0.3	红河卫生职业学院	0.5
新疆	克拉玛依职业技术学院	1.0	乌鲁木齐职业大学	1.0	新疆交通职业技术学院	0.7	和田师范专科学校	0.2

资料来源：各学校官网。

由表5-13可知，东部三省12所院校仪器设备总值超31.0亿元，校均2.6亿元。其中，江苏4所院校仪器设备总值6.9亿元，校均1.7亿元；浙江4所院校仪器设备总值7.4亿元，校均1.9亿元；广东4所院校仪器设备总值超16.7亿元，校均超4.2亿元。中部三省12所院校仪器设备总值超18.2亿元，校均超1.5亿元。其中，河南4所院校仪器设备总值8.0亿元，校均2.0亿元；湖北4所院校仪器设备总值超5.9亿元，校均超1.5亿元；安徽4所院校仪器设备总值超4.3亿元，校均超1.1亿元。西部三省12所院校仪器设备总值超11.3亿元，校均超0.9亿元。其中，甘肃4所院校仪器设备总值5.7亿元，校均超1.2亿元；云南4所院校仪器设备总值超2.7亿元，校均超0.7亿元；新疆4所院校仪器设备总值超2.9亿元，校均超0.7亿元。

由此可以看出，①东、中、西三大区域院校的设备仪器资源差距明显。东部校均超2.6亿元，中部校均超1.5亿元，西部校均超0.9亿元，东部是西部的2.9倍。②同一区域不同水平高职院校差距也很大。东部院校仪器设备资源价值最高达到9.6亿元，是拥有仪器设备资源价值最低院校0.4亿元的24倍。中部院校仪器设备资源价值最高达到3.6亿元，是拥有仪器设备资源价值最低院校0.3亿元的12倍。西部院校的仪器设备资源价值最高达到3.0亿元，是拥有仪器设备资源价值最低院校0.2亿元的15倍。③同一区域（省级）内不同水平专科高职院校设备仪器资源水平也不平衡。东部以广东为例，拥有的仪器设备资源价值最高院校达9.6亿元，是最低院校1.0亿元的9.6倍。中部以河南为例，拥有的仪器设备资源价值最高院校达3.6亿元，是最低院校 0.7 亿元的 5.1 倍。西部区域以新疆为例，拥有仪器设备资源价值最高院校达 1.0 亿元，是最低院校 0.2 亿元的 5 倍。

三是生均资源不平衡，指各校在校生所拥有的教学实验设备资源量不平衡。这种不平衡在不同区域与不同水平专科层次院校之间表现十分明显。为方便对比各院校生均资源的不平衡，需先比较不同区域、不同水平专科层次高职院校在校生人数，仍以表 5-13 所选 9 个省份不同水平的 36 所院校为例，具体如表 5-14 所示。

表 5-14 不同区域、水平专科层次高职院校在校生数 单位：人

区域	国家示范性高等职业院校	在校生人数	国家骨干高职院校	在校生人数	省级骨干高职院校	在校生人数	普通高职院校	在校生人数
江苏	无锡职业技术学院	13800	南京科技职业学院	11000	江苏电子信息职业学院	11000	苏州信息职业技术学院	5000
浙江	浙江机电职业技术学院	11000	浙江交通职业技术学院	10000	浙江经贸职业技术学院	9400	丽水职业技术学院	7700
广东	深圳职业技术学院	22800	顺德职业技术学院	16000	广州民航职业技术学院	12000	阳江职业技术学院	11100
河南	黄河水利职业技术学院	21000	河南工业职业技术学院	21000	濮阳职业技术学院	14400	驻马店职业技术学院	11000
湖北	武汉职业技术学院	22000	襄阳职业技术学院	20000	恩施职业技术学院	17400	湖北铁道运输职业学院	4200
安徽	芜湖职业技术学院	20000	安徽机电职业技术学院	11000	池州职业技术学院	9500	马鞍山师范高等专科学校	10800
甘肃	兰州石化职业技术学院	14000	武威职业学院	11800	陇南师范高等专科学校	8500	平凉职业技术学院	9600
云南	云南交通职业技术学院	18700	云南机电职业技术学院	9000	保山中医药高等专科学校	7000	红河卫生职业学院	10800
新疆	克拉玛依职业技术学院	7800	乌鲁木齐职业大学	15000	新疆交通职业技术学院	10200	和田师范专科学校	6800

注：由于一些学校官网采用概数，本书采用四舍五入原则保留至百位。

资料来源：各学校官网。

由表 5-14 可知，东部地区三省份 12 所院校在校生总数为 140800，校均 11733 人。其中，江苏 4 所院校在校生总人数为 40800，校均 10200；浙江 4 所院校在校生总人数为 38100，校均 9525 人；广东 4 所院校总人数为 61900，校均 15475 人。中部地区三省份 12 所院校在校生总人数为 182300，校均 15192 人。其中，河南 4 所院校在校生总人数为 67400，校均 16850 人；湖北

4 所院校在校生总人数为 63600，校均 15900 人；安徽 4 所院校在校生总人数为 51300，校均 12825 人。西部地区三省份 12 所院校在校生总人数为 129200，校均 10767 人。其中，甘肃 4 所院校在校生总人数为 43900，校均 10975 人；云南 4 所院校在校生总人数为 45500，校均 11375 人；新疆 4 所院校在校生总人数 39800，校均 9950 人。

从校均人数角度看，除中部地区人数（校均 15192 人）较大外，东部地区（校均 11733 人）与西部地区（校均 10767 人）相差不多。但从在校生人均拥有资源来看，差异很大。东部地区校均仪器设备值为 2.6 亿元，人均值为 2.22 万元。中部地区校均仪器设备值为 1.5 亿元，人均值为 0.99 万元。西部地区校均仪器设备值为 0.9 亿元，人均值为 0.84 万元。中、西部地区人均值相近，但东部地区分别是中部地区的 2.24 倍、西部地区的 2.64 倍。实际上不同地区和水平院校之间差距远大于均数，东部地区院校人均值最高为 4.21 万元，西部地区院校人均值最低为 0.29 万元，前者是后者的 14.52 倍。

专科高职院校区域分布、设备仪器资源、生均资源方面的差距，主要由以下几个方面导致。

一是东、中、西部地区经济发展不平衡，导致教育资源占有量上的失衡。选 9 省份 2014—2018 年地区生产总值和人均地区生产总值来说明，具体如表 5-15所示。

表 5-15　2014—2018 年东、中、西 9 省份地区生产总值及人均地区生产总值比较

区域	2014 年		2015 年		2016 年		2017 年		2018 年	
	地区生产总值（亿元）	人均地区生产总值（元）	地区生产总值（亿元）	人均地区生产总值（元）	地区生产总值（亿元）	人均地区生产总值（元）	地区生产总值（亿元）	人均地区生产总值（元）	地区生产总值（亿元）	人均地区生产总值（元）
江苏	65088	81874	70116	87995	77388	96887	85870	107150	92595	115168
浙江	40173	73002	42886	77644	47251	84916	51768	92057	56197	98643
广东	67810	63469	72813	67503	80855	74016	89705	80932	97278	86412
河南	34938	37072	37002	39123	40472	42575	44553	46674	48056	50152
湖北	27379	47145	29550	50654	32665	46382	35478	60199	39367	66616
安徽	20849	34425	22006	35997	24407	39561	27018	43401	30007	47712
甘肃	6790	26165	6837	26433	7200	27643	7460	28497	8246	31336
云南	12815	27264	13620	28806	14788	31093	16376	34221	17881	37136
新疆	9273	40648	9325	40036	9650	40564	10882	44941	12199	49475

注：数据统计据四舍五入法处理。

资料来源：国家统计局．中国统计年鉴（2015—2019 年）[M]．北京：中国统计出版社，2020.

虽然东、中、西部地区之间的经济差距正逐渐缩小，但由于样本数量相对较少，故从表5-15来看，东、中、西部地区之间始终存在较大差距，且差额变化不大。2014年，东部地区三省份地区生产总值为173071亿元，是中部地区三省份地区生产总值83166亿元的2.1倍，西部地区三省份地区生产总值28878亿元的6.0倍。2015年，东部地区三省份地区生产总值为185815亿元，是中部地区三省份地区生产总值88558亿元的2.1倍，西部地区三省份地区生产总值29782亿元的6.2倍。2016年，东部地区三省份地区生产总值为205494亿元，是中部地区三省份地区生产总值97544亿元的2.1倍，西部地区三省份地区生产总值31638亿元的6.5倍。2017年，东部地区三省份地区生产总值为227343亿元，是中部地区三省份地区生产总值107049亿元的2.1倍，西部地区三省份地区生产总值34718亿元的6.5倍。2018年，东部地区三省份地区生产总值为246070亿元，是中部地区三省份地区生产总值117430亿元的2.1倍，西部地区三省份地区生产总值38326亿元的6.4倍。东、中、西部地区之间的经济差距直接导致其在教育投入经费总量和人均享有教育经费上的差距，从而影响其在专科职业教育经费上投入的多寡。

二是各地高职教育发展进程不一、基础不同。改革开放以后，由于我国东部沿海地区，经济迅速发展，职业技术大学在这些地区如雨后春笋不断涌现，普通专科学校迅速向高等职业教育转变。中、西部地区则相对闭塞，较东部地区落后。在东部地区以专科层次职业教育作为重要发展主体时，中、西部地区职业教育才刚刚起步，且多将中等职业教育作为发展主体，发展阶段上已经出现位差。

西部地区主要受制于经济发展（由此导致思想闭塞），中部地区经济情况虽然好于西部，但传统思想阻力巨大。历史上，中部地区历来是封建统治政治中心，受官本位思想影响，民众普遍认为“学而优则仕”才是正途，“万般皆下品，唯有读书高”观念深入人心，“重视脑力劳动，轻视体力劳动”至今束缚着中部地区高等职业教育的发展。加之经济上的落后，想赶上东部发达地区，短时间内并不现实。

三是为了迅速发展文化教育事业，实现跨越式发展，导致政策引导重效率而轻公平，正如朱永新在《中国教育改革大系：职业教育卷》总序中所言，“中国经济发展的不平衡以及政府在教育资源配置过程中经常出现‘锦上添花’的倾向”。[①] 短期职业大学在很长一段时间内，并未引起相关部门足够的重视，被作为专科层次教育的另一种形态。很多文件当中所提的“大力发展职业技术教育”实际上是指“中等职业技术教育”，并非指“高等职业教

① 王继平．中国教育改革大系：职业教育卷［M］．武汉：湖北教育出版社，2017：30.

育”。最近20年，国家逐渐重视高等职业教育发展中的问题，开始扶植“国家示范”“国家骨干”“省示范骨干”等高职院校。但要获得这些项目资金支持，必然已经具有良好的发展基础，这就造成强者益强，弱者益弱。受考核制度影响，比起去做救急救困、扶植相对较差的学校，地方政府更乐于将优质学校做大做强。好在这种情况已经有很大改观，教育部将示范院校试点不断外扩，并采取评特色专业而非评学校新的方法，使更多专科高校获得了政策、资金扶持，得以更好地发展。但要从根本上解决问题，还需要一个长期的过程。

二、人才培养质量仍需提升

人才培养是高等院校的核心职能。改革开放以来，专科职业院校为我国培养了大批高等人才，促进了我国社会主义现代化建设，但在人才培养质量方面仍存在不少问题。

一是部分院校存在“进校易，出校易”问题，对学生入学标准和毕业标准把关不严。1991年1月6日，国家教委印发《关于加强普通高等专科教育工作的意见》指出，“普通高等专科教育是在普通高中教育基础上进行的专业教育……它同本科教育，研究生教育一样，都是我国普通高等教育体系中不可缺少的重要组成部分”。[①] 尽管领导、专家、学者在不同场合呼吁“高等职业教育是一种类型，而非层次”，但直到近几年高等职业教育作为层次的固有认知才逐渐被打破。目前，专科职业院校入学方式有参加全国统一高考、单独考试招生、综合评价招生、对口升学考试招生、中高职贯通招生、注册入学、技能拔尖人才免试招生七种，对学生文化课水平要求较低，尤其是很多通过全国统一高考入学的学生，不仅缺乏必要的技术技能培训基础，而且文化课水平不高。以河南省为例，2015年以来，文、理科高考录取批次分数线[②]分别如表5-16、表5-17所示。

表5-16　2015—2020年河南省高考文科录取批次分数线　　单位：分

批次	2015年	2016年	2017年	2018年	2019年	2020年
本科一批	513	517	516	547	536	556
本科二批	455	458	389	436	447	465
本科三批	397	393				

① 何东昌．中华人民共和国重要教育文献：1949—1997［M］．海口：海南出版社，1998：3092.

② 2017年河南省高考录取本科二批与本科三批合并；2019年，体育类（本科）和体育类（高职专科）单列，2020年又取消。

续表

批次	2015年	2016年	2017年	2018年	2019年	2020年
体育类（本科）					349	
体育类（高职专科）					160	
专科批	180	180	180	200	160	180

资料来源：笔者整理。

表 5-17　2015—2020 年河南省高考理科录取批次分数线　单位：分

批次	2015年	2016年	2017年	2018年	2019年	2020年
本科一批	529	523	484	499	502	544
本科二批	458	447	342	374	385	418
本科三批	383	370				
体育类（本科）					305	
体育类（高职专科）					160	
专科批	180	180	180	200	160	180

资料来源：笔者整理。

由表 5-16、表 5-17 可知，专科职业院校录取分数与普通二本批次院校录取分数差距巨大。2015 年河南省高考文、理科考试科目语文、数学、外语满分各 150 分，文综或理综满分为 200 分，生物或政治满分为 100 分，文、理科满分均为 750 分；2016 年后将生物合进理综，政治合进文综，文综或理综各 300 分，文、理科满分仍为 750 分。折合成百分制，专科职业院校录取分数在 21.3 分（2019 年）到 26.7 分（2018 年）之间，常年维持在 24.0 分，要求之低可见一斑。

2017 年修订后的《普通高等学校学生管理规定》实施，规定："学生在学校规定学习年限内，修完教育教学计划规定内容，成绩合格，达到学校毕业要求的，学校应当准予毕业，并在学生离校前发给毕业证书。"说明学生能否毕业关键在于学校的自我把关。个别院校把关不严，考核管理不严，存在"画重点""考试放水""打分较松""人情分"等诸多问题，造成少数达不到毕业要求的学生也能拿到毕业证书走向社会，培养的学生质量参差不齐，极大地损害了专科层次高职院校的形象。

二是部分院校培养的学生质量堪忧，或职业技术技能缺乏，人文素质低下。部分高职院校以培养一线操作工作人员为目标，重视学生技能技术培养，强调就业实习实践，在课程安排上往往将实习实践活动安排得比较多，轻视文化课程的学习，导致学生人文素养较低，少数学生的人文知识甚至达不到高中生的平均水平。另外，部分高职院校至今仍将高职、高专作为普通本科高校的“压缩饼干”，轻视学生的技能技术培养，导致学生职业技能偏低。

高等院校历来重视学生的思想工作，就“培养什么人、怎样培养人、为谁培养人”采取了很多措施，如加大思政课比例、提升思政课师资水平、打造示范性思政课程等，但对高职院校的人文素质培养未能予以充分重视，造成“重德重技轻人文”的现象。

三是学生毕业后，再深造、再学习能力及潜力不足。专科职业院校毕业生虽然选择面较窄，如在国家公务员招录、事业单位公开招聘工作人员时，往往要求本科或研究生以上学历，专科生难有机会，偶尔有专科生可以报考的岗位，也是比较艰苦的岗位，但专科职业院校毕业生因掌握一线操作技能，就业率往往比普通本科生要高。但从长远发展来看，专科职业院校毕业生相较于本科生基础薄弱，发展动力欠缺。除本专科生知识储备的差异外，单纯从院校对学生培养来看，专科层次职业院校普遍以 2~3 年学制为主，本科学制普遍为 4 年，有 1~2 年的课程学习、实验训练差距。多数专科职业院校与普通本科高校在仪器设备、师资水平上有较大差距，加之高职院校重技能培训，轻理论培养，使得专科层次毕业生在知识储备和专业拓展上相对不足，根基不牢，普遍存在“知其然不知其所以然”问题。

从外部环境来看，目前用人单位对本科生和专科生的态度不一。不仅在薪资水平上，在进修、培训、提拔、职称评定等方面待遇也不同。高职院校毕业生难以享受平等的外部条件。

这种局面产生的原因主要有以下三个。

一是人文历史传统及现实困境下的无奈选择。人文历史传统及少子化的社会现实使部分青少年长期脱离生产劳动，特别是体力生产劳动，轻视甚至蔑视以体力劳动为主的岗位或艰辛行业。尽管高职、高专毕业生的就业率和收入逐渐提高，但受“重脑力轻体力”以及“体面”等官本位思想影响，社会对职业教育的整体评价难以提高。人们对职业教育的认同度不高，认为是“受罪”“吃苦”一类的活计，不愿“主动选择”职业教育，造成职业院校招生困难，不得不降低录取标准。部分高职院校出于利益需要，为了生存，迎合学生投机取巧、应付了事的心态，放松对其的要求。

二是教育理念未理顺，专业课程建设不均衡。教育的终极目的是培养人才，技能技术只是工具，人文素质才是核心。但在当前紧张的就业环境下，院校首先要考虑的是毕业生的就业问题，职业教育被异化成“就业教育”。要提升学生的就业率，就要以用人单位需求为向度。用人单位对人才的基本要求是掌握技能技术，至于人文素养，则为次要因素。因此，在短短 2~3 年培养期，职业教育课程设置不得不侧重于技能技术和实践能力的培养，“够用”即可，缺乏必要引申，导致学生人文素养及理论根基疏浅，缺乏学习延展力。

三是专科职业院校毕业生深造、再学习途径不通畅。现在，专科生要提升学历至本科可以通过各省教育厅组织的专升本考试、成人高考、自学考试、远程教育等途径实现，但这些途径获得的学历往往不被用人单位承认。对于报考研究生的职业院校毕业生来说，上述渠道获得的文凭须满 2 年才能以同等学力名义报考，很多招录单位还要求通过初试的高职、高专学生加试某些课程，在同等条件下，通常优先录取普通本科毕业生。这些要求在客观上阻碍了高职院校毕业生深造、再学习。

三、科研功能开发不够

科研功能的实现程度主要表现在科研成果的多寡。科研成果形式多样，包括项目、实验报告、调研报告、专著、科研奖项、专利等，评价一所高校科研能力需要全方位考察①，但最直观的方式是看研究论文。专科高职院校科研功能开发不够，可以从以下两个方面来看：一是不同水平的高职院校相互比较；二是与普通本科高校进行比较。不同水平的专科高职院校，以表 5-17 所选 9 个省份不同水平的 36 所院校为例，普通本科高校仿照专科高职院校的选取原则，在 9 个省份各选取一所“985”“211”“省骨干”及一般本科高校，② 对比分析各校自 2015 年来被中国知网收录的论文数③，具体如表 5-18 和表 5-19 所示。

---

① 如深圳职业技术学院，其科研水平居全国高职院校前列，可由下列数据反映：“全校累计承担各级各类科研课题 5196 项，其中国家级项目 84 项，年度新增国家自然科学基金项目 10 项。科研经费到账 8.06 亿元，其中技术转移（横向科研）项目到账经费 2.98 亿元；出版各类学术专著 226 部，编著、译著及作品集共 199 部，61 项科研成果获部、省、市级奖励；获国家专利授权 1726 项，软件著作权登记 1136 件，发明专利 345 项。”（见深圳职业技术学院官方网站）一般来讲，这些科研成果存在一定的关联性，因而论文数量也能大致反映院校科研水平。如需详细了解本专科院校在科研方面的差距，可以查阅历年《中国教育统计年鉴》，按“自然科学与技术”和“社会科学”分本专科院校统计其人力、经费、课题、成果等情况。

② 无“985”院校的用“211”院校替代，无“211”院校的用“双一流”院校替代，缺少“双一流”院校的用层次水平较高的院校替代。

③ 截至 2020 年 8 月 19 日。

表 5-18　不同区域、不同水平专科层次高职院校发表论文数　　单位：篇

区域	国家示范性高等职业院校	论文数	国家骨干高职院校	论文数	省级骨干高职院校	论文数	普通高职院校	论文数
江苏	无锡职业技术学院	2467	南京科技职业学院	1378	江苏电子信息职业学院	1311	苏州信息职业技术学院	269
浙江	浙江机电职业技术学院	881	浙江交通职业技术学院	615	浙江经贸职业技术学院	1402	丽水职业技术学院	623
广东	深圳职业技术学院	3654	顺德职业技术学院	1990	广州民航职业技术学院	1136	阳江职业技术学院	727
河南	黄河水利职业技术学院	1341	河南工业职业技术学院	1941	濮阳职业技术学院	670	驻马店职业技术学院	599
湖北	武汉职业技术学院	5175	襄阳职业技术学院	919	恩施职业技术学院	558	湖北铁道运输职业学院	48
安徽	芜湖职业技术学院	1352	安徽机电职业技术学院	1204	池州职业技术学院	560	马鞍山师范高等专科学校	694
甘肃	兰州石化职业技术学院	1697	武威职业学院	883	陇南师范高等专科学校	1870	平凉职业技术学院	264
云南	云南交通职业技术学院	507	云南机电职业技术学院	524	保山中医药高等专科学校	331	红河卫生职业学院	266
新疆	克拉玛依职业技术学院	390	乌鲁木齐职业大学	990	新疆交通职业技术学院	458	和田师范专科学校	399

表 5-19　不同区域、不同水平普通本科高校发表论文数　　单位：篇

区域	“985”或“211”院校	论文数	“211”或“双一流”院校	论文数	省级重点本科院校	论文数	普通本科院校	论文数
江苏	南京大学	109727	中国药科大学	14112	南京邮电大学	19636	宿迁学院	3421
浙江	浙江大学	141111	宁波大学	26512	杭州师范大学	16586	衢州学院	1164
广东	中山大学	52936	华南师范大学	22147	广州大学	25707	广州航海学院	1315
河南	郑州大学	97919	河南大学	48964	河南农业大学	13295	安阳工学院	2528
湖北	武汉大学	113402	武汉理工大学	40339	湖北大学	21215	荆楚理工学院	3224
安徽	中国科学技术大学	42932	安徽大学	37571	安徽工业大学	10100	皖南医学院	9104
甘肃	兰州大学	54567	西北师范大学	25342	兰州财经大学	5415	兰州文理学院	1649
云南	云南大学	35076	昆明理工大学	36623	大理大学	5559	云南警官学院	609
新疆	新疆大学	18679	石河子大学	24080	新疆农业大学	12589	新疆艺术学院	1220

由于5-18、表5-19可知，专科高层次职院校，2015年以来共被中国知网收录论文40093篇，东部区域共16453篇，其中江苏5425篇，浙江3521篇，广东7507篇；中部区域共15061篇，其中河南4551篇、湖北6700篇、安徽3810篇；西部区域共8579篇，其中甘肃4714篇、云南1628篇、新疆2237篇。普通本科高校，2015年以来共被知网收录论文11096375篇，东部区域共434374篇，其中江苏146896篇、浙江185373篇、广东102105篇；中部区域共440593篇，其中河南162706篇、湖北178180篇、安徽99707篇；西部区域共221408篇，其中甘肃86973篇、云南77867篇、新疆56568篇。

据此，可得出以下结论：一是无论专科高职院校还是普通本科高校，东部地区院校发表论文数都是西部地区的2倍左右，中部地区与东部地区差别不大。从整体来看，专科高职院校科研功能较普通本科高校差距巨大，普通本科高校论文发表数为高职院校的27.3倍。二是从专科高职院校自身层面来看，水平较低的专科高职院校拉低了平均数，不同水平专科层次高职院校科研能力差距巨大。不过也有个别高水平专科高职院校科研水平超过一般的普通本科高校，如武汉职业技术学院、深圳职业技术学院发表论文数超过了11所一般水平的普通本科高校，无锡职业技术学院发表论文数超过了5所一般水平的普通本科高校，以上3所专科层次高职院校发表论文数分别是发表论文最少本科高校的8.5、6.0和4.1倍。

院校之间科研能力存在差距有学校相关科研政策、制度等原因，但最直接原因在于各院校用于教学科研的仪器设备资源和师资力量的差异。因为专科层次院校在仪器设备、师资资源方面与水平较高的本科高校没有可比性，在短期内难以解决。为此，选取9省份一般水平普通本科高校的情况进行对比说明。

一是拥有教学科研仪器设备价值比较。结合各学校发表论文情况及表5-20可以看出，除宿迁学院、荆楚理工学院较为特殊外，仪器设备价值与论文发表数存在较大关联度。发表论文较多的几所院校如安阳工学院、皖南医学院，其仪器设备价值也较高。整体而言，一般水平普通本科高校的仪器设备价值相较于高水平专科层次高职院校并不占优势。进入“国家示范性高等职业院校建设计划”和“骨干高职院校建设计划”的院校拥有仪器设备价值平均为2.5亿元，超过一般水平普通本科高校（不含新疆艺术学院）仪器设备价值1.7亿元。而高水平高职院校平均发表论文1490篇低于一般水平本科高校平均发表论文2877篇，说明教学科研仪器设备对院校论文发表数量并没有绝对影响（见表5-20）。

表 5-20　一般水平普通本科高校仪器设备资源值　　单位：亿元

区域	学校	仪器设备值
江苏	宿迁学院	>1
浙江	衢州学院	1.6
广东	广州航海学院	0.4
河南	安阳工学院	4.8
湖北	荆楚理工学院	1.1
安徽	皖南医学院	3.5
甘肃	兰州文理学院	0.8
云南	云南警官学院	>0.5
新疆	新疆艺术学院	—

资料来源：各学校官网。

二是师资结构比较。由于各高职学校数据统计口径不一，导致数据并不完整，但大体上能够反映院校论文发表数量与教职工总量和专任教师数量无太大关联，而与师资水平呈正相关关系，即师资水平越高，发表论文越多；反之越少。拥有硕士、博士学位和副高、正高职称的教师是高校科研主要力量，他们代表了各校师资的水平。论文发表数量超过一些普通本科高校的专科层次高职院校，其师资水平较高。如深圳职业技术学院拥有博士学位的教师达到 408 人，拥有高级职称教师达到 874 人。武汉职业技术学院拥有硕士、博士学位的教师 557 人，拥有高级职称的教师 413 人。无锡职业技术学院拥有高级职称的教师超过 50 人。需要说明的是，皖南医学院表现突出，就在于其拥有很强的师资力量，该校拥有高级职称教师达 798 人，是新疆艺术学院的 5.3 倍，与两校论文发表数量比值 7.5∶1 相适应。以上数据说明，仪器设备、师资水平差异是导致高校科研水平差距最主要的因素（见表 5-21、表 5-22）。

表 5-21　36 所专科层次高职院校教师结构　　单位：人

区域	学校	教职工总数	专任教师	硕士、博士	高级职称
江苏	无锡职业技术学院	800	—	>100（博士）	>50
	南京科技职业学院	647	496	385	222
	江苏电子信息职业学院	609	432	>371	182
	苏州信息职业技术学院	278	218	144（无博士）	69

续表

区域	学校	教职工总数	专任教师	硕士、博士	高级职称
浙江	浙江机电职业技术学院	>620	大于 480	360	172
	浙江交通职业技术学院	581	—	—	159
	浙江经贸职业技术学院	>500	—	—	占专任教师 40%，正高 34
	丽水职业技术学院	447	401	—	146
广东	深圳职业技术学院	2380	1243	408（博士）	874，正高 217
	顺德职业技术学院	933	731	—	263
	广州民航职业技术学院	689	549	425	—
	阳江职业技术学院	632	484	—	116
河南	黄河水利职业技术学院	>1000	—	博士、硕士占专任教师 70%	高级职称占专任教师 30%
	河南工业职业技术学院	>1000	—	>500	
	濮阳职业技术学院	1066	952	407，博士 14	329，正高 65
	驻马店职业技术学院	421	—	80	100
湖北	武汉职业技术学院	1451	850	557	413
	襄阳职业技术学院	1007	—	—	287，正高 50
	恩施职业技术学院	705	—	182，博士 6	183，正高 11
	湖北铁道运输职业学院	—	—	—	—
安徽	芜湖职业技术学院	约 780	—	—	234，正高 49
	安徽机电职业技术学院	>550	—	—	大于 150
	池州职业技术学院	—	约 447	—	低于 102，正高 12
	马鞍山师范高等专科学校	311	283	218	117，正高 16
甘肃	兰州石化职业技术学院	—	635	360	309，正高 89
	武威职业学院	854	595	149	209，正高 23
	陇南师范高等专科学校	576	414	151	146，正高 21
	平凉职业技术学院	588	492	90	190，正高 20
云南	云南交通职业技术学院	635	551	275	255
	云南机电职业技术学院	>400	—	—	—
	保山中医药高等专科学校	238	220	—	59，正高 12
	红河卫生职业学院	285	227	62	68

续表

区域	学校	教职工总数	专任教师	硕士、博士	高级职称
新疆	克拉玛依职业技术学院	480	294	—	—
	乌鲁木齐职业大学	710	473	约 268	约 151
	新疆交通职业技术学院	—	381	208	76
	和田师范专科学校	452	—	199，博士 9	97，正高 10

资料来源：各高校官方网站。

表 5-22　东、中、西部地区 9 所一般水平普通本科高校师资结构　单位：人

区域	学校	教职工总数	专任教师	硕士、博士	高级职称
江苏	宿迁学院	—	约 700	约 606	约 315
浙江	衢州学院	636	458	131（博士）	205，正高 53
广东	广州航海学院	—	434	219	142
河南	安阳工学院	1433	—	992	423，正高 102
湖北	荆楚理工学院	1136	796	552	288
安徽	皖南医学院	4840	1393	—	798
甘肃	兰州文理学院	822	562	约 426	263
云南	云南警官学院	477	—	184	162
新疆	新疆艺术学院	697	505	—	151

资料来源：各高校官方网站。

四、社会服务功能开发尚不到位

服务社会是高校的重要职能，社会服务有广义与狭义之分。广义的社会服务包括直接服务和间接服务两种；狭义的社会服务指直接服务，即“高校在保证正常的教学科研活动之外，利用自身各种资源和优势，有目的、有计划地直接参与社会经济、政治、科技、文化等方面的建设和发展，将知识、人才、科研成果等迅速转化为生产力，以满足社会需要的一系列活动”。①

近年来，专科高职院校在办学理念、能力等方面有了质的提升，为推动经济发展、文化传承与创新等做出了重要贡献，但仍存在不少问题需要加以改进。

一是各院校提供社会服务的能力差距大，个别院校服务能力强，整体能

① 谭贞，等. 新建本科院校转型发展模式研究［M］. 北京：科学出版社，2017：205.

力偏弱。专科层次高职院校按照发展水平，大致分为“国示范”“国骨干”“省骨干”“一般”四个等级，此处仅按水平等级抽取4所院校即深圳职业技术学院、襄阳职业技术学院、池州职业技术学院、平凉职业技术学院，对比其2019年1月1日至2020年1月1日开展的社会服务活动①，具体如表5-23、表5-24、表5-25和表5-26所示。

表5-23 2019年1月1日至2021年1月1日深圳职业技术学院社会服务事件

时间	事件
2019年1月7日	新时代中国职业教育研究院在学院揭牌成立
2019年1月7日	2019年人工智能及智能机器人技术暨专业群建设研讨会在深召开
2019年1月9日	深圳市首批餐饮督导员食品安全培训班在学院开班
2019年1月15日	甘肃财贸职业学院研修班在学院开班
2019年1月17日	学校“牵手”比亚迪共建“比亚迪应用技术学院”
2019年1月17日	学校“阿里巴巴数字贸易学院”今日成立
2019年1月27日	深职院精准扶贫期中总结会在和平县礼士镇举行
2019年3月1日	“粤港澳大湾区背景下养老服务业的机遇与挑战”沙龙在学校举行
2019年3月6日	深职志愿者用行动传承雷锋魂
2019年3月6日	学院召开粤港澳大湾区职业教育建设研讨会
2019年4月4日	学院与广西现代职业技术学院签署2019年结对帮扶工作备忘录
2019年4月9日	学院与高等教育出版社有限公司签订战略合作框架协议
2019年4月26日	市住建局领导来学院调研建筑产业工人培训基地建设情况
2019年4月26日	海洋生物医药研究院在学院正式揭牌
2019年4月26日	第21届CUBA中国大学生篮球二级联赛（东南赛区）圆满结束
2019年4月27日	深职院人工智能学院、粤港澳大湾区人工智能应用技术研究院揭牌成立
2019年5月17日	学校精准扶贫工作队获广东省精准扶贫工作突出贡献集体和个人表彰
2019年6月6日	第五届中国“互联网+”大学生创新创业校赛决赛顺利落幕
2019年6月13日	学校举行广东省第十届大学生运动会总结表彰座谈会
2019年6月24日	“柯尼卡美能达”企业奖学金捐赠仪式在学院举行
2019年6月24日	粤港澳大湾区应用型人才培养质量研讨会在学院召开
2019年6月26日	中国电影学派理论建构暨首届中国特区电影研讨会在学院举行

① 基于2020年新冠肺炎疫情暴发，很多学校社会服务工作不能正常开展，选取2019—2020年各院校服务社会活动更能说明问题。

续表

时间	事件
2019 年 6 月 26 日	2019 年广东省高校社科管理研究会年会在学院召开
2019 年 6 月 28 日	全国职业院校关工委联系点第三协作组工作交流研讨会在学院召开
2019 年 6 月 28 日	全国首家高职院校知识产权信息服务中心在学院揭牌成立
2019 年 7 月 4 日	粤港澳大湾区职业教育合作工作小组第一次会议在学院召开
2019 年 7 月 5 日	职业教育高质量发展暨数字化说课研讨会在学院举行
2019 年 7 月 12 日	学院与科技部中国国际人才交流基金会签订合作备忘录
2019 年 7 月 19 日	2019 年中国高职校长论坛在学院举行
2019 年 8 月 26 日	由学校养老学院参与主办的深圳国际老龄博览会日前开幕
2019 年 8 月 27 日	学院举办“深圳建设中国特色社会主义先行示范区”研讨会
2019 年 8 月 27 日	福田区派驻和平县工作组组长何东辉一行来学院访问
2019 年 9 月 3 日	教科文职业教育创新中心项目评估国际研讨会在学院开幕
2019 年 9 月 19 日	学院将与人民卫生出版社加深合作打造校企合作典范
2019 年 11 月 1 日	学院与教科文高等教育创新中心签署合作意向书
2019 年 11 月 2 日	学院举行多糖科学及保健和生物材料应用国际会议
2019 年 11 月 7 日	UNLEASH 2019 全球青年创新集训营优质教育主题在学院开幕
2019 年 11 月 8 日	学院成功举办 2019 年深圳市第七届“南山杯”桥牌团体赛
2019 年 11 月 10 日	2019 华为广东 ICT 人才联盟双选会在学院举行
2019 年 11 月 13 日	UNLEASH 2019 上的深职义工
2019 年 12 月 6 日	深职院文化创意产品研发院揭牌成立
2019 年 12 月 6 日	首届全国高职院校信息素养大赛在学院举行
2019 年 12 月 10 日	中国老年大学协会第十一次国际议题“1+1”研讨会在学院召开
2019 年 12 月 16 日	连续 7 年服务深马 820 名深职义工为深马保驾护航
2019 年 12 月 20 日	学院经济与社会发展研究院举行揭牌仪式
2019 年 12 月 24 日	“乐龄伙伴”中国养老创新家开学典礼在学院举行
2019 年 12 月 25 日	新疆维吾尔自治区高等职业院校校长研修班在学院举行
2019 年 12 月 25 日	第 46 届世界技能大赛深圳市选拔赛酒店接待赛项在学院举行
2019 年 12 月 27 日	学院又一职业教育培训与研究中心在德国成立
2019 年 12 月 31 日	深圳市首家调解工作研究与调解员培训基地落户学院

资料来源：深圳职业技术学院官网。

表 5-24　2019 年 1 月 1 日至 2020 年 1 月 1 日襄阳职业技术学院社会服务事件

时间	事件
2019 年 1 月 17 日	党委书记陈礼龙带队开展节前扶贫送温暖工作
2019 年 1 月 18 日	副院长丁业彬到扶贫村开展“两天一夜”驻村工作
2019 年 1 月 24 日	学院积极参与 2019 年襄阳市文化科技卫生“三下乡”活动
2019 年 1 月 26 日	院长李菲带队到扶贫村走访慰问
2019 年 2 月 23 日	学院召开千山书院・千山讲堂暨 2019 年春季校本培训会
2019 年 3 月 7 日	走绿道捡垃圾——离退处志愿者开展绿色环保活动
2019 年 3 月 7 日	襄阳社区教育学院开展“雷锋月・志愿行”活动
2019 年 3 月 9 日	大学科技园开展环保志愿服务活动
2019 年 3 月 18 日	“共植青年林　学校师生在行动”
2019 年 3 月 22 日	市发展改革委“国民经济大数据运行监测平台”培训班在学院开班
2019 年 3 月 28 日	机关第二党总支、第二分工会联合开展主题党日暨义务植树活动
2019 年 3 月 28 日	襄阳市首届乡村医生免费订单定向培养生毕业
2019 年 4 月 10 日	襄阳市社会组织培育发展中心成功落地大学科技园
2019 年 4 月 17 日	2018 年度新型职业农民创业类“虾稻共作”培训班开班
2019 年 4 月 22 日	学院举办 2019 年襄阳市食品生产企业质量安全教育培训
2019 年 4 月 22 日	学院承办的国家职业资格鉴定考试顺利结束
2019 年 4 月 26 日	学院赴谷城中等职业教育中心开展教师信息化能力培训
2019 年 5 月 13 日	学院隆重举办“中德产教融合交流中心成立仪式暨 2019 年创新发展论坛”
2019 年 5 月 25 日	襄阳基层干部学院开展全市党建考核人员集中培训
2019 年 5 月 27 日	襄阳基层干部学院举办樊城区社区党组织书记培训班
2019 年 6 月 2 日	继续教育学院承办襄阳东升机械职工职业技能鉴定考试
2019 年 6 月 4 日	襄阳基层干部学院举办 2019 年度高新区入党发展对象培训班
2019 年 6 月 5 日	副院长李伶到扶贫村开展“两天一夜”驻村工作
2019 年 6 月 10 日	襄阳基层干部学院承办襄阳市两新组织党务工作者示范培训班
2019 年 6 月 23 日	2019 年襄阳市新型职业农民培育工作推进会在学院召开
2019 年 6 月 30 日	学院纪委书记陈琦赴谷城县开展扶贫工作
2019 年 7 月 9 日	鄂西生态文化旅游圈高职教育联盟教学诊改实务培训会在学校召开

续表

时间	事件
2019 年 7 月 10 日	培训送到家门口——2018 年度新型职业农民创业类第二期“种养结合产业”培训班圆满结束
2019 年 7 月 10 日	襄阳市 2018 年度新型职业农民创业类第三期“种养结合产业”培训班开班
2019 年 7 月 17 日	中央财政支持的湖北 2000 人助理全科培训枣阳开班
2019 年 7 月 25 日	学院承接 ASEP 校企合作项目新教材 A8 模块培训
2019 年 7 月 29 日	副院长余荣宝到扶贫村开展“两天一夜”驻村工作
2019 年 8 月 11 日	襄阳基层干部学院举办全市党员队伍建设业务培训
2019 年 8 月 11 日	副院长赵涛到扶贫村开展“两天一夜”驻村工作
2019 年 8 月 19 日	继续教育学院举办首期襄阳东昇专业技术人才参加职业技能评价培训班
2019 年 8 月 21 日	学院召开“一村多名大学生计划”“高新区单独招生”项目教学协调会
2019 年 8 月 31 日	2019 年度襄阳市全科医生转岗培训班结业
2019 年 9 月 9 日	2019 年襄阳市民防系统干部职工业务集训开班
2019 年 9 月 12 日	襄阳市金融知识进校园专项宣传教育活动在学院启动
2019 年 9 月 25 日	学院参加 2019 年退役士兵职业教育和技能培训开班仪式
2019 年 9 月 25 日	2019 年高新区订单培养实施研讨会在学院召开
2019 年 9 月 26 日	学院参加襄阳市深化“三安行动”大型招聘会
2019 年 9 月 28 日	副院长丁业彬到扶贫村开展“两天一夜”驻村工作
2019 年 10 月 14 日	襄阳高新区 2019 年定向培养班开班典礼在学院举行
2019 年 10 月 15 日	学院承办团市委“不忘初心、牢记使命”主题教育读书班暨襄阳市“青年讲师团”出征仪式
2019 年 10 月 16 日	“伊斯拉谟+”高等教育能力建设项目研讨会在学院举行
2019 年 10 月 22 日	2019 年襄马医疗志愿者培训会在医学院举行
2019 年 10 月 28 日	全国特教集团在学院成立
2019 年 10 月 31 日	副院长李伶到扶贫村开展“两天一夜”驻村工作
2019 年 10 月 31 日	发展社区教育　助力乡村振兴——继续教育学院到南漳调研
2019 年 11 月 3 日	学院举办 2019 年全市食品生产企业食品检验员培训班
2019 年 11 月 18 日	“新时代·新家庭·新风尚”家庭教育系列讲座在南漳开讲
2019 年 11 月 18 日	继续教育学院承办卫生健康行业职业技能鉴定考试

续表

时间	事件
2019年11月22日	2019年湖北省职业院校（高职组）学前教育专业技能大赛在学院隆重开
2019年12月4日	大学科技园承办2019年第十三届中国专利周襄阳技术成果暨技术产品需求发布会幕
2019年12月6日	襄阳资本市场学院落户学院
2019年12月9日	副院长章伟到锡峰河村开展“两天一夜”驻村活动
2019年12月16日	学院获得2019年度洲际酒店集团英才培养学院最佳校企合作忠诚奖
2019年12月22日	问道千山·三农论坛——湖北现代畜牧业职教集团暨农业行业校企合作工作委员会2019年年会在学院召开
2019年12月22日	襄阳市农学会成立
2019年12月28日	襄阳资本市场学院“金融隆中对”开讲
2019年12月25日	学院隆重召开合作办学理事会2019年年会暨职业教育集团化办学研讨会
2019年12月25日	学院举办非物质文化遗产大师工作室展演

资料来源：襄阳职业技术学院官网。

表5-25 2019年1月1日至2020年1月1日池州职业技术学院社会服务事件

时间	事件
2019年1月22日	学院赴青峰村开展扶贫慰问暨捐赠活动
2019年2月1日	院领导分片开展慰问活动
2019年2月1日	市级高技能人才培训基地揭牌仪式在学院隆重举行
2019年2月2日	池州市中高职院校合作座谈会在学院举行
2019年3月6日	池州职业技术学院举行“青春共筑中国梦　雷锋精神永传承”志愿服务月启动仪式
2019年3月6日	池州职业教育集团召开2019年第一次理事长会议
2019年3月17日	院领导一行深入帮扶村开展走访慰问活动
2019年3月22日	学院举办2019年安徽省职业院校“园林景观设计与施工”技能大赛
2019年3月25日	学院举办2019年安徽省职业院校技能大赛“电子产品设计及制作”赛项
2019年3月27日	院领导深入学院帮扶村和选派村调研脱贫攻坚工作
2019年5月13日	池州市三献志愿者协会池州职业技术学院工作站成立仪式在学院举行
2019年6月5日	学院青年志愿者圆满完成2019年池州国际徒步大会志愿服务工作

续表

时间	事件
2019 年 6 月 5 日	党委书记李用林深入青峰村开展调研走访活动
2019 年 7 月 12 日	学院赴青峰村开展扶贫走访工作
2019 年 7 月 17 日	院领导看望参加机电技术系暑期社会实践活动师生
2019 年 7 月 18 日	学院与池州市黄梅戏剧院共建地方文化传承基地
2019 年 7 月 24 日	院领导走访慰问部队
2019 年 8 月 23 日	学院赴花园乡祠村举办 2019 年新型职业农民培训班
2019 年 8 月 27 日	党团共建聚合力　校企合作展新篇——学院首家校企合作共建党团活动基地成立
2019 年 9 月 6 日	团市委书记徐洁芳一行送挂职干部返院
2019 年 10 月 21 日	池州职业技术学院志愿者助力 2019 年池州国际马拉松赛
2019 年 10 月 27 日	2019 年全国职业院校信息技术技能大赛“智能控制与仿真技术”赛项在学院举行
2019 年 11 月 21 日	池州职教集团召开工作推进会
2019 年 12 月 3 日	学院在安徽中艺琴行有限公司建立学前教育专业实习实训基地
2019 年 12 月 25 日	副院长孙垚率队赴东至县青峰村开展帮扶调研活动
2019 年 12 月 25 日	池州职教集团举办“企业家进校园”活动之“企业家论坛”
2019 年 12 月 30 日	党委副书记戴申付赴望江县长岭镇开展党团共建并看望困难学生

资料来源：池州职业技术学院官网。

表 5-26　2019 年 1 月 1 日至 2020 年 1 月 1 日平凉职业技术学院社会服务事件

时间	事件
2019 年 3 月 27 日	平凉职业技术学院开展春季义务植树活动
2019 年 4 月 4 日	平凉职业技术学院——浙江吉利控股集团校企合作签约暨“吉利班”开班仪式在学院举行
2019 年 4 月 17 日	平凉市第四届中学生运动会开幕式在学院举行
2019 年 5 月 16 日	学院选派教师赴舟曲开展葡萄栽培管理技术培训
2019 年 6 月 3 日	全市科技工作者代表共聚学院，同话科技发展大计
2019 年 6 月 24 日	学院深入脱贫攻坚帮扶村开展扶贫培训工作
2019 年 7 月 13 日	学院承办的平凉市崆峒区贫困村创业致富带头人培训项目 2019 年第一期培训班顺利落幕

续表

时间	事件
2019 年 10 月 10 日	学院领导赴扶贫点开展“不忘初心、牢记使命”主题教育调研活动
2019 年 11 月 4 日	平凉职业技术学院举办“‘一带一路’·2019 中高职一体化贯通培养”论坛
2019 年 11 月 5 日	学院举办平凉市崆峒区贫困村创业致富带头人培训项目 2019 年第二期培训班
2019 年 12 月 5 日	平凉职业技术学院混合所有制二级学院天马学院揭牌
2019 年 12 月 25 日	2020 年全市中等职业学校技能大赛平凉职业技术学院赛点比赛进行时

资料来源：平凉职业技术学院官网。

由表 5-23 至表 5-26 可知，2019 年 1 月 1 日至 2020 年 1 月日，深圳职业技术学院参与的相关社会服务为 50 项，襄阳职业技术学院为 63 项，池州职业技术学院为 27 项，平凉职业技术学院为 12 项。结合各学院具体社会服务内容，可见之间的差距。深圳职业技术学院不仅建立起领先的职教培训体系，年均开展各类培训、职业技能鉴定与资格认证 12 万人次，还对口支援西藏、新疆、贵州等 11 个省份 200 余所职业院校，累计为全国 680 余所职业院校培训骨干教师 1.2 万人次。此外，深圳职业技术学院积极联合社区街道组建社区学院、特色学院，先后组建了西丽社区学院、大鹏旅游学院等，打造“职教特区”，建设管理吉安职业技术学院带动了老区职业教育的发展。襄阳职业技术学院建设有国家小型微型企业创业创新示范基地、全国创业孵化示范基地、国家星火计划农民科技培训基地、国家职业技能鉴定所、农业行业特有工种职业技能鉴定站、湖北省特殊教育中心和 3 个全国重点建设职业教育师资培养培训基地，其“沃野”星创天地被评为科技部首批“星创天地”，年均完成技术服务项目和公益服务项目 236 项，年均开展各类社会培训和技能鉴定 20 万人。相比之下，池州职业技术学院、平凉职业技术学院的社会服务能力逊色不少。

截至 2019 年，全国专科高职院校共有 1423 所，“国家示范”“国家骨干”院校全国只有 200 余所，占比 14%左右，绝大多数专科高职院校社会服务能力较弱。

二是“国家示范”“国家骨干”院校社会服务途径较多、水平较高，可以对口支援其他职业院校、建立社区学院、转化科研成果、支撑企业科技提升、开展职业技能鉴定和高层次技能培训等；但绝大多数高职院校社会服务路径较少，层次较低，往往局限于常规性或低层次的技能技术培训、社会志愿者活动、文艺演出、走访慰问、干部选派等。以池州职业技术学院、平凉职业技术学院为例，池州职业技术学院常规性社会服务 24 项，其中慰问调研 9 项，承办会议赛事 7 项，志愿者服务 5 项，派出干部 1 项，技能培训 1 项，大学生社会实践 1 项，水平相对较高的社会服务仅 3 项，即校企、校地合作组建实训、传承基地。平凉职业技术学院常规性社会服务 10 项，承办赛事会议 4 项，技能培训 4 项，社会调研 1 项，志愿者服务 1 项，水平相对较高的社会服务仅 2 项。两所院校不仅开展的社会服务活动总量少，水平相对较高的服务也少，且形式单一，都是与企业或地方组建实训、传承基地或学院，缺少技术合作、科研成果转化等更能体现高校能力的社会服务活动，未能真正将高职院校所拥有的社会服务能力发挥出来。导致这一问题的原因主要有以下三个。

一是力量有限，导致服务能力弱，无法为社会提供优质服务。“国家示范”“国家骨干”院校在国家项目、资金的支持下，发展迅速，社会服务能力较强。但多数“省级骨干”及一般院校由于缺乏足够的项目和资金支持，发展较慢，无论仪器设备，还是师资水平，都缺乏高水平服务社会的能力和手段。

二是专科高职院校与社会，特别是与社会事业、产业、商业之间的合作平台、机制建设不够，导致校企、校地之间信息沟通不畅，不能及时掌握信息。尽管近两年不少院校先后建立了旨在加强学校与地方、企业之间的沟通平台，如深圳职业技术学院设置了文化创意产品研发院等，通过凝聚院校博士、教授等专家团队积极为地方、企业提供智力、人才、技术支持，但这类校地、校企沟通平台不仅数量较少，而且多处在摸索、起步阶段，很多政策制度尚未完全理顺，还有较大改良空间。沟通渠道不畅导致地方、企业想寻求帮助不知找谁，高职院校想帮助地方、企业而没有渠道。

三是部分专科高职院校发展思路受限，对高校社会服务职能不够重视。或认为高等职业院校的职能核心在培养高水平技术技能人才，教师过多参与地方、企业活动，影响人才培养质量；或认为高职院校品牌差、水平低、能力弱，即使对方有需求，提供服务，对方也不会找寻高职院校合作。两种想法皆不可取，前一种是将两种职能对立起来，其实院校的两种职能不是对立，而是相互促进。高水平社会服务如技术支撑可以推动院校科技成果转化和科研水平提高，促进教师发展，提升师资水平，进而提高教学质量，即为“学中做，做中学”。后一种则是自卑心理作祟，学校品牌声誉需要逐步建立，只有尝试改变才能实现从无到有、从有到优。

五、国际化水平较低

随着全球化不断加深，高等教育方面的国际（含港、澳、台地区）交流合作不断增加，高等院校的社会功能不断扩展，由最初的人才培养，拓展到科学研究、服务社会、文化传承与创新层面，进而扩展至国际交流合作层面。① 专科高等职业院校在国际交流合作层面发挥着越来越重要的作用，但也存在不少问题。

一是各专科高职院校与国际化水平有较大差距，整体水平偏低。以 4 所不同水平的专科高职院校为例，查看其 2019 年 1 月 1 日至 2020 年 1 月 1 日的国际交流活动，即可看出它们之间的差距，具体如表 5–27、表 5–28、表5–29 和表 5–30 所示。

表 5–27　2019 年 1 月 1 日至 2020 年 1 月 1 日深圳职业技术学院国际交流活动

时间	事件
2019 年 1 月 15 日	联合国志愿服务项目调研组来学院调研
2019 年 3 月 1 日	“粤港澳大湾区背景下养老服务业的机遇与挑战”沙龙在学院举行
2019 年 3 月 19 日	学院霍夫曼先进材料研究院在国际顶级刊物 *Accounts of Chemical Research* 上发表论文
2019 年 4 月 2 日	加拿大驻广州总领事馆副领事一行来学院访问
2019 年 4 月 18 日	科技部中国国际人才交流基金会主任万金发一行到访学院
2019 年 5 月 8 日	白俄罗斯维捷布斯克国立工艺大学校长一行到访学院
2019 年 5 月 8 日	学院珠江学者讲座教授 Xu Zhang 团队在国际分析化学顶级期刊发表论文
2019 年 5 月 20 日	学院举行霍夫曼先进材料研究院揭牌仪式暨先进功能材料国际学术研讨会
2019 年 6 月 18 日	韩国综合技能大学校长金月龙一行来访学院
2019 年 6 月 20 日	德国德泽职业教育服务认证机构主席 Jürgen Heene 一行访问学院
2019 年 6 月 24 日	粤港澳大湾区应用型人才培养质量研讨会在学院召开
2019 年 7 月 4 日	粤港澳大湾区职业教育合作工作小组第一次会议在学院召开
2019 年 8 月 26 日	由学院养老学院参与主办的深圳国际老龄博览会日前开幕
2019 年 9 月 27 日	乌克兰驻华大使馆商务参赞谢尔杰契尼 · 亚历山大一行访问学院
2019 年 10 月 10 日	学院霍夫曼先进材料研究院在国际顶级刊物上连续发表论文

① 赵旻，陈海燕．国际交流合作在大学的职能定位研究［J］. 中国高等教育，2017（17）：19.

续表

时间	事件
2019年10月21日	学院与美国西雅图城市大学合作办学专业2019级开学典礼隆重举行
2019年10月23日	马来西亚雪兰莪货运及物流报关行协会总会长拿督谢汉廷一行来访学院
2019年10月23日	世界职业学院与技术大学联盟主席克雷格·罗伯逊先生率团访问学院
2019年10月31日	联合国教科文组织产学合作教席主持人查建中做客学院
2019年11月7日	UNLEASH 2019全球青年创新集训营优质教育主题在学院开幕
2019年11月11日	南非Southern LABS及华为代表团来院访问
2019年12月25日	第46届世界技能大赛深圳市选拔赛酒店接待赛项在学院举行
2019年12月27日	学院又一职业教育培训与研究中心在德国成立

表5-28　2019年1月1日至2020年1月1日襄阳职业技术学院国际交流活动

时间	事件
2019年2月20日	中国台湾地区电机电子工业同业公会来学院考察交流
2019年4月1日	因公赴英国教学交流人员公示
2019年5月15日	学院隆重举办“中德产教融合交流中心成立仪式暨2019年创新发展论坛”
2019年6月3日	中瑞联合培养护士洽谈会顺利举行
2019年6月17日	学院为外籍教师William Cooper举办欢送会
2019年6月19日	英国北爱尔兰西南学院“伊拉斯谟+”项目代表团来院开展教学交流
2019年8月12日	学院第三届“德国双元制海外游学实习项目”圆满结束
2019年12月20日	党委书记陈礼龙赴美国、墨西哥、牙买加访问交流

表5-29　2019年1月1日至2020年1月1日池州职业技术学院国际交流活动

时间	事件
2019年9月2日	学院首批赴马来西亚交流生启程
2019年12月2日	德国科格努斯教育集团来学院洽谈合作办学

表5-30　2019年1月1日至2020年1月1日平凉职业技术学院国际交流活动

时间	事件
2019年3月25日	学院与韩国又石大学签订合作办学协议书
2019年4月8日	平凉职业技术学院举行韩国又石大学平凉分院国际班开班仪式
2019年4月16日	学院2016级10名学生赴马来西亚交流学习

续表

时间	事件
2019 年 4 月 16 日	学院与新加坡智源教育学院签订合作办学意向性协议
2019 年 7 月 30 日	学院派人赴韩国又石大学洽谈合作办学
2019 年 12 月 19 日	学院举办与韩国又石大学合作办学启动仪式

由表 5-27 至表 5-30 可看出，深圳职业技术学院国际交流活动远超其他 3 所院校，显示出院校之间的巨大差距。有关高职院校国际交流活动，深圳职业技术学院为 23 项，襄阳职业技术学院为 8 项，池州职业技术学院为 2 项。平凉职业技术学院虽为 6 项，但其中 4 项为同一事件的连续报道，有效国际交流活动实际为 3 项。结合各校对国际交流活动的总结，深圳职业技术学院拥有海外高层次人才 25 人，并引进美国霍夫曼诺奖团队等，成立高端科研平台霍夫曼先进材料研究院，还设置专门的国际教育部，招收留学生（含港、澳、台地区）206 人。与包括英国、德国、法国、美国、新西兰、马来西亚、保加利亚、土耳其、波兰、匈牙利、缅甸、老挝等 32 个国家和地区的 162 所高校及教育机构建立合作关系，校年均接待境外来访师生及外宾 108 批次 658 人次，与国外院校、机构在学生交换、课程合作、科研合作、短期研修等领域均有深度合作。襄阳职业技术学院有外籍教师 2 人，与英国、德国、瑞士等国家以及中国台湾地区教育机构在人才联合培养方面开展紧密合作，派遣教师赴美国、澳大利亚、加拿大、韩国等国家进行语言文化、质量管理、体制创新、课程开发等方面的培训。池州职业技术学院国际交流活动较少，主要与德国、马来西亚等国家有一定的人才培养合作。平凉职业技术学院对国际交流合作较为重视，设置有专门的对外合作交流处，与马来西亚沙巴大学、新加坡智源教育学院、韩国又石大学签署互派交流生、“2+2”、专升本等合作办学协议。可见在国际交流方面，专科层次高职院校之间差别较大。像深圳职业技术学院这样的专科院校并不多见，开展国际交流能力整体偏弱。

多数专科高职院校国际交流方式单一，且多为内向性合作，外向性不足。像深圳职业技术学院能够拥有培养海外学生资质，甚至在国外设立职教培训中心输出高职院校专业标准、职业教育经验的院校较少。深圳职业技术学院已与香港专业教育学院黄克竞分校合办电气服务工程高级文凭合作课程，毕业生获得深、港两地毕业文凭，成为首批获得招收海外留学生资质的高职院校和首个获批面向港、澳、台自主招生的高职院校。在马来西亚、保加利亚等设置设立职业教育与培训中心，与联合国教科文组织展开合作，成立联合国教科文组织职业教育计划亚非研究与培训中心等。多数职业院校的对外交流互动以引进人才、合作办学为主，且引进的人才主要用于外语教学或其他人才培养，而非提高学校的科研水平。

除了办学规模、仪器设备条件、师资水平等原因外，造成高职院校国际化差距大、水平低的原因主要有三。

一是区域位置和对外开放历史条件不同。深圳职业技术学院地处东南沿海地带，对外交流有先天的地缘优势。广东等沿海地区自古是我国对外开放的重要窗口，具有深厚的对外交流基础。改革开放以后，深圳成为经济特区，在这一区域的专科高职院校比其他地区有更加优越的先天条件和优势。中、西部地区对外交流存在诸多不便，对外开放时间较晚，失去发展先机。

二是政策引导程度不同。改革开放后，国家十分重视高等教育国际交流工作，为强化管理，规范对外交流秩序和提高质量，出台了一系列管理制度，涉及对外交流合作的方方面面：对出国留学活动进行管理的，如《国务院关于自费出国留学的暂行规定》（1984 年 12 月 26 日）、《财政部、国家教委、外交部关于公费出国留学人员经费开支的规定》（1985 年 6 月 25 日）、《国家教委关于发布若干出国留学人员工作管理细则的通知》（1987 年 1 月 28 日）等；对来华留学活动进行管理的，如《国家教委、外交部、财政部关于接受外国研究学者入高等院校进行科学研究的规定》（1985 年 8 月 10 日）、《国务院批转国家教委等部门〈外国留学生管理办法〉的通知》（1985 年 10 月 14 日）、《高等学校接受外国留学生管理规定》（2000 年 1 月 31 日）等；规范中外合作办学活动的，如《国家教委关于高等学校合作办学中有关问题的意见》（1996 年 2 月 14 日）、《中华人民共和国中外合作办学条例》（2003 年 9 月 1 日）、《中华人民共和国中外合作办学条例实施办法》（2004 年 5 月 27 日）等；规范高等院校海外办学、设置科技创业园的，如《高等学校境外办学暂行管理办法》（2002 年 12 月 31 日）、《中国海外科技创业园试点工作指导意见》（2003 年 9 月 24 日）等；规范中外科技合作活动的，如《国际科学技术会议与展览管理暂行办法》（2001 年 8 月 23 日）、《国际科技合作与交流专项经费管理办法》（2007 年 12 月 19 日）、《国家自然科学基金国际（地区）合作研究项目管理办法》（2009 年 12 月 14 日）等。出于安全考虑，高职院校对外开展交流工作比较谨慎，各地区政策制度也不一致。深圳等地区作为经济特区，国家对其有政策和资金倾斜，为这一区域高等职业院校开展对外交流活动提供了条件和渠道，减少了政策、制度层面的诸多限制。中、西部多数地区政策往往更加谨慎，在一定程度上限制了区域高等职业院校对外交流活动的开展。

三是发展思路难以适应时代要求。①部分专科高职院校认为自身办学水平低，学生层次低、水平差，主要面向国内就业，不需要或达不到国际交流合作的水平；②盲目引进或模仿国外办学模式和教育理念；③盲目参照兄弟院校国际交流方式。总而言之，是未认识到世界经济形势，未看清全球化的趋势。办学水平低更应该加强国际交流，站在世界发展前沿，推动变革。照搬照抄国外办学模式和教育理念，是忽视本国国情、自身发展优势，自然会导致办学“不东不西，不中不洋”。对外交流并非单向引进，而应该“有引进有变革，有变革有输出”。学习兄弟院校对外交流形式与方法，不能忽视自身特点和现实需要，否则只会适得其反。

第三节 促进我国专科职业教育发展的对策与建议

为了进一步推动专科职业教育良性发展，在“推进专科高职提质培优，实施好‘双高计划’，巩固专科高职的主体地位”① 的同时，我们认为可采用以下针对性方法、策略。

一、“三个转向”推动院校平衡发展

要使区域间院校平衡发展，需要实现“三个转向”。

一是深入实施西部大开发、中部崛起战略，推动中、西部地区经济发展，在进一步缩小东、中、西部地区差距基础上，以推动产业、经济发展为主导转向以振兴教育、培养人才为主导。2000 年以后，国家实施西部大开发、中部崛起战略，通过“西电东送”“南水北调工程”“西气东输”“修建青藏铁路”“粮食生产基地建设”“厂矿建设”“电力电网建设”“装备制造业及高技术产业基地建设”“交通网络建设”等措施极大地推动了中、西部地区的经济发展，大大缩小了东、中、西部地区的经济差距。中、西部地区已具有振兴教育、振兴人才的经济基础。因此，国家须加大发展中、西部教育事业的政策引领，特别是发展高等教育事业的项目、资金投入。地方政府要充分认识到发展高等教育事业对本地经济、社会发展的重要作用，提升高等教育经费投入比例，加大对专科职业教育的资金投入比例，提升高等教育对经济、社会的贡献率，真正践行贯彻创新、协调、绿色、开放、共享的新发展理念。

---

① 陈宝生．办好新时代职业教育服务技能型社会建设［N］．光明日报，2021-05-01（07）．

二是改变“锦上添花”式的施政策略，强化“雪中送炭”效应。1000多所一般水平的专科高职院校决定了中国高等职业教育的发展水平。

国家应采取一定措施扶植水平一般的院校，特别是中、西部地区的专科高职院校；对于确无发展潜力的要及时裁撤或合并，有一定发展潜力的要利用乡村振兴战略实施计划，加大政策、资金支持力度。同时，要继续发挥中国特色高等院校发展和脱贫攻坚策略优势，如对口支援帮扶。对口支援是我国高等职业教育发展的重要策略，教育部曾下发不少相关文件，如《教育部关于广州番禺职业技术学院对口支援毕节职业技术学院的通知》（2010年9月21日）、《教育部关于批准有关高校对口支援新疆维吾尔自治区所属高职学校的通知》（2011年11月9日）、《教育部办公厅关于印发〈职业教育东西协作行动计划滇西实施方案（2017—2020年）〉的通知》（2017年9月7日）等。但对口支援帮扶的范围较窄，可以在院校对接帮扶的基础上，扩展到政府、企事业单位，支援内容也可以进一步拓展，以便全面推进中、西部高职教育的发展。

三是要扭转职业教育发展重心，由以发展中等职业教育为重心向以发展高等职业教育为重心转变。中等职业教育的迅速发展，为党和国家培养了大量有用人才，但这种应急式、低水平的职业教育，在高等教育进入“大众化”的今天，仍将其作为重心不符合国家战略及形势发展要求。党的十九大报告明确指出，当前主要社会矛盾是人民日益增长的美好生活需要和不平衡不充分的发展之间的矛盾。随着脱贫攻坚战的全面胜利，全面建成小康社会，国家开始实施乡村振兴战略，乡村振兴的关键在于高水平人才。没有高等教育，特别是贴合中国乡村发展实际的高等职业教育的振兴，难以满足乡村振兴对高水平人才的巨大需求。

为此，可采取以下几种措施。①加大对专科高职院校的投入，减少对部分较差中职院校的扶植。对生源较少、质量较差的中职院校及时采取有效措施，进行裁撤或合并。②针对中、西部地区中职院校数目众多的情况，采用“合中升高”策略，将部分优秀中职院校合并，集中优质资源，升格为高等职业院校。③加大中、西部地区社会力量办学政策支持力度。从2019年高职高专院校结构来看，不少中、西部省份民办院校数量偏少，如陕西有38所高职院校，民办院校仅8所；山西有49所高职院校，民办院校仅5所；黑龙江有42所院校，民办院校仅6所等。要合理借用厂矿、企业、个人等社会力量，通过颁发荣誉、税收减免、项目优先等政策激励社会力量办学。④尝试学制改革，逐年裁撤中等职业院校，将中等职业教育与普通中等教育逐步并轨的

"双轨制"转为"单轨多面式发展"，将职高考试与普通高考融合。发展高等职业教育，既需要技能基础，更需要文化知识准备，但中等职业教育存在文化课程设置不够、水平不高的问题。在普及型教育基础上，按兴趣培养学生，由学生根据自身兴趣、能力等自由择其发展方向。

二、"三位一体"提升人才培养质量

人才培养是专科高职院校的核心职能，也是其发挥科学研究、社会服务、文化传承与创新、国际交流与合作职能的前提和基础。针对专科层次高职院校培养人才质量方面存在的问题，应通过"贯彻、转变、教育""三位一体"策略解决。

第一，贯彻落实高等职业教育是类型，而不是层次的高等职业教育发展思路。尽管不少领导、专家、学者在不同场合强调高职教育是类型而不是层次，但并未降低专科层次职业院校的升级热情。1980—1985 年建立的 118 所职业大学，除少数合并、裁撤之外，已经有七成升为本科学校。① 为适应社会经济的发展，国家开始建立本科层次的应用技术大学，一方面是为了培养具有更高技能水平和发展潜力的适应当下经济社会发展的高水平应用技术型人才，另一方面是"类型对层次的新型对抗"。2019 年 7 月 4 日，在天津中德应用技术大学首届本科毕业生座谈交流会暨一流应用技术大学建设成果汇报会上，鲁昕用了五个"新历史"来肯定其重要意义，即"一是开辟了职业教育是类型不是层次的新历史；二是开辟了系统培养技术技能人才的新历史；三是开辟了本科层次职业教育的新历史；四是开辟了职业教育对接中高端制造业的新历史；五是开辟了中德职业教育高水平合作的新历史"。② 虽然本科高职院校的建立从批次上保证了生源质量，但大多数专科层次职业院校的生源质量仍无法保证。因此，在目前通过提升批次提高招生分数不太现实的大环境下，专科层次高职院校只能严把学生教育过程及毕业关，实施"宽入严出"政策。专科层次高职院校自身及教育管理部门可根据《教育部关于狠抓新时代全国高等学校本科教育工作会议精神落实的通知》（2018 年 8 月 22 日）对本科高校学生的管理工作要求，进行专科层次高职院校转化，从严治校。专科高职院校在现实条件无法达到时，相对于本科高校可以适当降低"不毕业

---

① 陈荣荣，伍红军. 首批高职院校的层次发展：对 1980—1985 年的 118 所短期职业大学的考察［J］. 未来与发展，2012（11）.

② 天津中德应用技术大学. 学校举行首届本科毕业生座谈交流会暨一流应用技术大学建设成果汇报会［R/OL］.（2020-07-08）［2020-08-20］. http：//www.tsguas.edu.cn/info/1164/5551.htm.

率”，但必须严格管控，逐步提升学生培养质量。同时，专科层次高职院校主管部门要根据经济社会发展需要，在一定时期[①]刹住“升本”风潮。加大对专科院校领导的思想培训力度，扭转其一味追求“升本”，甚至建立硕士点、博士点的思想倾向，使其将关注点转向提升办校质量和打造办学特色上来，真正落实高职教育是类型而非层次的发展思路。

第二，专科层次高职院校人才培养定位，要逐步由“就业目的”向“职业生涯目的”方向转变。就业目的导向的人才培养定位基于就业情况向用人单位的需求倾斜。教育的目的是培养人才，随着劳动力缺口的逐步显现及人们对个人发展的逐步关注，专科职业教育的人才培养定位必须从“就业目的”转向“职业生涯”目的，加大对学生学习能力和学习兴趣的培养力度，为其个人发展打下基础。人才培养定位的转变，要求教学进行改革。教学改革作为教育改革的核心，又以课程设置为根本。各院校要重新审视课程设置，扭转“重德重技轻人文”或“本科课程压缩饼干”的状态，基于课程设置缺陷进行补充。在课程设置上实现产业需求与教育事业的和谐对接，实现“人的教育”。针对课程设置带来的师资不足问题，可以通过人才引进加以解决。不具备人才引进条件的，则可以在上级教育管理部门主导下，一方面全面落实“学分制”，建立学生流动互认学分区域院校联盟，试点联合培养，实现课程资源共享；另一方面建立区域高校教师流动聘任制，实现教师灵活兼职，教师工作量区域互认互动，改变教师被捆绑于固定院校的做法，并提前申报年度工作计划。对于建立院校课程资源、教师力量共享联盟，合作院校要按比例分摊成本，联合制订人才引进计划，实现合作共赢。要融通院校之间的社会实践基地，严格要求，防止应付和走过场式的实训实践。要进一步贯彻落实“师徒制”，扩大试点范围，将对学生的人文素质培养从课堂拓展至日常生活中，使技能、德行、人文修养通过师生的交往得以传递。要严把“导师”关，对其德行、人品、技能水平进行全面考量，实行“师德一票否决制”，规范导师行为，保证教育质量。

第三，注重职业思想、职业荣耀感和工匠精神的教育与培养，打通高职教育再学习、再深造通道。职业思想、职业荣耀和工匠精神的教育与培养不应局限于专科层次职业院校本身，而应贯穿整个教育系统并扩展至社会教育

① 专科层次职业技术教育将长期存在，但要逐步提升，转向以本科层级及研究生层次以上教育为主，这是由中等职业技术教育体系向更高级职业技术教育体系过渡的一个层次。但在目前高等教育条件下，专科层次职业教育是更现实的一个选择，高职教育本科及研究生教育在10~15年内不应发展过快。

层面。要破除社会对职业教育的一些错误观念，就要从中小学开展职业教育，当然这一阶段不应侧重于技能，而应侧重于职业平等意识、职业荣耀感和工匠精神的培养，改变人们对职业教育的看法，用教育推动文化发展，用文化发展反推教育变革，形成良性循环。要营造良好的氛围，通过举办各种类型的职业大赛，如宁德市近两年连续举办“快递行业人员职业技能大赛”，中央电视台举办的“中国大能手”比赛，使人们了解不同行业，树立行业标兵，对培育职业平等思想和职业荣耀感、工匠精神起到了示范作用。同时，必须打通专科层次高职院校毕业生的再深造、再学习通道，使有能力的高职院校学生可以顺利地接受更高层次的不同类型教育。要注重高等职业教育专科、本科、研究生层次的学制和学位评价机制的建设。要破除教学机构、用人单位在人才选拔、评聘等方面的学历限制，进一步完善人才考核机制。

三、“长短并举”助推高职院校科研功能开发

针对专科职业院校科研功能开发不够的现状，可采用“长短并举”即长远和短期措施并举的方式加以解决。

一是统一思想，提高认识，使高职院校工作人员特别是领导层认识到科学研究的重要性。科学研究与高职院校的日常教育教学，与培养高技能型和实践型人才的目标不仅不矛盾，还能够彼此带动，实现和谐共进。加大对高职院校领导班子的思想理论培训和业务培训。通过组织高职院校领导班子研讨班、培训班、进修班，逐步改变院校领导班子工作思路，加强科研工作。高职院校要选准科研方向，以精为主，不可贪多，要集中优势力量，攻克精要问题，确立专业特长，发挥自身优势。

二是拓展思路，给予科研政策支持，鼓励科研活动。基于院校自身情况，在严格评审的前提下，设立与教学紧密相关的校级科研项目，给予其经济奖励和资金支持，培育科研力量。转变科研就是发论文的思想，拓宽科研活动路径，对实践性科研活动进行理论总结，将科研精神延伸到日常教学难题解决、科研成果转化等层面。完善相关人才选拔制度，将人员的提拔任命、教师的绩效工资与科研适当挂钩。在同等条件下，优先提拔科研能力强的教师。设立科研奖金，提高科研人员的实际收入，提高教师的积极性和主动性。

三是重视科研团队建设，提升院校科研水平。高职院校科研水平的高低，关键在人。要在不断增加仪器设备投资的基础上，重视科研人员的培养。加大对教师科研思想、方法、理论、原则、规范等方面的培训力度，制订年度师资进修计划，提升师资水平，将日常教学技能培训与科研能力培训统一起

来。短期来看，可以聘请外校专家到校内举办研修班，拓展教师思路，提高教师开展科研活动的主动性。从长期来看，高职院校应与区域内优秀高等院校建立对口合作关系，制订“高职院校教师访学计划”，以高职院校出培养经费，优秀高等院校提供培养服务的方式，以“自费培养，自培自用”为原则，将教师培养轮训常态化。安排部分具有科研潜力的教师以1~2年为期限，系统学习科研理论知识，推动师资科研水平提升。加大人才引进力度，在工资待遇、职称评审、子女教育、人事任命等方面给予照顾，以增强高职院校吸引力。要改变院校科研人员单打独斗的现状，加强科研团队建设。当前，学科分化日益细致，很多科研项目涉及跨学科知识，单人单学科知识不能很好地解决问题。

四是善用他山之石，以外带内。高职院校要改变思路，基于政策支持，积极采用“柔性与刚性并举”的方式引进行业高水平人才，引领校内教师开展科研活动，在科研实践中，增强科研能力，并组建科研团队。在引进行业高水平人才时，要制定相关考核制度，不仅要考核其自身科研能力，更要考核其对本院校教师科研水平提升和科研团队组建的贡献。地方政府与高等教育管理部门要改变认识，主动合作，积极促进高职院校科研能力的提升。高等教育管理部门与地方政府可以搭建高校之间的合作平台，采取类似挂职锻炼的方式，组织派遣优秀科研人员至高职院校进行为期1~2年的科研指导工作，带动高职院校教师开展科研活动。

五是国家和地方政府要加大对中、西部人才振兴战略的支持，实现“东校中用，东校西用”的目标。一方面要从战略角度扩大东部地区对中、西部地区人才输送，吸引愿意到中、西部地区高职院校进行工作的高层次科研人才。高层次人才是影响高职院校科研能力水平的重要因素。因此，要给予地方政府和地方高职院校充分的人才招聘自主权，以便院校扩充其高层次人才规模。另一方面要扩大东部地区院校与中、西部地区院校之间对接的渠道和内容。高职院校不仅可以对接高职院校或应用技术大学，还可以对接研究型大学。可以“一校多帮”的方式，发挥多所高校特长，在不同领域给予中、西部地区高职院校帮助；通过师资培训、人才交流、科研合作等方式，推动中、西部地区高职院校科研水平的全面发展。

四、“内外兼修”增强高职院校社会服务能力

“社会服务作为高校的一个重要职能，在大学产生之初并不会明显表现出来，而是在高校适应经济社会发展的过程中产生，并在推动高校发展的过程

中不断拓展，社会服务功能使高校从经济社会的边缘走向了中心。”① 要提升专科层次职业院校社会服务能力必须“内外兼修”，可从以下几点着手。

一是高职院校要转变观念，从思想上重视，且敢于创新，变被动为主动。高校作为一个社会组织，要有开展社会服务的主动性。但主动参与社会服务的高职院校较少，且创新性不够，未能充分挖掘高职院校的社会服务能力。如院校对接社会扶贫，一般水平的高职院校往往会局限于走访慰问、捐款捐物、技能培训、大学生社会实践、干部挂职锻炼等，高职院校有能力开展的消费扶贫、文化扶贫、党建扶贫、科技扶贫、智力扶贫、精神扶贫等却较少涉及。这是缺乏主动性与创新性的结果。因此，必须通过高职院校干部培训、进修、轮训等，转变思想观念，从思想上解决问题。

二是教育管理部门及地方政府要制定相关政策，优化高职院校开展社会服务的政策环境。外部政策环境常制约高职院校社会服务的开展。如产教融合活动，企业与高校往往采用横向项目对接方式，即企业投入项目资金，高校组建研发团队解决问题。但在横向项目资金管理上，却存在不少问题。目前，高校科研经费一般包括专家咨询费、设备费、能源材料费、试验外协费、技术引进费、差旅费、会议费、知识产权保护费、管理费、其他相关费用等，对技术研发人员的奖励或者给予的报酬很少；同时，报账手续烦琐，管理缺乏人性化，严重挫伤科研人员从事项目研发的积极性。因此，教育管理部门与地方政府应加以引导，多鼓励高职院校开展高水平社会服务，对参与社会服务的相关人员，特别是参与技术性、项目性社会服务的高职院校教师，给予一定的政策支持，由“过程管理导向”向“重视过程，严控结果”导向转变。

三是搭建专科层次高职院校之间及与其他属性院校之间的合作平台，提升高职院校社会服务力量，以及社会服务层次。要在短时期内提升一般水平专科高职院校的社会服务能力，必须打破院校各自为政的局面，团体作战，集中优势力量。首先，教育管理部门及地方政府要认识到高校联合的重要意义及作用，从政策上给予充分支持，允许其相互合作，并给予协调，清除障碍。其次，高职院校要认清形势，转变固有观念，清除壁垒，鼓励跨校合作。合作中，高校之间借助彼此的仪器设备、师资资源等支付一定的费用，要秉持解决问题的原则构建社会服务团队，协商费用分摊比例及使用。最后，合作可以不限于高职院校之间，还可以扩展至其他属性高校，但要以解决问题

① 谭贞，等．新建本科院校转型发展模式研究［M］．北京：科学出版社，2017：205.

为导向，秉持“有用参与，有偿参与”的原则，提升高职院校的积极性和社会服务水平。要坚持高职院校社会服务的公益性原则，教育管理部门及地方政府要严加管控，防止高职院校社会服务的泛商业化。

四是搭建高职院校服务社会的平台，贯通专科高职院校服务社会的通道。该平台由地方政府设立较为合适，平台可采用实体机构与网页平台并举的方式搭建，及时更新需求消息，加大宣传力度。平台建成之后，高职院校可以在平台注册，介绍自身可以提供的社会服务类型。企业、个人等则可以在平台上发布需求消息，院校可设置社会服务管理处并派专人负责进行任务认领对接。高职院校服务社会分有偿与无偿两种，平台可采用竞争与分派两种方式确定相应院校。对于公益性需求，教育管理部门及地方政府可采用分派方式要求院校认领，防止出现以营利为目的的泛商业化倾向。对于一所院校无法解决的问题，平台可以协调多校，临时组织团队，以问题为导向，教师以兼职或专职形式参与。

五、“四措共施”提高高职院校国际化水平

提升专科高职院校的国际化水平，是经济全球化背景下高职院校发展的必由路径。要提升高职院校国际化水平，必须坚持“鼓、化、拓、建”四措共施。

一是在保证安全的基础上，进一步加大中、西部地区开放力度，制定鼓励高职院校提高国际化水平的政策。一方面要防止敌对势力借助院校合作进行思想、文化、经济、科技等方面的破坏或颠覆活动，坚持国家安全红线；另一方面要消除顾虑大胆开展正常的国际交流活动。院校在开展国际交流活动时，要做好对方资质审查，以及必要的安全保障工作。在全球化日渐深入的今天，拥有众多专科层次高职院校的中、西部地区，应加大政策力度，以“严格管理，鼓励推动”为方针，提升高职院校国际交流水平。

二是高职院校做好思想培训，突破视野，转变观念，变被动为主动，由输入转为输出。高职院校要有前瞻性，国际化是高等院校发展的必然趋势，只有提前谋划，积极准备，才能实现跨越式发展。因此，要加强高职院校领导干部培训工作，积极组织高职院校领导前往国际化水平较高的院校进行观摩学习，突破自身固有观念。一般水平的高职院校必须认识到自身发展的局限性，积极主动“走出去”，寻求合作。水平较高的高职院校则应改变一味吸收、一味模仿、一味学习的局面，善于发掘自身特色，主动“走出去”，将自身办学模式、科学研究、人才培养等经验成果输出去，提升在国际交往中的

地位，参与世界高等职业教育体系，推进世界职业教育的发展。

三是拓展国际交流与合作。中外合作办学、联合培养等是中国高职院校开展对外交流的常见方式，旨在借助外部力量提升自身办学水平和教育质量。但要提升国际化水平必须拓展国际交流方式，提升中国高职院校在其中的主动权。国际交流对象不仅可以是教育科研机构，也可以是政府、企业等。可采用订单式培养，为国外政府、企业培养输送医疗卫生、工程技术等方面的高技能型技术人才。也可以与国外政府、企业、教育科研机构建立长期合作关系，进行人才培训，还可以以人才交流方式进行互助合作。扩大项目合作范围，在保障国家利益及知识产权的基础上，联合国内外科研机构进行技术攻关，推动科学技术的发展。以提供有偿或无偿服务的方式，为国外政府、企业、教育科研部门等提供服务。无偿服务对象主要是与我国友好、国家长期援建的亚、非、拉国家，对其医疗卫生等人员进行无偿培训。有偿服务对象主要是西方发达国家，在技术、科研、教学等方面向其提供有偿服务。

四是搭建区域院校国际合作交流平台，将区域内专科高职院校零散的对外交流活动组织成团体式活动。中国高等职业教育起步较晚，整体水平偏低，特别是中、西部地区，对外交流活动很难形成规模，难以从根本上解决问题，交流的广度和深度有很大的局限性。建立区域院校（不限于专科层次职业院校）国际交流平台，可以以省级区域为单位进行资源整合，在开展国际交往时，采用集团化方式。如承接留学生培养、涉外科研攻关等项目有困难的，可以跨校整合师资、科研力量。这样不仅可以提升高职院校对外交流的水平，还可以实现区域内国际交流项目资源共享。平台建立后，还可以采用院校帮扶对接的方式，先进带动后进，分享国际合作经验及项目。在省级平台运行成熟后，还可以建立跨省的区域联合，进一步整合高等职业教育资源，形成“集零为整，集团发展”的国际交流模式。针对建立区域国际合作交流平台的阻碍和困难，教育管理部门及地方政府要协调解决，在政策和项目上予以适当鼓励。对于对接良好，带动国际化水平较低的院校发展的要给予奖励，以激发其积极性和主动性。国际化水平较低院校不能坐享其成，要积极寻求与国际化水平较高的院校进行对接，拓展对外交流渠道，并提供部分项目资金支持。以“有偿带动，出资共享”的方式实现专科高职院校国际化水平的整体提高。要注意严格管理，制定国际化水平较低院校参与平台支付项目资金的合理上限，防止某些院校以带动国际化为要挟，向其他高职院校索取不合理的经费。

总体看来，要实现专科职业教育在院校布局、人才培养、科学研究、社会服务、国际化等方面的全面进步，全面落实改革举措，必须进一步加强国家评估体系建设，充分发挥其“指挥棒”作用。目前，我国对专科层次高职院校的考核评估以教育部印发的《中国教育监测与评价统计指标体系》（2015年8月10日）为基础，通过日常考核活动形成了一整套制度。有示范院校建立标准验收考核的，如《教育部 财政部关于公布“国家示范性高等职业院校建设计划”骨干高职院校建设项目2015年验收结果的通知》（2016年2月1日）等；有项目、专业建设验收考核的，如《教育部办公厅关于开展〈高等职业教育创新发展行动计划（2015—2018年）〉项目认定的通知》（2019年3月28日）等；有规定院校设置标准、教学工作、能力评估办法的，如《国务院教育督导委员会办公室关于印发〈高等职业院校适应社会需求能力评估暂行办法〉》（2016年3月14日）；等等。但有关本章所指专科职业教育问题的考核细则尚需进一步完善。同时，要进一步发挥社会评价机制，如“金平果排行榜”[①]（又称“中评榜”“邱均平大学排行榜”“评价网大学排行榜”）、武书连“中国大学评价”等的作用，从社会层面推动专科职业院校改革。

① 由中国科教评价网（www. nseac. com）与中国科教评价研究院（杭电 CASEE）、中国科学评价研究中心（武汉大学 RCCSE）联合推出。

第六章

职业本科教育①

进入新时代，经济的高质量发展必然推动职业教育的高质量发展，职业教育进入一个新的历史起点，既面临诸多机遇也面临许多挑战。2021 年 4 月召开的全国职业教育大会指出，坚持高标准、高起点，严把质量关，稳步发展职业本科教育，发挥好引领作用。发展职业本科教育是促进社会经济结构转型、优化高等教育结构、构建现代职业教育体系的重要战略任务。基于此，全面研判我国职业本科教育的现状，借鉴其他国家职业本科教育发展的成功经验，制定我国职业本科教育的发展规划，明确其发展方向和发展路径，具有重要的理论价值和现实意义。

第一节　我国职业本科教育发展现状

一、我国职业本科教育的缘起

2019 年 2 月，国务院印发《国家职业教育改革实施方案》，首次提出"开展职业本科教育试点"的工作要求；2019 年 12 月，教育部公布的《中华人民共和国职业教育法修订草案（征求意见稿）》（以下简称《职业教育法修订草案（征求意见稿）》）中，增加了实施职业本科教育的相关规定。我国开展本科职业教育试点有着深刻的时代诉求和现实需求，厘清职业本科教育建设发展的时代诉求和现实需求，既是理解职业本科教育建设的关键所在，也是明确本科职业教育办学定位和发展方向的前提条件。

① 当下学术界对职业本科教育还存在诸多论争，代表性的观点有：一是职业型本科，认为职业型本科主要培养具有工匠精神、创新精神和实践能力的高层次技术技能型人才；二是应用型本科，认为职业型本科主要培养从事社会发展与科技应用等方面的研究型人才。两者在人才培养的规格、方式和目的层面都存在差异。此外，还存在"层次说""类型说""层次类型说"等不同观点。

（一）我国职业本科教育发展的时代诉求

马克思、恩格斯说："一切划时代的体系的真正的内容都是由于产生这些体系的那个时期的需要而形成起来的。"① 由20世纪中后期世界职业教育的发展趋势可知，职业本科教育是在社会经济发展到一定阶段，形成并发展的。换言之，职业本科教育是经济社会发展的直接产物。

1. 满足经济社会高质量发展的必然要求

2020年12月，中央经济工作会议提出，加快构建以国内大循环为主体、国内国际双循环相互促进的新发展格局，要紧紧抓住供给侧结构性改革这条主线，注重需求侧管理，打通堵点，补齐短板，贯通生产、分配、流通、消费各环节，形成需求牵引供给、供给创造需求的更高水平动态平衡，提升国民经济体系整体效能。② 我国经济要实现高质量发展，关键在于实现产业经济，尤其是实体经济的高质量发展，要深化供给侧结构性改革，加快传统产业转型升级和新兴产业孕育发展。现阶段，我国传统产业转型升级和新兴产业孕育发展，都需要职业教育向更高层次迈进。

一方面，传统产业转型升级需要发展职业本科教育。传统产业以制造加工业为主，大多具有劳动密集型特征。这类产业对自然资源和劳动力依赖性很强，易对生态环境造成破坏。由于传统产业建设年代早，很多生产工艺和技术已经落后于时代发展，产品科技含量低，市场竞争优势日渐丧失。传统产业转型升级的关键是升级生产技术和工艺，而高新技术的应用、升级和创新都需要高端应用型技术技能人才。在现代化生产技术和工艺趋于尖端化、复杂化、集成化的现实条件下，专科层次的职业教育已经无法满足传统产业转型升级的用人需求，发展职业本科教育势在必行。③

另一方面，新兴产业孕育发展需要职业本科教育的强力支撑。与传统产业相比，新兴产业大都属于知识密集型和技术密集型产业，具有技术含量高、产品附加值高、环境污染小、资源要素需求量小等特点。新兴产业不仅能输出高品质的产品和服务，还能催生一系列新业态、新模式和新行业，围绕新兴产业而产生的新经济已经成为我国经济高质量发展的重要引擎。从某种意

---

① 马克思，恩格斯．德意志意识形态［M］//马克思·恩格斯．马克思恩格斯全集（第3卷）．北京：人民出版社，1960：544.

② 中央经济工作会议在北京举行［N］．人民日报，2020-12-20.

③ 丁晨，闫玮．本科职业教育建设的时代诉求、现实困境与适切路径［J］．教育与职业（上），2020（5）：19.

义上说，新兴产业是根植于技术和创新的产业，对技术技能人才的规格要求比传统产业更高。因此，要推动新兴产业的孕育发展，就要加快高层次职业教育建设的步伐。

2. 顺应职业教育现代化发展的大势

正如全国职业教育大会所强调的，职业教育是培养高素质技术技能人才、能工巧匠、大国工匠的基础性工程，是促进经济社会发展和提高国家竞争力的重要支撑。要加快发展现代职业教育，牢固确立职业教育在国家人才培养体系中的重要地位，构建以就业为导向的现代职业教育体系。大力发展职业本科教育，构建符合职业本科教育发展的人才培养模式是大力发展现代职业教育体系的有效途径。

一是契合国家相关教育政策的顶层设计。《现代职业教育体系建设规划（2014—2020 年）》指出，要优化高等职业教育结构，在办好现有专科层次高等职业院校的基础上，发展应用技术类型高校，培养本科层次职业技术人才。2019 年 2 月，中共中央、国务院印发的《中国教育现代化 2035》指出，要加强创新人才特别是拔尖创新人才的培养，加大应用型、复合型、技术技能型人才培养比重。从国家的教育政策来看，开展职业本科教育是我国职业教育现代化发展的应有之义。

二是顺应职业教育迈向高层次发展的必然要求。近年来，信息技术、生物技术、新能源技术、新材料技术、智能制造技术等接踵而至，掀起了新一轮科技和产业变革浪潮。面对科技创新和技术进步不断加快的时代趋势，必须加快高素质、创新型和复合型技术技能人才的培养，以支撑经济社会的现代化建设。目前，我国高等职业教育的学历层次以高等专科学校和职业技术学院为主，技术技能型人才培养规格明显偏低，已经难以适应经济社会各领域广泛应用高新技术的现实需要。职业教育要不断向更高层次迈进，更好地服务社会经济发展。

三是顺应高职教育进入高质量发展阶段的客观需要。高端技术技能人才的培养，不仅需要高层次的职业教育，还需要高质量的职业教育。科学技术的进步、互联网的普及将全人类带入一个知识和信息爆炸的时代，高职教育需要教授的知识和技术越来越艰深。高职教育应该紧跟时代步伐，不断提高科研和教学层次，尽可能地为受教育者提供更加深入的理论知识和技术技能。但当前职业教育的格局、人才培养的规格以及人才培养的质量与水准，显然与我国经济社会的快速发展存在差距，在客观上需要发展本科乃至更高层次的职业教育。

3. 提供让人民群众满意的职业教育

“党的一切方针政策，都要以是否符合最广大人民群众的利益为最高标准，以最广大人民群众满意不满意为根本准则。”① 以人民为中心是新时代坚持和发展中国特色社会主义的基本方略，办好人民满意的教育是新时代职业教育坚持社会主义办学方向的根本体现。我国职业教育在蓬勃发展的同时，也存在一些深层次的矛盾和问题，其中最突出的就是职业教育学历层次低、社会地位低、社会满意度低，受教育者要进行更高层次的学历深造，更多的是依赖普通教育渠道。这种不合理的教育结构不仅极大地限制了职业院校学生的个人成长，还导致职业教育不得不在一定程度上依附于普通教育，形成“次等教育”的社会印象，使大部分家长不愿意让子女接受职业教育。

由此看来，发展职业本科教育，不仅是提高职业学历教育的层次，更是向全社会传递一个信号：职业教育作为与普通教育同等重要的教育类型，已经从期待变成现实，职业教育将逐步摆脱普通教育的影响，建立起独立的学历教育体系。职业本科教育建设为高职学生开辟了一条全新的升学路径，职业院校学生能够在职业教育体系内部完成学历进阶，成长为高端应用型技术技能人才。这种改变不仅会显著提升职业院校学生成长成才的信心，还会从根本上改变人民群众对职业教育的整体认知和印象，增强人民群众对职业教育重要地位的认同感，提升人民群众接受职业教育的获得感和幸福感。

（二）我国职业本科教育发展的现实需求

当前我国正处于产业转型升级和转变经济增长方式的关键时期，随着产业升级，生产工艺日益复杂，生产方式发生了深刻的变革，对技术应用型人才的需求随之扩大，面向单一岗位或者单一技术的专科层次职业教育，已经很难适应复杂工艺和技术密集部门的需要。因此，通过提高职业教育办学层次，实现职业教育层次与产业结构相适应，发展职业本科教育是进一步完善现代职业教育体系，解决结构性就业矛盾，顺应国际化发展趋势的关键所在。

1. 完善现代职业教育体系的需要

美国著名教育社会学家马丁·特罗（Martin Trow）② 的研究认为，高等教育入学率超过15%就意味着已经进入高等教育大众化阶段。2019 年，我国已

---

① 中共中央文献研究室．江泽民论有中国特色社会主义（专题摘编）［M］．北京：学习出版社，2002：217.

② 马丁·特罗于1962 年首先提出了“大众高等教育”概念，1970 年提出“普及高等教育”概念。

经建成了世界上最大的高等教育体系，高等教育毛入学率达到48.1%，我国高等教育即将由大众化阶段进入普及化阶段。[①] 2020年，我国高等教育毛入学率超过50%，达到51.6%，实现从大众化向普及化的历史性跨越。劳动年龄人口平均受教育年限达到10.7年，新增劳动力接受过高等教育的比例超过50%，平均受教育年限达到13.7年。在学总人数达到4002万人，已建成世界上规模最大的高等教育体系。[②] 但传统的高等教育主要以学科为体系培养学术型人才，与当今以信息技术为代表的高科技发展的人才需要脱节，人才供需结构性矛盾突出。在此背景下，根据社会对人才类型需求的变化，完善现代职业教育体系迫在眉睫。建立现代职业教育体系，必须完善职业教育的内部层次，真正使职业教育成为一个完整的教育类型。

一方面，高等职业教育是与普通本科教育性质不同的教育类型，两者是平行的教育体系。与普通教育体系一致，完善的高等职业教育体系应建立专科、本科、研究生等相对完备的教育体系。但我国的高等职业教育主要局限于专科层次。根据国际职业教育发展经验，德国在19世纪60年代就逐步设置了应用科技大学，培养本科层次的技术应用型人才；美国的社区学院从20世纪60年代开始逐步从两年制发展至四年制，培养本科层次技术型人才。中国台湾地区从20世纪二三十年代开始由两年制的职业初级学校发展至技职专科，再到四年制的科技大学，逐步形成由专科、本科、（专业硕士、博士）研究生等组成的现代职业教育体系。

另一方面，完整的教育体系需要一个完整的层次结构做支撑。根据2011年新修订的国际教育标准分类（ISCED）和发达国家职业教育发展规律，高等职业教育应有包含专科、本科、研究生层次在内的完整体系。从ISCED（2011）可以看出，高等教育包括5级普通和职业高等教育，以及6~8级的学术和专业高等教育。普通高等教育和职业高等教育只是类型上的区别，5级职业高等教育和6~8级的专业高等教育包括专科、本科、硕士和博士，也就是说高职不仅限于专科层次，还有本科甚至研究生层次。

总而言之，我国高等职业教育不应该让专科教育层次成为终结性教育，还应有本科、研究生层次的职业教育，如此才能形成完备的现代职业教育体

---

① 教育部．中国即将由高等教育大众化阶段进入普及化阶段！［EB/OL］．https：//baijiahao.baidu.com/s？id=1626673626015681379&wfr=spider&for=pc.

② 教育部高等教育司．突破性进展　历史性跃升——“十三五”高等教育主要成就［EB/OL］．（2020-12-03）．http：//www.moe.gov.cn/fbh/live/2020/52717/sfcl/202012/t20201203_503062.html.

系，满足人才发展多样化的要求。[①]

2. 适应产业结构转型升级的需要

随着产业升级和经济结构调整的不断加快，各行各业都需要大量的技术技能型人才，特别是先进制造业、现代服务业等领域对高层次技术技能型人才需求强劲。根据国家发展改革委预测，高级技术技能型人才需求量，在2035年将超过1.45亿人，其间，年均增长超过470万人；中级技术技能型人才需求量，2035年将超过1.56亿人，其间，年均增长近420万人。[②] 统计显示，我国技术人才中高级工比例约占5%，与发达国家高级工占技术人才的30%~40%相去甚远，高层次技术人才严重缺乏，呈现结构性短缺，难以满足产业迅速发展的需要。职业教育作为产业人才配置的重要依托，理应提升培养层次，承担起更高规格人才的培养任务，发展本科层次的职业教育是职业教育适应产业结构调整、合理配置人才的必然选择。

2011—2021年高校应届毕业生数量增长情况见图6-1。

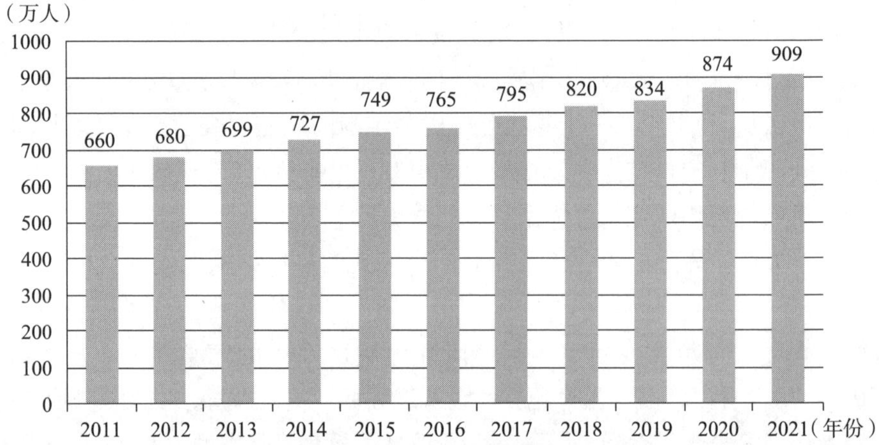

图6-1　2011—2021年高校应届毕业生数量增长情况

资料来源：教育部网站。

3. 破解结构性就业矛盾的需要

2021年，全国职业教育大会指出，实现可持续就业。职业教育是为就业服务的。研究表明，职业教育招生人数占比每提高1个百分点，第二、第三

---

① 郭福春，徐伶俐．职业本科教育发展路径探析［J］．中国职业教育，2018（2）：3.

② 谭永生．促进我国技术技能人才发展的对策建议［J］．中国经贸导刊，2019（3）：26.

产业吸纳就业的比重就上升约 0. 5 个百分点。要继续把发展职业教育作为缓解就业结构性矛盾的关键一招，解决好“技工荒”、大学生结构性就业难、高技能人才供不应求等结构性就业矛盾问题。[①] 结构性就业矛盾是因经济结构和劳动力结构不对应，工作岗位与劳动者文化技术水平不相适应而导致的就业问题。结构性就业矛盾表现为：一方面社会上存在空闲工作岗位，另一方面缺乏教育程度和技术水平与工作岗位需求相适应的劳动者。近年来，结构性就业矛盾成为高等教育界关注的焦点。据教育部统计，2020 届高校毕业生规模达到 874 万人，同比增加 40 万人，毕业生人数再创新高，就业形势严峻。[②] 2021 届高校毕业生总规模再次攀升，达 909 万人，同比增加 35 万人。“十三五”以来，我国高校毕业生累计达 4088 万人，初次就业率连续多年保持在 77%以上。[③] 可见，社会环境的变化、新兴产业的发展，造成大学生需求升级，而大学生供给调整滞后，产生目前大学生就业市场的结构性矛盾。

从近期来看，具体表现为高等院校毕业生就业难和高技术技能型人才供给不足，如近年来全国高等院校毕业生初次就业率仅为 70%左右[④]，且整体就业质量不高，稳定性差。与此相矛盾的是，很多企业苦于聘请不到能够服务于生产、建设、服务、管理等的一线高级技术技能型人才。从中长期来看，表现为产业结构转型升级对高技术技能型人才的需求与供给缺口拉大的矛盾。以《东莞市 2019 年度紧缺急需人才目录》[⑤] 为例，紧缺或急需岗位前三的行业分别为装备制造（占 10. 7%）、电子信息（占 9. 3%）、电子商务（占 8. 7%），其次是家具、衣服、鞋帽、新一代信息技术、新材料、生物技术、综合等行业。150 个紧缺岗位中，64 个岗位要求大专或高级技师，占 42. 67%；54 个岗位要求本科、预备技师（技师），占 36. 00%；要求硕士学位的仅 9 个岗位，占 6. 00%，企业对技术技能型人才的需求量较大。[⑥] 解决这一矛盾是中国教育改革最重要的战略切入点之一，关键举措是建立现代职业教育体系，进而推动整个教育结构的战略性调整。

---

① 陈宝生．办好新时代职业教育服务技能型社会建设［N］．光明日报，2021-05-01（07）．

② 林春霞．结构性矛盾仍是大学生就业的难点［N］．中国经济时报，2013-08-20.

③ “十三五”教育改革发展目标如期实现［N］．中国教育报，2020-12-02.

④ 高校毕业生初次就业率连续 14 年超过 70%［N］．中国教育报，2016-11-04.

⑤ 据了解，为编制该目录，东莞市人社局委托智联招聘对东莞市 1633 家重点产业领域或代表性企业开展问卷调查，对 123 家企业进行专场座谈会和实地走访，涵盖战略性新兴产业、传统优势产业、现代服务业三大重点领域，共涉及 38 个行业。从智联后台大数据库中调出 2 万条岗位信息、1895 条重点产业人才数据以及 9000 万份简历进行综合比对，分析了相关紧缺急需岗位所属行业的人才分布情况。

⑥ 东莞：技能技术型人才紧缺　需求量大［EB/OL］．（2019-06-12）．http：//cxzg. chinareports. org. cn/rcjy/2019/0612/12406. html.

4. 顺应职业教育国际发展趋势的需要

《国务院办公厅关于深化产教融合的若干意见》指出，鼓励职业学校、高等学校引进海外高层次人才和优质教育资源，开发符合国情、国际开放的校企合作培养人才和协同创新模式。探索构建应用技术教育创新国际合作网络，推动一批中外院校和企业结对联合培养国际化应用型人才。鼓励职业教育、高等教育参与配合“一带一路”建设和国际产能合作。① 国际化作为当前世界发展的潮流和趋势，不仅涉及经济领域、社会领域、科技领域，还涉及职业教育领域。国际化可带给职业教育多元化的理念、思想、模式、方法及多样化的职业教育资源，有力促进职业教育的改革和发展。

20世纪60年代末70年代初，西方主要发达国家开始尝试发展职业本科教育，并给毕业生授予技术学士学位。应用科技大学、多科技术学院、社区学院、TAFE学院、技术科学大学等在各国应运而生。到20世纪80年代，这些院校又将职业教育从本科层次推至硕士、博士层级，成为培养研究生层次的高技术技能型人才的重要机构。② 现今，发达国家职业教育层次分明，沟通有序，职业教育体系日臻完备。职业教育质量、层次的不断提升是国际发展趋势。我国除台湾地区大量举办独立技术学院（大学）、综合大学下设的技术学院等本科职业院校，并已形成专、本、研衔接的高等职业教育体系外，其他地区职业本科教育发展还比较缓慢。可见，只有大力提升职业教育层次和质量，才能提高我国职业教育国际地位，顺应职业教育国际化发展的大趋势。

二、我国职业本科教育的内涵

职业本科教育，又称“本科职业教育”，是一种建立在中等、专科层次职业教育基础上的本科层次教育，也是以培养高层次技术应用型人才为目标，有计划、有组织地提高学生的职业技能和综合素养，并取得相应资格证书的学校职业教育，大致可以从以下三个方面来理解。

（一）目标：培养高层次技术应用型人才

培养目标是依据国家的教育目的和各级各类学校的性质、任务提出的具体培养要求。就我国职业本科教育而言，其所培养的技术应用型人才应达到高等职业教育的培养标准，适应社会发展需求，满足人才不断成长的需要。

---

① 国务院办公厅．关于深化产教融合的若干意见（国办发〔2017〕95号）［EB/OL］．（2017-12-05）．http：//www.gov.cn/zhengce/content/2017-12/19/content_5248564.htm.

② 任君庆，王琪．发展职业本科教育：历史考察、现状分析和路径选择［J］．职教论坛，2013（4）．

一方面，达到培养本科层次人才的要求。职业本科教育是属于本科这一高等教育层次的职业教育类型，其人才培养目标是既要达到本科教育人才的规格标准，又要符合职业教育的总目标。例如，《教育部关于加强高职高专教育人才培养工作的意见》指出：高等职业教育是我国高等教育的重要组成部分，要培养拥护党的基本路线，适应生产、建设、管理、服务第一线需要的德、智、体、美等方面全面发展的高等技术应用性专门人才；学生应在必备的基础理论知识和专门知识基础上，重点掌握从事本专业领域实际工作的基本能力和基本技能，具有良好的职业道德和敬业精神。这是针对专科层次职业教育的培养目标，职业本科教育培养目标完全可以以此为基础进行研制。

另一方面，达到培养复合型人才的目标。复合，是指根据要求将两种或两种以上不同的事物交叉融合在一起，产生新的事物、新的功能，具有一定的变化性、多样性。① 实践表明，我国的中职和专科层次职业教育难以实现培养复合型人才这一目标。生源素质、学习年限、学生年龄、社会需求等方面，要求职业本科教育在培养复合型人才方面先行先试。例如，企业中经常有人说“不懂业务的财务人员不是优秀的财务人员”“不懂技术的销售人员不是优秀的销售人员”，本科职教就是要培养懂业务的高级财务人才、懂技术的高级销售人才等复合型人才。②

职业本科教育人才培养对复合性的要求主要体现在知识的复合、能力的复合和素质的复合上。高层次技术应用型人才需要学生具有宽而专的知识结构，学生在有限的学制内，要达到这种要求，在课程开发中就必须对知识进行复合。可以将人文社科等基础知识进行复合，也可以将相邻专业的知识进行复合，还可以将理论知识和应用知识进行复合等。更确切地说，复合是一种整合，通过将人才培养所需的知识进行整合，以便更好地实施教学和培养。只有拥有复合的知识，形成合力的知识结构，才能形成复合的职业能力和综合素养。复合的职业能力是复合知识作用的外在表现，综合素养是复合知识内化在学生身上的一种结果。

（二）类型：属于职业教育

职业教育是指让受教育者获得某种职业或生产劳动所需要的职业知识、技能和职业道德的教育。职业教育包括职业学校教育和职业培训。《国家职业教育改革实施方案》指出，职业教育与普通教育是两种不同的教育类型，具

---

① 邵波．我国高等教育大众化进程中的应用型本科教育研究［D］．南京：南京师范大学，2009.

② 方泽强．职业本科教育的人才培养目标及现实问题［J］．职业技术教育，2019（34）：196.

有同等重要的地位。然而，长期以来，职业教育、普通教育被认为是两种完全不同的教育，这混淆了教育类型与教育层次的概念。

（三）层次：属于本科教育

本科教育，是高等教育的中级层次，属联合国教科文组织《国际教育标准分类》的第三级第一阶段（授予大学第一级学位或同等学历证书）教育，与专科教育、研究生教育构成高等教育的三个层次，为高等教育的主干部分。本科教育是我国高等教育的主体，在高等教育结构中居中心地位。长期以来，本科生人数一直占我国高等教育学生总数的大部分，只是近年来随着高等教育大众化和高等职业技术教育的扩张，专科生人数才有了大幅度增加。

三、我国职业本科教育的功能

“功”，事也，“事有成效曰功”；“能”，能量。功能，指事功和能力或功效与作用。英语单词 function 具有职责、任务、机能、功能等含义。基于此，职业教育的功能，应指职业教育的功用和效能。① 职业本科教育作为现代职业教育体系的重要教育层次、高等教育体系的重要教育类型，它的发展及与其他要素的相互作用，能够促进现代职业教育体系的构建与完善，有利于高等教育结构的优化。

（一）构建立体化职业教育

一方面，一段时期以来，我国普通高中毕业生要接受本科层次的高等教育，只能接受本科层次普通教育，职业本科教育的出现，使普通高中毕业生可以根据自身的条件和需要，选择接受更高层次的普通教育或职业教育。同样地，达到要求的中等和专科职业教育毕业生也可以接受本科层次普通教育。职业本科教育除了主要面向职业院校学生外，还面向普通高中的学生，更可以为硕士层次普通教育输送优质的生源，从而与普通教育实现纵向贯通。另一方面，虽然职业本科教育与本科层次普通教育有着质的区别，但各高校可以根据各自的优势和特色，开展校际的合作联盟。例如，专科职业院校在合作办学、一体化培养等方面虽积累了许多经验，但在学生的理论基础和综合素质培养方面不占优势，相对欠缺；在国家积极引导下，向应用技术大学转型的部分地方本科院校虽然具备本科层次办学的基本条件，但并未突出职业教育的特征，形成自身的特色；而那些综合性、研究型大学在理论的系统传

---

① 高奇．职业教育功能［J］．中国职业技术教育，2005（5）．

授、学生综合素养培养等方面具有很多优势。基于此，各高校可充分发挥各自的优势，根据职业本科教育和本科层次普通教育的人才培养特征，在课程、师资、实践等方面寻求合作契合点，提高高等教育资源利用效率，实现人才一体化培养，促进职业教育与普通教育的横向贯通。

（二）促进高等教育多样化

世界是多姿多彩的，生活是五彩斑斓的，教育是发展变化的。多样化是高等教育普及化阶段的最基本特征，是关系到我国2600多所普通高等学校怎么办的重大问题。高等教育进入普及化阶段，不能用一把尺子、一个标准、一个维度办所有高校；不能身子进入普及化，思想还停留在精英化阶段，要从同质化转向多样化。要适应学生多样化的特征，探索高等教育办学主体、办学类型、办学结构、办学模式的多样化，让高等教育异彩纷呈，培养适应和引领未来的多样化人才。鼓励各类高校在各自定位上办出质量和水平，既要发展高水平研究型大学，也要发展高水平、有特色的应用型大学。既要建好公办院校，也要关注民办院校，不同类型的高校都要追求卓越、办出特色，为提升国家竞争力和区域发展力提供全面支撑。当前，高等教育人才供给相对过剩，人才结构与社会发展需求相对脱节。职业本科教育的出现，丰富了高等教育类型，其灵活多样的办学模式，促进了高等教育的多样化发展，优化了高等教育人才结构，有利于缓解高等教育人才无效供给过剩和有效供给不足的结构性矛盾。

（三）提升人才结构优质化

社会经济转型升级，劳动力市场专门人才需求结构改变，但我国人才供给结构没有与市场需求结构相适应，出现供需失衡问题。一方面，一些高校毕业生找不到工作，就业率较低；另一方面，人才市场对高级技术人才的需求得不到满足，人才缺口越来越大。人才供需失衡要求高等教育进行内部结构调整，改变单一的高等教育结构类型，创建多种形式的人才培养模式，尤其要加强高级技术应用型人才的培养。鼓励部分高校转变教育理念，实施职业本科教育，培养高层次技术应用型人才，实现特色发展，适应社会的需要。此外，职业本科教育要面向社会发展需求，以企业用人需求和个人职业发展为导向，培养经济发展急需的高层次技术应用型人才。职业本科教育的发展能够优化高等教育人才供给结构，有利于调节劳动力市场人才供需结构，促进职业教育适应社会发展需要。

第二节　我国职业本科教育发展的现实境遇与原因分析

“建设有中国特色的社会主义是全新的事业，要求我们必须研究新情况，解决新问题，创造新经验……党的一切好传统好作风，我们不仅要继承下来、坚持下去，而且要结合新的实践，把它们丰富起来、发展起来、光大起来……”① 同理，建设职业本科教育也是一项全新的事业，没有传统束缚是职业教育改革发展的优势，而缺乏制度规范、实践经验和资源积累则是现代职业教育体系建设的短板。基于此，厘清现阶段我国发展职业本科教育的现实困境，探寻制约其发展的原因，有助于推动职业本科教育又好又快地发展。

一、我国职业本科教育的实践探索

职业本科教育是现代职业教育体系的重要组成部分，发展职业本科教育是适应产业转型升级的客观要求。《国家职业教育改革实施方案》提出，推动具备条件的普通本科高校向应用型转变，鼓励有条件的普通高校开办应用技术类型专业或课程，开展职业本科教育试点。到 2022 年，职业院校教学条件基本达标，一大批普通本科高等学校向应用型转变，建设 50 所高水平高等职业院校和 150 个骨干专业（群），建成覆盖大部分行业领域、具有国际先进水平的中国职业教育标准体系。有学者认为，职业教育将被提高到“没有职业教育现代化就没有教育现代化”的地位。

（一）专科职业院校试办本科专业

1. “专升本”政策下的职业本科教育探索实践

为适应地方经济发展对高层次技术应用型人才的需求，早在 20 世纪末，国家就开始通过以专科职业院校试办本科专业的方式，探索发展职业本科教育。但由于受到“专升本”政策的限制，专科职业院校试办本科专业的探索一波三折。

（1）1999—2005 年，“专升本”政策出台

1999 年发布的《面向 21 世纪教育振兴行动计划》提出，对现有高等专科学校、职业大学和独立设置的成人高校进行改革、改组和改制，允许职业

① 中共中央文献研究室. 毛泽东邓小平江泽民论党的建设［M］. 北京：中共中央党校出版社，1999：604.

院校毕业生经过考试接受高一级教育。同年 6 月，中共中央办公厅发布《中共中央、国务院关于深化教育改革全面推进素质教育的决定》，提出："扩大高中阶段教育和高等教育的规模，拓宽人才成长的道路，减缓升学压力。职业学院毕业生经过一定选拔程序可以进入本科高等学校继续学习。"[①] 可见，国家并未限制专科职业院校升本，允许一部分专科院校通过整合，升格为普通本科院校（新建本科院校），鼓励专科职业院校学生通过考试升入本科院校继续深造。这与当时国家扩大高等教育规模，促进高等教育大众化的政策方针相一致。据统计，1998—2003 年，全国新增设的 114 所本科院校均为"专升本"院校，其中有相当一部分是高职院校。[②]

为落实高职院校学生可以进入本科院校学习这一政策，各地兴起"专升本"热潮，高职院校学生"专升本"比例逐年提高。升格为普通本科院校的大多数专科职业院校，并没有承担职业本科教育的培养任务，丢掉了职业教育特色，面向普通高中毕业生招生，没有与中等和专科层次职业教育有效衔接。专科职业院校部分优秀毕业生通过考试进入本科层次接受更高一级的高等教育，类型的转变为专升本学生带来学习上的困难与障碍，造成优秀职业教育资源的流失。

（2）2006 年至今，"专升本"政策收紧

"专升本"热潮是在高等教育大规模扩张的背景下产生的，由于高等教育招生规模迅速扩张引发部分院校办学条件恶化、教育质量下降、就业形势严峻等诸多问题。"专升本"热潮造成职业教育资源的严重流失，专科职业院校毕业生升本后进入本科院校接受普通高等教育，专科职业院校升为本科院校大多脱离了职业教育。为解决上述问题，保证高等教育健康有序发展，国家及时对高等教育政策进行了调整，从"重视发展规模"转向"规模与质量并重"。

基于此，2004 年 6 月，经国务院批准，教育部等七部门印发《关于进一步加强职业教育工作的若干意见》，明确规定："从现在起至 2007 年，要巩固和加强现有职业教育资源，促进职业院校办出特色，提高质量，专科层次的职业院校不再升格为本科院校，教育部暂不再受理与上述意见相悖的职业院

---

① 中共中央、国务院关于深化教育改革全面推进素质教育的决定［EB/OL］. http：//old.moe.gov.cn/publicfiles/business/htmlfiles/moe/moe_177/200407/2478.html.

② 李红卫．我国高职专升本政策回顾与展望：兼论我国发展高职本科的路径［J］．职教论坛，2010（7）.

校升格的审批和备案。”① 2005 年，《国务院关于大力发展职业教育的决定》提出：2010 年以前，原则上专科层次的职业院校不升格为本科院校。2006 年，教育部和国家发展改革委联合发出的《关于编报 2006 年普通高等教育分学校分专业招生计划的通知》提出：各地普通“专升本”教育的招生规模要严格控制在当年省属高校高职（专科）应届毕业生的 5%以内，并纳入国家下达的普通本科总规模内；“985 工程”和“211 工程”重点建设的高校、独立学院和民办院校原则上不举办普通“专升本”教育。这一政策的提出，让职业院校毕业生的进修渠道越来越窄。2012 年，教育部《“十二五”期间高校设置工作意见》重申：专科职业学校原则上不升格为本科院校，不与本科学校进行合并。2014 年，国务院印发《关于加快发展现代职业教育的决定》再次重申：原则上专科高等职业院校不升格或并入本科高等学校。为了巩固已有的职业教育资源，限制专科职业院校升格为本科院校符合当时的发展情况。

此外，我国部分专科职业院校试办本科专业的试点探索，因政策体制等原因被迫停办。例如，深圳职业技术学院于 2001 年开始试办的电子信息工程、计算机辅助设计与制造、楼宇设备与智能化 3 个四年制本科专业，于 2008 年被迫停办。

2. 构建现代职业教育体系视域下的探索实践

随着国家构建现代职业教育体系发展目标的提出，各地以此为契机，贯彻落实《教育发展规划纲要》，构建现代职业教育体系，打通职业教育毕业生的升学成长通道。依据现有体制，各地进行了多种形式的探索，主要包含以下几种。

一是专科职业院校与普通本科高校联合培养。这种培养方式主要依托专科职业院校进行人才培养，本科院校负责招生和学生的学籍管理，如深圳职业技术学院与深圳大学联合培养高层次技术应用型人才。学生在完成学习任务后，颁发本科院校的高职本科毕业证书，对符合学位授予条件的颁发学士学位证书。

二是对口贯通分段培养。普通本科院校面向本省专科职业院校对口招生，由普通本科院校进行人才培养。每所专科职业院校限报 1~2 个专业，1 所普通本科高校对应 1~2 所专科职业院校。山东、河北、江苏等省份都已开始了

① 国务院办公厅．教育部等七部门关于进一步加强职业教育工作的若干意见（教职成〔2004〕12 号）［EB/OL］.（2004-09-14）. http：//www.moe.gov.cn/srcsite/A07/moe_737/s3876_qt/200409/t20040914_181883.html.

相关试点工作。以山东为例，山东省政府为扩大高等学校招收职业院校毕业生的比重，增加中等职业学校学生和专科职业学校学生对口升入本科继续学习的机会，进行了职业院校与本科高校对口贯通分段培养试点。2014 年印发的《关于做好 2014 年职业院校与本科高校对口贯通分段培养试点工作的通知》指出，本着“分批实施稳步推进”的原则，逐步扩大试点院校范围和专业覆盖面，原则上只选择“3+4”或“3+2”其中一种模式进行贯通分段培养。

三是专科职业院校联合开展四年制本科专业试点。从本省市专科职业院校中遴选几所办学实力较强的，由院校根据自身特色，共同确定专业试点，共同制定人才培养方案，充分利用各自的优势教育资源，共同进行四年制职业本科教育人才的培养。天津、辽宁等省份已开始这方面的试点探索。例如，天津已在海河教育园区开始试点筹建工作，以中德职业技术学院为主，联合园区其他专科职业院校共同申请四年制职业本科专业，共同制定了人才培养方案，实现了海河教育园区教育资源共享。

四是由专科职业院校、本科院校、相关企业三方自愿合作进行职业本科教育专业试点联合培养。三方签订合作协议，建立联合培养机制。本科院校负责招生和发放与本校其他学生相同的学历和学位证书；专科职业院校设置专业并负责人才培养，毕业时发放职业资格证书；企业深度参与人才培养，提供实习岗位和实践场所。目前，四川已开始做类似试点工作。

（二）地方本科高校转型情况

为优化高等教育结构，引导各高校发展特色教育，国家鼓励引导部分地方本科高校向应用技术大学转型发展，重点实施职业本科教育，培养高层次技术应用型人才。虽然国家层面大力推动，地方政府积极探索，但是整体转型情况不容乐观。

1. 政府会议文件

《教育发展规划纲要》提出：优化高等教育结构，发挥政策指导和资源配置的作用，引导高校办出特色，争创一流。为给地方本科高校转型发展提供依据，教育部发布的 2014 年工作要点指出：研究制定关于地方本科高校转型发展指导意见，启动实施国家和省级改革试点，引导一批本科高校向应用技术类型高校转型。2014 年 2 月，国务院总理李克强主持召开国务院常务会议，研究部署加快发展现代职业教育，明确提出要打通职业教育毕业生进修通道，引导一批普通本科院校向应用技术型高校转型。随后，教育部印发《关于地方本科高校转型发展的指导意见（征求意见稿）》，对转型的目标、任务、政策措施提出了原则性建议。2014 年 3 月，教育部在北京召开全国职业教育与继续教育工作会议，会议要求大力推动地方本科高校转型发展，有 6 所地方本科高校参加了此次会议。会上教育部副部长鲁昕指出，2013 年教育部组织了 15 个省份和 35 所地方本科高校及研究机构，系统研究欧洲实体经济、现代职业教育体系和应用技术大学发展模式，引导国内地方本科高校转型发展职业本科教育，并召开了省级教育行政部门通气会。上海、山东、江苏、天津已要求地方本科高校整体向应用技术学校转型。2014 年 5 月，国务院颁布《关于加快发展现代职业教育的决定》明确提出："采取试点推动、示范引领等方式，引导一批普通本科高等学校向应用技术类型高等学校转型，重点举办职业本科教育。独立学院转设为独立设置高等学校时，鼓励其定位为应用技术类型高等学校。建立高等学校分类体系，实行分类管理，加快建立分类设置、评价、指导、拨款制度。招生、投入等政策措施向应用技术类型高等学校倾斜。"①

2014 年 6 月，教育部等六部门印发《现代职业教育体系建设规划（2014—2020 年）》提出，在办好现有专科职业院校的基础上，发展应用技术类型高校，培养本科层次职业人才，职业本科教育达到一定规模；构建从中职、专科、本科到专业学位研究生的培养体系，拓宽高校招收职业教育毕业生的通道，满足各层次技术技能人才的教育需求。2015 年 2 月 12 日，教育部发布的 2015 年工作要点中提出：有序引导部分有条件、有意愿的地方高校转型发展。2019 年，《国家职业教育改革实施方案》明确提出"开展职业本科教育试点"，"推动具备条件的普通本科高校向应用型转变，鼓励有条件的普通高校开办应用技术类型专业或课程"。在此背景下，教育部允许一批高职学校试点开展职业本科教育。截至目前，已分批建设了 22 所职业本科教育学校。目前，教育部与山东省政府共同推进职业教育创新发展高地建设工作，支持山东以高水平职业教育本科专业建设为突破口，在进入中国特色高水平高职学校和专业建设计划（以下简称"双高计划"）的高职院校的骨干专业试办职业本科教育。②

---

① 国务院. 关于加快发展现代职业教育的决定（国发〔2014〕19 号）[EB/OL].（2014-06-22）. http：//www.gov.cn/zhengce/content/2014-06/22/content_8901.htm.

② 教育部. 对十三届全国人大三次会议第 1424 号建议的答复（教职成建议〔2020〕1 号）[EB/OL].（2020-08-03）. http：//www.moe.gov.cn/jyb_xxgk/xxgk_jyta/jyta_zcs/202008/t20200817_478438.html.

2. 社会组织活动

2013 年 6 月，在教育部指导下，由天津职业技术师范大学、黄淮学院等 35 所地方本科高校发起成立“应用技术大学（学院）联盟”，并在天津职业技术师范大学设立“地方本科高校转型发展研究中心”。该联盟成员都以应用技术大学为发展定位，致力于我国应用技术大学的建设与发展。该联盟作为校际协作组织，围绕建设应用技术大学的目标，促进联盟成员之间的合作交流，促进联盟与社会各界的合作，建立产教融合和协同创新机制，推动地方本科高校更好地服务区域经济发展，为其他地方本科高校转型发展提供经验和借鉴，促进高等教育的分类管理，完善现代职业教育体系。应用技术大学（学院）联盟和地方本科高校转型发展研究中心在服务国家和区域经济发展等国家战略中，围绕地方高校转型发展的基础性、全局性、综合性问题开展理论研究和实践探讨，开展业务咨询服务、业务培训和其他社会服务活动，向政府提出发展应用技术大学的政策和制度建议。①

产教融合发展战略国际论坛（IFIE）是由教育部倡议设立，由应用技术大学（学院）联盟、中国教育国际交流协会会同有关地方政府和社会组织主办，教育部和河南省政府为支持单位的非官方论坛。该论坛以产教融合为主题，旨在建立国际教育合作交流的平台、中国高等教育改革发展的交流平台。产教融合发展战略国际论坛每年一届，总论坛设在河南省驻马店市，由驻马店市政府和黄淮学院承办，另可根据需要适当开设分论坛，由其他院校承办。首届“产教融合发展战略国际论坛”2014 年春季论坛，于 2014 年 4 月 25 日在河南省驻马店市隆重开幕，主题为“建设中国特色应用技术大学”。参加论坛的 178 所高校发布了《驻马店共识》，指出愿意成为“引导部分普通本科高校向应用技术型高校转型”这一改革的积极探索者和实践者。② 2014 年 12 月 6 日，第一届产教融合发展战略国际论坛（IFIE）2014 年秋季分论坛在宁波开幕，由宁波工程学院承办，主题为“服务创新驱动发展，促进校企深度合作”。来自政府机构、行业企业、教育部直属高校、应用技术大学（学院）联盟成员、地方本科高校、职业教育集团等方面的 500 余名代表参加论坛。应邀出席论坛的教育部副部长鲁昕强调，引导部分地方本科高校转型发展是国务院做出的战略部署，是教育领域的一项重大改革，要用十年磨一剑的精神，

---

① 应用技术大学联盟［EB/OL］. http：//www. auas. org. cn/index. htm.

② 178 所高校发布《驻马店共识》推进地方高校转型发展建设中国特色应用技术大学［EB/OL］.（2014-04-28）.

扎实做好改革试点，积极稳妥地加快这一进程。

3. 地方落实情况

为贯彻落实“要引导一批地方本科高校向应用技术型高校转型”这一政策要求，各省积极开展工作，制定政策措施，推动地方本科高校向应用技术大学转型发展，具体如下。

一是经济激励措施，安排转型资金推动本省本科高校转型发展。例如，山东省、河南省均安排了专项资金，以引导和推动本科高校转型发展。

二是以项目的形式推动本省市本科高校转型发展。例如，广东省设立了“示范性应用型本科高校建设工程”项目，以支持本科高校转型发展。

三是建立省级地方高校转型发展联盟，如重庆市。

四是开展本省本科高校转型试点。例如，湖北省教育厅于2014年4月印发了《关于在省属本科高校中开展转型发展试点工作的通知》，并附印《湖北省省属本科高校转向发展试点的主要任务》，计划用4年左右的时间，建设一批办学水平高、应用技术特色鲜明的普通本科高校，按照企业岗位需要培养人才。河北省教育厅于2014年9月印发《关于遴选本科高校转型发展试点学校的通知》决定遴选若干所学校开展本科高校向应用技术类型高校转型发展的试点工作，对遴选范围、遴选条件、遴选程序、申报材料等做出具体要求。江西省教育厅确定将景德镇陶瓷学院等10所高校作为首批转型发展试点高校。

2020年1月，《教育部 山东省人民政府关于整省推进提质培优建设职业教育创新发展高地的意见》指出，支持山东把现有半数左右省属本科高校转型为应用型本科高校；支持山东省以高水平职业教育本科专业建设为突破口，在进入“双高计划”的高职院校的骨干专业试办职业本科教育。支持山东长学制培养高端技术技能人才，探索中职与高职“3+2”、中职与职业教育本科和应用型本科“3+4”、高职与职业教育本科和应用型本科“3+2”对口贯通分段培养。教育部为山东省增加职业教育本科计划、专业硕士和专业博士计划，指导山东省制定本科职业教育专业教学标准。支持山东省进一步加大扩招后高职学校师资、教材、学制、条件、管理等方面的保障力度，在确保质量型扩招上做好表率。①

---

① 教育部，山东省人民政府．关于整省推进提质培优建设职业教育创新发展高地的意见（鲁政发〔2020〕3号）[EB/OL].（2020-01-10）. http：//www.moe.gov.cn/s78/A07/zcs_ztzl/bsgjfzgd/zcfb/202011/t20201104_498157.html.

4. 院校实践掠影

当前，有部分地方本科高校加快向应用技术大学转型发展，尝试举办职业本科教育，试点培养高层次技术应用型人才，并办出自己的特色。例如，重庆科技学院、黑龙江工程学院、黄淮学院、天津职业技术师范大学、山东交通学院、浙江科技学院、重庆大学城市科技学院、常熟理工学院、云南商学院等高校在转型发展中深入探索。《中国教育报》（2013 年 10 月 21 日）以《一场悄然兴起的教育变革——地方高校转型发展的改革创新实践》为题，对各校的经验给予了详细介绍。安康学院以《化茧成蝶乘势飞》为题，于 2013 年 11 月在《安康日报·科技周刊》上连续介绍其探索转型之路。2014 年 4 月，《中国教育报》以《破解地方本科高校发展难题，探索应用技术大学办学之路》为题详细报道了黄淮学院转型发展的经验。尽管各地方本科高校积极开始转型探索，但截至目前，没有一所转型院校被国家认可或认定为应用技术大学。

二、我国职业本科教育发展的现实境遇

诚如教育部《关于进一步加强职业教育工作的若干意见》所言，我国高等专科教育、高等职业教育和成人高等教育有了很大的发展，为社会主义现代化建设事业培养了大批急需的各类专门人才，提高了劳动者的素质，对于促进社会主义精神文明建设、推动社会进步和经济发展发挥了重要作用，涌现出一批教学改革成效较大、办学特色较鲜明、办学实力较强的高等专科学校、高等职业院校和成人高等学校。但从高职、高专教育人才培养工作的全局来看，职业本科教育发展还很不平衡，仍存在办学定位不精准，缺乏特色；培养目标不明晰，缺乏指向性；专业设置不灵活，缺乏针对性；师资结构不合理，缺乏持续性；校企合作不畅通，缺乏保障性等诸多问题。

（一）办学定位不精准，缺乏特色

办学定位，是指高等学校办学类型、学校类型的定位。从宏观层面来看，办学定位是指高校从社会系统出发，确定其在整个高等教育领域中的位置；从微观层面来看，办学定位是指一所学校经过多年办学积淀，对要建成一所什么样的大学的思考和选择。具体而言，就是高校根据自身发展历史和现实条件，结合经济社会发展需要，确定未来一段时期的发展目标和方向。办学定位要求学校“不仅应从宏观上概括学校的办学指导思想、办学理念、治校

理念等，还应具体对学校的办学规模、办学层次、办学类型等做出方向性选择”。①

一方面，我国各层次高等院校办学定位不精准，趋同化。长期以来，在高等教育领域，国家对“985”“211”“双一流”高校和高职高专院校有明确的引导性定位，其他地方性高校，尤其是由高职、高专新升格的地方本科院校则缺少这种引导性定位。2004年，教育部出台《关于进一步加强职业教育工作的若干意见通知》规定，专科层次的职业院校不再升格为本科院校，基本关闭了发展本科层次职业教育的窗口，已经升格的高职院校在办学定位上则更加模糊不清。

另一方面，囿于传统观念的束缚，认为普通高校地位高，职业院校地位低，各职业院校不安于本身的办学类型。升格本科后，许多高职院校在课程设置和教学模式等方面越来越向普通本科高校看齐。因此，致使社会各界普遍把由专科升格而来的新建地方本科高校默认为学术型高校、研究型大学。多数地方新建本科高校也自认为是学术型高校或研究型大学，按照研究型大学的模式办学，结果是很多高校的科研成果乏善可陈，学生的专业认可度、就业率也不容乐观，导致整个高等教育结构矛盾凸显，同质化严重。例如，部分专科升本新建本科院校发展定位模糊，出现要把学校建成具有一定影响力、省内外一流、国内外高水平或一流这样的大学规划也就不足为奇了。对2008—2012年51所新升格的本科院校调查显示，除去在学校官方网站没有阐述发展目标的10所院校和只阐述学校培养目标的4所院校外，有37所高校对学校的发展目标进行了描述，其中19所院校在目标定位上有求大、模糊的问题，占51.4%。例如，武汉某所学院计划在2015年前建成国内同类一流的综合性大学；武汉另一所高校的发展目标则是向建设国内优秀大学迈进；哈尔滨某所院校的发展目标是力争在学科建设、人才培养、科学研究和管理等方面接近和达到国内外先进水平；吉林某所高校的目标是努力把学院建成国内一流、国际知名的高等艺术院校。②

（二）培养目标不明晰，缺乏指向性

当下职业本科教育的试点，大多是以普通本科院校与高职专科联合办学的形式实施。在这种背景下，尽管学术界对职业本科教育的定位为培养高端

---

① 黄京钗．大学本科教育类型结构改革探析［J］．高教论坛，2005（1）：51-54.

② 窦丽芳，吴太山．新建本科院校办学定位问题及对策：基于全国51所新建本科院校的调查［J］．长春教育学院学报，2013（15）：3.

技术技能型人才，但实际办学过程与目标理论定位不一。由于当前我国对专升本后的新建地方本科院校的发展缺乏方向引导，在高校多追求办学层次的背景下，升格成为本科层次的院校不会自觉自愿地办职业本科教育，除非有强大的行政力量推动。此外，职业本科教育的培养目标说法不一，有高端技能型人才、技术应用型人才、应用技术人才、高级应用型技术人才等，甚至同一个专业不同学校培养目标也不相同，如表 6-1 所示。不同院校、同一专业的培养目标在表述方式及定位上不同，有的具体，有的笼统，有的定位在设计层面，有的定位在操作层面，目标定位的不同，必然导致人才培养质量的差异。

表 6-1　不同院校机电一体化技术专业培养目标比较

培养目标					核心能力
专业目录	学校甲	学校乙	学校丙	学校丁	
机电一体化技术专业培养从事机电一体化设备使用和技术管理工作的高级技术应用型专业人才	本专业培养具有一定的理论基础和扎实的实践技能，能够完成机电设备的设计、生产制造、装配、安装、调试、检修和设备的营销及售后服务等工作，具备机电技术综合应用能力的技能型人才	本专业培养具有一定专业基础理论知识，具有较强实践技能，适应现代化生产需要的机电一体化设备操作及技术改造人才	本专业培养德智体全面发展，掌握机电一体化技术和机电维修技术基础知识与专业知识，具有较强的实际工作能力，适应从事机电一体化设备的安装调试、操作加工	本专业培养适应我国现代化机电工业生产发展需要，具备机电设备的开发、运行、管理与维修等方面知识与技能的高技能应用型专门人才	机电一体化设备的安装、调试、操作、维修和管理

（三）专业设置不灵活，缺乏针对性

专业设置，是指专业的设立与调整，设立是专业的新建与开设，调整是专业的变更或取消。职业教育的专业设置必须服务于经济社会的发展和职业的需要。专业设置是高职院校所有教学工作的逻辑起点，是影响高职院校办学质量、办学特色的重要因素，也是区域性教育行政部门布局结构调整的重要内容。职业本科教育的专业多数由专科沿袭而来，升格本科后新增的专业存在诸多问题。

一是专业发展缺乏平衡性。以长三角地区为例，长三角地区高职院校升格本科院校后专业发展不平衡主要表现在以下两个方面（如表 6-2 所示）。一方面专业结构与产业结构的不平衡，二者虽然基本吻合，但仍有错位。其中，

第二产业相关专业比例与第二产业的GDP比重相差较大，第三产业的专业布点数偏多。如果不加以调整，这种不平衡将严重制约新建本科院校的发展。另一方面“冷热”专业设置不均衡。新升格的本科院校在专业增设上往往把焦点放在招生和就业市场追捧的热门专业上，市场真正急需的所谓“冷门”专业常常被忽视。“实物形态之间的相互过渡和相互转化，是由运动形态之间的相互过渡和转化所引起的，所以，各种形态之间的对立和区别是相对的。”① 专业的“冷”与“热”是相对的，一个时期的“热”可能会变化为另一个时期的“冷”。这就需要院校在增设专业时，切忌盲目跟风，应做好充分的市场调查、全面深入的论证和长远的专业规划。

二是专业设置缺乏特色性。专业设置趋同化严重，一些新升格本科院校在专业设置上片面追求大而全，不顾自身实际和特色，大量开设低投入、见效快的所谓“时髦”专业。这一方面导致学校原有的行业积累、专业特色弱化，与产业对接度下降；另一方面造成专业设置重复、结构趋同、资源浪费、同类院校竞争加剧、毕业生就业难等问题。例如，长三角地区新升格本科院校拥有国家特色专业38个，国家级专业综合改革试点专业18个，但总数只占专业总布点数的4.41%。总体而言，长三角地区新建本科院校同类化专业偏多，特色专业数量较少，优势不明显。

表6-2　2013年浙江、江苏、上海新升格本科院校专业结构与产业结构匹配情况

省份	2013年GDP比例（%）			专业类对应的产业比（%）			错位幅度（%）		
	第一产业	第二产业	第三产业	第一产业	第二产业	第三产业	第一产业	第二产业	第三产业
浙江	4.80	49.10	46.10	1.17	24.46	74.36	-3.63	-24.64	28.26
江苏	6.10	49.20	44.70	1.94	27.57	70.49	-4.16	-21.63	25.79
上海	0.60	37.16	62.24	1.23	15.57	83.20	0.63	-21.59	20.96

资料来源：徐立清，崔彦群，胡浩亮．长三角地区新建本科院校专业设置研究［J］．浙江万里学院学报，2014（4）：94-99。

三是专业撤销缺乏灵活性。据统计，从2000年开始，40所新建本科院校登记撤销的专业仅有7个，分别是湖州师范学院的电子信息科学与技术、公共事业管理，上海金融学院的数学与应用数学，徐州工程学院的服装设计与工程，浙江万里学院的美术学，上海视觉艺术学院的广告学与服装设计工程。相比专业数量的不断增长，撤销专业数量明显偏少。与此同时，高校的一些

① 马克思主义与科学方法论编写组．马克思主义科学方法论［M］．北京：高等教育出版社，1993：291.

专业，招生与就业都很困难，成为“鸡肋”专业。原因在于现有的专业退出机制不健全，退出指标不明确；专业撤销后原有的教学资源如何处理、师资队伍如何安排没有相应的对策，特别是硬件设备和经费投入较多的工科类专业。

（四）师资结构不合理，缺乏持续性

全国职业教育大会强调，改变职业教育形象关键在自身。要用好培养、引进、选育三大主渠道，加快“双师型”教师队伍建设。[①] 要以提高质量、创新体制和办出特色为重点，优化结构，强化内涵，提升社会服务能力，努力建设中国特色、世界水准的高等职业教育院校。这对高等职业教育院校的师资队伍建设提出了特殊要求。高等职业院校的教师不但要具备普通本科高等院校教师的师德水准及相关领域深厚宽广的专业理论知识，还要求具有丰富的实践经验和较高的实践操作能力。同时，由于技术发展革新的速度加快，必须及时掌握相关领域的新信息和新内容。

当前，我国高等职业教师队伍中“双师型”教师结构不合理，途径单一，处于从学校到学校的尴尬境地。职业院校绝大部分教师是从高校毕业后直接走上教师岗位的，缺乏任教经验，很少有预备教师工作经历，尤其是在职业学校任教经历；缺乏社会经历，尤其是职业历练。这意味着，高职院校从企业一线引进人才充实“双师型”教师队伍还存在极大的缺失。多数“双师型”教师从学校毕业直接任教，在教学工作中培养“双师”能力，这种方式不仅周期长，成本高，而且不如在生产、服务一线培养效果好。

（五）校企合作不畅通，缺乏保障性

全国职业教育大会强调，校企合作是职业院校办学的基本模式。要通过引企入校、引校入企，把学校办成企业的培训基地，把企业办成学校的实践基地，把企业需求及时、有效地转化为学校育人的标准和方案。[②] “深化产教融合，促进教育链、人才链与产业链、创新链有机衔接，是当前推进人力资源供给侧结构性改革的迫切要求，对新形势下全面提高教育质量、扩大就业创业、推进经济转型升级、培育经济发展新动能具有重要意义。”[③] 当前，职

---

① 徐立清，崔彦群，胡浩亮．长三角地区新建本科院校专业设置研究［J］．浙江万里学院学报，2014（4）：94-99.

② 陈宝生．办好新时代职业教育服务技能型社会建设［N］．光明日报．2021-05-01（07）.

③ 国务院办公厅．国务院办公厅关于深化产教融合的若干意见（国办发〔2017〕95号）［EB/OL］．(2017-12-19)．http：//www.gov.cn/zhengce/content/2017-12/19/content_5248564.htm.

业本科教育多数是通过高职院校升格本科或高职院校与本科院校联合开展的，实训教学多数是以高职专科为依托，沿用原来的实践形式。但校企合作在具体实践中缺乏保障，多数流于形式，直接影响了人才培养的质量，是当前发展职业教育亟待解决的问题，具体可从以下几个方向来解读。

1. 目前校企合作基本模式

我国高职院校校企合作模式可分为学院主导型校企合作模式、企业主导型校企合作模式以及校企共建式模式。学院主导型校企合作模式主要通过引进企业高级技术型人才和企业技术设备模拟企业环境对学生进行专业化技术培养，使之能够满足企业用人需求。基于理论型教师较多，熟悉企业一线操作的实践型教师少，以及学校在进行理论教学时，缺乏相应的技术设备等情况，高职院校常通过引进企业生产技术骨干和行业专家充当兼职教师，引进企业生产技术设备，模拟企业环境对学生进行实践操作教学。企业主导型校企合作模式以企业为主导单位，学校培养人才主要为企业服务，这种模式又称为“订单式培养”，学校与企业共同制订教学计划，培养目标、课程设置、实训标准及师资建设等均由校企双方共同参与。学校负责学生理论基础教育及日常管理，企业结合实际生产及经营模式，负责学生实习指导和生产教育，学生毕业后可直接参加工作、实现就业，达到满足企业人才需求的目标。校企共建式模式则是前两种模式的结合及变通，开展形式多种多样，表现为企业学校共建实训基地、企业定期校园招聘、企业定向实习、学校企业组织开展活动等。在这种模式下，学校与企业的合作空间更大，创新能力更强，学生与企业的选择范围更广。

2. 目前校企合作的困境

一是投资大，负担重。从校企合作模式来看，学院主导型校企合作模式需要引进企业高级技术型人才和技术设备，模拟企业环境来对学生进行专业化技术培养，而外聘企业人才及购进企业设备往往耗费巨大，尤其是制造类设备，如何控制资本投入及提高产出成为校企合作的一大难题。同时，传统的教学管理体系不能适应现代职业教育需要。当前，高职教育仍以“理论型教学”为主，教师习惯了传统的课堂教学方式，加之校内绩效分配等机制的制约，教师对进车间、下企业指导学生实训有抵触情绪。同时，由于教师实践经验不足，对相应的实践操作教学、课程考评等没有统一的考核标准，无法达到预期效果。

二是学校重视程度不够，未形成有效互动良性循环的校企合作体制。由于高职院校对校企合作、工学结合办学理念认识不足，多数学校开展校企合作仅是出于解决学校师资、实习基地等办学能力上的问题以及疏通学生就业渠道的需要，未从满足企业对技能人才需要的角度来认识和开展校企合作。因此，学校在进行校企合作时，对企业需求不够重视，从而出现专业设备脱节、课程开发滞后、实训场地不足等问题；在教学质量监控上，由于学生分散在不同企业顶岗实习，学校实习成绩的考核标准很难统一。此外，一些职业院校管理水平落后、办学模式普教化、“双师型”教师严重缺乏、专业理论与实践教学脱节等，培养的人才与企业的生产实际脱节，不能为企业发展提供技术和智力支持，对企业缺乏吸引力。

三是企业合作动力不足。多数企业对人才选拔还停留在单纯选择人才而不是培养人才层面，多数情况下并不愿意在培养人才上花费精力。这种认知往往会导致校企合作名存实亡，企业对校企合作敷衍了事，临时应付。企业在校企合作中往往更重视经济效益而不是培养效果，希望能够得到立竿见影的效果，而教育的周期较长与企业的利益不相符。此外，企业日常经营中不稳定因素较多，人事变更、经营决策的调整等都会影响校企合作。企业出于竞争需要，一般不会把核心机密用于校企交流和教学研究；一些企业出于对安全风险的考虑，不愿接纳学生实习实训。校企合作需要学生往返于企业与学校之间，而学生在校外时间的安全需要企业来保障与管理，但企业往往缺乏相应的经验与精力，易引发事故。

四是政府对如何发挥主导作用认识不足，对发挥主导作用的形式和路径缺少探索和经验积累。相关校企合作的法律和政策制度不健全，协调引导作用有待加强；校企合作的管理体制尚不完善，政府部门的职责分工有待明确；校企合作多方参与、沟通对话、经费投入引导和保障机制、监督评价机制等还不够完善，资源整合以及对职业教育优惠政策宣传力度不够。政府支持的社会化评价机制不健全，对参与合作的企业资质缺乏明确规定和认定，对企业参与合作的效果缺乏整体评价。

三、制约职业本科教育发展的原因

我国本科职业教育的试点工作在 2019 年启动，首批获得教育部批准设立的本科层次职业院校有 15 所。我们要清晰地认识到，在本科职业教育建设过程中，仍然面临着制约职业本科教育发展的各种问题，距离中央指出的“对职业教育高看一眼、厚爱一分”的期盼，还有很大距离。

（一）陈旧文化观念束缚

“人们的思想观念一旦凝固、僵化，就无法反映客观变化着的事物，其头脑就会被习惯势力、陈旧观念以及本本上的东西所束缚。”① 职业教育在教育体系中的地位低于普通教育，在全球范围是普遍现象，在我国也是由来已久。虽然少数发达国家和地区的职业教育地位较高，但在大多数国家，职业教育的地位均不如普通教育。世界上著名的高等学府，基本上都是综合型大学或者研究型大学，几乎没有职业大学的身影。从毕业生的就业质量来看，尽管没有研究表明普通高校毕业生的就业质量优于高职院校毕业生，但一个显而易见的事实是，社会精英人群大都来自综合型大学或者研究型大学。高层次应用型技术技能人才的收入水平并不低，但与企业高管、学者专家等高端人才类型相比，仍有较大差距。如果把教育视为一种投资，那么接受普通高等教育获得回报的空间远大于接受高等职业教育，这是发展职业教育尤其是高学历职业教育必须面对的深层困境。分析导致本科职业教育发展的这种社会环境的原因，大致可以归结为：一是高层次应用型技术技能人才的总体薪资水平偏低，且增长空间有限；二是文化崇拜在社会各阶层人群中普遍存在，以文化知识、逻辑思维见长的职业者与掌握专业技术技能的职业者相比，前者往往更受企业管理者青睐，晋升空间更大。对此我们要有清醒的认识，多样性是物种繁荣的标志，没有多样性就没有繁荣，就没有特色，就谈不上高质量。因此，既要认清职业教育的优势，也要认清普通教育的短板，世界因差异而丰富，教育因多样而多姿。

（二）职业教育立法局限

长期以来，职业教育立法工作滞后。可喜的是，2019 年 12 月《职业教育法修订草案（征求意见稿）》发布，迈出了修订《中华人民共和国职业教育法》的重要一步。《职业教育法修订草案（征求意见稿）》首次涉及本科职业教育，但内容很少，仅有 2 处。本科职业教育办学是一项复杂工程，即使参照专科职业教育办学，也会面临不少新情况。法律规范在赋予办学主体更多自主权的同时，还有很多问题需要解决，特别是，《职业教育法修订草案（征求意见稿）》没有就以往产教融合实践中存在的产权界定、治理框架、资本退出等问题做出规定，也基本没有涉及混合所有制办学的法律问题，这些都有可能成为阻碍本科职业院校建设的重要因素。

---

① 陈金龙，等．马克思主义中国化概论［M］．北京：人民出版社，2005：339.

在笔者看来，应加快《中华人民共和国职业教育法》修订步伐，为发展职业本科教育提供法理依据①；扎实做好职业本科教育试点学校指导工作，保证试点学校的职业教育属性和特色，掌握试点单位的建设进度和工作成效，指导试点学校办出特色和水平；研制《职业本科教育试点专业目录（试行）》《职业本科教育专业设置管理办法（试行）》，为推动职业本科教育高质量发展提供基本保障，仍是当前和今后一个时期需要花大力气集中解决的重要课题。②

（三）优质教育资源稀缺

层次越高的教育，对优质教育资源的渴求就越强烈。本科层次职业教育是现阶段我国层次较高的职业学历教育，培养的是规格更高的技术技能型人才。办好本科层次职业教育，需要投入的教育资源，不论是在数量上还是在质量上，都应当超越普通专科职业教育。然而，目前正值本科层次职业教育试点工作启动之初，支撑本科层次职业教育发展的优质教育资源既不充足，也没有优化整合，教育资源投入和建设机制尚未建立。可以预见，在未来一段时期，优质教育资源匮乏，且区域布局不平衡甚至悬殊的格局，很可能成为制约本科层次职业教育高质量发展的重大障碍（见表 6–3）。

表 6–3　2019 年各省份本科、专科高等学校统计　　单位：所

序号	省份	本科	专科	总计
1	江苏	77	90	167
2	广东	67	87	154
3	山东	70	76	146
4	河南	57	84	141
5	湖北	68	60	128
6	四川	52	74	126
7	湖南	51	74	125

① 2021 年 3 月 24 日，国务院总理李克强主持召开国务院常务会议通过《职业教育法（修订草案）》，对产教融合和校企合作、支持社会力量举办职业学校、促进职业教育与普通教育学业成果融通互认等做了规定。会议决定将该草案提请全国人大常委会审议。

② 2021 年 1 月 26 日，教育部办公厅关于印发《本科层次职业教育专业设置管理办法（试行）》的通知提出，高校设置本科层次职业教育专业应坚持高层次技术技能人才培养定位，紧紧围绕国家和区域经济社会产业发展重点领域，服务产业新业态、新模式，对接新职业。2021 年 3 月 21 日，教育部印发《职业教育专业目录（2021 年）》，共设置 19 个专业大类、97 个专业类、1349 个专业。其中，中职专业 358 个、高等职业专科专业 744 个、高等职业本科专业 247 个。该目录自发布之日起施行。

续表

序号	省份	本科	专科	总计
8	河北	61	61	122
9	安徽	46	74	120
10	辽宁	64	51	115
11	浙江	59	49	108
12	江西	45	58	103
13	陕西	57	38	95
14	北京	68	25	93
15	福建	39	51	90
16	山西	33	49	82
17	黑龙江	39	42	81
18	云南	32	49	81
19	广西	38	40	78
20	贵州	29	43	72
21	重庆	26	39	65
22	上海	39	25	64
23	吉林	37	25	62
24	天津	30	26	56
25	新疆	18	36	54
26	内蒙古	17	36	53
27	甘肃	22	27	49
28	海南	8	12	20
29	宁夏	8	11	19
30	青海	4	8	12
31	西藏	4	3	7
总计		1265	1423	2688

资料来源：笔者整理。

由表6-4可知，江苏和广东高等学校分别为167所和154所，居全国前两位；山东、河南、湖北、四川、湖南、河北、安徽、辽宁、浙江和江西的高等学校数量均在100所以上，位居全国前列。剩余省份高等学校数量在100所以下。其中，甘肃、海南、宁夏、青海和西藏均在50所以下，西藏仅有7

所高等学校。

从本科院校数量来看，江苏和山东本科院校最多，分别为77所和70所。湖北、北京、广东、辽宁、河北、浙江、河南、陕西、四川和湖南本科院校数量均在50所以上。海南、宁夏、青海和西藏本科院校数量均为个位数。经济欠发达地区的高等学校数量与发达地区差距十分明显。①

此外，职业本科教育办学缺乏足够的经费支持。2014年出台的《财政部 教育部关于建立完善以改革和绩效为导向的生均拨款制度加快发展现代高等职业教育的意见》提出，2017年各地高职院校年生均财政拨款水平应当不低于12000元。但从《2019中国高等职业教育质量年度报告》汇总的数据来看，全国共有910所公办高职院校报送了2018年生均拨款情况，其中仍有232所公办高职院校生均拨款未达到12000元。财政性教育经费是我国高职教育办学经费的主要来源，生均拨款水平是衡量学校教育经费充足与否的重要指标。在国家财政性教育经费投入逐年加大的背景下，仍有大量公办高职院校生均拨款水平达不到政策目标，充分说明当前我国财政性教育经费捉襟见肘。

（四）“升本”运动轨道偏离

国家启动实施职业本科教育试点，对高职教育是一个重大“利好”。一方面，办学实力强、教学条件好、教育资源积累丰厚的高职院校有望升格为本科职业院校；另一方面，职教集团、企业等社会主体在满足国家规定的办学要求前提下，可以设立本科职业院校。可以说，开展本科职业教育试点为高职院校带来了新的发展机遇。正因如此，才更要清醒地认识到，诱人的机遇很容易导致一哄而上、盲目跟风。加上高校行政化问题由来已久，不同层次的高等院校，对应着不同的行政级别，所享受的政策优惠、办学经费和资源扶持大相径庭，在级别决定待遇的教育管理体制下，当前国家财政性教育经费投入明显偏向本科教育，且本科职业教育有望扩大试点的情况下，专科院校“升本”的冲动会更加强烈，极易使高职院校再度陷入“升本”运动旋涡，给本科职业教育的规范化发展造成负面影响。

同时，“升本”成功的高职院校在办学和育人上仍有偏离类型教育轨道的可能，逐渐被普通本科教育“同化”，甚至丧失职业教育的属性和特色。在对当前教育部管理职权的划分中，职业教育与成人教育司负责统筹管理全国专科高等院校，高等教育司则负责统筹管理全国普通本科院校，本科职业院校

---

① 教育部发布2019全国高校名单（截至2019年6月15日）[EB/OL]. http://www.gov.cn/fuwu/2019-06/18/content_5401164.htm.

应归哪个部门统筹管理，教育部尚未做出制度性安排，从侧面反映出高等职业教育管理体制尚未完全理顺。管理归属不清有可能造成本科职业院校办学定位和发展方向不明，逐渐偏离类型教育的轨道，最终成为被学术氛围笼罩的普通本科院校（见表6-4）。

表 6-4 2019 年批准设置的高等学校名单

序号	批准学校名称	学校标识码	建校基础	申报省份	办学性质
一、独立学院转设为独立设本科学校（4 所）					
1	马鞍山学院	4134013614	安徽工业大学工商学院	安徽	民办
2	福州工商学院	4135012993	福建农林大学东方学院	福建	民办
3	潍坊理工学院	4137013379	山东师范大学历山学院	山东	民办
4	新疆理工学院	4165013558	新疆大学科学技术学院	新疆	公办
二、新设本科学校（3 所）					
5	安徽艺术学院	4134014682	安徽大学艺术与传媒学院	安徽	公办
6	福建技术师范学院	4135014683	福建师范大学福清分校	福建	公办
7	广西职业师范学院	4145014684	广西经济管理干部学院	广西	公办
三、更名大学（4 所）					
8	阜阳师范大学	4134010371	阜阳师范学院	安徽	公办
9	湖南工商大学	4143010554	湖南商学院	湖南	公办
10	江苏海洋大学	4132011641	淮海工学院	江苏	公办
11	甘肃政法大学	4162011406	甘肃政法学院	甘肃	公办

资料来源：笔者整理。

（五）职业院校自身诸多短板

全国职业教育大会指出，改变职业教育形象关键在自己。能否下好职业教育“一盘大棋”，最终要看能否打好办学质量的“翻身仗”。[①] 现代职业教育旨在培养高技能复合型人才，不仅要有扎实的理论功底，还要有较强的实践能力，这就需要有相当大的实践教学投入，相较于普通教育职业院校的人才培养成本更高。但现实情况是资源分配严重倾向于普通教育，绝大部分职业院校面临经费不足的困境，有限的资源要用于支撑专业建设、实训体系、师资培养以及学校发展的方方面面，势必力不从心。师资力量和生源质量也是困扰职业本科教育发展的重要方面。职业教育没有专门的师资培养渠道，其教师主要来源于普通本科院校，“双师型”教师数量不够，行业兼职教师缺

① 陈宝生．办好新时代职业教育服务技能型社会建设［N］．光明日报，2021-05-01（07）．

乏，生师比过大，而劣质的生源情况更是给教学质量的提高增添了难度。另外，目前职业院校没有学位授予权也是制约职业本科教育发展的重要因素，毕业生只有毕业证书而无学位证书，这必然招致大众对职业教育的轻视。在一些较早试点的省份，学生在接受完四年制本科高职教育后，却因为没有专业学位证书在就业时遭遇不平等待遇。因此，发展职业本科教育应设置专业学士学位，甚至专业硕士、博士学位，以增强职业教育的吸引力。①

第三节　我国职业本科教育的发展对策

习近平同志强调："要坚持问题导向，聚焦我国改革开放和社会主义现代化建设面临的重大现实问题、全局性战略问题、人民群众关心关注的热点难点问题，为解决问题提供新理念、新思路、新办法。"② 我国职业教育相对于发达国家起步较晚，观念落后，职教体系不够完备，职业本科教育尚处于探索发展的起步阶段。针对这些问题，发展我国职业本科教育的具体对策如下。

一、发展基础与发展方向

"每一个时代的理论思维，都是一种历史的产物，它在不同的时代具有非常不同的形式，同时具有完全不同的内容。"③ 我国职业本科教育尽管起步较晚，但改革开放以来我们在积累雄厚的物质技术基础的同时，也积淀了丰富的高等教育办学经验，初步探索出了符合中国国情具有中国特色的职业教育办学之路。

（一）发展基础

党的十一届三中全会之后，国家的工作重心转向经济建设，急需大量技术技能型人才。为此，国家引导传统专科人才培养向高职教育转型，一些地方建立了职业大学，开始了高职教育的探索。随着我国扩大高等教育招生规模，高职教育迅速扩张，基本每个地市至少建有一所高职院校，招生规模占了高校招生总数的一半，为推进我国高等教育大众化做出了历史性贡献。进入 21 世纪以来，在"国家示范性高等职业院校建设计划""高等职业教育创

---

① 侯长林．职业本科教育："谁来办"和"怎么办"［N］．中国青年报，2020-06-29.

② 张世良．怎样炼成新时代好干部［M］．北京：人民出版社，2018：124.

③ 恩格斯．反杜林论《旧序·论辩证法》［M］//马克思，恩格斯．马克思恩格斯全集（第 20 卷）．北京：人民出版社，1971：382.

新发展行动计划”等项目的引领下，高职院校全面深化内涵建设，创新办学体制机制，改革人才培养模式，人才培养水平和社会服务能力不断提升。

同时，我国经过持续改革探索，形成了具有中国特色的教育模式。我国高职教育具有鲜明的中国特色，是对世界教育的独特贡献。高职教育先行先试，改革创新，在专业建设、人才培养、校企合作、条件保障、质量评价等方面，探索形成了一系列理念模式和制度标准。

一是健全产教融合机制。建立了 56 个行业职业教育教学指导委员会，组建了 1400 多个职教集团，覆盖了 90%的高职学校。布局了 409 个由高职院校牵头的现代学徒制试点，每年惠及近 6 万名学生（学徒），探索“招生即招工、入校即入厂、校企联合培养”的现代学徒制培养模式。跟踪产业发展，修订专业目录，指导高职院校动态调整专业布局，进一步确立了政府调控与高等职业院校自主设置配合配套的专业动态调整机制。

二是率先完善办学标准体系。2011 年首次制定发布了 410 个高职专业教学标准，之后逐步建设了涵盖学校设置、专业建设、教学标准、经费投入、教师队伍、学生实习等环节的制度标准体系。高职专业教学标准、顶岗实习标准、仪器设备装备规范等从无到有，填补了我国职业教育的多项空白。

三是率先开展考试招生制度改革。高职教育分类考试招生制度改革是国家高考招生改革的先行者和探索者。从 2006 年起，我国即开展了示范高职院校单独考试招生改革试点；2013 年，明确了基于高考的“知识+技能”招生、单独考试招生、综合评价招生、对口招生、中高职贯通招生、技能拔尖人才免试招生 6 种招生方式；2018 年，全国高职院校分类考试占当年高职招生计划总数的 54%，避免了“千军万马挤独木桥”，为学生接受高职教育提供了多种入学渠道。

四是创造性地构建了职业教育的质量保障制度。率先建立学校、省、国家三级质量年度报告制度，率先分类指导学校建立教学工作诊断与改进制度，发挥学校的教育质量保证主体作用，构建校内全员、全过程、全方位的质量保证制度体系。高职教育的创新探索，带动了职业教育改革，优化了高等教育结构，成为教育现代化进程中的活跃因素和重要力量。

（二）发展方向

一是把握根本遵循，坚定社会主义办学方向。2018 年 9 月，习近平总书记在全国教育大会上的重要讲话为新时代教育改革发展提供了根本遵循。高职教育领域要深入理解把握习近平总书记讲话精神，用习近平总书记关于教育的重要论述武装头脑、指导实践、推动工作。要坚持党对教育事业的全面领导，保证不折不扣地贯彻执行党的路线方针政策决定，充分发挥党组织在职业院校的领导核心和政治核心作用，牢牢把握学校意识形态工作的领导权，将党建工作与学校事业发展同部署、同落实、同考评，保证职业院校始终是培养社会主义事业建设者和接班人的坚强阵地。

2021 年 4 月，全国职业教育大会指出，保证职业教育办学方向根本在党建。要以“把方向、揽全局、抓思想、建队伍、促党建”为总要求，把党的建设和思想政治工作优势转化为发展优势。一方面，要坚持和完善党委领导下的校长负责制，发挥好院系、师生基层党组织的战斗堡垒作用，把党的教育方针全面贯彻到学校工作各方面、人才培养全过程；另一方面，要落实立德树人的根本任务，探索符合职业教育特点的思想政治工作体系和方法，把德育融入课堂教学、技能培养、实习实训等各环节，促进思政课程与课程思政有机衔接，提高思想政治教育的实效性。[①]

二是把握根本任务，坚定人人出彩的培养方向。立德树人是教育工作的根本任务。职业教育要以德为先，落实好“六个下功夫”，用习近平新时代中国特色社会主义思想铸魂育人，“努力培养担当民族复兴大任的时代新人，培养德智体美劳全面发展的社会主义建设者和接班人”。[②] 要面向人人，深化考试招生和培养模式改革，为不同学习者提供多元化的入学渠道和学习方式，努力使教育选择更多样、成长道路更宽广。要育训并举，切实履行学历教育与培训并重的法定职责，面向在校学生和全体社会成员开展职业培训，为校园和职场之间灵活转换提供更加便捷的通道，让更多青年凭借一技之长实现人生价值。

三是把握本质属性，坚定职业教育的类型方向。职业教育与普通教育是两种不同类型教育，具有同等重要地位。高等职业教育具有高等教育和职业教育的双重属性，本质上是职业教育，以往的成功探索在于坚持了这一定位，以后的成功发展仍要坚持职业教育的类型方向。要深刻把握职业教育发展的本质要求、内在规律和阶段特征，坚持面向市场、服务发展、促进就业的办学方向，坚持高素质技术技能人才的培养定位，坚持产教融合、校企合作的办学模式，坚持德技并修、工学结合的育人机制，实现职业教育由参照普通

① 陈宝生．办好新时代职业教育服务技能型社会建设［N］．光明日报．2021-05-01（07）．

② 习近平．用新时代中国特色社会主义思想铸魂育人贯彻党的教育方针落实立德树人根本任务［N］．人民日报，2019-03-19.

教育办学模式向企业社会参与、专业特色鲜明的类型教育转变。

四是把握时代要求，坚定更高质量的发展方向。当前，我国社会主要矛盾已经转化为人民日益增长的美好生活需要和不平衡不充分的发展之间的矛盾，我国经济已由高速增长阶段转向高质量发展阶段。职业教育要把高质量供给作为发展方向，满足人民群众和经济社会对优质多层多样职业教育的需要。要大力推进教育理念、教育体系、教育制度、教育内容、教育方法、教育治理现代化，着力提高教育质量，使职业教育成为广大考生和家长的优质选项。要支撑国家战略发展，融入区域产业发展，提升服务产业转型升级的能力，为中国产业走向全球产业中高端提供高素质技术技能型人才支撑。要服务“一带一路”建设和国际产能合作，开发国际通用的专业标准和课程体系，推出一批具有国际影响的高质量专业标准、课程标准、教学资源，打造中国职业教育国际品牌。

二、发展原则与学理依据

（一）职业本科教育的发展原则

发展是一个不断变化的运动过程。职业本科教育作为高等教育体系和现代职业教育体系的重要组成部分，对它的发展规划既要考虑与整个职业教育系统的内在联系，又要考虑与高等教育系统的内在联系，还要考虑与整个教育系统、社会系统的外在联系，使职业本科教育这一子系统协调存在于高等教育和职业教育系统中，并成为促进社会发展的助推器。本科层次职业教育的起步、发展处于不断变化的外部环境中，其自身也处在不断变化中。这个过程遵循一定原则。职业本科教育的发展原则要依据当前我国职业本科教育的发展环境和内部现状来确定。

一是遵循规律。职业本科教育的发展应遵循高等教育和职业教育的发展规律。职业教育有其自身发展规律，职业教育应致力打通职业学生的成长通道，提高人才的培养层次，完善职业教育体系的结构和功能。当前，我国高等教育相对单一，应努力提高自身的教育质量，实现协调发展。职业教育是一种跨界教育，发展职业本科教育须有跨界的思维，跳出学校，促进学校与外界的合作，形成合作办学、合作育人的良性机制。①

二是适应发展。我国不同地区的社会经济发展水平、不同产业类型的专业化水平的差异导致教育发展的不均衡性和多样性。例如，东部地区经济较

① 姜大源．现代职业教育与国家资格框架构建［J］．中国职业技术教育，2014（21）．

为发达，具有较高的科学技术水平，高新技术产业比重较大，对技术人才的层次和数量要求较高；随着经济发展的转型升级，对技术应用型人才的需求更加迫切，但高等教育尚不能满足需求，职业本科教育的发展空间较大。西部欠发达地区，工业化、城镇化水平相对较低，对技术人才的层次和数量要求较低，专科层次的技能型人才供给足以满足经济发展需要，职业本科教育的发展空间较少。例如，电子信息、生物科技、海洋工程等高新技术产业，技术先进、知识密集，要求从业人员须具备较高的综合素质和技能水平，对高层次技术人才的需求较大，职业本科教育具有较大发展空间；而煤炭、钢铁、纺织等传统产业，随着比重的降低，对高层次技术应用型人才需求并不迫切。因此，职业本科教育的发展应适应我国经济发展和产业发展的现状。

三是面向需求。“技术在很大程度上依赖于科学状况，那么科学却在更大的程度上依赖于技术的状况和需要……社会一旦有技术上的需要，则这种需要就会比十所大学更能把科学推向前进。”① 有需求才有发展，需求是发展的最大动力。我国社会经济转型升级增加了对技术应用型人才的需要，迫切需要职业本科教育发展培养这类人才；高新技术的应用与发展，使技术在企业生产中的比重和作用日益增大，对从业人员的技能水平、综合素养提出了更高的要求，迫切需要职业教育提升人才培养层次；人们的生活质量普遍提高，对高等教育的需求呈现出多样化，部分人民群众需要接受更高层次的职业教育，提升人生价值和促进个人发展，对更高层次职业教育的需求推动了职业本科教育的发展。职业本科教育的发展应面向这些需求，满足这些需求。本科层次职业教育的人才培养应基于这些需求，如专业设置、课程建设、教学方式、师资培养等方面都要以企业的用人需求为导向，兼顾个人发展的需要。

四是服务经济。归根结底，职业本科教育发展的速度、规模由社会经济和科学技术发展水平决定。基于目前我国社会经济发展现状，应遵循市场规律，突出职业本科教育服务经济发展的功能。在这一原则下，我国职业本科教育的发展应具有适应性、多样性、先进性特点。适应性主要指职业本科教育要适应社会经济发展和产业发展状况，应与经济和科技发展水平相适应，满足社会发展和人的成长需要，满足人全面发展的需要。多样性指围绕发展目标，通过多样化的发展路径和办学形式实现职业本科教育的发展。先进性指能够实现与中职、专科高职、专业硕士纵向衔接，与其他类别的教育横向互通，打通扩展职业院校学生的成长渠道，为社会发展培养高质量技术应用

---

① 马克思，恩格斯．马克思恩格斯全集（第三十九卷）［M］．北京：人民出版社，1974：198.

型人才。

（二）职业本科教育的学理依据

1. 终身教育理念

我国有“活到老，学到老”的古训。孔子主张“有教无类”，说的是教育对象不分类别，自然也包括不同年龄的人。欧阳修主张“学之终身，有不能达者矣，于其所达，行之终身，有不能至者矣”（《答李翊书》）。在西方，终身教育理念最早形成于1919年的英国。西方学者大多认为，英国重建部成人教育委员会主席史密斯（A. L. Smith）的《1919报告书》是终身教育理念发展和兴起的一个转折点。

终身教育理念作为一种思潮则始于1965年，法国著名教育思想家和成人教育家保罗·朗格朗（Paul Lengrand）在联合国教科文组织成人教育会议上首次提出终身教育思想，并于1970年在《终身教育引论》一书中提出：“终身教育是一系列很具体的思想、实验和成就，换言之，是完全意义上的教育，它包括了教育的各个方面、所有内容，从一个人出生的那一刻起一直到其生命终结时为止不间断的发展，包括了教育各个发展阶段各个关头之间的有机联系。”[①] 联合国教科文组织于1972年发布的报告《学会生存：教育的今天和明天》认为，教育应贯穿人的一生及生活的各个层面，终身教育思想将成为未来若干年内各发达国家和发展中国家制定教育政策的主导思想之一。[②] 1999年，在韩国汉城召开的第二届国际技术与职业教育大会主题为“终身学习与培训：通向未来的桥梁”，会议确定了“职业教育是终身教育的重要组成部分”这一理念。职业教育正在朝着适应终身教育的目标前进。

终身教育理念对我国教育政策的制定产生了重大影响，更加强调以人为本，使得教育的设计和发展越来越系统化。为了满足贯穿人的一生的教育需求，对教育进行整体设计，使教育成为超越时空的教育，即突破时间、空间的限制，只要达到要求，人们就能随时随地接受自己需要的任何一种教育。职业本科教育作为终身教育体系的一个重要环节，要以终身教育理念为基础，在发展过程中应考虑不同年龄、不同层次、不同来源的人的教育需求，制定多样化的人才培养方案，满足人们多样化的教育需求，提高高等教育、职业教育服务能力，使它们协调存在于终身教育体系中。以终身教育理念指导职业本科教育，不仅要注重人的可持续发展，还要注重职业本科教育自身的上

① 黄尧. 职业教育学原理与应用［M］. 北京：高等教育出版社，2009：136-137.

② 刘春生，徐长发. 职业教育学［M］. 北京：教育科学出版社，2002：63.

下衔接和沟通。特别是，要推动各层次职业教育在专业设备、培养目标、课程体系、培养过程中有效衔接贯通。①

2. 复杂适应系统理论

复杂适应系统（Complex Adaptive System，CAS）是指在系统的不断演化中，那些相对独立的主体通过改进自身的行为和发展，与系统中其他主体相互协调、相互适应、相互作用形成的复杂的动态系统。CAS 理论是美国霍兰（John Holland）教授于 1994 年正式提出，他的著作《隐秩序——适应性造就复杂性》是 CAS 理论诞生的标志，霍兰将复杂适应系统定义为“由用规则描述的、相互作用的主体组成的系统，随着经验的积累，通过不断变换其规则来适应环境中的其他主体”。② CAS 理论的核心思想是适应性造就复杂性。CAS 理论认为，个体之间的相互作用是复杂系统的基础。在个体间的相互作用中，个体之间互为环境，受外部环境因素的影响，主体的结构发生了改变，得到了发展，系统始终处在复杂的相互作用、相互影响中，并不断形成一定的结构和模式，处于平衡中。这个 CAS 和系统中相互作用的个体是处在发展中的，具有适应性、发展性、层次性特征。

在不同领域，CAS 的特征表现有所不同。高等教育体系是一个 CAS，具有适应性、发展性、层次性特征。职业本科教育作为高等教育系统的一个主体，系统的适应性要求它应主动与外部环境（系统中其他主体）相互作用，主动进行调整，寻求与其他主体的合作。职业本科教育可以与普通教育进行合作，争取最大的发展空间和利益，并协调存在于高等教育系统中。高等教育系统的发展性表现在通过系统内部各主体之间的相互作用，始终处于不断运动的共同演化中，职业本科教育将遵循高等教育系统的规律，实现由小到大、由简入繁的发展过程，并形成一定的结构和模式。这些结构和模式具有动态性特征。③ 高等教育系统的层次性主要表现在高等教育体系是一个多层次系统，各层次之间既相互作用又相对独立。每一个层次的主体对更高层次的主体来说都起到“积木”的作用。④ 层次性要求职业本科教育这一层次主体对研究生层次高等教育起到“积木”的作用，专科层次高等教育对职业本科教育的发展同样起着“积木”的作用。

---

① 陈宝生 . 办好新时代职业教育服务技能型社会建设［N］. 光明日报 . 2021-05-01（07）.

② 霍兰 . 隐秩序——适应性造就复杂性［M］. 周晓牧，韩晖，译 . 上海：上海科技教育出版社，2000：12.

③ 杨近 . 复杂适应系统视野中的现代职业技术教育体系建设［J］. 中国高教研究，2013（11）.

④ 黄春萍 . 基于 CAS 理论的企业系统演化机制研究［D］. 天津：河北工业大学，2007：9.

现代职业教育体系同样是一个复杂适应系统，同样具有适应性、发展性、层次性特征。职业本科教育是职业教育系统中的一个主体，系统的适应性要求它应具有一定的目的性和主动性，能够主动与外部环境（系统中其他主体）相互作用，主动调整自身的状态，寻求合作，争取自身的生存和发展，适应外部环境，协调存在于系统中。系统的发展性表现在系统内部各主体始终处于不断运动的共同演化中，职业本科教育也将遵循职业教育系统的规律，经历由小到大、由简入繁的发展过程，形成一定的结构和模式。系统的层次性主要表现在职业教育体系是一个多层次组织，各层次之间既相对独立又相互作用。职业本科教育作为一个主体，具有适应性、协调性和发展性特点，它内部包含课程体系、专业结构、教师队伍、教学等微观子主体，各主体间应沟通顺畅、结构合理、发展协调，运行良好，从而实现职业本科教育的发展，适应社会发展，满足人们对多样化教育的需要。

3. *需求决定理论*

需求决定理论是西方经济学的重要理论之一，主要表现在宏观与微观两个层面。

在宏观层面上，需求总量、需求结构的变动，会对供给产生深刻的影响。如果没有需求，供给就无法实现，形成生产者非意愿性库存，增加其生产成本，迫使其收缩产量，减少供给。① 如果需求过大，没有得到有效供给，就会形成生产者意愿性生产，进而增加投入，改变供给结构，增加供给产量。将这一理论引入职业教育发展中，随着经济增长方式发生转变和产业结构优化升级，市场对各层次技能型人才的需求结构发生变化，人才市场需求结构的变化，必然导致职业教育供给结构的变化。随着科学技术的发展，企业对从业人员的知识结构、技能水平、综合素质提出了新的更高要求，为满足要求，职业教育的人才培养层次和内涵应相应提高。人才市场对高层次技术应用型人才的需求缺口越来越大，国家必然会加大对此类人才的有效供给，从而大力发展职业本科教育。教育供给是否有效是相对而言的，最终取决于对教育需求的满足程度。教育体制为教育的有效供给提供了外在环境，教育供给的有效性高低是检测教育体制是否合理的一个重要指标。② 因此，当前我国教育供需结构的失衡问题完全靠市场机制调节是无法解决的，需要政府的干预，共同促进教育供需均衡和职业教育的平稳发展。

---

① 刘迎狄．需求决定论：兼论我国当前的宏观政策选择［J］．天津社会科学，1993（5）：15-21.

② 翟静．教育有效供给与教育体制改革［J］．教育与经济，2001（1）：45-48.

在微观层面上，“消费者利益至上”是需求决定论的核心观点。将这一观点引入职业教育中，即教育产品要满足消费者的需求。职业本科教育作为有排他性的公共产品，院校、行业、企业是产品的提供者，也是产品生产要素的需求者；学生、家长、用人单位是产品的需求者，同时也是产品生产要素的提供者。

供需双方构成了职业教育市场，如图 6-2 所示。部分企业既是职业本科教育的生产者，又是职业本科教育的消费者，这就要求本科职业院校在实施职业本科教育时，面向企业用人需求，积极寻求与企业的合作，共同培养企业和社会所需的技术应用型人才；同时，企业作为生产参与者，也要提供经费、场地、管理等不同形式的支持，与院校合作生产产品（人才）。学生是院校实施职业教育的教育对象，同时又是教育产品的消费者，这就要求本科职业院校尊重受教育者的需求，不仅要注重学生岗位能力的培养，更要注重学生的身心健康、全面发展和可持续发展能力的培养。家长作为学生的监护人，作为职业教育实施的投资者之一，满足家长的需求也不容忽视。本科职业院校作为教育产品的主要生产者，除了要接受政府的管理和监督外，还应接受学生、企业的评价与监督。因此，对职业本科教育产生需求的各要素研究显得尤为重要，它是确定职业本科教育发展规模、制定规划政策以及进行内涵建设的依据，具有重要的现实意义。

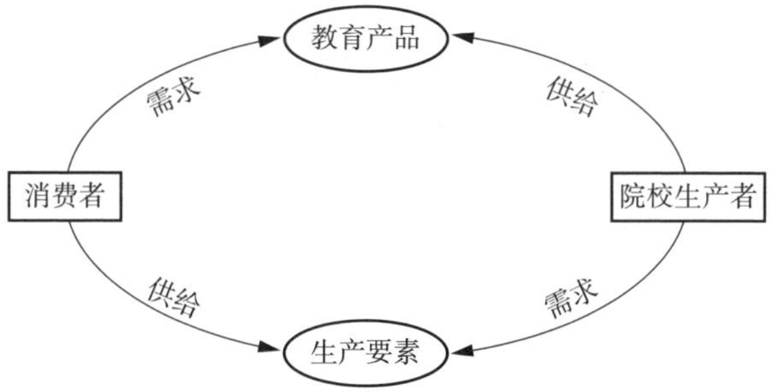

图 6-2 职业教育市场供需结构

4. 可持续发展理论

在 1980 年 3 月召开的联合国大会上，“可持续发展”概念被首次提出。世界环境与发展委员会（WCED）在《我们共同的未来》中将其表述为“既满足当代人的需要，又不对后代人满足其需要的能力构成危害的发展”。[①] 发

① 李全生. 教育经济与管理［M］. 天津：天津人民出版社，2005：3.

展是可持续发展理论的核心，其追求的目标是建立相互协调的经济系统、社会系统和生态系统。可持续发展观是一种系统的、综合的、整体的发展观，注重发展的持续性、整体性、适应性和平等性。利用可持续发展观考量职业本科教育的发展，其发展应该是可持续发展，在教育活动中应遵循可持续发展的理念，贯彻可持续发展的要求，培养具有可持续发展能力的技术应用型人才，进而促进社会可持续发展。

职业本科教育可持续发展的内容包括：①从规模发展的视角来看，是一种有质量的数量增长和有效益的规模发展；②从结构的视角来看，优化了高等教育和职业教育的结构，包括优化高等教育和职业教育的层次、类型、区域等结构；③从产业角度来看，高等教育作为社会的一个产业，职业本科教育作为产业的一个要素，其发展应与高等教育发展目标一致，从而促进社会可持续发展战略目标的实现；④从人才视角来看，职业本科教育应培养具有可持续发展素养的技术应用型人才，优化高等教育人才供给结构，适应经济的可持续发展；⑤从时空观视角来看，职业本科教育可持续发展在时间上突破传统教育的时间界限，在空间上将教育拓展到学校以外的领域，在教育活动中尽可能地利用和吸纳社会可持续发展资源，高质量完成人才培养任务，成为建立终身教育体系的重要环节。

职业本科教育的发展同样注重发展的持续性、整体性、适应性和平等性。持续性表现在发展要有效配置、合理使用现有的教育资源，不因当前的发展影响今后的发展；整体性表现在发展应是规模、质量、效益间的协调发展；适应性表现在本科层次的职业教育发展是适应教育、经济和社会的可持续发展；平等性表现在发展应考虑贫困地区的发展和需要，服务于教育公平的实现。

三、发展目标与发展方式

（一）职业本科教育的发展目标

目标是事物发展的方向和动力，可提高主体的积极性，能够使主体集中精力、把握重点，沿着目标所设定的方向发展下去，体现了事物发展的价值和意义。只有确立了发展目标，职业本科教育的发展才会有方向，才会沿着这个目标一步一步去实施、去发展。职业本科教育的人才培养是职业本科教育的根本目的，是其存在和发展的意义所在。职业本科教育的目标是培养高层次技术应用型人才，适应社会发展对此类人才的需要，满足企业的用人需求及个人的成长需求。此外，职业本科教育作为现代职业教育体系的重要组成部分，它的发展目标要符合职业教育发展的战略目标，并为实现职业教育发展战略目标服务。构建完善的现代职业教育体系是未来十年我国职业教育改革和发展的总目标。同样，职业本科教育的发展目标应紧紧围绕这一总目标，努力促进现代职业教育体系的构建与完善。

一方面，应实现与中等、专科层次职业教育的有效衔接。职业本科教育作为职业教育系统的一个层次，与其他教育层次相互联系、相互作用，共同促进现代职业教育体系整体功能的实现。在努力实现与中等、专科层次职业教育有效衔接的同时，促进自身的良好发展，充分实现其人才培养功能，满足人的可持续成长。有效衔接是指深层次的衔接，体现在专业设置、课程建设、生源、学制等多个方面。另一方面，应实现与普通教育的立体互通。这种互通不仅是同层次的互通，还有纵向上的互通。向下与普通高中教育衔接，向上与研究生教育相连，横向与本科层次普通教育互通，通过这种立体互通，充分满足人们多样化的教育需求。

职业本科教育作为高等教育的一种教育类型，要符合高等教育发展规律，致力于促进高等教育的多样化发展。我国高等教育未来十年的发展目标任务是培养高级专门人才、发展科学技术文化、促进社会主义现代化建设。全面提高高等教育质量，使高等教育结构更加合理，特色更加鲜明，人才培养、科学研究和社会服务整体水平全面提升。提高质量、调整结构是当前我国高等教育发展的主要任务，职业本科教育的发展目标应紧紧围绕高等教育发展总目标来谋划，不断提高教育质量，促进职业教育结构优化和特色发展。

（二）职业本科教育的发展方式

教育发展方式是让教育目标成为现实的桥梁，发展方式为发展目标服务。① 为尽可能地使实际发展结果达到预设的发展目标，需确定一个有效的发展方式，以便更好地实现发展目标。要确立职业本科教育的发展方式，逻辑上需要用到“倒推法”，即分析当前职业本科教育的现状和存在的问题，从而确定要达到理想结果的发展方式。

无论通过何种教育机构、何种发展方式去实现职业本科教育的发展，还是这种发展方式的效果如何，都是基于本国政治、经济、文化、教育等背景，具有本国或地区特色。其他国家和地区的经验与教训值得我们借鉴，但我国职业本科教育发展方式的确定最终还要依据我国政治、经济、文化、教育的发展实际，是中国特有的、具有中国特色的。

---

① 褚宏启．论教育发展方式的转变［J］．教育研究，2011（11）：66.

受传统思想的影响，“重学历轻技能”“重普教轻职教”的观念根深蒂固，人们尚不能对职业教育与普通教育同等看待，更倾向于选择普通教育，职业教育始终处于弱势地位。但职业教育作为与经济发展联系最紧密的教育类型，被发达国家和地区誉为促进经济发展、提高国家竞争力的“秘密武器”。当前，构建现代职业教育体系已上升为国家发展战略，是未来十年我国职业教育改革和发展的重要战略任务。基于我国国情，我们认为发展职业本科教育应坚持“纵向单轨、横向双元”的发展方式。

“纵向单轨”，是指职业教育和普通教育在同一教育体系中具有同等重要的地位与对应的层次结构，主要实施高等职业教育类型的高校与主要实施高等普通教育类型的高校享有同样的权利，法律地位、学术地位和社会地位平等，二者只有类型区分，没有等级之分。“纵向单轨”能够提高职业教育地位，淡化“职业院校”标签，避免职业教育被边缘化。在淡化“职业院校”标签的同时，还应增强职业教育特色，避免高校间趋同。为此，在“纵向单轨”的基础上我们还要坚持“横向双元”。

“横向双元”是指立足于教育资源，在同一办学层次职业院校间要有适度、合理的分工，有趋向于举办职业教育的高等院校，也有趋向于举办普通教育的高等院校。引导高等院校合理定位，促进高校特色发展，促进高等教育平衡协调发展。在高等教育体系中，职业本科教育与本科层次普通教育统筹协调发展，不仅有利于高等院校之间的合作，还可减弱“重学轻术”等传统观念的影响，既有利于各高校发展自身特色，也有利于高等教育的质量和效益的整体提高。“纵向单轨、横向双元”的发展方式既弱化了“职业院校”的标签，又强化了职业教育特色，因而有利于促使我国职业本科教育朝着既定目标顺利前进。

四、相关保障机制

职业本科教育的产生和发展虽具有一定的客观必然性，但这种内生需要也需要外部的相关保障，以便其朝着正确的方向发展，否则再完善的发展规划也毫无意义。

（一）完善职业本科教育相关法律法规建设

完善相关法律法规建设是职业本科教育发展的基础。在修订法律法规时，既要关注整体架构，又要重视细节把握；既要在宏观层面为职业本科教育发展确立整体性框架，又要在中观层面、微观层面为职业本科教育的实施提供一些细节性指导，强调整体与细节的集成，纵向与横向的结合。明确法律法规内容，提高其可操作性、适应性。通过法律法规所特有的规范性、强制性和国家意志性，打造有利于职业本科教育发展的环境保障。

反观我国当前教育立法现状，《中华人民共和国职业教育法》已颁布实施了近20年，虽为我国职业教育改革提供了保障，但随着社会的不断发展进步，某些具体内容已不适应时代发展要求，需要尽快修订；《中华人民共和国高等教育法》也已颁布实施了近20年，存在不适应现阶段发展需求的条款，例如，高校自主权的落实，政府与大学的关系、计划与市场的关系处理等。当前国家正组织有关部门积极研讨有关《中华人民共和国职业教育法》和《中华人民共和国高等教育法》的修订工作。在修订《中华人民共和国职业教育法》时，应在法律层面落实《关于加快发展现代职业教育的决定》《现代职业教育体系建设规划（2014—2020）》所提出的发展职业本科教育的政策方针。在修订《中华人民共和国高等教育法》时，要明确职业本科教育在高等教育中的法律地位，明确应用技术大学与普通高校同等的法律地位。

（二）增加职业本科教育经费投入

随着职业教育人才培养层次的提升，办学所需的师资、实践设备等软硬件条件亟须提高，这就需要国家加大对职业本科教育的政策扶持和资金投入力度，提高其教育水平。职业本科教育特别强调对实践操作能力的培养，对硬件条件要求高，人才培养成本高于普通高校，因此在制定生均财政拨款标准时应略高于普通本科院校生均拨款标准。在部分地方本科高校向应用技术大学转型发展初期，应给予其鼎力支持和强力引导。针对高等教育需求增长与教育经费投入相对减少，高等教育资源短缺这一情况，需改变现有的单一政策拨款方式，引入绩效拨款方式。不仅以入学学生人数为基数进行拨款，还应注重产出和质量，在过程和出口环节引入绩效拨款方式作为辅助。根据高校的运行效率、经济贡献率、学生就业质量等指标设立激励性拨款项目，提高教育资源使用效率。为保证绩效拨款的效率，应确定绩效拨款目标和多样化的绩效标准，对不同类型的高校采用不同的测量标准和权重。

2021年全国职业教育大会认为，我国职业教育加大人力资本投入资源在社会。没有行业企业参与办不好职业教育。要加快由“办”职业教育向“管”职业教育转变，形成政府统筹管理、行业企业积极举办、社会深度参与的多元办学格局。一方面，创新政策措施“四两拨千斤”，支持国有企业办职业教育不动摇，支持民办职业教育不动摇，支持行业办学不动摇。只要符合国家标准，都应予以承认并纳入职业教育体系。另一方面，提高职业教育开放水平，有序吸引境外高水平职业院校来华合作办学，探索“中文+职业技能”的国际化发展模式，支持职业院校随中国企业“走出去”，打造具有国际竞争力的中国特色职业教育。①

（三）提高政府、高校管理效率

为全面提高行政管理效率，政府部门开始简政放权，扩大高校自主权，但这并不意味着政府可以放手不管，而是要求政府部门从管理型向监管型转变，把该放的权力要放弃，该管的工作要管好。在扩大高校自主权的同时，政府部门应加强对其进行宏观管理和指导，提高管理效率。同时，受计划经济时代管理思维影响，我国高校管理体制服务性不强，灵活性不够，创新性不足。为此，在兴办职业本科教育的过程中，高校行政管理应向着服务型、创新型、开放型管理模式迈进。

（四）加强高等教育评估

在提高高等教育服务效能的同时，政府应加强对高校的考核与评估。在评估过程中，政府、市场、院校三个不同主体有明显不同的价值需求。为了协调这种冲突，政府需采取相应政策措施，实现对职业本科教育的特色评估。

政府可以通过立法、行政政策、经济等手段行使权力。通过立法来构建高等教育的质量评估体系，使评估工作有法可依。依据法律、法规，制定灵活的、有针对性的政策和措施，宏观引导高等教育评估工作的有效实施。利用资助、拨款等经济手段引导并影响高等教育的发展。发挥市场机制的作用，引入专业的第三方参与教育评估。第三方的评估主要由中介机构完成，这种中介机构具有科学性、专门性特征，受市场机制的约束，中介机构通过其客观性、权威性的评估获得政府、高校以及社会的认可。②

（五）加强社会舆论引导

充分利用广播、电视、报纸、网络等媒体，加强对当前国家发展职业本科教育政策的宣传报道和舆论引导；对优秀技术人才的成绩和贡献等进行舆论宣传，引导人民群众树立正确的价值观、人生观和择业观，营造全社会注重职业本科教育发展的良好氛围。此外，职业本科教育的探索，涉及新的办学理念、新的教学方法、新的教育制度等，从招生、教学到就业，都要进行

---

① 陈宝生．办好新时代职业教育服务技能型社会建设［N］．光明日报．2021-05-01（07）．

② 闫飞龙．高等教育评价制度中的权力及其分配［J］．教育研究，2012（4）．

变革，教师、管理者、决策者等客观上需要有一个心理适应过程。因此，在职业本科教育发展初期，要在高校开展有关职业本科教育的讨论，让各类教育工作者认识到发展职业本科教育的重大意义，明确职业本科教育的人才培养目标、发展思路等，进一步统一思想，凝聚共识，为下一步发展奠定基础。

（六）自我改变职业教育形象

改变职业教育形象关键在自身。能否下好职业教育“一盘大棋”，最终要看能否打好办学质量的“翻身仗”。要坚持德技并修、育训结合，统筹推进专业设置、人才培养方案、课程教材、课堂教学和实习实训等环节改革，切实提高质量。要用好培养、引进、选育三大主渠道，加快“双师型”教师队伍建设；还要用好评价“指挥棒”，建立一套符合类型特点的评价体系，为学生接受高等职业教育提供适合的入学方式，引导职业院校积极培育各自的特色和核心竞争力。

总而言之，职业本科教育作为现代职业教育体系的一个重要教育类型，有着承上启下的重要作用，肩负着培养高层次技术应用型人才的重要任务。“十四五”期间，职业教育进入高质量发展新阶段，需要我们以习近平新时代中国特色社会主义思想为指导，落实立德树人根本任务，对标《中国教育现代化 2035》和《加快推进教育现代化实施方案（2018-2022 年）》，以构建高质量教育体系为总目标，切实增强职业教育适应性，加快形成具有中国特色、世界水平的现代职业教育体系，奋力把习近平总书记对职业教育“大有可为”的殷切期盼转化为职业教育战线“大有作为”的生动实践，为促进经济社会发展和提高国家竞争力提供优质的人才资源支撑。①

① 教育部．从“层次”到“类型”职业教育进入高质量发展新阶段［EB/OL］.（2020-12-08）. http：//www. moe. gov. cn/fbh/live/2020/52735/sfcl/202012/t20201208_503998. html.

第七章

专业学位研究生职业教育

我国职业教育的最高层次是研究生职业教育，研究生职业教育分为专业硕士、专业博士两个级别，与我国学术研究生及国外专业研究生教育基本一致，“是培养适应社会特定职业或岗位实际工作需要的应用型高层次专门人才”。① 2019 年，“职教二十条”之第四条明确指出：“加强专业学位硕士研究生培养。”② 新时代，适应国家创新驱动发展战略，我国专业学位研究生职业教育将获得更大的发展。

第一节　我国专业学位研究生职业教育发展现状

一般认为，我国专业学位研究生职业教育始于 1990 年的工商管理硕士（MBA）培养，至今已有 30 多年的发展历程，与国外专业学位研究生职业教育相比，我国专业学位研究生职业教育发展时间较晚，但发展速度较快，目前已占据我国研究生教育的半壁江山。

一、我国专业学位研究生职业教育发展总体状况

我国专业硕士研究生和工程博士研究生制度可以追溯到中华人民共和国成立初期的“研究院（或研究部）培养研究生”制度。中华人民共和国成立初期，清华、北大等大学“研究院”一直沿袭研究生制度。1949 年，人民政府直接接管了 107 名在校研究生，同年新招生 242 名研究生，重点培养国家急需的高校师资和科技人才。1951 年，由于国家经济快速发展和科技人才奇缺，政务院决定改革旧学制，实施新学制，研究生培养由原来的 3 年学制改

① 国务院学位委员会，教育部．关于加强和改进专业学位教育工作的若干意见（学位〔2002〕1 号）［EB/OL］．（2002-01-09）［2020-03-26］．http：//www.cdgdc.edu.cn/xwyyjsjyxx/xwbl/zcfg/zywj/263556.shtml.

② 国务院．关于印发国家职业教育改革实施方案的通知（国发〔2019〕4 号）［EB/OL］．（2019-01-24）［2020-08-20］．http：//www.gov.cn/zhengce/content/2019-02/13/content_5365341.htm.

为2年学制。1951年，全国高等学校本科毕业生只有17000人①，研究生更是凤毛麟角。1952年，全国在校研究生只有2763名。1963年，教育部颁布《高等学校培养研究生工作暂行条例（草案）》，这是我国第一部针对研究生教育的专门教育法令。1966年，研究生招生制度中断。1949—1965年，国家共招收研究生2.34万人，实际取得毕业证书的研究生只有1.64万人，每年平均不足1000人。这一时期的研究生，与当时的“教育与生产劳动相结合”学习方式相一致，一边在校学习理论知识，一边参加社会主义建设，虽然具有较强的职业性，但整体上是学术型研究生。

我国专业学位研究生教育始于1990年，伴随改革开放而生并深入发展，大抵可分为三个发展阶段。

（一）我国专业研究生教育的探索发展阶段（1990—2008年）

党的十一届三中全会以后，党和国家决定以经济建设为中心，实行改革开放。1977年，我国恢复高考；1978年，我国恢复研究生招生工作。同年，中国社会科学院和中国科学院先后成立研究生院，专门培养研究生。1980年，《中华人民共和国学位条例》正式颁布，规定了我国研究生的学位层次结构、招生方式、学位授予方式等。《中华人民共和国学位条例》是我国研究生教育进入法制化时代的重大标志。1984年，经国务院批准，北京大学、北京航空航天大学、华中理工大学（现为华中科技大学）、国防科学技术大学等22所高校试办研究生院。1986年，经国务院批准，中山大学、厦门大学、中国地质大学、中国协和医科大学等10所高校试办研究生院，这一时期培养的都是学术型研究生。随着社会对研究生高层次人才需求的急剧增加和改革开放的深入发展，1990年，部分教育界专家呼吁开展工商管理硕士（MBA）教育。同年，国务院学位委员会第九次会议审议并通过《关于设置和试办工商管理硕士学位的几点意见》。1991年，清华大学、中国人民大学等高校首先开展MBA教育，“开启了我国专业学位研究生教育的先河”。②

继MBA教育之后，职业教育性质的法律专业硕士、教育专业硕士等各类别专业学位教育先后发展起来，相关的专业硕士学位规章制度陆续建立。1998年，我国首次设置临床医学、口腔医学、兽医3个博士专业学位，开启

---

① 周恩来．谈新学制［M］//何东昌．中华人民共和国重要教育文献：1949—1975. 海口：海南人民出版社，1998：107.

② 黄宝印，唐继卫，郝彤亮．我国专业学位研究生教育的发展历程［J］. 中国高等教育，2017（2）：18.

了我国职业教育博士专业学位的先河；2008 年，我国设置教育博士专业学位。

这一阶段，我国专业研究生教育首先以 MBA 教育为改革的突破口，逐步延伸至各个专业研究生职业教育，初步建立了“专业学士—专业硕士—专业博士”三级专业学位体系，并相继设立了 19 种专业学位、3200 个专业学位授权点，先后制定《专业学位设置审批暂行办法》《关于加强和改进专业学位教育的若干意见》等管理制度。但由于处于探索发展阶段，总体招生规模不大。2008 年，我国专业硕士和工程博士招生总数只有 17.4 万人，且都是“在职研究生”。这一时期，我国研究生教育快速发展，但主体是学术型硕士和博士，专业型研究生职业教育只是一种新生力量。

（二）我国专业研究生教育的快速发展阶段（2009—2017 年）

2009 年，教育部党组经过研究，就专业学位研究生教育做出决定：一是扩大专业硕士研究生规模，当年新增硕士研究生名额全部放在专业硕士学位；二是从 2009 年开始我国专业硕士研究生正式招收全日制专业学位研究生（颁发毕业证和学位证），结束了我国专业硕士研究生只有“在职研究生”（单证）的历史，进入专业研究生教育“在职”与“全日制”并行阶段；三是减少学术型硕士研究生招生数，增招专业硕士研究生种类和数量；四是从 2009 年开始从应届本科生中招录专业硕士研究生。2010 年，国务院学位委员会办公室出台《专业学位教育发展总体方案》，明确把我国研究生分成学术型学位和专业型学位两大类，二者同等地位。2011 年，国务院学位委员会办公室出台《关于开展“服务国家特殊需求人才培养项目”——学士学位授予单位开展培养硕士专业学位研究生试点工作的通知》规定，即使没有招录学术型硕士的地方本科高校也可以直接招录专业硕士，同时批准具备专业硕士研究生培养条件的民办本科高校也可以举办专业硕士研究生教育。2014 年，教育部、国家卫计委等六部委联合下发《关于医教协同深化临床医学人才培养改革的意见》，专业医学硕士实行“5+3”培养学制，毕业生可同时获得硕士学历证书、硕士学位证书、医院医师证书、执业医师证书。

这一时期，是我国全日制专业硕士研究生快速发展阶段，国务院学位委员会办公室、教育部先后出台了《关于做好全日制硕士专业学位研究生培养工作的若干意见》《硕士、博士专业学位研究生教育发展总体方案》等重大政策，允许 1999 年以来新建本科高校试行专业硕士研究生教育，特别是出台专业硕士学位授予单位由“所在省（自治区、直辖市）学位委员会组织评审、报国务院学位委员会审批”管理制度，下放了专业硕士学位评审授权，使我国专业硕士研究生的招生数量、专业硕士研究生授权点数量均获得较大增长。截至2017年，我国专业研究生招生总量首次超过学术型研究生招生总量。是年，我国学术型硕士、博士招生共计401299人，其中学术型硕士招生320121人；而我国专业型硕士、博士招生共计404804人，其中专业型硕士招生402104人。

（三）我国专业研究生教育的提质增效阶段（2018年至今）

2017年之前，我国专业学位研究生教育是“规模扩张”阶段；2017年之后，我国专业学位研究生教育转入“审核评估”阶段。2017年3月，国务院学位委员会办公室颁布《博士硕士学位授权审核办法》，规定新增专业学位授权审批工作由原来的“每5年审批一次”修改为“每3年审批一次”①，并从本年度着手开始专业学位研究生教育“质量评估”工作。2018年，我国进入专业学位研究生教育大规模“审核评估”阶段，标志着我国专业学位研究生教育实现从规模扩张到提质增效的转变。经过2018年的专项评估，动态调整撤销了数十个培养质量“不合格”的专业硕士授权点，首次对不合格的专业硕士授权点“动真手术”。2019年2月，教育部《关于进一步规范和加强研究生培养管理的通知》明确规定：加大对包括专业硕士研究生在内“学位论文造假”的打击力度，对各类研究生学术不端、论文造假行为实行“零容忍”②，并推行硕士学位论文、博士学位论文“盲审”和“盲审专家一票否决制”。同年6月，成立单独指导专业学位研究生教育的政府机关——专业学位研究生教育指导委员会（以下简称“教指委”），开展“相应类别专业学位研究生教育研究、咨询、指导、评估”③ 工作。2019年，我国新增硕士招生名额5万人，全部投向专业硕士。是年，我国专业硕士招生规模达到474273人，超过学术硕士13.7万人。以中国矿业大学为例，2019年，该校招收硕士研究生共计3000名，其中，全日制专业硕士1060名、全日制学术型硕士研究生1260名，还有非全日制专业学位硕士研究生740名。全日制与非全日制两项合计，专业硕士招生总数是1800名。专业硕士与学术型硕士的比例为

---

① 教育部．博士硕士学位授权审核办法［EB/OL］．（学位〔2017〕9号）（2017-03-13）［2020-01-11］．http：//www.gov.cn/xinwen/2017-03/30/content_5182138.htm.

② 教育部．关于进一步规范和加强研究生培养管理的通知（教研厅〔2019〕1号）［EB/OL］．（2019-02-26）［2020-01-23］．http：//www.moe.gov.cn/srcsite/A22/moe_826/201904/t20190412_377698.html.

③ 国务院学位委员会，教育部，人力资源社会保障部．关于修订《专业学位研究生教育指导委员会工作规程》的通知（学位〔2019〕17号）［EB/OL］．（2019-06-03）［2020-02-22］．https：//www.acabridge.edu.cn/rencai/zwhzx/jiaoyuzx/201906/t20190614_1664283.shtml.

143：100。①

截至2019年，我国专业硕士学位研究生招生人数达到48.46万人（其中，专业博士10386人、专业硕士474273人），占硕士研究生招生总量的52.88%，在校专业硕士学位研究生达到147万人，占在校硕士研究生数的60.42%，形成研究生教育学术型与应用型人才并重的格局，具体如图7-1、表7-1至表7-3所示。

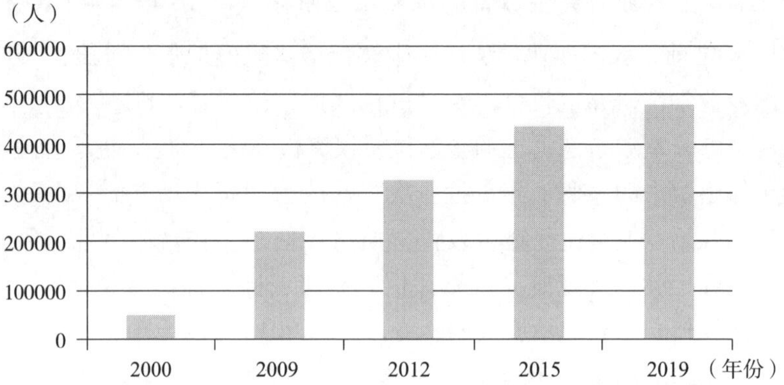

图7-1　2000—2019年我国专业硕士增长趋势

资料来源：笔者整理。

表7-1　2019年专业学位研究生与学术学位研究生招生数、在校生、毕业生人数比较

单位：人

类别	招生数			在校生			毕业生		
	合计	博士	硕士	合计	博士	硕士	合计	博士	硕士
学术学位	431844	94783	337061	1366951	401425	965526	491517	173574	317943
专业学位	484659	10386	474273	1496761	22757	1474004	454926	4310	450616

资料来源：教育部发展规划司发布的2019年教育统计数据。

表7-2　到2019年我国设立的40种专业硕士学位

专业硕士学位名称			
金融	应用统计	税务	国际商务
保险	资产评估	审计	法律
社会工作	警务	教育	体育

① 尹世平，刘双，王菲，等．对我国专业学位硕士研究生教育发展的思考［J］．高等建筑教育，2020（3）：109.

续表

专业硕士学位名称			
汉语国际教育	应用心理	艺术	翻译
新闻与传播	出版	工程	城市规划
文物与博物馆	建筑学	林业	农业推广
风景园林	兽医	临床医学	口腔医学
公共卫生	护理	药学	中药学
中医	工商管理	公共管理	会计
旅游管理	图书情报	工程管理	军事

资料来源：中国学位与研究生教育信息网数据中心。

表 7-3　2019 年我国设立的 6 种专业博士学位

专业博士学位名称					
临床医学博士	口腔医学博士	中医博士	兽医博士	教育博士	工程博士

资料来源：中国学位与研究生教育信息网数据中心。

二、我国应用型本科高校专业学位研究生职业教育发展情况

既然专业学位研究生是培养“高层次应用型人才”，那么培养专业硕士研究生的生力军应该是我国应用型本科高校。按照 2017 年教育部《关于“十三五”时期高等学校设置工作的意见》，目前我国高校可分为研究型高校、应用型高校和技术技能型高校三大类型。① 研究型高校主要是大学和老牌本科高校，应用型本科高校主要指 1999 年以来通过“专升本”途径转变而来的本科高校，技术技能型高校主要指专科性质的高校。截至 2019 年 6 月，应用型本科高校总计有 456 所（不包括尚未脱离“母体”的独立学院和“转设”的本科职业大学），占我国本科高校总数的 37%。我国应用型本科高校的专业学位研究生教育起步较晚，2011 年，国务院学位委员会办公室、教育部《关于“开展服务国家特殊需求人才培养项目”——学士学位授予单位开展培养硕士专业学位研究生试点工作的通知》，首次遴选 51 所应用型本科高校开展“培

① 教育部. 关于“十三五”时期高等学校设置工作的意见（教发〔2017〕3 号）[EB/OL]. (2017-02-04) [2020-09-18]. http://fzzx.zzuli.edu.cn/2018/1128/c2999a189213/page.htm.

养硕士专业学位研究生试点工作”①，51 所高校试点开展培养的专业硕士如表 7-4 所示。

表 7-4　2011 年 51 所应用型本科高校试点开展培养的专业硕士

学校名称	专业硕士学位类别
北京电子科技学院	电子与通信工程、硕士计算机技术硕士
华北科技学院	安全工程硕士
大连民族学院	计算机技术硕士、生物工程硕士
北京石油化工学院	机械工程硕士、化学工程硕士
北京城市学院	社会工作硕士
河北金融学院	金融硕士
北华航天工业学院	电子与通信工程硕士、航天工程硕士
河北传媒学院	艺术硕士
鞍山师范学院	教育硕士
沈阳工程学院	动力工程硕士、电气工程硕士
长春工程学院	建筑与土木工程硕士、水利工程硕士
吉林华桥外国语学院	翻译硕士
黑龙江东方学院	食品工程硕士
上海立信会计学院	审计硕士
上海电机学院	电气工程硕士
上海第二工业大学	环境工程硕士
淮阴工学院	化学工程硕士
南京工程学院	机械工程硕士、电气工程硕士
江苏技术师范学院	机械工程硕士、环境工程硕士
湖州师范学院	护理硕士
浙江万里学院	生物工程硕士、物流工程硕士

① 教育部．关于开展“服务国家特殊需求人才培养项目”——学士学位授予单位开展培养硕士专业学位研究生试点工作的通知（学位〔2011〕54 号）［EB/OL］．（2011-08-12）［2020-02-12］．https：//baike. so. com/doc/9940383-10287835. html.

续表

学校名称	专业硕士学位类别
浙江传媒学院	新闻与传播硕士
安徽科技学院	农业推广硕士
合肥学院	环境工程硕士
合肥师范学院	教育硕士
闽江学院	工商管理硕士
泉州师范学院	艺术硕士
厦门理工学院	电气工程硕士、车辆工程硕士
宜春学院	药学硕士
井冈山大学	社会工作硕士
南昌工程学院	动力工程硕士、水利工程硕士
济宁医学院	临床医学硕士
山东交通学院	交通运输工程硕士、船舶与海洋工程硕士
山东政法学院	法律硕士
安阳师范学院	汉语国际教育硕士
南阳师范学院	生物工程硕士
洛阳师范学院	教育硕士
黄冈师范学院	教育硕士
咸宁学院	药学硕士
湖北经济学院	会计硕士
邵阳学院	机械工程硕士、食品工程硕士
湖南人文科技学院	农业推广硕士
湖南工程学院	动力工程硕士、纺织工程硕士
广东金融学院	金融硕士
广西财经学院	会计硕士
重庆科技学院	石油与天然气工程硕士、安全工程硕士
黔南民族师范学院	教育硕士

续表

学校名称	专业硕士学位类别
绵阳师范学院	环境工程硕士
四川警察学院	警务硕士
西安医学院	临床医学硕士
西京学院	机械工程硕士、控制工程硕士

资料来源：笔者整理。

2014—2018 年，经国务院学位委员会办公室审核新建本科高校又新增一大批专业硕士授权点，部分见表 7-5 所示。

表 7-5　2014—2018 年我国部分应用型本科高校新增专业硕士学位点及硕士学位

学校名称	专业硕士学位类别
盐城工学院	化学工程与技术硕士、机械工程硕士
淮海工学院	公共管理硕士
北京物资学院	会计硕士
重庆三峡学院	旅游管理硕士
重庆科技学院	旅游管理硕士、公共管理硕士
厦门理工学院	电子信息工程硕士
贵阳学院	生物工程硕士、食品工程硕士
东莞理工学院	环境工程硕士、机械工程硕士
南昌工程学院	动力工程硕士、水利工程硕士
昆明学院	农业硕士
榆林学院	农业硕士、材料与化工硕士
钦州学院	渔业发展硕士、船舶与海洋工程硕士、国际商务硕士
合肥学院	材料与化工硕士
河南科技学院	教育硕士、农业推广硕士、机械工程硕士
郑州轻工业学院	社会工作硕士、会计硕士
中原工学院	动力工程硕士

2019 年 5 月，国务院学位委员会办公室、教育部《关于下达 2018 年学位

授权点专项评估结果及处理意见的通知》指出，此次“评估”包括研究型大学、老牌本科高校（1999 年之前成立的本科高校）和应用型本科高校所有的“专业硕士”，其中 28 个“不合格”专业硕士点、43 个“限期整改”专业硕士点、18 个“放弃授权”专业硕士点均为研究型大学或老牌本科高校，应用型本科高校的专业硕士点均“合格”。[①]

按照国务院学位委员会办公室《关于做好 2008—2015 年新增博士、硕士学位授予单位立项建设规划工作的通知》，本科高校申请专业硕士学位授予单位的基本条件如下：

（1）应为已获得学士学位授予权的高等学校；

（2）专任教师中具有博士学位的教师应有一定比例；

（3）近 5 年来，应承担一定数量的国家、省部级科研项目或具有重要经济社会效益的项目，并获得较高水平的成果；

（4）本科生培养质量较高；

（5）经过立项建设，能够达到较高的办学水平，保证硕士研究生培养和学位授予质量；

（6）立项建设结束接受验收前，应已获得学士学位授权 10 年以上。

按此规定，2006 年及之前“专升本”的应用型本科高校（210 余所）大部分应拥有一个及以上专业硕士建设点，而事实上目前只有 51 所“试点”学校，且大部分试点学校只有 1 个专业硕士学位试点。以 2014 年为例，我国专业硕士研究生达到 238747 名，而应用型本科高校培养的专业硕士研究生仅有 1200 名，“占当年专业硕士研究生总量的 5. 3%”。[②]

三、中国特色专业研究生职业教育体系逐步完善

考察我国 30 多年研究生职业教育发展，可以初步得出以下几个结论。

（一）我国专业学位研究生与学术学位研究生教育有较大的区别

尽管我国专业学位研究生教育与学术学位研究生教育“地位相同”，但是差别很明显。在培养目标上，学术型研究生教育主要培养理论和学术研究型人才，专业型研究生教育主要为社会培养产业经济和社会发展急需的应用型

---

① 国务院学位委员会办公室，教育部．关于下达 2018 年学位授权点专项评估结果及处理意见的通知（学位〔2019〕15 号）[EB/OL].（2019-05-24）[2020-03-24]. http://www.gov.cn/xinwen/2019-06/03/content_5397139.htm.

② 谭贞，刘海峰．新建本科院校转型发展模式研究 [M]. 北京：科学出版社，2017：149.

高层次人才；在学制上，学术型研究生教育一般是3年制，专业型研究生教育一般是2年制（部分为3年制）；在人才培养模式上，学术型研究生教育是高校教师培养，专业研究生教育则是校企“双导师”培养。

（二）我国专业学位研究生职业教育经历了一个循序渐进的探索发展过程

我国专业学位研究生职业教育没有“照抄照搬”国外专业学位研究生职业教育经验，而是经历了一个“渐渐开放”和“循序渐进”的吸收、改进和发展过程。首先，进行MBA教育“试验”，待试验成功后，总结经验，创新管理制度，逐渐在其他专业开展；其次，从开始只招录“在职”专业学位研究生，逐渐发展到招录“全日制”专业学位研究生；最后，谨慎地在研究型大学“试办”，再逐渐推广到老牌本科高校和地方应用型本科高校（1999年之后成立的应用型本科高校）。

（三）我国专业学位研究生职业教育发展极为迅速

专业学位研究生职业教育是改革开放的产物，我国于1990年开始的MBA教育就是学习借鉴了国外开展MBA教育的经验，其他专业学位研究生职业教育同样如此，在办学模式、管理模式、人才培养模式上大都借鉴了国外专业学位研究生教育的经验并加以改进完善。由于专业学位研究生教育适应了我国改革开放和经济发展的“沃土”，一旦落地生根，发展极为迅速，专业学位硕士研究生“招生规模从2009年的7.14万人扩大至2018年的43.98万人，增长幅度达516%”。[①] 2017年，专业学位硕士研究生招生总量超过了学术学位研究生招生总量，一跃成为我国硕士研究生的主体。

（四）我国专业学位研究生职业教育体系逐步完善

通过30多年的改革探索，我国已建立了“专业学位→专业硕士→专业博士”完整的专业学位高等职业教育体系。自2009年开始“全日制”专业硕士学位办学以来，本科高校应届毕业生可以直接参加“专业学位研究生招生考试”，从而实现了“专业学士学位”到“专业硕士学位”的渠道贯通。因为专业学位研究生职业教育主要培养国家与地方产业经济和社会发展急需的高端人才，到达博士一级，既是研究型人才，也是应用型人才，实际上已经很难区分是学术型人才还是专业型人才，这也是世界各国“专业博士学位”设置数量很少的原因所在。

---

① 研究生扩招：学硕相比十年前，招生名额反减少［EB/OL］.（2020-03-30）［2020-05-28］. https：//www.sohu.com/a/384194816_755288.

（五）我国专业学位研究生职业教育人才培养模式逐步完善

1990—2008 年，在专业学位研究生教育改革探索阶段，由于专业学位研究生教育主要由学术型大学承担，部分大学的部分专业学位硕士研究生教育采用学术型硕士研究生人才培养模式。2009 年后，国务院学位委员会和教育部及时纠正了这类错误，要求专业学位研究生必须采取“产教融合、校企合作”人才培养模式，实行校企“双导师”联合培养，专业学位研究生的毕业设计（毕业论文）必须来源于行业企业急需的应用技术研发与推广项目。自此，我国专业学位研究生教育人才培养模式逐步完善。

（六）我国专业学位研究生职业教育人才培养质量逐步提高

我国专业学位研究生就业率和就业质量始终高于学术学位研究生。在只招收“在职”专业学位研究生阶段，不存在“就业”问题。自 2009 年开始招收“全日制”专业学位研究生以来，国家加大了对专业学位研究生的管理力度，专业学位研究生就业率和就业质量依然高于学术学位研究生。以江苏省为例，该省 2018 年发布的“研究生教育质量年度报告”显示：“专业学位硕士研究生就业率比学术学位硕士研究生高 0.33%，毕业研究生平均月薪为 6343 元，专业学位硕士研究生平均月薪比学术学位硕士研究生高出约 5%。”①

第二节　我国专业学位研究生职业教育存在的主要问题

随着我国专业学位研究生职业教育快速发展，人才培养质量不高、校企合作不足、管理制度滞后等问题也逐渐凸显。新时代，加强专业学位研究生职业教育，是落实人才强国战略和创新驱动发展战略的重要支撑，更是高校提高自身内涵建设和发展水平的有效手段。

一、我国专业学位研究生职业教育存在的主要问题

（一）人才培养质量尚待提高

目前，无论是“在职”专业学位研究生教育还是“全日制”专业学位研究生教育，都存在人才培养质量不高的问题。一些“在职”专业学位研究生，由于学习时间有限、导师管理不够严格、参与创新活动不多、校企合作不够密切，导致其撰写的毕业论文语病百出；有些“全日制”专业学位研究生尽

① 洪流，汪霞．江苏省研究生教育质量年度报告（2018）［M］．南京：南京大学出版社，2018.

管有两年时间在高校就读，但出于同样的原因，其质量很难保证。无论是全日制还是非全日制专业学位研究生职业教育，都需要“真项目”培养（来自行业、企业急需的应用技术研发与推广项目或其他创新项目）。对于这一点，目前我国专业学位研究生职业教育整体做得不到位，导致专业学位研究生就业难、专业硕士研究生在社会上“低人一等”。

（二）专业与产业结合不够密切

专业学位研究生职业教育主要培养高层次应用型人才，客观上需要高校与行业、企业密切合作进行人才培养。但现实情况是：一方面，高校作为人才供给端，培养了过多的专业学位研究生，导致毕业生就业难；另一方面，行业、企业作为人才需求端，招不到合适的高水平应用型人才。造成这一局面的主要原因是高校专业学位研究生职业教育与实际需求相脱节，即高校专业学位研究生职业教育“学位点”设置落后于产业技术发展的节奏、研究生在读期间很少参与行业、企业急需的应用技术研发与推广项目，致使高校研究生人才培养与产业技术发展总是“不合拍”，加上社会“就业岗位增长相对迟缓”①，很难达到“平衡点”。我们通过对H省10所高校专业学位研究生走访调查发现：45.8%的受访者没有参加过行业、企业应用技术研发与推广项目（或创新项目）。参与行业、企业应用技术研发与推广项目或其他创新项目是提高专业学位研究生质量的重中之重，是专业学位研究生人才培养必不可少的教学环节。重要教学环节的缺失，必然导致人才培养质量的下降。

（三）人才培养模式有待创新

专业学位研究生职业教育客观需要实行“产教融合、校企合作”人才培养模式，而我国目前的专业学位研究生主要是由研究型大学和老牌本科高校承担的，受惯性思维影响，我国专业学位研究生培养“学术化”现象很普遍，有些专业学位研究生培养方案就是学术型研究生培养方案的“压缩饼干”。尽管专业学位研究生职业教育在招生考试、人才培养大纲、专业课程设置、导师指导、教学方法、课程考核、毕业论文管理等方面与学术型硕士研究生教育在“纸面上”差异较大，但具体到人才培养的各个环节，专业学位研究生职业教育主要还是“校内培养”，“双导师、双基地、真项目”式人才培养模式过多地停留在“纸面”上。

（四）专业学位研究生导师水平有待提高

专业学位研究生职业教育客观上需要“双导师”，但我国目前的专业学位

---

① 刘向东，李超峰．立足就业难问题看大学生考研热的原因［J］．农家参谋，2018（6）：177.

研究生职业教育“双导师”队伍有待加强。一方面，高校导师因教学、科研、服务任务重，抽不出更多时间和精力跑行业、去企业、下基层；另一方面，行业、企业导师由于工作繁忙、参与人才培养薪酬较低等诸多原因，在培养专业学位研究生上投入的时间和精力并不多，导致“双导师”制度在具体实践中“打折扣”。我们通过走访调查发现：48.3%的受访者认为在学习过程中没有真正受惠于“双导师”制度。不实行“双导师”制度，怎么能培养出行业、企业急需的高水平应用型人才？“双导师”制度一日不落实，提高专业学位研究生职业教育质量便是奢谈。

（五）行业、企业参与度有待提高

截至目前，我国高校与行业、企业联合培养专业学位研究生的长效机制尚未建立。“校地两张皮”“校行两张皮”“校企两张皮”现象普遍存在，高校与地方政府、行业、企业关系松散，不利于合作培养专业学位研究生。作为专业学位研究生需求端的行业、企业，没有参与专业学位研究生人才培养的“法定义务”。大中型企业的“核心技术研发”出于保密需要，不会轻易与高校合作研发；小微企业缺钱、缺人、缺技术，高校又往往看不上。种种原因，造成我国专业学位研究生“校地、校行、校企联合培养的长效机制”难以建立。

（六）区域布局结构不够合理

我国专业学位研究生职业教育区域布局结构不合理，急需专业学位研究生的中、西部地区专业学位授权点相对较少。截至目前，我国专业学位研究生职业教育授权点主要集中在研究型大学和老牌高校，而研究型大学和老牌高校主要集中于北、上、广等一、二线大城市、各省会城市和东南沿海工业经济相对发达地区。以 2019 年“非全日制专业学位招生院校”为例，北京市的 54 所高校拥有 102 个授权点，上海市的 18 所高校拥有 43 个授权点，江苏省的 25 所高校拥有 62 个授权点，浙江省的 13 所高校拥有 30 个授权点，广东省的 16 所高校拥有 38 个授权点，河南省的 11 所高校拥有 23 个授权点，而广西壮族自治区只有 4 所高校拥有 8 个授权点，贵州省只有 3 所高校拥有 7 个授权点，新疆维吾尔自治区只有 5 所高校拥有 11 个授权点，西藏自治区只有 1 所高校拥有 1 个授权点（西藏大学，教育硕士）。

二、原因剖析

（一）法律、法规和制度的缺失

专业学位研究生职业教育突出的特点就是“职业性”，是高等职业教育。

高等职业教育的健康发展客观上需要强有力的国家法律法规做保障。国外很多国家从国家层面的职业教育法和教育主管部门层面的高等学校职业教育法两个层面推进专业学位研究生职业教育。如德国的《联邦职业教育法》明确“专业硕士”职业教育，详细规定专业学位研究生必须参与行业、企业应用技术研发与推广项目或创新项目，研究生参与企业实践实习活动的“年薪不得低于500欧元”而且“逐年提高”；[①] 州政府根据专业学位研究生参与应用技术研发与推广项目或创新活动的实际情况，向相关行业、企业提供3000~6000欧元的支持经费；对于不参与专业学位研究生人才培养的行业、企业给予相应的处罚。我国国家层面的《中华人民共和国职业教育法》是1996年制定颁布的，全文没有出现“专业学位”或“研究生”字样，无法指导专业学位研究生职业教育。德国联邦政府每隔5年至迟10年都要对“职业教育法”进行重新修订，原因在于世界科技发展日新月异，“旧职业”消亡、“新职业”产生的节奏明显加快，只有常态性修订“职业教育法”才能跟上世界科技发展和市场需求的步伐。

（二）办学历史较短、经验不足

我国专业学位研究生职业教育办学历史较短、经验不足体现在两个层面。一是研究型大学专业学位研究生职业教育办学历史较短、经验不足。从1991年算起，至今只有30多年的发展历程，学术型学位研究生与专业型学位研究生“搅裹”在一起，很容易把专业型学位研究生当作学术型学位研究生加以培养。二是应用型本科高校专业学位研究生职业教育办学历史较短、经验不足。应用型本科高校专业硕士研究生职业教育始于2011年，至今只有12个年头，而且大部分应用型本科高校至今没有一个专业硕士研究生授权点，专业硕士研究生职业教育经验更加不足。实事求是地说，我国应用型本科高校专业硕士研究生职业教育基本模仿老牌本科大学学术型研究生培养模式，专业学位研究生职业教育主要还是“校内培养”，至今没有建立起真正意义上的产教融合、校企合作专业硕士研究生人才培养模式。

（三）基础较差、财力不足

不论是研究型大学的专业学位研究生职业教育还是应用型本科高校的专业学位研究生职业教育，都普遍存在“财力不足”问题。专业学位研究生职业教育客观上需要高校导师经常带领研究生走基层、下企业参与应用技术研

---

① 季丽云．德国联邦政府通过《职业教育法修订案》[J]．世界教育信息，2019（13）：75.

发与推广项目或其他创新项目，车旅费、生活费、研发费、实习费、材料费、调研费等是一笔不小的开支，很多高校在相关管理制度上并没有明确规定这些经费的来源。我们在访谈时，一位专业硕士研究生导师说：“我们也想带领研究生去企业参与应用新技术研发项目，但不是研发经费无着落，就是最基本的车旅费、生活费无着落。”由此可见，对于专业学位研究生校企合作培养，一方面高校财力不足，另一方面高校缺失相关管理制度。

（四）导师队伍水平参差不齐

专业学位研究生职业教育客观上需要实行“双导师”培养。截至目前，受多种因素制约，我国专业学位研究生导师队伍水平参差不齐。一是研究型大学专业学位研究生导师水平参差不齐。绝大部分导师水平较高、责任心很强，并严格按照产教融合、校企合作人才培养模式培养专业学位研究生，但个别导师主要关注学术型学位研究生的培养，对专业学位研究生只是“挂名培养”，甚至一年内只是象征性地“接见”几次专业学位研究生，让同届的学术型博士研究生或硕士研究生代替导师指导专业学位研究生。二是应用型本科高校专业学位研究生导师水平参差不齐。我国应用型本科高校专业学位研究生导师数量本来就少，且不少导师是校级或院级领导，日常校务工作繁重，用于指导、关心专业学位研究生的时间和精力明显不够。三是行业、企业专业学位研究生导师水平参差不齐，行业、企业导师应是该产业界的技术专家，或是该产业界的应用技术研发专家，或是该产业界的管理专家，但不少导师水平达不到业界导师水平，加之工作繁重，投入培养高校专业学位研究生的时间和精力相对较少。

（五）管理制度以及考核评估标准不够完善

科学、先进的管理制度及其考核评估标准是提高专业学位研究生培养质量的根本保障。我国现行的专业学位研究生职业教育管理制度及其考核评估标准，最具约束力的是国务院学位委员会制定的相关管理制度和考核标准。国务院学位委员会办公室与教育部学位管理与研究生教育司合署办公，实际上是挂靠教育部，是教育部的一个司级单位，国务院学位委员会成员大都是教育界权威专家。国务院学位委员会所制定的与专业学位研究生职业教育相关的管理制度及其考核评估标准主要还是“基于高校管理”，国务院学位委员会办公室对各高校专业学位研究生培养的考核评估属于“自家的大人管自家的孩子”。实际上，任何一所高校专业学位研究生职业教育水平的高低，终极评判者应是“相关行业企业”。国外很多国家的专业学位研究生职业教育最高管理机关是独立于政府之外的国家职业教育指导委员会，委员会成员中政府官员和行业、企业权威专家占比在2∶3左右。专业学位研究生职业教育管理制度及其考核评估标准更多是从政府、行业、企业角度进行制度设计。此外，独立于政府之外的“社会第三方”社会组织机构广泛参与专业学位研究生职业教育评估活动。

第三节　专业学位研究生职业教育的发展对策

专业学位研究生职业教育是我国高层次人才培养和高科技培育的重要途径。新时代，我国应逐步完善专业学位研究生管理制度，扩大高校专业学位研究生培养自主权，加大财政投入力度等，多措并举，着力提高专业学位研究生职业教育质量。

一、加强专业学位研究生职业教育的战略意义

（一）加强专业学位研究生职业教育，服务中华民族的伟大复兴

国与国之间的竞争，首先是高层次人才的竞争；高层次人才的水平高低、数量多寡直接决定一个国家“世界尖端科技人才后背力量”的水平和数量。新时代，各国间的科技竞争、人才竞争更加激烈，欲实现中华民族的伟大复兴，必须拥有世界一流的高科技力量，拥有一批高水平的人才队伍。作为直接培养高水平应用型人才的专业学位研究生教育，肩负着发展中国高科技，实现中华民族伟大复兴的重任。

（二）加强专业学位研究生职业教育，服务国家创新驱动、人才强国等发展战略

经过几十年的快速发展，高等教育为我国培养了大批高层次应用型人才，我国高层次科技人才大幅度增加。当前，我国从事STEM（科学、技术、工程和数学）方面工作的人才总数是美国、日本、德国的总和。创新驱动发展战略是我国经济发展新常态下的重大战略。在新常态背景下，依靠资源和成本消耗的经济发展模式不可持续，唯有依靠科技创新、智力创新才能立于不败之地。“二战”后，德国和日本均依靠“技术立国”崛起，而“技术立国”的秘密武器就是大力发展与高科技产业密切相关的专业学位研究生职业教育。“二战”后，美国之能够领跑世界70余年，主要是依靠高科技，而高科技的背后是高科技人才的支撑。专业学位研究生是高层次人才的一大源泉，是我

国尖端科技人才的后备军，是推动我国高科技企业创新发展的生力军。从某种意义上说，我国专业学位研究生水平高低、数量多寡直接关系创新驱动发展战略、人才强国发展战略、科技兴国发展战略、军事强国发展战略、可持续发展战略、乡村振兴发展战略等能否顺利实施。

（三）加强专业学位研究生职业教育，服务研究型大学“双一流”建设和应用型高校“产教融合”建设

国务院发布的《统筹推进世界一流大学和一流学科建设总体方案》提出“培养拔尖创新人才”“提升科学研究水平”“着力推进成果转化”等“建设任务”，以及“加快推进人才培养模式改革，推进科教协同育人”“加快完善与行业企业密切合作的模式，推进与科研院所、社会团体等资源共享，形成协调合作的有效机制”等“改革任务”，都直接涉及专业学位研究生职业教育，专业学位研究生职业教育质量的高低直接关系“双一流”高校建设成效。①

专业学位研究生职业教育对应用型本科高校发展尤为重要。2015 年 10 月，教育部等三部委出台的《关于引导部分地方普通本科高校向应用型转变的指导意见》第八条明确指出：“具有培养专业学位研究生资格的转型高校要建立以职业需求为导向、以实践能力培养为重点、以产学结合为途径的专业学位研究生培养模式。工程硕士等有关专业学位类别的研究生教育要瞄准产业先进技术的转移和创新，与行业内领先企业开展联合培养，主要招收在科技应用和创新一线有实际工作经验的学员。”② 国外很多新建本科高校都非常重视专业学位研究生教育，如美国奇点大学自办学伊始就开展研究生教育；欧洲应用技术大学绝大多数都开设了专业硕士研究生教育，如德国兰茨胡特应用技术大学开设有汽车产业与技术、电气工程与计算机科学、经济信息学等专业硕士学位。瑞士伯尔尼应用技术大学开设有生物医药工程、通信设计、组成及原理、保护与恢复、技术和计算机科学、应用计算机科学、木材和土木工程、木材技术、建筑学、商业管理、艺术教育、当代艺术实践、生命科学、农业和林业科学、音乐表演、音乐教育学、专业音乐表演、戏剧、物理治疗、护理学、社会工作、体育、体育科学 23 个专业硕士学位。国外应用技

① 国务院．统筹推进世界一流大学和一流学科建设总体方案（国发〔2015〕64 号）［EB/OL］.（2015-11-05）［2020-01-22］. http：//www. gov. cn/zhengce/content/2015-11/05/content_10269. htm.

② 教育部，国家发展改革委，财政部. 关于引导部分地方普通本科高校向应用型转变的指导意见（教发〔2015〕7 号）［EB/OL］.（2015-10-21）［2020-07-20］. http：//www. gov. cn/xinwen/2015-11/16/content_5013165. htm.

术大学与我国应用型本科高校同属一个办学层次，我国应用本科高校应积极创造条件，大力发展专业硕士学位研究生职业教育。只有大力发展专业硕士研究生职业教育，应用型本科高校才能快速提高办学层次、综合实力、社会影响力、高教竞争力、应用型人才培养质量、应用型科研水平和服务社会能力。此外，我国应用型本科高校加强专业硕士点建设是满足地方（区域）、行业、企业对高层次应用技术人才的现实诉求。地方（区域）、行业、企业要稳得住、留得住高水平技术研发人才和管理人才，地方高校与地方企业合作培养专业硕士研究生，不失为一个有效途径；地方高校与地方（区域）、行业、企业合作培养专业硕士研究生，是弥补地方（区域）“领军型、应用型高层次人才短缺”的重要手段。

二、加强专业学位研究生职业教育的主要任务

（一）加强专业学位研究生思想政治教育和职业道德教育

在专业学位研究生培养方案尤其是“非全日制”在职专业学位研究生培养方案中，要重点强调思想政治教育和职业道德教育。明确党对专业学位研究生思想政治教育的绝对领导，明确思想政治教育和职业道德教育要贯穿专业学位研究生校内学习和校外实践等人才培养的全过程，推进专业学位研究生思想政治教育工作的改革与创新，加强专业学位研究生思想政治教育的教师队伍和专门力量建设，加强专业学位研究生中国传统优秀文化教育，加强新时代以爱国主义为核心的红色文化教育，加强专业学位研究生世界观、人生观、价值观教育。通过专业学位研究生思想政治教育和职业道德教育，提高专业学位研究生思想政治素质，坚定专业学位研究生中国特色社会主义的道路自信、理论自信、制度自信、文化自信，坚定维护党中央权威和党中央集中统一领导，引导专业学位研究生树立正确的世界观、人生观、价值观。

（二）创新专业学位研究生培养模式

1. 完善产教融合型专业学位研究生培养方案

认真落实行业企业专家参与修订专业学位研究生培养方案制度。在专业学位研究生培养方案制定过程中，高校应邀请实践经验丰富的行业、企业管理人员和技术研发人员共同参与人才培养方案的制定，使教学链与产业链、人才链、创新链有机结合；实行专业学位研究生培养方案“动态式”修订制度。专业学位研究生培养方案最好每隔三年修订一次，使专业学位研究生培养方案与产业经济发展基本一致；强化应用型课程设计和应用型教学要求，

夯实专业学位研究生应具备的基础理论和基本能力；实行“模块化”课程学习方案。在研究生学习期间，应合理设计公共类课程学习模块、专业类课程学习模块、实践类课程学习模块和创新类课程学习模块。创新类课程学习模块重在提高研究生应用技术研发能力、创新能力和就业质量。创新类课程学习模块主要安排在研究生二年级阶段，以上四类课程学习模块可以“从根本上保证专业学位研究生职业岗位实践能力、创新能力的培养”。①

2. 创新产教融合型专业学位研究生主流教学方式

专业学位研究生主流教学模式是案例式还是项目式？这是专业学位研究生教育中一个非常关键的环节。目前，在专业学位方面教指委主推的教学方式是“案例式”，而且在官方网站上建立了案例教学数据库。国外应用技术大学专业学位研究生主流教学方式是“项目式”，“案例式”只是“项目式”的辅助教学方式。专业学位研究生在短短的2~3年学习期间，既要学习多门理论课程，又要参加项目或课题研究、进行科学实验或社会调研、撰写毕业设计（论文），“学习内容多与学习课时少”之间的矛盾突出，而解决这一矛盾最有效的手段就是实行“项目化”教学，把研究生平时参与的行业、企业应用技术研发、创新等“教学与科研一体化的项目”直接转化为研究生最后的毕业设计（论文），可大大节省研究生的学习和科研时间。同时，采取“项目式”教学，还可以通过应用技术研发与推广项目激发研究生学习兴趣、创新思维和学习动力，锻炼研究生发现问题、认识问题、分析问题、研究问题、解决问题的能力，动手查阅文献、分析文献的能力，以及组织管理能力、语言表达能力、团队协作能力。一言以蔽之，通过实战式“项目化”教学和科研，最能提高专业学位研究生的综合素质和创新能力。

3. 建立产教融合型专业学位研究生学习机制

专业学位研究生主要为地方或区域产业经济及社会发展培养高水平应用型人才，与此相适应，必须建立产教融合型专业学位研究生学习机制。一方面，在2~3年的学习期间，研究生至少有一半时间投入实践教学与实践学习；研一阶段的“实践教学”要根据专业学习的实际需要，实行“实践周”“实践月”教学和学习模式，把理论知识与产业知识紧密地结合在一起。另一方面，在研二阶段，研究生要结合行业、企业急需的应用技术研发与推广项目或其他创新项目，在校企“双导师”指导下，大力开展项目或课题的社会调

① 何晓瑶，段美萍．地方本科高校应用型课程体系构建的路径与实践［J］．高教学刊，2018（11）：85.

研、问卷访谈、数据采集与分析、实验实训、技术研发、技术创新、理论创新、成果创新活动。

4. 建立产教融合型专业学位研究生课程考核机制

改革专业课程“闭卷式”单一考核模式，鼓励研究生结合专业知识学习撰写相关的学术论文、社会调研报告，创作作品等活动，而与研究生相关的学术论文、社会调研报告、作品创作等创新成果则直接转化为专业课程成绩；工程专业学位研究生可用新产品研发、工程设计、发明专利产品、应用研究、工程或应用技术研发、调研报告等形式作为专业课程考核成绩，“逐步形成以创新质量和贡献为导向的评价考核机制”。①

（三）加强专业学位研究生科技创新活动

专业学位研究生直接参与行业、企业应用技术研发与推广项目或其他创新活动，有助于培养专业学位研究生的创新精神、探索精神，团队协作精神；有助于提高专业学位研究生的专业技术应用能力、创新能力、职业适应能力；有助于完善专业学位研究生的知识结构，激发专业学位研究生的求知兴趣和学习主动性，发展专业学位研究生的创造性思维，培养专业学位研究生的好奇心以及发现问题、分析问题和解决问题的能力，“对于培养创新型人才具有重要作用和意义”。②

与学术型学位研究生参与科研项目不同，专业学位研究生参与的科研项目应集中在服务地方（区域）企事业单位的先进技术研发、应用与推广项目，即“产学研用”合作项目。专业学位研究生与导师一起直接参与行业、企业“产学研用”合作项目是专业学位研究生教育最重要的人才培养特色。

1. 加大专业学位研究生应用技术研发与创新项目经费投入

为适应产教融合、校企合作专业学位研究生培养的需要，高校应每年设立“专业学位研究生应用技术研发与创新项目”专项资金，从资金上保障专业学位研究教育师生参与应用技术研发与推广项目以及其他创新活动的顺利实施。

2. 完善专业学位研究生参与应用技术研发与推广项目的管理体制和运行机制

高校应制定与完善专业学位研究生参与应用技术研发与创新项目管理办法，并有“所有应用技术研发与推广项目必须有一定数量的专业学位研究生

---

① 田勇．大力发展全日制硕士专业学位研究生教育的思考［J］．河南工业大学学报，2013（2）：147.

② 陈传锋，阙云颜．大学生参与科研活动与创新人才培养［J］．大庆师范学院学报，2009（5）：146.

参与”等必要的硬性规定。重大应用技术研发与推广项目由高校导师作为项目负责人，学校专业教师、行业企业专业技术人员与一定数量的专业学位研究生共同组成协同创新团队，校企“双导师”指导专业学位研究生共同开展应用技术研发与推广项目；由研究生自主联系的应用技术研发与推广项目，原则上由研究生担任项目负责人，由研究生自主组建协同创新团队，校企“双导师”主要起“技术指导”作用。

3. 完善校企“双导师”制指导专业学位研究生参与应用技术研发与推广项目制度

欧洲应用技术大学都非常重视专业学位研究生参与行业、企业的应用技术研发与推广项目的职业技术培养。例如，德国汉诺威应用技术大学明确规定专业学位研究生在“前两个学期参与开发两个大型项目”①，为第三学期、第四学期的毕业设计（论文）打好基础。我国专业学位研究生职业教育应积极推行“校企双导师制指导专业学位研究生参与应用技术研发与推广项目”培养制度，校内导师主要负责专业知识指导、项目申报、项目研发过程的组织、研发技术难题破解等；行业、企业导师主要指导研究生的应用技术操作、技术研发和成果应用。

4. 做好专业学位研究生应用技术研发、推广项目与毕业设计（论文）的衔接

专业学位研究生在第一学期和第二学期学习阶段参与应用技术研发与推广项目，一是充实专业学位研究生课堂教学内容和实践教学内容，二是为第三学期、第四学期毕业设计（论文）奠定基础。因此，研究生前期参与的应用技术研发、推广项目应与专业学位研究生毕业设计（论文）紧密衔接。校内导师应按照专业学位研究生毕业设计（论文）管理规范，在项目开始之前指导研究生做好应用项目与毕业设计（论文）二者之间的衔接工作以及研发过程日志记录工作。研发过程与研发数据、研发结论就是专业学位研究生的毕业设计（论文）的内容。

（四）加强专业学位研究生导师队伍建设

1. 加强专业学位研究生导师队伍师德、师风建设

2018 年，教育部颁布《新时代高校教师职业行为十项准则》，明确提出

① 邓泽民，董慧超．德国应用科学大学研究［M］．北京：科学出版社，2017：121.

了“规范职业行为，明确师德底线”① 新时代高校教师新要求。建立研究生导师队伍师德、师风教育专题会议制度，利用月例会、周例会等加强师德、师风教育，明确马克思主义、毛泽东思想和中国特色社会主义理论体系是研究生导师队伍师德、师风建设的指导思想；“强化政治纪律和政治规矩教育，提高高校教师的忠诚意识、纪律意识、担当意识”。高校教师要自觉增强“四个意识”，笃实坚定“四个自信”，坚决做到“两个维护”，牢固树立“底线意识”，自觉维护党和国家的利益和形象，努力躬行培养社会主义事业接班人的教师使命；遵守高校教师职业道德，以德修身、以德立学，德高为师、身正为范，努力做好青年研究生报效中华民族伟大复兴的铺路石；坚持教书与育人相统一，坚持问道与明理相统一，坚持言传与身教相统一，坚持底线与崇高相统一，坚持学术自由与爱党爱国相统一，爱岗敬业，为人师表。

2. 提高专业学位研究生导师队伍实践教学能力

潘懋元先生早就指出，“面对市场经济的冲击，中国高等教育应当及时、有效地调整”，变“被动适应”为“主动适应”。② 提高专业学位研究生导师队伍实践教学能力，一要明确提高专业学位研究生导师队伍实践能力的目的。“没有实践经验的教师在课堂上都是骗子！”③ 导师队伍参与行业、企业社会实践，并不是到行业、企业简单了解生产工艺流程、熟悉技术操作规范，而是重在参与行业、企业应用技术研发与推广项目，并为行业、企业发展提供建设性改进意见，反馈至对专业学位研究生的培养，提高专业学位研究生培养质量。二要明确导师队伍实践能力的内涵。导师队伍的实践能力，既包括实践教学能力，也包括专业理论教学能力、应用技术研发能力、科研成果转化能力和社会服务能力。三要明确导师队伍实践能力培养的主要任务。帮助行业、企业解决急需的应用技术研发与推广项目或帮助地方政府解决面临的社会热点、难点问题并提出智库对策是导师队伍实践能力培养的主要任务，而了解市场变化、熟悉产业最新发展动态则是导师队伍实践能力培养的次要任务。四要明确导师队伍实践能力培养的运行机制。参与学校内部教师发展中心的实践能力培训固然十分必要，但每隔 4 年到行业、企业进行为期半年的实践锻炼，并实质性地参与行业、企业应用技术研发与推广或管理提升项

① 教育部．新时代高校教师职业行为十项准则（教师〔2018〕16 号）［EB/OL］．（2018-11-08）［2020-03-22］．http：//www.moe.gov.cn/srcsite/20181115.html.

② 林金辉．潘懋元高等教育思想［M］．广州：高等教育出版社，2010：48.

③ 郑诚德．转型发展背景下新建本科院校师资队伍建设的思考［J］．闽江学院学报，2016（1）：103.

目则是教师提高实践能力的主要机制。五要明确导师队伍实践能力培养的合作机制。建立高校与合作单位（行业、企业）高层次人才合作交流机制非常必要，导师队伍到行业、企业参与实践活动，行业、企业管理人员、技术人员也要到高校参与教学活动，双方优势互补、平等交流、互惠互利，合作共赢。

3. 完善校外导师的评聘制度

专业学位研究生培养客观上需要实行“双导师”制度。校外导师（具有高级职称的管理人员或技术研发人员）水平的高低、指导态度、指导深度直接关系专业学位研究生培养质量，因此遴选具有丰富专业知识且具有高度责任感的行业、企业专家极为关键。为此，一要制定校外导师评聘管理制度，明确外聘专业学位研究生导师的基本条件，严禁“烂聘”；二要明确校外导师的责任与义务，校外导师主要任务是参与研究生培养计划、实践教学、应用研究项目研发指导、毕业设计（论文）选题指导、毕业设计（论文）指导、毕业设计（论文）答辩等培养工作；三要实行行业、企业导师证书制度，对符合专业学位研究生培养要求的行业、企业导师颁发合作导师证书；四要明确校外导师的合理报酬，根据校外导师参与专业学位研究生培养的广度、强度和深度，制定科学合理的薪酬制度，鼓励多劳多得；五要建立健全校外导师的激励机制和考核制度，既要制定明确的激励政策，又要制定明确的惩罚政策，激励并约束校外导师全程参与专业学位研究生的培养过程，提高校外导师对专业学位研究生培养的参与度和指导效率。

4. 完善“双导师”交流沟通机制

校内导师与校外导师交流沟通不畅是校外导师人才培养缺位的重要原因，应充分利用现代通信技术加强校内导师、校外导师与研究生之间的联系；制定校外导师、校内导师和研究生相互沟通的管理制度，如每两个月举行一次例会，重点研讨双方之间开展的合作项目以及研究生指导问题，“及时解决学生在专业学习和实践中遇到的各种问题”。① 明确校内导师和校外导师各自的职责，校内导师的职责是“全程指导”，校外导师的职责是“过程辅导”，“指导”与“辅导”不能主次颠倒。

（五）提高专业学位研究生毕业设计（论文）质量

毕业设计（论文）是专业学位研究生人才培养过程中非常关键的一个环

① 吴婧. 金融专业硕士培养存在的问题及对策研究［J］. 当代教育实践与教学研究，2020（6）：56.

节。从某种意义上说，研究生的毕业设计（论文）代表了研究生的培养水平。

1. 选题务必来自“真项目”、论文指导务必实行“双导师”制

要加强专业学位研究生毕业设计（论文）的指导。督促指导研究生研一下半年至迟研二上半年确定选题并完成初步研究工作，研二上半年基本完成毕业设计（论文）的主要内容。选题务必来自“真项目”，“真项目”有两种，一种是校内导师在研科研项目的“子课题”；另一种是来自行业、企业急需的应用技术研发与推广项目或创新作品。论文指导务必实行“双导师”制，避免毕业设计（论文）与行业、企业及社会发展实际相脱节。

2. 专业学位研究生毕业设计（论文）形式多样化

专业学位研究生毕业设计（论文）形式应有别于学术型研究生毕业设计（论文）形式，“学位论文形式可以多种多样，可采用调研报告、应用基础研究、规划设计、产品开发、案例分析、项目管理、文学艺术作品等形式”。① 但必须撰写相应的调研、研发、创作过程报告，详细叙述课题来源、研究价值、研究或创新经过、研发或创新时间、成果应用或采纳情况、成果展望以及亟待改进之处。

3. 做好专业学位研究生毕业设计（论文）的修改与答辩工作

由于校内导师和校外导师工作繁忙，对专业学位研究生毕业设计（论文）“修改指导不到位”情况客观存在。为此，一是加强专业学位研究生毕业设计（论文）的开题报告管理工作。既要认真考察毕业设计（论文）的难易度和可行性，又要充分征求校外导师的参考意见，并通过开题报告尽可能多地向学生提供参考资料、相关数据、研究方法和研究路径。二是加强研究生毕业设计（论文）的过程指导，实行研究生每月定期汇报制度，及时了解学生在研究过程中遇到的各种问题并提供指导意见。三是校内导师一定要认真修改学生的毕业设计（论文），严把毕业设计（论文）质量关，严禁抄袭、剽窃等学术不端行为。同时，指导学生合理利用其他学术成果。四是做好毕业设计（论文）的预答辩工作。对“预答辩”教师提出的各种问题必须听从但不能盲从。五是做好研究生毕业设计（论文）的答辩工作。指导学生做好毕业设计（论文）的答辩准备工作，尽可能地帮助学生事先设计答辩过程中校内专家和校外专家可能“提问”的问题以及应答策略，帮助学生顺利通过答辩。

① 教育部．关于做好全日制硕士专业学位研究生培养工作的若干意见（教研〔2009〕1号）［EB/OL］.（2009-03-19）［2020-02-23］. http：//www. moe. gov. cn/srcsite/A22/moe_826/200903/t20090319_82629. html.

（六）加强专业学位研究生培养“双基地”建设

1. 加强专业学位研究生培养校内基地建设

校内实验室、实训室、研究中心、大学生创新创业园等人才培养基地是专业学位研究生培养的主阵地。校内导师应根据专业学位研究生研究项目的实际需要，合理安排相应的实验室、实训室等硬件设施，同时要合理安排好专业学位研究生的试验时间，及时添置研究生试验所需的先进设备，为专业学位研究生实践教学和应用研究创造较好的校内研究条件。

2. 加强专业学位研究生培养校外基地建设

校外培养基地是专业学位研究生培养的另一阵地。高校应按照合作共赢、互利互惠、共建共享的基本原则，与校外企事业单位共建专业学位研究生培养基地。高校导师要选择好校外合作对象，尽可能选择有技术需求、有长期合作培养意向且在本行业内具有一定代表性的企事业单位作为合作伙伴。双方要签订合作协议，协议要明确合作双方的权利和义务，明确合作共建的战略目标和约束性管理制度，既要为专业学位研究生提供平时实践教学服务，又要为专业学位研究生提供应用技术研发与推广等毕业设计（论文）科研服务。

三、完善专业学位研究生职业教育的保障措施

（一）完善与专业学位研究生职业教育相关的法律法规

1. 完善国家层面的职业教育法

《中华人民共和国职业教育法》于 1996 年 5 月颁布，至今已有 26 个年头。职业教育法不同于高等教育法，职业教育法应随市场需求的变化定期调整修订。德国联邦职业教育法大概每 5 年即修订一次，以适应市场需求的快速变化。《职业教育法修订草案（征求意见稿）》于 2019 年 12 月对外发布。然而，《职业教育法修订草案（征求意见稿）》有关职业教育止步于“本科职业教育”，没有提及“专业硕士”职业教育。[①] 相关法规缺少“专业硕士、工程博士”专业学位研究生职业教育内容，不仅导致各级政府财政无法依法支持专业学位研究生职业教育，而且意味着行业、企业无法依法参与专业学位研究生职业教育。一些国家的职业教育法大都涵盖“专科、专业硕士、工程博士”职业教育，并实现各个层级职业教育的融通。从法理角度来看，新

---

① 杜云英．职教法修订草案回应现实关切［N］．中国教育报，2019-12-24.

的职业教育法应增加专业硕士、工程博士、大学后职业教育、终身教育等职业教育内容，既有利于构建中国特色职业教育体系，推进产教融合、校企合作职业教育教学改革，又有利于提高行业、企业参与高等职业教育的积极性。

2. 完善与专业学位研究生职业教育相关的法律法规

截至目前，我国与专业学位研究生职业教育相关的法律法规相对较少，且大都由教育部及国务院学位委员会办公室颁布，而不是以国务院名义颁布的，对行业、企业缺乏约束力。欧洲很多国家对专业学位研究生的培养特别强调专业学位研究生“工作场所”培养及“与劳动力市场需求的匹配度与适切性”①，如德国联邦职业教育法明确规定：达到某一规模的企业必须参与高校人才培养，不参与高校人才培养属于“非法”行为；对参与高校人才培养的企业，联邦政府和州政府根据学生参与应用技术研发与推广项目或简单的技术技能培训的情况给予3000～6000欧元的企业补助。② 我国教育部制定颁布的《关于做好全日制硕士专业学位研究生培养工作的若干意见》等相关法规，没有对行业、企业做出明确的“奖罚”规定。这是导致我国行业、企业“参与人才培养积极性不高”的重要原因之一。我国拥有世界上最大规模的高等教育体系，让全部行业、企业都参与高校人才培养不现实；让各级政府财政投入资金支持行业、企业参与高校人才培养也不现实。目前，可供选择的有效途径就是鼓励高校教师带领学生参与行业、企业急需的应用技术研发与推广项目，并给合作单位在人才、技术、资金、信息、服务等方面带来实实在在的效益，进而改善校企之间人才培养方面的合作关系。

（二）扩大高校专业学位研究生录取自主权

一些国家高校在专业学位研究生招生方面享有较大自主权，基本采用“学生注册申请—导师团审查录取”的自主招生制度，让高校尤其是导师享有更多自主权，以便招录到优秀的本科毕业生。我国在研究生招生方面，也开始逐渐扩大高校自主权，允许部分重点高校“自主确定研究生复试分数线”，尝试给高校研究生招生一定的自主权。2011年，教育部出台《关于开展研究生专业学位教育综合改革试点工作的通知》，允许高校专业学位研究生招生推行“推免制度”。“推免”即“保研”，“推免制度”是至今我国专业学位研究生招生制度力度最大的改革措施，经过10多年的实施，证明是非常成功的，绝大多数高校和

① 荀顺明．欧盟职业教育政策研究［M］．北京：人民出版社，2017：87.

② 中国教育科学研究院课题组．欧洲应用技术大学国别研究报告［R/OL］．(2013-12-10)［2020-02-22］．https：//wenku. baidu. com/view/007f1e66fbb069dc5022aaea998fcc22bcd143fc. html.

导师认为“推免生优于统考生”。[①] 2013 年，教育部出台《关于深化研究生教育改革的意见》明确指出：“建立博士研究生选拔‘申请—考核’机制，发挥专家组审核作用，强化对科研创新能力和专业学术潜质的考察。”[②] 首次允许在博士招生中实行“申请—考核”招生制度。新时代，为适应专业学位研究生教育快速发展的需要，必须进一步实施专业学位研究生招生制度改革，“确立招生单位和导师在研究生入学选拔中的主体作用，以选拔更多具有学术潜力和创新潜能的人才”。[③] 国家在专业硕士研究生招生中可尝试“申请—考核”制度，把招生自主权交给导师专家团，进一步完善“导师专家团”（非导师个人）考核录取管理制度，保证“申请—考核”招生制度客观、公正、公平。

（三）扩大专业学位研究生招生规模

研究生属于高层次人才，对中华民族的伟大复兴至关重要。随着国际形势的变化，特别是一些西方国家在高科技领域对我们施行专业限制，出国攻读硕士、博士学位的学生人数呈现下降趋势，为适应这一变化，我国高校扩大包括专业学位研究生在内的研究生教育规模势在必行。

1. 适当扩大“双一流”大学专业学位研究生招生规模

2019 年，我国新增研究生数量约 5 万人，未来一段时间，可考虑每年新增 1 万人，70%配置给工程硕士、20%配置给高端服务业专业硕士、10%配置给农业专业硕士，以增加高水平工程技术人才、高端服务业人才和高端农业人才。此外，目前专业硕士研究生导师每年只招生 2 名，可适当增加 1 名。在“后疫情”时代，本科生就业困难加大。适当扩大专业学位研究生招生规模，既可以为国家培养高层次人才，又可以缓解本科生就业压力。

2. 适当扩大“双一流”大学专业博士研究生的招生规模

博士研究生目前仍是稀缺人才。近年来，我国专业博士研究生的数量虽然逐年增多，但总体规模较小，远不能满足各行各业对博士研究生的实际需求。目前，我国仅有教育、兽医、临床医学、口腔医学、工程、中医 6 种专业博士学位，种类过少。工程博士类仅有北京大学等 24 所重点大学拥有电子信息、机械、材料与化工、资源与环境、能源动力、土木水利、交通运输、

---

① 2020 年全国研究生招生调查报告［EB/OL］.（2020-06-06）［2020-08-25］. http：//www.360doc.com/content/19/1230/21/15645370_883195120.shtml.

② 教育部．关于开展深化专业学位研究生教育综合改革工作的通知［R］. 2015-06-23.

③ 陈亮，王晓杰．改革开放 40 年我国研究生招生政策的变迁逻辑与发展走向［J］. 四川师范大学学报，2019（1）：92.

生物与医药8个工程博士学位授权点，工程博士学位授权点过少。为此，一要适当增加专业博士学位种类，建议增加“交叉学科专业博士”“国家公共卫生专业博士”等专业博士；二要适当扩大工程专业博士研究生的招生规模。通过增加工程专业博士学位授权点高校和扩大工程专业博士研究生招生规模两条途径，扩大“双一流”大学专业博士研究生的招生培养规模。

3. 适当扩大应用型本科高校专业硕士研究生招生规模

我国应用型本科高校是专业学位研究生职业教育的生力军，应该制定出台加强应用型本科高校专业硕士研究生教育的指导意见，落实研究生类型教育，适当增加应用型本科高校专业学位研究生教育授权点和招生人数。一是对全国100所“产教融合发展工程建设项目应用型本科高校”的“新增授权点”进行审批，适当放宽条件，争取使每所“产教融合发展工程建设项目应用型本科高校”获得1个专业硕士学位建设点，给每所“产教融合发展工程建设项目应用型本科高校”专业硕士研究生职业教育“锻炼”的机会。二是，对于100所“示范校”以外尚未开展专业硕士研究生职业教育的应用型本科高校，根据“成熟一个、开展一个”的原则，对基本符合专业学位研究生职业教育要求的应用型本科高校授予专业硕士学位建设点。

（四）加大专业学位研究生职业教育的投入力度

1. 加大各级政府的财政投入力度

目前，与其他国家相比，我国中央财政、省级财政对专业学位研究生职业教育的支持力度是比较大的。但市级财政对专业学位研究生职业教育的支持力度比较小，主要是由“校地两张皮”所导致的。专业学位研究生职业教育主要为地方或区域培养高水平应用型人才，市级财政理应加大支持力度。地方本科高校应加强与地方政府的联系，建立“校地命运共同体”，以产学研合作项目为纽带，以推动地方产业经济和社会发展为目的，争取地方市级政府财政资助。

2. 加大行业、企业的支持力度

国务院学位委员会办公室《硕士、博士专业学位研究生教育发展总体方案》指出：“引导并鼓励行业、企业与社会团体、专业组织积极介入专业学位教育。”① 国外行业、企业资助资金大多成为专业学位研究生培养的最大经费来

① 国务院学位委员会办公室．硕士、博士专业学位研究生教育发展总体方案（学位〔2010〕49号）［EB/OL］.（2010-09-18）［2020-02-15］. http：//edu. sina. com. cn/kaoyan/2010-10-22/1007271920. shtml.

源，我国在短时期内尚无法达到这一目标。为此，一方面对参与专业学位研究生教育的企业，“在税费减免、财政支持、资金补贴、参与治理”① 等方面给予补偿；另一方面高校应树立亲近行业、亲近企业的主动服务意识，充分利用地缘、人缘等优势，加强与地方行业、地方企业的联系，合作开展应用技术研发与推广项目，合作共建应用技术研发与创新平台，合作开展先进应用技术职业培训，通过实实在在的服务争取地方行业、企业的资金支持。

3. 加大培养高校的资金投入力度

高校不能“等靠要”，须知高校既是专业学位研究生培养的主体，也是专业学位研究生培养的第一投资主体。不管是研究型大学、老牌本科高校，还是应用型本科高校，都应加大对专业学位研究生培养的投入力度。一是设立专业学位研究生培养专项资金，重点支持专业学位研究生职业教育的硬件和软件建设；二是明确每年支持专业学位研究生培养经费的净增额度，即每年支持资金净增额度不得低于多少万元；三是设立专业学位研究生应用与创新项目专项资金，专门支持在专业学位研究生职业教育中导师与研究生的应用技术研发与推广项目以及其他创新项目。

（五）完善专业学位研究生培养的管理制度

1. 加强专业学位教育的指导与督查

目前，我国对专业学位研究生职业教育实行中央（教育部学位管理与研究生教育司，即国务院学位委员会办公室）、地方政府（教育厅学位管理与研究生教育处）和学位授予单位（高校研究生院）三级管理体制。各专业学位研究生培养单位（高校）最关切的是国务院学位委员会办公室的质量“评估”，可以说，国务院学位委员会办公室的“审核评估”是提高我国专业学位研究生培养质量的最佳抓手。可以预见，专门管理专业学位研究生教育的教育部职业院校教学（教育）指导委员会（以下简称“教指委”）成立后，对我国各高校专业学位研究生职业教育的指导、考核、评估、整改、监督职能将进一步加强，作为专业学位研究生职业教育的专业性领导组织，教指委将发挥其他组织无法替代的指导和监督作用，指导和监督高校专业学位研究生理论教学和实践教学、项目研发、毕业设计等人才培养各个环节的创新与改进；同时，发挥其特殊“桥梁作用”，督促高校加强与各级政府、行业、企业

---

① 和震，李玉珠，魏明，等．职业教育产教融合制度创新［M］．北京：科学出版社，2018：190.

之间的实质性联合培养，“推动专业学位教育人才培养工作中高校与社会的对接”①，进而提高专业学位研究生培养质量。

2. 完善“政府—高校—产业”，共建共享专业学位研究生职业教育管理体制

美国学者亨利·埃茨科威兹指出：“大学、产业与政府被抽象为在经典创新体制下彼此有着不同关系的相互缠绕的螺旋线。”② 亨利·埃茨科威兹的“三螺旋”创新发展模式的启示意义在于：我国专业学位研究生职业教育必须改变单一的教育主管部门封闭管理体制，加入政府、产业的管理要素，实现多元化管理体制。为适应国家创新驱动发展战略的需要，我国专业学位研究生职业教育应逐渐构建“政府主导、行业指导、高校和企业双主体、中介参与”“五位一体”（五螺旋）的创新管理体制。其中，地方政府在专业学位研究生职业教育中居主导地位，起领导作用；地方行业在专业学位研究生职业教育中居指导地位，起督导作用；地方高校在专业学位研究生职业教育中居主体地位，起供给作用；地方企业在专业学位研究生职业教育中居主体地位，起应用作用；社会中介组织在专业学位研究生职业教育中居参与地位，起桥梁作用，具体如图 7-2 所示。

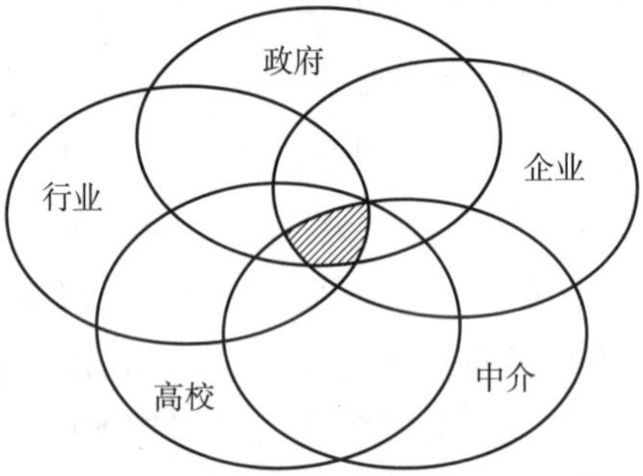

图 7-2　政府—行业—高校—企业—中介“五螺旋”专业学位研究生创新管理体制

3. 完善专业学位研究生的考核评估体系

目前，我国专业学位研究生培养质量有三套考核评估体系，一是国务院学位委员会办公室制定的考核评估标准体系，二是高校自身制定的考核评估

① 黄宝印，王顶明．充分发挥学位中心职能助力研究生教育高质量发展［J］．学位与研究生教育，2018（3）：4.

② 埃茨科威兹．国家创新模式：大学、产业、政府“三螺旋”创新战略［M］．北京：东方出版社，2005：16.

标准体系，三是社会行业组织制定的考核评估标准体系。在三套考核评估体系中，国务院学位委员会办公室考核评估和社会第三方考核评估属于外部强制力，而真正起决定作用的是高校内部自我考核评估。内部自我考核评估属于内动力，外动力只有借助内动力才能真正发挥作用。基于此，专业学位研究生培养高校应制定科学的专业学位研究生内部教学质量保障体系，其评估标准框架设计如图 7-3 所示。此外，培养高校要重视社会第三方评价评估结果，特别是来自行业、企业的提问，要及时应答、及时整改。国务院学位委员会办公室制定的《硕士、博士专业学位研究生教育发展总体方案》指出："社会行业组织作为独立的第三方，参与硕士、博士专业学位教育的质量评价、监督和指导，将政府监管机制和市场监控机制有机结合，充分发挥市场机制对专业学位教育质量的保障作用。"① 实际上，社会舆论及社会评价"均直接或间接地影响着专业学位研究生的培养方向，并更大程度地约束和监督专业学位研究生培养单位的办学行为"。②

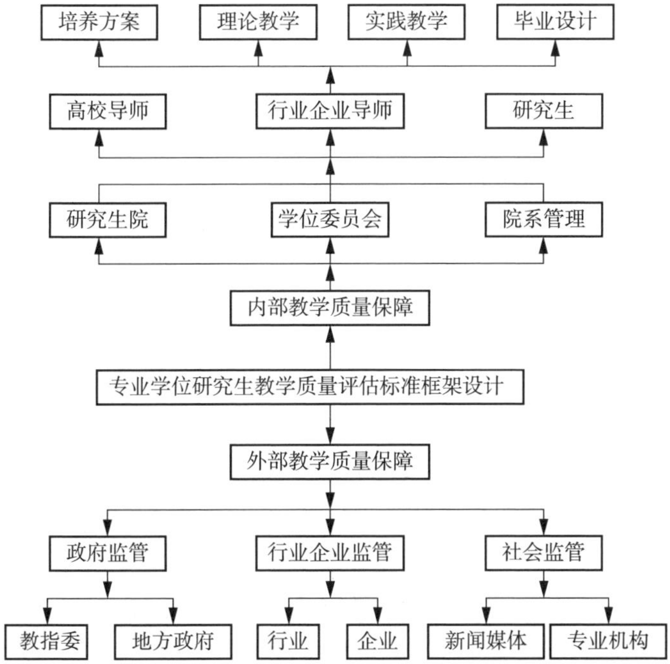

图 7-3 专业学位研究生教学质量评估标准框架设计

① 国务院学位委员会办公室．硕士、博士专业学位研究生教育发展总体方案（学位〔2010〕49 号）[EB/OL].（2010-09-18）[2020-02-15]. http：//edu. sina. com. cn/kaoyan/2010-10-22/1007271920. shtml.

② 王梅，李小雪，马韶君．我国专业学位研究生教育质量标准框架的构建［J］. 职业技术教育，2020（1）：28.

（六）新增专业硕士学位授权点适当向中西部高校倾斜

我国专业硕士研究生教育“东重西轻”，“过分集中东部经济相对发达地区”的地域布局亟待改变。一方面，每年毕业的研究生大量涌向北、上、广、深等一线城市和东南沿海经济相对发达的二、三线城市；另一方面，广大中西部地区现有的副教授、教授等高层次人才，“孔雀东南飞”流动到东南沿海地区。受地域和财力限制，中、西部地区高校加大研究生高层次人才培养力度是解决中、西部地区高层次人才短缺的有效途径。

1. 把每年新增的专业硕士学位授权点2/3配置给中、西部地区本科高校

建议教育部、国务院学位委员会办公室专门制定中、西部专业硕士研究生教育实施方案，改革我国专业硕士学位授权点审核标准。东部地区“双一流”建设大学、“211”大学、行业性大学、应用型本科高校数量众多，中、西部地区“双一流”建设大学、“211”大学、行业性大学、应用型本科高校数量相对较少，平均分配新增专业硕士名额对中、西部地区显然不公平。制定特殊优惠帮扶政策，适当降低专业硕士学位授权点的评审标准，如“授权点必须有10年相关专业学士学位教育”一项可以考虑取消。因为地方产业经济发展及转型节奏较快，10年时间过长。地方本科高校专业硕士研究生职业教育主要与地方主导产业和特色产业的相关行业、企业合作共建，并服务地方主导产业和特色产业发展。如果不实行中、西部地区专业硕士研究生招生优惠帮扶政策，我国研究生高层次人才“东重西轻”的大结构、大布局就很难改观。

2. 把每年新增的专业硕士研究生招生名额2/3配置给中、西部地区本科高校

国务院学位委员会办公室、教育部出台的《关于加强和改进专业学位教育工作的若干意见》指出：“加大为西部地区培养专业学位人才的力度，积极支持西部地区专业学位教育的发展。”① 2019年，我国新增专业硕士研究生5万余名，平均分配给全国专业硕士学位授权点，实际上是“向东南地区倾斜”。为适应中、西部地区高层次人才建设和人才队伍建设的实际需要，教育部、国务院学位委员会办公室可制定特殊政策，把每年新增专业硕士研究生名额的2/3配置给中、西部地区本科高校。

---

① 国务院学位委员会办公室，教育部．关于加强和改进专业学位教育工作的若干意见（学位〔2002〕1号）［EB/OL］．（2002-01-19）［2020-03-16］．http：//www.cdgdc.edu.cn/xwyyjsjyxx/xwbl/zcfg/zywj/263556.shtml.

3. 允许中、西部地区应用型本科高校研究生导师每年可多招生1名专业学位研究生

制定特殊优惠政策，允许中、西部地区本科高校专业硕士研究生导师每年增加1名招生名额；增加名额必须面向行业、企业在职工作人员，实行非全日制在职培养，尽最大努力让中、西部地区的高层次人才留在本地工作，为中、西部地区崛起提供更多的高层次人才支撑。

（七）加强地方应用型本科高校专业硕士学位培育点建设

之前，国务院学位委员会办公室把重点放在工程博士、专业硕士学位点的建设工作上。为适应地方经济和社会创新驱动发展的现实需要，国务院学位委员会办公室应把工作关注点由“建设”转向“培育”，实行应用型本科高校专业学位研究生职业教育“建设”与“培育”“双轨制”，加强应用型本科高校专业硕士研究生培育点建设。

1. 做好专业硕士研究生职业教育的基层设计规划

目前，应用型本科高校虽然都极力争取举办专业硕士研究生职业教育，但大都没有制定专业硕士研究生职业教育发展规划。只有“应用技术型本科教育+专业硕士研究生职业教育”才是完整的应用技术型本科高校人才培养体系，欧洲很多应用技术大学如此，中国特色应用型本科高校也应如此。转型发展和产教融合发展工程建设“示范校”应早做打算，成立研究生管理组织机构，周密调研、科学谋划、统筹规划、合理布局、错位发展；紧密结合地方（区域）产业特色和主导产业，产教融合、校企合作制定适合自身发展需要的专业硕士研究生职业教育发展规划。

2. 加强专业硕士研究生职业教育的组织领导和机构建设

2017—2018年是我国应用型本科高校专业硕士研究生职业教育发展的一个重要时间节点，首批51所应用型本科“试点高校”专业硕士研究生职业教育质量考核评估结果总体较好，没有“不合格”或“有待改进”的高校。“十四五”期间，那些还没有专业硕士学位研究生职业教育建设点的高校，应该加强以学校主要领导（校长）为第一责任人的领导小组建设和专业硕士研究生培养相关机构（研究生管理办公室）建设。

3. 组织实施专业硕士研究生职业教育建设工程

“十四五”期间，我国应用型本科高校尤其是转型发展和产教融合发展工程建设项目“示范校”，应有组织、有针对性地开展专业硕士研究生职业教育

建设工程。建设工程应有明确的发展目标、指导思想、建设任务和保障措施。建设工程应以具体的行动计划做支撑，行动计划至少包括专业硕士培育点建设行动计划和专业硕士研究生职业教育行动计划，前者重在“培育”，后者重在“建设”。专业硕士培育点建设行动计划应立足学校少而精的优势特色学科专业集群，积极创造条件，与区域研究型重点大学联合开展专业硕士研究生职业教育，跨学科、跨专业、跨行业、跨校际合作共建专业硕士教学点，积累专业硕士研究生职业教育办学经验。云南保山学院与云南大学软件学院联合，在保山学院设立培养专业学位工程硕士（信息化与管理专业）教育点，这一经验值得借鉴。专业硕士研究生职业教育行动计划应进一步加强专业硕士教育教学的内涵建设，通过实质性产教融合、校企合作，突出专业硕士研究生职业教育的职业性、实践性、学术性和应用性，真正提高专业硕士人才培养质量。①

---

① 谭贞，刘海峰，等．新建本科院校转型发展模式研究［M］．北京：科学出版社，2017：153.

第八章

非学历职业教育

非学历职业教育是职业教育的重要组成部分，在职业教育中占据重要位置，涵盖了农民工职业技能教育、失业人员职业培训教育、退役军人就业技能培训教育、城乡未继续升学的初高中毕业生技能培训教育、服刑人员等特殊群体的培训教育、技工院校的职业教育和在岗职工职业技能培训等。非学历职业教育关系经济发展的效益和规模，关系经济结构的转型升级，也关系社会的稳定和谐，应特别重视并强化这一类型的职业教育。因为篇幅有限，本章重点关注技工院校的职业教育和在岗职工职业技能培训教育。

第一节　技工院校职业教育

我国是制造大国，但距离制造强国还有一段较长的路要走，这就需要培养更多的高质量技术技能人才，以应对经济社会发展带来的挑战。全国职业教育大会创造性提出了建设技能型社会的理念和战略。我们要高举“技能型社会”这面旗帜，加快构建面向全体人民、贯穿全生命周期、服务全产业链的职业教育体系，加快建设国家重视技能、社会崇尚技能、人人学习技能、人人拥有技能的技能型社会，让技术技能“长入”经济、“汇入”生活、“融入”文化、“渗入”人心、“进入”议程。① 技工院校职业教育是职业教育的重要组成部分，是非学历职业教育的主导，对提高公民的技术技能和促进就业及经济社会发展具有重要意义。未来，技工院校的发展壮大将在我国向制造强国迈进过程中发挥至关重要的作用。

一、技工院校的概念和意义

当下，社会对技工院校的认知还不够全面，职业教育的管理者，对技工

① 陈宝生．办好新时代职业教育服务技能型社会建设［N］．光明日报，2021-05-01（07）．

院校的认知也比较肤浅。所以，有必要对技工院校的概念、作用、发展历程、办学模式等加以明确。

（一）技工院校的概念

技工院校是对技工系列不同层次学校的总称，由人力资源和社会保障部门统一管理，同时接受当地教育行政部门的业务指导，主要招收对象是完成义务教育的应往届初、高中毕业生，有学习技能愿望的各类适龄打工者、辍学者、退伍军人、下岗失业人员等，培养目标是使学习者掌握一门实用型技能，进而成为业内技术能手，因而在课程安排上强调动手实操能力。毕业颁发人力资源和社会保障部门印制的技工院校毕业证书和职业资格证书。学制较为灵活，根据不同专业、不同学习层次逐步提升，一般在2年以上，实行入学注册制和分阶段注册制。

从概念上可以看出，技工院校与一般学校相比有以下不同点。

1. 管理部门不同

技工院校的管理部门是人力资源和社会保障部门，非教育行政部门，教育行政部门只对其办学进行业务指导。按照责权利相统一的原则，人力资源和社会保障部门享有对学校办学层次、标准、学制规模、评价体系、人事、财务、教学、教材开发等方面的管理权利，同时承担着建设学校、筹措教育经费等方面的义务。

2. 招收对象不同

技工院校的招收对象一般是应往届初、高中毕业生，有学习愿望的社会不同群体，包括辍学者、打工者、退伍军人、下岗失业人员、农民工等，学习者不需要参加任何形式的考试即可入学，招生范围非常广泛，对年龄没有特别要求。

3. 招生方式不同

技工院校由于没有纳入地方中招计划平台，一般由学校自主招生，学校给教师分配一定的招生任务指标，动员全体教职工招生。

4. 培养目标不同

技工院校主要培养实用型技能人才，与学历职业教育培养的目标一致。但是它更注重实践操作技能的培养，以培养技术工人为主，一般不培养应用型、创新型科学研究人才。

5. 颁发的证书不同

由人力资源和社会保障部门和技工院校给技工院校毕业生颁发毕业证书

与职业资格证书。毕业证书是学生学习层次的体现，职业资格证书是学生专业技能水平的体现。一般学校仅给毕业生颁发毕业证书（本科以上颁发学位证书），一般不颁发职业资格证书。

6. 学制不同

技工学校的学制根据专业和学习层次确定，一般中级工学制是 2~3 年，如烹饪专业中级工 2 年；高级工学制一般是 4~5 年；预备技师（技师）学制一般是6~7年。中等专业学校学制一般为 3 年，专科学校学制一般是 2~3 年，本科学校学制一般为 4 年。近年来，为了推动毕业生顺利就业，提升技工院校毕业生的社会地位，人事部出台了有关政策规定："全日制技工院校中级工班、高级工班、预备技师（技师）班分别参照中专、大专、本科学历，在参加公务员招录、企事业单位招聘以及确定工资薪酬、职称评定、职位晋升等方面享受相关待遇。"

（二）发展技工院校的重大意义

习近平总书记在关于职业教育的重要论述中指出，发展职业教育意义重大，支持职业教育发展。技工院校在职业教育中占据重要地位，发挥着重要作用。

1. 技工院校可为实现中华民族伟大复兴的中国梦做出重要贡献

技能型人才在推进自主创新方面具有不可替代的重要作用。2009 年 12 月 21 日，胡锦涛视察珠海市高级技工学校，在了解技能型人才培养和毕业生就业情况后，语重心长地说："没有一流的技工，就没有一流的产品。现在我国技术工人特别是高级技工非常匮乏。希望同学们刻苦学习文化科学知识，潜心钻研专业技能，努力成为高素质技能型人才。"

发展职业教育是实施科教兴国和人才强国战略的重要途径。2014 年，习近平总书记就加快发展职业教育作出重要指示，要求各级党委和政府把加快发展现代职业教育摆在更加突出的位置，更好支持和帮助职业教育发展，为实现"两个一百年"奋斗目标和中华民族伟大复兴的中国梦提供坚实的人才保障。① 2017 年，习近平总书记在致中华职业教育社成立 100 周年的贺信中也指出中华职业教育社要更好地服务社会，不断为促进我国职业教育发展，为实现"两个一百年"奋斗目标、实现中华民族伟大复兴的中国梦做出新的

① 人民网．习近平就加快发展职业教育作出重要指示更好支持和帮助职业教育发展为实现"两个一百年"奋斗目标提供人才保障［EB/OL］．(2014-06-24)［2021-08-24］．http：//cpc.people.com.cn/n/2014/0624/c64094-25189804.html.

更大的贡献。[①]

2. 技工院校教育是促进教育公平的重要手段

如何发展更加公平的教育，习近平总书记在2019年8月考察甘肃省张掖市山丹培黎学校时强调，区域之间发展条件有差异，但在机会公平上不能有差别，解决这个问题，关键是要发展教育，特别是职业教育。[②] 技工院校教育因入学门槛低，生源广泛，学习形式灵活，强调动手实操，使很多偏好技能但文化水平较低的适龄孩子、辍学生再次获得了教育机会，点燃了心中希望之灯。

3. 发展技工院校教育是打赢脱贫攻坚战的重要保证

2015年11月，习近平总书记在中央扶贫开发工作会议上的讲话中指出，贫困地区教育事业是管长远的，必须下大气力抓好。脱贫攻坚期内，职业教育培训要重点做好。[③] 技工培训教育具有政策性、乡土性、规模性、操作性、引领性、短平快等特点，一个贫困家庭的孩子如果能接受职业教育，掌握一技之长，能就业，这一户脱贫就有希望。

4. 发展技工院校教育是解决教育主要矛盾的重要途径

进入新时代，我国社会的主要矛盾已经转化为人民日益增长的美好生活需要和不平衡不充分的发展之间的矛盾，教育领域的主要矛盾也已经转化为人民日益增长的美好教育需要和教育不平衡不充分的发展之间的矛盾。“人才有高下，知物由学。”技术技能人才培养也需要学习和教育。发展技工院校是充分培养技术技能人才的迫切需要。近年来，全国省、市各级教育主管部门先后制定了1∶1职普比例目标，这是发展职业教育，鼓励愿意学习技能的孩子发展个性、学习掌握一门技能的重要举措，成为解决教育发展不平衡不充分问题的重要途径。

5. 发展技工院校教育是教育供给侧结构性改革的重要途径

当前，高等教育和中等专业学校教育所培养的人才并不能满足社会对各类人才的需求，尤其是社会对技术技能型人才的需求，需要发展技工院校来

---

① 习近平致中华职业教育社成立100周年的贺信［EB/OL］.（2017-05-05）［2020-09-24］. http：//www.xinhuanet.com/2017-05/05/c_1120926038.htm.

② 习近平：发展职业教育，我支持你们！［EB/OL］.（2019-08-21）［2021-08-07］. http：//www.xinhuanet.com/politics/leaders/2019-08/21/c_1124901817.htm.

③ 习近平在中央扶贫开发工作会议上的讲话［EB/OL］.（2015-11-29）［2020-10-29］. http：//www.yonghedj.gov.cn/info/1053/1819.htm.

满足社会对技术技能型人才的需求，更好地服务经济和社会发展的需要。

（三）技工院校的发展历程

技工院校的历史可以追溯到晚清时期的实业学堂。中国的第一所技工学校，是晚清船政大臣沈葆桢 1868 年为培养造船修船的技术工人在福建船政系统内开设的艺圃。[①] 中华人民共和国成立后，技工院校得到了较大发展。大体可以分为五个阶段。

1. 快速发展阶段（1949—1965 年）

中华人民共和国成立后，全国积极学习借鉴苏联的技工院校办学模式，各地纷纷建立技工院校培养企业工人。这个时期，技工院校成为企业职工技术技能培训的主要基地，培养了大批技术技能型人才，为社会主义改造和建设做出了突出贡献。

2. 停滞倒退阶段（1966—1976 年）

1966 年开始的“文化大革命”，对教育造成了很大的冲击和损失，技工院校也未能幸免。这一时期，技工院校教育基本停滞，甚至出现了倒退。

3. 稳步发展阶段（1977—1999 年）

“文化大革命”结束以后，教育得以全面恢复，技工院校开始沿着正确的道路稳步前行。20 世纪 90 年代，全国技工院校达到 4000 多所，每年为国家培养 100 多万名技术工人，为社会主义现代化建设做出了突出贡献。

4. 转型发展阶段（2000—2018 年）

迈入 21 世纪，随着经济社会的快速发展，教育也得到了较大发展，尤其是 1999 年以后高等教育扩大招生规模，高等教育由精英化走向大众化并逐渐普及化，人们对教育的思想观念也在逐步发生改变，技工院校在办学实践中逐渐不被社会所认可。这一时期，技工院校发展陷入低谷，技工学校纷纷转型发展，数量在逐渐减少。2019 年 7 月，教育部公布的《2018 年全国教育事业发展统计公报》显示：2018 年，技工学校 2379 所，比上年减少 111 所；技工学校招生 128.55 万人，比上年减少 2.36 万人；技工学校教职工 26.67 万人，比上年减少 1854 人；技工学校专任教师 19.81 万人，比上年减少 740 人。

5. 蓬勃发展阶段（2019 年至今）

党中央、国务院高度重视职业教育的发展，2019 年提出了职业教育要扩

---

① 人力资源和社会保障部关于组织开展技能人才队伍建设暨技工院校招生宣传活动的通知［EB/OL］.（2009-03-24）［2021-05-28］. https：//code. fabao365. com/law_69551_4. html.

招 100 万的计划；2019 年 2 月，国务院印发了《国家职业教育改革实施方案》，在七大方面出台重大举措来办好职业教育。技工院校教育作为职业教育的重要组成部分，迎来了新的发展契机。2020 年 5 月，教育部公布的《2019 年全国教育事业发展统计公报》显示：技工学校 2392 所，比上年增加 13 所；技工学校招生 142. 95 万人，比上年增加 14. 41 万人；技工学校在校生 360. 31 万人，比上年增加 18. 67 万人；技工学校毕业生 98. 42 万人，比上年增加 8. 13 万人。

（四）技工院校的办学层次

技工院校办学层次可以分为技工学校、高级技工学校和技师学院三级。按照 2012 年 1 月 31 日人力资源社会保障部印发的《技工学校设置标准（试行）》《高级技工学校设置标准（试行）》《技师学院设置标准（试行）》，三个层次的技工院校有不同的办学模式。

1. 技工学校

技工学校是办学层次最低的技工院校。技工学校实行学制教育与职业培训并举、学校教育与企业培养相结合的办学模式。技工学校培养适应现代化生产、服务需要的中级技工，同时面向社会开展各类职业技能培训，并承担职业技能鉴定和就业服务等任务。

2. 高级技工学校

高级技工学校是比技工学校高一级的技工院校。高级技工学校实行学制教育与职业培训并举、学校教育与企业培养相结合的办学模式。高级技工学校培养适应现代化生产、服务需要的中、高级技工，同时面向社会开展各类职业技能培训和师资培训，并承担职业技能鉴定和就业服务等任务。

3. 技师学院

技师学院是办学层次最高的技工院校。技师学院实行学制教育与职业培训并举、学校教育与企业培养相结合的办学模式。技师学院重点培养适应现代化生产、服务需要的高级技工、预备技师，同时面向社会开展各类职业技能培训和师资培训，并承担企业技师和高级技师的提升培训与研修交流、考核鉴定与评价等任务。

二、我国技工院校发展现状、存在的问题及原因分析

我国技工院校发展历史久远，在技术技能人才培养方面取得了显著成效，培养了数以亿计的技术技能型人才。但是，也存在一些短板和问题。

（一）我国技工院校发展现状

1. 国家出台的一系列政策，为技工院校发展提供了强大支持

2010 年，中共中央、国务院印发《国家中长期人才发展规划纲要（2010—2020 年）》，专门部署了高技能人才队伍建设的任务；2014 年 6 月，国务院印发《关于加快发展现代职业教育的决定》；2014 年 12 月 23 日，人力资源社会保障部印发《关于推进技工院校改革创新的若干意见》；2016 年 12 月，人力资源社会保障部印发《技工教育“十三五”规划》；2018 年 2 月，教育部等六部门印发《职业学校校企合作促进办法》；2018 年 5 月，国务院印发《关于推行终身职业技能培训制度的意见》；2019 年 2 月，国务院印发《国家职业教育改革实施方案》；2019 年 5 月，国务院办公厅印发《职业技能提升行动方案（2019—2021 年）》。这些政策的出台，为技工院校发展提供了强大支持，坚定了技工院校发展的信心。

2. 经济快速发展，为技工院校发展提供了广阔的空间

近年来，国家实施了科教兴国战略、人才强国战略、创新驱动发展战略、乡村振兴战略、军民融合战略、“一带一路”倡议、西部大开发战略、振兴东北老工业基地战略、京津冀协同发展战略、长江经济带发展战略、粤港澳大湾区建设战略、海南自由贸易试验区建设战略、长三角一体化发展战略、黄河流域生态保护和高质量发展战略等一系列重大发展战略，为地方经济发展注入了新的活力，推动了地方经济快速发展，同时为技工院校发展提供了广阔的空间。

3. 技工院校为社会培养了大批的技术技能型人才

全国 2000 多所技工院校适应经济结构、产业结构转型优化升级的要求，牢记教育使命，勇于担当，以提升劳动者职业素质和职业技能为目标，以培养技工和高级技工为重点，培养了一支门类齐全、技艺精湛的高技能人才队伍，其中技师、高级技师达到 1000 万人。

以驻马店技师学院为例，学院位于河南省驻马店市北经济开发区创业大道 1096 号，占地 420 亩，作为一所高等职业技工院校，现有教职工 497 人，其中高级讲师及以上职称的有 124 人，“双师型”教师有 226 人；全日制在校生 8600 余人，年培养高技能人才 2800 余人，年开展各类职业技能培训与鉴定 10000 多人次。

4. 技工院校办学定位进一步明确，办学特色进一步彰显

目前，技工院校已明确分为三个层次，技师学院主要承担培养高级技工

以上技能人才任务，属职业教育高层次技能人才培养范畴；高级技工学校主要承担中级工、高级工培养任务；技工学校主要承担中级工培养任务，属中等职业教育。三个层次的技工院校培养目标侧重点不同，人才培养模式也有区别。技工院校是国民教育体系的重要组成部分，人力资源开发的重要组成部分，构建劳动者终身职业培训体系的重要载体，培养技能人才的重要平台，承担技工教育、职业培训、技能鉴定、竞赛集训、公共实训、就业服务及造就大国工匠综合性技工教育培训基地。很多技工院校在职业培训、技能鉴定、竞赛集训等方面形成了特色，成为职业教育不可或缺的重要力量。如驻马店技师学院在办学实践中形成了特色，成为“国家级高技能人才培养基地”“河南省高技能人才培养示范基地”“河南省技能人才公共实训鉴定示范基地”“河南省城乡劳动者技能培训品牌基地”“国家中等职业教育改革发展示范学校”，对驻马店职业教育事业发挥着引领、示范和带动作用。

5. 技工院校办学主体多元化，校企合作进一步深入

为充分发挥市场机制作用，国家和地方政府鼓励行业、企业、个人等社会力量兴办技工教育，形成了以公办技工学校为主体，民办技工院校、社会职业培训学校、混合所有制学校为补充的多种所有制类型技工院校。出台了校企合作政策法规，明确政府、企业和学校责任，完善校企联合育人机制，鼓励技工院校自办企业和实习工厂模式。技工院校与行业企业在专业设置、课程建设、师资培养和利用、技术开发、教学评价、招生就业等方面有较深入的合作，基本形成了专业链与产业链对接、课程内容与职业标准对接、教学过程与生产过程对接的三对接模式。驻马店技师学院积极探索和推动校企合作，已与富士康集团、中国人本集团、中集集团、美的集团、江苏杰士德精密工业有限公司、昆山科森科技股份有限公司、厦门天马微电子有限公司、美课锐捷科技有限公司、宇通公司、天方药业、昊华骏华、白云纸业、河南龙翔电气设备有限公司等省内外50多家大中型知名企业建立深度稳定的校企合作关系。一是开展“订单培养”。学院与企业共同商定人才培养计划，制定教学内容，确定教学方式及人才考核评价标准。企业选派技术骨干对学生讲授专业课程、指导实习，并为“订单培养”学生提供奖学金。二是实施“工学交替”和“顶岗实习”。学院和企业共同完成人才培养任务，分阶段进行人才培养。组织机械专业学生到富士康昆山有限公司、电气自动化专业学生到厦门天马微电子有限公司的顶岗实习，信息工程系等系部二年级部分学生工学交替学习。三是校企共建生产性实训基地。学院与驻马店阳光驾校开展合

作，建设校内汽车驾驶训练场；与南京众盛汽车联盟合作建设汽车维修、汽车美容实训基地；与富士康科技集团合作建设数控加工实训基地；与江苏杰士德精密工业有限公司合作建设电气自动化实训基地。四是与企业开展合作，共建“二级学院”。学院先后建立“龙翔电气学院”“美课锐捷电商学院”；与河南省祥荷餐饮有限公司深度融合建立了“驻马店中央厨房商学院”，培养食品检测、食品营养师等专业人才。

6. 技工院校人才培养质量有较大提升，社会就业率较高

近年来，多数技工院校积极应对机遇和挑战，注重高端引领、内涵发展，突出高质量发展。以适应现代农业、先进制造业、现代服务业、战略性新兴产业发展需求为导向，着力加强专业建设。例如，2020 年秋，漯河技师学院依托机械工程系与企业合作开设“工业互联网与大数据应用”专业，提升了机械工程系原有数控、数铣专业建设质量。多数技工院校根据岗位技能需求，进行课程改革，重组课程内容，拟定课程标准，改革考核方式等，提高了学生的职业素养、专业技能。此外，积极开展职业生涯规划指导、就业教育等，提高了学生的就业能力。技工院校学生就业率一直保持在 90%以上，就业单位层次、就业对口率及起薪逐渐提高。近几年，驻马店技师学院毕业生就业情况良好，89%的学生可专业对口或相近就业，就业率达 98%，特别是机械类、自动化控制、服务类毕业生供不应求。企业对毕业生表现很满意，各专业毕业生基本待遇：计算机专业在驻马店市内综合工资为 3200 元左右、河南省内 3800 元左右、河南省外 4200 元左右；机械类及电气自动化类在驻马店市内综合工资为 4000 元左右、河南省内 4700 元左右、河南省外 5500 元左右；汽车类专业在驻马店市内综合工资为 3000 元左右、河南省内 4000 元左右、河南省外 4600 元左右；服务类专业在驻马店市内综合工资为 3200 元左右、河南省内 4000 元左右、河南省外 5000 元左右。所有毕业生享受社保、全勤奖、岗位绩效奖、工作绩效奖等待遇，享受国家法定节假日及企业其他福利待遇。

（二）我国技工院校发展存在的问题及原因分析

我国技工院校在发展过程中虽然积累了卓有成效的办学经验，但也存在一些问题，主要集中在以下几个方面。

1. 专业设置追求全面，不切合实际

当前，很多技工院校在专业设置上片面追求全而广，很多专业并不是社会急需专业，即便是社会急需专业，也不一定是本地区经济发展急需的专业，

或者不是本校现有软硬件条件所能培养的专业。此外，对一些社会需求较少的专业，技师学院不能及时调整，导致专业招生人数很少。以驻马店技师学院为例，设有机械工程系、电气工程系、信息工程系、经济贸易系、汽车工程系、现代服务系、园林工程系、职业高中部八个系部，开设中高级工专业40个，具体如下：①汽车工程系，共开设4个专业，分别为汽车维修、汽车钣金与涂装、新能源汽车检测与维修、汽车装饰与美容。②机械工程系，共开设5个专业，分别为数控加工（智能制造）、数控加工、模具设计与制造、计算机辅助设计与制造、焊接加工。③电气工程系，共开设4个专业，分别为工业机器人运用与维修、电气自动化设备安装与维修（5年）、电气自动化设备安装与维修（4年）、电子技术应用（制冷方向）。④经济贸易系，共开设4个专业，分别为会计、烹饪、美容美发、美容美体。⑤信息工程系，共开设7个专业，分别为动漫设计与游戏制作、电子商务、计算机网络技术、计算机网络、计算机广告制作、室内设计、服装制作与营销。⑥现代服务系，共开设7个专业，分别为航空乘务、高铁乘务、智慧物流管理、物联网技术、国际邮轮、影视后期制作、现代流行舞蹈。⑦园林工程系，共开设3个专业，分别为无人机技术、园林技术、工程监理与造价。⑧职业高中部，共开设6个专业，分别为学前教育、旅游酒店管理、计算机应用与维修、市场营销、医科、天津技术师范大学专班（机械、电工、计算机）。考察统计驻马店技师学院2019年各专业在校学员情况，分别是导游4人；电气自动化设备安装与维修688人；电梯工程技术7人；电子技术应用261人；电子商务238人；饭店（酒店）服务55人；服装设计与制作54人；工程监理55人；工程造价3人；工业互联网与大数据应用25人；工业机器人应用与维修21人；焊接加工51人；航空服务3人；护理262人；会计251人；机电设备安装与维修24人；机电一体化技术38人；机械设备维修64人；计算机动画制作14人；计算机辅助设计与制造9人；计算机广告制作507人；计算机网络应用616人；计算机应用与维修287人；旅游服务与管理25人；美容美发与造型618人；民族音乐与舞蹈8人；模具制造110人；烹饪992人；汽车钣金与涂装158人；汽车维修1225人；汽车装饰与美容25人；市场营销57人；室内设计612人；数控加工551人；铁路客运服务225人；无人机应用技术37人；新能源汽车检测与维修101人；邮轮乘务9人；幼儿教育209人；园林技术76人，共计8575人。可以看出，在校生人数在10人以下的专业有7个，分别是导游4人；电梯工程技术7人；工程造价3人；航空服务3人；计算机辅助设计与制造9人；民族音乐与舞蹈8人；邮轮乘务9人。在校生人数在100人以下有22个，超过专业总数的一半。可以想象，学校要投入多少教学资源才能保证这些专业学生的培养质量。受生师比及教师编制人数的影响，学校难免会顾此失彼，导致一些特色拳头专业教学质量逐年下降。

技工院校专业设置方面的问题，既有客观原因，也有主观原因；既有历史原因，也有现实原因；既有院校领导原因，也有教师原因。客观来看，一些过时的专业，为了避免教师失业或转岗，院校也只能保留；还有一些专业没有紧密结合当地经济和社会发展需求，也没有结合院校的培养能力，导致其得不到学生的青睐。此外，一些院校认为专业越多，学生的可选择性越大，招的学生就越多，结果却适得其反。

2. 教师结构不合理，“双师型”教师匮乏

多数技工院校不同程度地存在教师年龄结构、职称结构、学历结构、专业结构等不合理问题。在年龄结构上，教师平均年龄偏大，45岁及以上教师偏多，45岁以下中青年教师偏少。在职称结构上，拥有高级职称教师尤其是正高级职称教师偏少，技能领军人才严重短缺。在学历结构上，教师学历普遍较低，本科学历教师占大多数，且很多是通过函授、自考、成人教育获得，教师第一学历大多数是专科。在专业结构方面，新设置的专业人才匮乏。查阅驻马店技师学院在编教职工学历情况发现，学院现有专业技术人员314人，拥有大学本科及以上学历教师302人，占专业技术总人数的96.2%。其中，第一学历是大学本科的教师213人，占专业技术人员总人数的67.8%；专科学历以下教师12人，占专业技术人员总人数的3.8%。理论和实践教学一体化教师167人，占专业技术人员总人数的53.2%。在年龄结构方面，35岁及以下教师115人，占专业技术人员总人数的36.6%；36~45岁教师103人，占专业技术人员总人数的32.8%；46岁及以上教师96人，占专业技术总人数的30.6%。在专业结构方面，现有专业技术教师队伍中，文科类教师112人，占专业技术人员总人数的35.67%；工科类126人，占专业技术人员总人数的40.13%；理科类教师76人，占专业技术人员总人数的24.2%。以2019年驻马店技工学院公布的招生专业为准，目前共有8个教学系部39个专业，理工类专业30个，学生占比89%；传统与现代服务类专业9个，学生占比11%。可以看出，学院理工类教师严重短缺，文科类专业教师相对宽裕。在职称结构方面，现有专业技术人员314人，其中拥有正高级职称教师3人，占专业技术人员总人数的0.96%；拥有副高级职称教师106人，占专业技术人员总人数的33.8%；拥有中级职称教师134人，占专业技术人员总人数的42.7%；

拥有初级职称教师72人，占专业技术人员总人数的22.9%。从职称结构上来说，正高级教师比例偏低，副高级教师和中级教师比例趋于合理。很多院校统计“双师型”教师数量达50%以上，但是在真正安排课时时却捉襟见肘，暴露出“双师型”教师匮乏的问题。

技工院校教师结构不合理的原因主要在于很多技工院校教师对提升学历不是很积极，攻读研究生的较少。具体在职称层次上，高级讲师及以下职称的评定主要看教学成果，正高职称的评定更注重职称申请人的科研成果，而大多数技工院校的教师基本上不从事较高层次的科学研究。在年龄结构上，教师平均年龄偏大原因在于受编制影响，新鲜血液不能输送进来。专业结构的不合理主要在于专业更新快，很多教师抱着原专业不放，不愿跨专业开展教学。“双师型”教师匮乏原因在于很多教师只有“双师型”教师名号，并没有“双师型”教师的能力，且不愿意接受新产品、新工艺、新技术的实践培训。

3. 招生困难，生源质量参差不齐

生源是学校的生命线，是“一把手”工程。招生困难让技工院校办学举步维艰。技工院校招生困难的第一个原因是大多数技工院校并没有被纳入当地教育序列平台，没有招生计划名额，技工院校基本上由学校自主招生。技工院校只能给教师分派招生任务，靠推荐招生，以及学校的教育质量和社会影响力招生。招生对象多半是那些普通学校不愿意录取的适龄青年。技工院校招生困难的第二个原因是受传统观念影响。过去技工院校培养的学生是工人身份，是技术技能型人才，不是管理型人才。技工院校招生困难的第三个原因是技工院校人才培养质量不高，社会声望不高，没有得到社会、家长、学生的广泛认同。

技工院校主要招收应往届初、高中毕业生，辍学生、打工返校、留守适龄儿童等，很多学生离开学校已经多年，文化基础很薄弱。另外，由于招生困难，学生只要报名，就能录取，导致很多学生不是很清楚所选专业是否适合自己，选择了不适合自己的专业。

4. 一体化教学开展不深入，课程内容与企业标准对接不够

目前，多数技工院校还是把课堂教学放在主导位置上。虽然也在开展一体化教学课改探索，但在课程内容设计上与企业生产流程、标准、工艺要求有差距，没有做到学、用、研完全融合。出现这一情况的原因很多，企业要提高生产效益，只能用熟练工，学校要完成本专业教学计划，校企双方很难

在专业教材内容上做到标准一致。学生虽然可以到学校实训室接受实践教学，但是所受实践教学的学时相对理论教学较少。此外，学生到行业、企业的社会实践很多集中安排在最后一年，有些是学校集中安排的顶岗实习，有些是学生自己确定实习单位。即便是学校安排的顶岗实习，学校也基本不去追踪实习的内容是否与人才培养目标相符，指导老师也仅仅是保证学生安全的管理员、协调员。至于学生自己确定的实习单位，更是五花八门，很多与学生所学专业相去甚远，根本提高不了学生的专业技能。但学校为了提高就业率，也只能听之任之。

我国技工院校的课程设置一般包括专业基础课、专业理论课和专业技能课等，课程与课程之间须有必要的关联性，以形成相对完整的课程体系，这对培养学生的技术实训能力有着重要作用。[①] 但是，新技术、新工艺、新工种更新发展很快，注重了课程的连续性和逻辑性，就难以保证课程的新颖性和实用性。对于一些新的教学内容，可能因为与其他课程缺乏关联而被舍弃或少开，这就导致教学内容更新的速度较慢，难以与生产一线的新技术、新工艺相对接。

5. *忽视综合素质培养，学生发展潜力不大*

技工院校虽在技能培养上不输其他同类职业院校，但其社会认可度不如其他同类院校，究其原因是技工院校不像传统学校教育注重学生德、智、体、美、劳全面发展，偏重于学生技术技能的培养，忽视德育、美育等方面的培养，导致学生综合素质不高，表现在技工院校学生心理承受能力较差、缺乏吃苦精神、纪律观念不强、进取心不强、社会责任感缺失、集体荣誉感淡薄等，不能适应工作发展的需要。

技工院校学生综合素质不高，既有学生的内在原因，也有管理体制、教学手段、育人环境等外在问题。一些技工院校人才培养目标定位不科学，或不能贯彻落实，缺乏德育培养的组织，履职尽责不到位。

6. *技能培训质量不高，覆盖面不广*

技工院校除了开展学制教育外，还有一个重要的职能是开展技能提升培训，服务区域经济建设。技工院校设置标准明确规定，技工学校设立 3 年内培养规模应达到 1600 人，其中，学制教育在校生规模 800 人以上，年职业培训规模 800 人次以上。高级技工学校培养规模应达到 4000 人以上，其中，学

---

① 申洪艳．以就业为导向的技工院校人才培养模式研究：以镇江技师学院为例［D］. 南京：东南大学，2016.

制教育在校生规模不低于2000人，年职业培训规模2000人次以上。技师学院培养规模应达到5000人以上，其中，学制教育在校生规模不低于3000人，年职业培训规模2000人次以上，设立技师学院3年内高级技工、预备技师（技师）在校生规模不低于60%，高级技工、技师、高级技师年培训规模不低于1000人次。截至目前，部分技工院校不仅培训人数达不到标准，而且培训质量不高，既不能满足行业、企业的要求，也不能满足人民群众的需要。究其原因，首先，学校把主要精力放在学制教育上，特别是实行生均经费的院校，学制教育的办学规模和社会影响力，关系到学校的发展和教职工的待遇。相比学制教育，社会培训的学员组织有一定难度，且培训资金政策性较强。因此，很多学校为了完成上级下达的培训任务，把主要精力放在能带来直接经济效益的学制教育上或职业技能资格的鉴定培养上。其次，国有大中型企业一般设有内部员工培训学校，可对企业员工分层次定时培训。技工院校大多对接当地中、小企业的员工培训，往往偏重于理论讲座，教师专业技术水平不高，缺乏一线生产实践，不能解决生产实际难题，一些行业、企业对其培训质量不认可。最后，企业员工培训与学院专业建设有很大不同，技工院校力不从心。一是企业有些岗位人员少不能独立成班，有些工岗在国家工种目录中没有。二是对于企业有些岗位技工院校没有设立相应专业，院校需要与企业共同开发理论和实操训练课程。三是培训教材不适宜企业员工培训。技工院校教师习惯于统编教材，但在具体实践中，不同企业的产品、生产工艺、指标参数、质量标准、岗位流程等差别很大，特别是一些小微企业员工岗位培训，具有很大的传统性、区域性、乡土性，需要在实践中开发。

三、促进技工院校高质量发展的对策与建议

新时代，促进技工院校高质量发展，以适应经济社会发展对技工教育和职业教育的要求，这是一个重大课题，需要学术界加强研究，需要政府及其职能部门和社会各界大力支持，需要技工院校自强不息、勇于革新。

（一）学术界要加强对技工院校的研究

以“技工院校”为主题，通过中国知网查询，截至2020年8月30日共查询到相关文章11483篇，图书3本。其中，学术期刊类8606篇，学位论文类164篇，特色期刊类1764篇，报纸类185篇，会议类760篇，学术辑刊4篇。学位论文类163篇为硕士学位论文，仅2014年浙江大学阳盛益的《公共就业培训服务的准市场提供机制研究》为博士学位论文，且不是专门研究技

工院校的博士学位论文。3 本图书均为外文图书，也非专门研究中国技工院校。另外，学术期刊类文章大多为技工院校教师为评职称而撰写，并非为了研究技工院校，能被中文核心期刊采纳的很少，发表于 CSSCI 的文章更是凤毛麟角。由此可见，真正研究技工院校者很少，技工院校长期被边缘化。所以，学术界尤其是职业教育研究中心或研究基地和专业的职业教育研究所要特别关注技工院校的发展，为其把脉问诊，提供科学的发展模式。

（二）党和国家要加大对技工院校的支持力度

习近平总书记反复强调，“办好中国的事情，关键在党”。要加强党对教育的全面领导，在发展技工院校中“把方向、管大局、做决策、抓班子、带队伍、保落实”。“把方向”就是要把好技工院校的社会主义办学方向，坚持马克思主义的指导地位，牢牢把握正确的政治方向，确保培养出社会主义事业的合格建设者和可靠接班人；“管大局”就是要管好技工院校改革发展稳定的大局，科学谋划学校发展大事；“做决策”就是要分析研判技工院校发展的具体国情、社情、校情、教情、学情等，做到科学决策、民主决策；“抓班子”就是要抓好技工院校领导班子的政治建设、思想建设、组织建设、作风建设、纪律建设、制度建设；“带队伍”就是要选好、用好、培养好技工院校的干部队伍；“保落实”就是通过教学管理保证落实技工学院立德树人的根本任务。

政府是技工院校的办学主体，也是技工院校的管理部门。各级政府要树立大职教思想，要充分认识发展壮大技工院校的重要性，制定政策，综合协调教育行政、人力资源和社会保障等部门，监督落实对技工院校的支持，不能让党和国家的政策束之高阁。2016 年 12 月，人力资源和社会保障部印发《技工教育“十三五”规划》提出：“技工院校中级工班、高级工班、预备技师（技师）班毕业生分别按相当于中专、大专、本科学历落实相关待遇。”2017 年 12 月 1 日，河南省第十二届人民代表大会常务委员会第 32 次会议审议通过了《河南省职业培训条例》（以下简称《条例》）。《条例》是我国省级层面制定出台的第一部有关职业培训的地方法规。《条例》规定：全日制技工院校中级工班、高级工班、预备技师（技师）班毕业生分别参照中专、大专、本科学历，在公务员中招录、在企业事业单位人员中招聘以及确定工资薪酬、职称评定、职位晋升等方面享受相关待遇。2018 年 10 月，湖南省人民政府办公厅出台《关于加强技能人才培养建设技工大省的意见》，意见指出“技工院校中级工班、高级工班、预备技师（技师）班毕业生，分别按中专、大专、本科学历落实相关待遇，同等参加职称评审（考试）、公务员招考、企事业单位招聘、应征入伍、确定工资起点标准等，并按规定享受相关就业创业补贴政策”。具体落实了人力资源和社会保障部的有关政策。

2019 年 2 月，国务院印发《国家职业教育改革实施方案》，提出：“积极推动职业院校毕业生在落户、就业、参加机关事业单位招聘、职称评审、职级晋升等方面与普通高校毕业生享受同等待遇。逐步提高技术技能人才特别是技术工人收入水平和地位。机关和企事业单位招用人员不得歧视职业院校毕业生。国务院人力资源社会保障行政部门会同有关部门，适时组织清理调整对技术技能人才的歧视政策，推动形成人人皆可成才、人人尽展其才的良好环境。”国务院要求政府相关部门进一步落实国家对技师院校的相关政策。

（三）技工院校要借助“双高”东风，优化专业设置

2019 年 4 月，教育部、财政部联合发布了《关于实施中国特色高水平高职学校和专业建设计划的意见》。该意见指出，到 2035 年，我国一批高职学校和专业群要达到国际先进水平，并提出集中力量建设 50 所左右高水平高职学校和 150 个左右高水平专业群的具体建设计划，即“双高计划”。“双高计划”引领职业院校办学理念的变革。面对新经济、新技术带来的生产技术、组织模式的快速变化，除培养服务区域发展的高素质技术技能人才外，重点服务企业特别是中小微企业的技术研发和产品升级成为高职学校办学功能的重要延伸。这需要技工院校在专业建设方面聚焦中小微企业生产工艺等应用性研究，探索符合自身特色的技术创新模式，成为区域产业优化升级的重要创新源、技术源和人才源，使技术创新成为学校发展的内在基因，探索技术创新与教育教学的有机互动模式，以技术创新反哺教学，实现技能人才与技术创新的集成供给，形成“技术创新、人才培养、社会服务、文化传承”有机互动的职业院校办学模式。

“双高计划”推动职业院校现代治理能力提升。以学校为主体的职业教育体系，决定了产教融合、校企合作质量对职业教育标准构建起决定性作用。这需要中国特色高水平高职学校不断创新深化产教融合、校企合作，吸引社会力量以多种形式创办职业院校或参与职业院校办学，积极打造学校与社会、科研生产与教学、内部资源与外部资源互为交融的开放式无边界组织模式，不断优化和完善治理结构与机制，加强院校自身能力建设，推动企业高水平参与，实现企业参与职业教育和企业自身利益同频共振，推动形成校企命运共同体。

技工院校要借助“双高”东风，紧跟地方的产业发展、市场需求、职业、行业、就业等优化专业设置，而不是不经过充分论证就匆忙上新专业。有些专业固然有较好的发展前景，但在学校所在区域未必有需求市场。淘汰那些招生人数少、就业前景差的旧专业，不能因为担心教师没课上就要保留这些旧专业。要逐步形成自己的重点专业、优势专业、特色专业，品牌专业。不能人云亦云，要错位发展，人无我有，人有我优，人优我精。技工学校在专业建设上，要注重专业集群的发展，“一花开放不是春”，专业集群各专业之间相互支撑、互为补充，可形成协同发展体系。

（四）改善教师结构，提高教学水平

教育大计，教师为本。国家繁荣、民族振兴、教育发展，需要我们大力培养造就一支师德高尚、业务精湛、结构合理、充满活力的高素质专业化教师队伍，需要涌现一大批好老师。① 首先，针对技工学院教师学历结构、职称结构、年龄结构、专业结构等存在的问题，技工院校要统揽全局，梳理情况，有的放矢地予以改造。技工院校要组织人事、教务、教学等部门，对教师的年龄结构、职称结构、知识结构、学历结构、专业结构、发展方向等全面摸底排序。哪些人才是短期要解决的，哪些人才是长期要解决的，哪些教师可以一专多能跨学科发展，哪些教师要作为骨干、学科带头人来培养？列出时间表、制定任务书，按时逐项解决。其次，出台激励政策，鼓励教师发展。出台关于鼓励教师跨专业发展以及提高学历的优惠政策，激励青年教师向交叉专业发展，一专多能，解决中长期师资问题。再次，要建立不同职称、不同年龄、不同层次协同发展的格局。高、中、低技能层次，老、中、青年龄层次，互带互帮互学，避免出现人才断层现象。最后，要及时招聘社会高技能人才和学历较高的硕士、博士研究生，引领专业发展。

针对“双师型”教师匮乏问题，可以采取以下措施：一是立足于挖掘培育本校教师队伍，特别是在外出学习期间的有关费用、学成后待遇、职级晋升等方面给予政策支持。二是制定参赛选手培养标准。选拔培养个别优秀在校生参加国家级、省级大赛，对取得相应名次的学员，争取留校任教。三是引进行业、企业的能工巧匠，设置特岗教师岗位，提高待遇级别。

总之，学校要树立正确的人才观。人才不是天生的，通过培养，人人皆可成才，人人皆是人才。

---

① 习近平号召全国广大教师做党和人民满意的好老师［EB/OL］.（2014-09-09）［2021-06-11］. http：//cpc. people. com. cn/n/2014/0909/c64094-25628525. html.

（五）落实招生政策，创新招生方法

2014 年 12 月，人力资源社会保障部出台《关于推进技工院校改革创新的若干意见》，意见指出："扎实做好技工院校招生工作。各级人力资源和社会保障部门要与教育部门加强协调配合，加大对技工院校招生工作的组织领导和统筹协调，将技师学院纳入高等职业院校招生平台，落实高级技工学校、技工学校与中等职业学校'统一招生政策、统一招生计划、统一招生代码、统一招生平台'的要求，稳定全日制招生规模，扩大非全日制招生规模。"政策只有贯彻执行才能发挥作用。为此，人力资源和社会保障部门要落实，教育行政部门也要配合，如此才能促进技工院校的发展。

技工学院要发展，不能一味地"等靠要"，技工院校要建立招生信息员队伍，深入初中、高中开展招生宣传，充分利用街道社区、乡镇劳动保障平台和公共就业服务机构开展招生工作。此外，要主动与企业合作开展联合培养，改变学制和学习方式，通过半工半读的形式招生，落实招生即招工政策，让企业员工在不影响工作的前提下既能提高技能，又能提高学历。当然，还可以以招工的方式招生，与企业签订联合培养协议，安排毕业生到企业工作。在韩国，国家、地方自治团体或产业单位等在以下情况，可与产业教育机构签订合同，设置运营产业教育培训课程或学科等：以聘用为条件，签订学费支持合同，要求运营特别教育课程；对其所属职员进行再教育、提高职务能力或转职教育，承担全部或部分经费并委托产业教育机构进行教育；为培养符合工业社会要求的人才，产业单位要求通过共同制定学生选拔标准、共同开发教育课程和教材等参与教育运营教育课程。①

（六）技工院校要借鉴先进的教学模式

"他山之石，可以攻玉。"技工院校要借鉴国内外先进的教学模式，为我所用。

1. 借鉴国外先进的职业教育模式

为提高教学质量，世界各国不断探索职业教育教学模式，逐步形成了一些独特模式。技工院校可以借鉴美国的社区学院教学模式、英国的"三明治"教学模式、德国的"双元制"教学模式等。

（1）社区学院教学模式

美国职业教育的一大亮点是建立了较多的社区学院。社区学院，顾名思

① 夏霖．韩国振兴产业教育法及其启示：韩国《振兴产业教育及促进产学研合作相关法》探析［J］．高教探索，2020（10）：93-98.

义就是在社区建立的学院，主要是为了方便市民学习，市民可以在社区学院选择自己喜欢的课程，学习时间也比较自由。对于成绩合格者，社区学院向其颁发学历证书。

（2）“三明治”教学模式

英国的“三明治”教学模式可分为“厚三明治”模式和“薄三明治”模式两种，总体来说是一种“理论—实践—理论”人才培养模式。“厚三明治”模式是指学生入学前先在工厂企业工作 1 年，后 3 年在课程的安排上着重实践性，总学制为 4 年。该模式学制灵活，注重训练过程向培训结果的转化。“薄三明治”模式以工、读交替的形式安排教学计划，学生一般第一学年在校学习，第二、第三学年则会被安排前往工厂企业实习，第四学年再回到学校学习，总学制也是 4 年。两种“三明治”模式的共同点是学生都需要在最后一年回到学校完成学业。①

（3）“双元制”教学模式

德国的“双元制”教学模式是企业和大学合作开设专业，大学负责理论教学，企业负责实践教学。在大学和企业之间有专门的沟通人员，确保大学的理论教学和企业的实践教学完美地结合。

2. 借鉴国内先进的教学模式

（1）深圳技师学院依托“六技平台”打造育人高地，创新技能人才培养模式

“六技平台”，即技能精英计划、技能节、技能俱乐部、技能竞赛、技师工作站、技能大师工作室，着力提升学生的职业技能和职业素质，培养复合型、创新型、国际型高技能人才。②

（2）盐城技师学院校企合作“五共同”人才培养模式

盐城技师学院与行业、企业共同进行招生宣传、共同制订教学计划、共同选择教学内容、共同实施教学过程、共同进行教学评价，形成校企互动、合作双赢的校企合作新机制。③

---

① 申洪艳．以就业为导向的技工院校人才培养模式研究：以镇江技师学院为例［D］．南京：东南大学，2016.

② 李滔．依托“六技平台”打造育人高地：深圳技师学院创新技能人才培养模式［J］．中国培训，2019（4）：18-19.

③ 李成飞．职业技术学校专业建设的发展方向和基本路径：以江苏省盐城技师学院为例［J］．职业时空，2011（11）：1-3.

(3) 嘉兴技师学院校企协同育人的现代学徒制

嘉兴技师学院在嘉兴市机器人与智能装备协会的领导下，以市场需求为导向，主动对接地方企业，以工业机器人跨企业培训中心项目为载体，深入实践现代学徒制人才培养模式。①

(4) 广州市机电技师学院的“工作室+学习站”人才培养模式

广州市机电技师学院在进行实践教学时，以企业的真实项目，结合校企合作工学交替的教学模式，打破了传统的以教师、书本和课堂为中心的，教师单向灌输、学生被动接受的教学模式。这种“工作室+学习站”的新型教学改革模式，除了上课时间可以在学习站学习外，学生还可以利用课余时间参与工作室的实际项目，提高技能水平，学习企业的项目流程。②

技工院校可以借鉴上述国内外先进教学模式，根据自身实际情况，在不同专业、不同课程上采用不同的教学模式。另外，随着教学模式的改变，教学内容也会被更新，可谓“一箭双雕”。

（七）多措并举，加强学生综合素质的培养

首先，技工院校要做好顶层设计，要确立“德技双修、以德为先”的人才培养目标。其次，在课程设置上，要把职业道德、思想道德修养、法制教育、美育等课程设置为必修课。再次，教师在教学过程中，要强化德育培养，始终把德育贯彻人才培养的全过程。最后，全校各单位要在管理中育人、服务中育人，营造良好的育人环境。此外，学生管理部门要充分发挥育人功能，举办各类竞赛活动，激发学生的爱国之情，锤炼学生的意志和品格，增强学生的团结进取之心。

（八）深化校企合作，多渠道开展培训活动

技工院校要深化校企合作，多渠道开展培训活动，努力打造贫困地区劳动力转移就业培训基地、企业职工技能提升培训基地、退役士兵专业技能培训基地、下岗失业人员再就业培训基地等就业保障基地，为各类人员就业提供机会和技术支持，服务经济发展和社会稳定。

1. 采用“订单培养”方式，开展就业培训

技工院校要根据企业的人才需求规格，改革教学计划，调整教学内容，

---

① 孟广斐．构建校行企育人共同体的探索与实践：以嘉兴技师学院工业机器人专业为例［J］．职业教育，2019（12）：53-58.

② 梁土珍．“工作室+学习站”的人才培养模式：以广州市机电技师学院为例［J］．职业，2019（19）：54-55.

为待就业人员开展就业培训。按照综合素质能力、专业基础能力、职业核心能力、专业技术应用能力、职业岗位能力、就业顶岗生产能力构建全新的教学模块，形成模块化课程体系，满足企业生产需要。企业要为学员校内学习提供奖学金，校外实习提供设备、场所和技术指导人员，接收毕业生就业，达到学校、学员、企业三方满意的效果。

2. 与企业联合招聘学员，开展“企业冠名班”学员培训

技工院校要利用校内实习实训场所和设备，吸引企业参与生产和教学，企业技术人员负责产品的技术生产管理和指导，按照教学计划让学员交替参与生产过程，让学员在生产中了解掌握加工工艺、装配程序、设备使用、产品检验、包装等技术。开展“企业冠名班”培训，一方面，学员能获得一定的劳动报酬，减轻其经济压力，大大激发其学习积极性；另一方面，学员到企业后能较快地适应企业的用工要求，减少企业的培训成本，实现学校培养与企业用工需求的无缝对接，实现学校和企业双赢。

3. 深度参与教学活动，提高企业员工理论水平

为实现学校教学与企业生产的统一、做好理论教学与实践教学的有效衔接，学校要与合作企业共同制订教学计划，科学安排教学进程，合理实施技能教学，校企双方共同规划、共同实施、共同管理。按照基础能力、核心能力、职业岗位能力、职业技术应用能力、顶岗生产能力形成模块化课程体系，由学校教师和企业技术人员分段完成人才培养任务，实现培训考核分工协作、分阶段独立实施的人才培养机制。

4. 送教上门

学校、企业要合作加强员工的技能培训，通过校企协商，制定针对性的培训方案，结合实际进行专业技术知识的讲授和辅导，现场解答员工的问题。在不影响正常生产的前提下，学校教学人员要通过与企业技术人员的沟通交流，提升企业员工的技能，提高员工解决实际问题的能力，以取得较好的培训效果。

第二节 职工职业技能培训

职工职业技能培训既是职业教育的重要组成部分，也是终身教育和继续教育的重要环节，对人的全面发展和可持续发展具有重要意义。2019 年 5 月，国务院办公厅下发《关于印发职业技能提升行动方案（2019—2021 年）的通

知》指出："把职业技能培训作为保持就业稳定、缓解结构性就业矛盾的关键举措，作为经济转型升级和高质量发展的重要支撑。大规模开展职业技能培训，加快建设知识型、技能型、创新型劳动者大军。大力开展企业职工技能提升和转岗转业培训。"① 2021 年 8 月 12 日人力资源社会保障部、国家发展改革委、财政部《关于深化技工院校改革 大力发展技工教育的意见》进一步强调，"组织技工院校全方位参与职业技能提升行动各类培训计划，扩大培训规模"。

一、职工职业技能培训的意义

职工职业技能培训，是指用人单位通过对其所聘用职工进行有目的、有组织的教育活动，使职工掌握更多专业理论知识和实践技能，从而达到提升职工工作能力和工作效率的目的。

职工职业技能培训对国家、社会、用人单位、职工个人发展都具有重大意义。

（一）职工职业技能培训为国家经济转型升级和高质量发展提供重要的人才保障

随着我国经济发展步入新常态，对传统产业要适当升级改造，企业职工须转变原有的工作思路、工作方法，提升工作技能，否则不能适应新的发展形势。为此，需要通过职工职业培训，为经济转型升级和高质量发展提供人才保障。

（二）稳定就业，促进社会安定和谐

"稳就业"对于促进社会安定和谐、保证人民安居乐业、缓解社会矛盾等具有积极意义。职工职业技能培训能够使职工顺应经济发展和企业的用工需求，迅速实现转岗就业，确保劳动者及时、充分地就业。

（三）提升企业的竞争力

企业之间的竞争归根结底是人才的竞争，企业只有通过职工职业技能培训提升员工的技术技能水平，才能提升企业的整体竞争力。

（四）职工职业技能培训是职工业务水平提升的主要途径

用人单位开展的职业技能培训具有针对性、实践性、高效性、及时性，是职工提升业务水平的主要途径。

---

① 职业技能提升行动方案（2019—2021 年）［EB/OL］.（2019-05-24）［2021-09-01］. http：//www.gov.cn/zhengce/content/2019-05/24/content_5394415.htm.

二、我国职工职业技能培训取得的成就、存在的问题及原因

（一）我国职工职业技能培训取得的成就

中华人民共和国成立以来，国家大力发展工业经济，职工职业技能作为经济发展的重要支撑点，职业技能培训受到重视，取得了很大成就。

1. 出台了一系列有关职工职业技能培训的政策文件

1949 年以来，党和国家出台了一系列发展职业培训的政策文件，尤其是党的十八大以后，国家更加注重发展职业培训，在宏观层面上出台了较多的支持政策，具体如表 8-1 所示。

表 8-1 职工职业技能培训相关政策文件

序号	文件名称	颁布部门	颁布时间
1	《国务院关于加快发展现代职业教育的决定》	国务院	2014 年 5 月
2	《现代职业教育体系建设规划（2014—2020 年）》	教育部等六部门	2014 年 6 月
3	《教育部关于开展现代学徒制试点工作的意见》	教育部	2014 年 8 月
4	《关于进一步推进社区教育发展的意见》	教育部等九部门	2016 年 6 月
5	《关于深入推进国家高技能人才振兴计划的通知》	人力资源和社会保障部、财政部	2016 年 8 月
6	《国务院办公厅关于深化产教融合的若干意见》	国务院办公厅	2017 年 12 月
7	《国务院关于推行终身职业技能培训制度的意见》	国务院	2018 年 5 月
8	《国家职业教育改革实施方案》	国务院	2019 年 1 月
9	《职业技能等级证书监督管理办法（试行）》	人力资源和社会保障部、教育部	2019 年 4 月
10	《职业技能提升行动方案（2019—2021 年）》	国务院办公厅	2019 年 5 月
11	《关于全面推进现代学徒制工作的通知》	教育部办公厅	2019 年 5 月
12	《关于教育支持社会服务产业发展提高紧缺人才培养培训质量的意见》	教育部办公厅等七部门	2019 年 9 月
13	《职业院校全面开展职业培训促进就业创业行动计划》	教育部办公厅等十四部门	2019 年 10 月
14	《中华人民共和国职业教育法修订草案（征求意见稿）》	教育部	2019 年 12 月
15	《职业教育提质培优行动计划（2020—2023 年）》	教育部等九部门	2020 年 9 月

这些政策大大推进了职工职业技能培训工作的开展，像《国务院办公厅

关于深化产教融合的若干意见》对职工职业培训提出了明确要求，“要落实企业职工培训制度，足额提取教育培训经费，确保教育培训经费60%以上用于一线职工。创新教育培训方式，鼓励企业向职业学校、高等学校和培训机构购买培训服务。鼓励有条件的企业开展职工技能竞赛，对参加培训提升技能等级的职工予以奖励或补贴。支持企业一线骨干技术人员技能提升，加强产能严重过剩行业转岗就业人员再就业培训。将不按规定提取使用教育培训经费并拒不改正的行为记入企业信用记录”。《教育部关于开展现代学徒制试点工作的意见》也提出：“积极推进招生与招工一体化。招生与招工一体化是开展现代学徒制试点工作的基础。各地要积极开展‘招生即招工、入校即入厂、校企联合培养’的现代学徒制试点，加强对中等和高等职业教育招生工作的统筹协调，扩大试点院校的招生自主权，推动试点院校根据合作企业需求，与合作企业共同研制招生与招工方案，扩大招生范围，改革考核方式、内容和录取办法，并将试点院校的相关招生计划纳入学校年度招生计划进行统一管理。”教育部办公厅《关于全面推进现代学徒制工作的通知》进一步指出：“招生招工一体化。校企共同制订和实施招生招工方案，规范招生录取和企业用工程序，推进招生招工同步、先招工后招生、先招生后招工，明确学徒的企业员工和职业学校学生双重身份，保障学徒的合法权益。”

此外，还有一些支持政策，如国家税务总局于2018年出台的《个人所得税专项附加扣除操作办法（试行）》规定，技能人员职业资格继续教育、专业技术人员职业资格继续教育取得相关证书，当年可以按每月400元扣除。

2. 一些行业形成了独特的职工职业技能培训标准体系

经过几十年的不断探索，一些行业已经形成了适合本行业发展的、独特的职工职业技能培训标准体系，如教育行业基本形成了学历教育、教学技能培养培训、职业道德提升等职工职业技能培训标准体系，法律方面形成了师徒制和线上线下相结合的职工职业技能培训标准体系，医疗卫生行业形成了导师制、小组制以及与进修培训相结合的职工职业技能培训标准体系等。

3. 一些用人单位建立了专门培训机构，大大提高了职工职业技能水平

一些用人单位为加强对职工的培养培训，成立了专门培训机构。有的企业专门成立了企业大学开展职工培训。例如，海尔集团的海尔大学，始建于1999年12月26日，是海尔人的学习平台和创客加速平台。承接海尔集团“企业平台化、员工创客化、用户个性化”发展战略，搭建开放的并联交互平台，加速创客孵化、助力小微引爆，并通过交互推广海尔的“创业、创新”

文化及“人单合一双赢”模式，助力每位员工成为自己的CEO，持续为用户创造价值。① 又如，黄淮学院于2017年成立教师发展中心，作为学院直属的正处级单位。中心成立以来，根据学校总体发展思路，围绕全面提高教育教学质量，秉承传播先进教育理念，传承卓越教学文化，搭建温馨交流平台，引领教师专业发展，推动教育教学改革，提升教育教学水平的功能定位，以培育立德树人的“四有”好老师为目标，以提升教师教育教学水平为抓手，面向全体教师，聚焦中青年教师，开展职业生涯规划指导、教育教学培训、教学咨询、交流研讨、建设教学资源等举措，构建具有应用型本科高校特色的教师发展体系，形成教师发展、教师培训、教学研究等工作长效机制。学校教师培训取得了良好效果，教师教学水平获得了较大提升。2020年9月，黄淮学院教师发展中心被评为河南省高等学校首批教师教学发展示范中心。

（二）我国职工职业技能培训存在的问题及原因

受传统思想观念的影响和客观条件的制约，我国职工职业技能培训还存在一些问题。

1. 地方政府落实职工职业技能培训的具体政策较少

国务院及其职能部门制定了一系列政策来推动职工职业技能培训，但这些政策主要是基于宏观层面，需要各级地方政府及其职能部门依据国家政策，结合地方经济和社会发展状况制定适合本地区或具体行业的政策措施。但是，目前地方政府很少有相关具体政策，大多仅转发国家的政策文件，要求用人单位执行落实。

2. 用人单位开展职工职业技能培训的效果不好、积极性不高

当前，我国大中型企业开展职工职业技能培训相对较为规范，但效果不是很理想，表现在培训目标不明确、培训内容并非职工所需、职工的技能水平提高幅度不大、没有形成系统科学的培训体系等。另外，我国大中型企业开展职工职业技能培训积极性也不高，很多是为了完成培训课时任务应付开展，没有经过科学规划。

另外，我国大中型企业较少，小微企业众多，但开展职工职业技能培训的小微企业甚少。究其原因有以下几个方面：一是一些小微企业人员紧张，“一个萝卜一个坑”，组织职工职业技能培训会严重影响正常工作；二是职工职业技能培训成本较高，小微企业不愿承担；三是小微企业人员流动性大；

---

① https：//baike. baidu. com/item/%E6%B5%B7%E5%B0%94%E5%A4%A7%E5%AD%A6.

四是职工职业技能培训周期长、见效慢，需要长期坚持才能取得良好效果。

3. 职工参与职业技能培训的积极性较低

职工参与单位组织的职业技能培训积极性较低，主要表现在：一是报名不积极，很多用人单位需要强制职工报名参与培训；二是在培训过程中，不认真学习；三是培训结业作业不认真完成，书面作业抄袭者多。职工参与职业技能培训的积极性不高有职工主观方面的原因，也有客观方面的原因。主观方面的原因：一是职工缺乏自我提升意识，得过且过；二是对职业发展未做长期规划；三是感觉职业技能培训意义不大，缺乏兴趣；四是担心能力不足，不敢参加培训。客观方面的原因：一是培训课程未做充分调研，未征求职工意见，导致培训内容并不是职工所需；二是培训方式较为死板，不受职工欢迎；三是培训教师水平不高，授课枯燥乏味；四是培训考核评价不严格，流于形式。

4. 用人单位对职工开展职业技能培训的覆盖面窄

用人单位组织开展的培训往往不能覆盖全体员工，对处于基层的普通职工培训较少，尤其是对于技术水平亟待提高的职工关注不够。造成这种情况的主要原因：一是培训管理部门没有做好培训规划，培训随意性较大；二是培训管理部门没有充分了解职工的培训需求；三是培训管理部门缺乏长远眼光，看不到普通员工的发展潜力，未对其职业发展给予合理规划。

三、提升我国职工职业技能培训成效的对策与建议

针对我国职工职业技能培训方面存在的问题，需要从以下几个方面加强管理、持续改进。

（一）完善职工职业技能培训保障机制

职工职业技能培训需要强有力的保障机制，尤其要强化制度保障、组织保障和经费保障。

1. 制度保障

应完善职工职业技能培训的制度保障。我国制定了一系列职工职业技能培训方面的政策文件，这些政策大多是国务院及其职能部门下发的，既有较强的执行效力、灵活性，也有较强的时效性。建议由全国人大或全国人大常委会专门制定有关职工职业技能培训的法律法规，以保障职工职业技能培训的实施。另外，地方各级政府也应该制定相关措施来保障国家政策在地方的充分实施。

2. 组织保障

职工职业技能培训牵涉多个部门，需要各部门统筹协调，各司其职、密切配合。针对职工职业技能培训的实际情况，可以建立由中央政府领导、人力资源和社会保障部门主导、其他行政部门紧密配合的国家职工职业技能培训委员会，统一领导、组织协调、全力支持、持续推动我国职工职业技能培训的发展。地方政府参照上述方式成立地方职工职业技能培训委员会推动本地区职工职业技能培训发展。

3. 经费保障

建立各级政府职工职业技能培训经费保障机制。中央可根据职工人数每年下拨一定的职工培训经费，专款专用，加强使用监督，防止骗取、挪用，保障资金安全和效益。地方各级政府也要加大资金投入力度，落实职业技能培训补贴政策，发挥政府资金的引导和撬动作用；合理调整就业补助资金支出结构，保障培训补贴资金落实到位；加大对职业技能培训各项补贴资金的整合力度，提高使用效益。

（二）用人单位与学校建立长期培训合作机制，提升培训质量

基于学校雄厚的师资力量、良好的培训环境，有保障的培训质量，用人单位可与学校建立长期的培训合作关系，以提升培训质量。美国联邦政府积极推动行业、企业与社区学院的合作，除了联邦政府，各州政府或非政府机构也设立了各类项目或基金推动行业、企业与社区学院合作。① 在美国，很多企业的培训课程是由企业和学校根据职工培训需求共同设计的。至少 90% 的美国社区学院为雇主提供入职或在职员工技能提升订单培训，大部分是一对一的培训。② 我国也应鼓励企业购买学校的培训服务，学校尤其是职业院校应当积极承担培训职工的义务。

（三）充分了解培训需求，设置培训内容

员工的培训需求影响其参与培训的积极性，进而影响培训的效果。美国社区学院是开展职工技能培训的重要机构，社区学院开展的职工技能培训严格根据企业需求设置培训内容。在课程设置上，社区学院与企业共设课程的方式大致分为两种：一种方式为社区学院根据企业向地方或社区学院的生涯

① 荣艳红，傅修远．美国社区学院与企业合作创建面向就业课程的理念和实践［J］．中国职业技术教育，2014（33）：44-47.

② 荣艳红，傅修远．美国社区学院与企业合作创建面向就业课程的理念和实践［J］．中国职业技术教育，2014（33）：44-47.

教育咨询委员会提出的各类培训要求，进行课程设计；另一种方式为社区学院与企业直接合作，共同分析企业需求，并合作设计课程。[①] 培训需求的确定需要企业深入开展调查研究，不仅要在企业内部进行调查，还要在整个行业开展调查；不仅要调查管理者，还要调查基层员工；必要时，企业培训机构可以自行开展调查，甚至专门聘请社会机构或研究部门开展调查。

（四）采用灵活多样的培训形式，分类培训

职工培训不同于全日制学习，需要采用灵活多样的培训方式，如线上培训，利用微课、慕课、VR 等数字化培训资源，随时随地学习。要采取岗前培训、学徒培训、在岗培训、脱产培训、业务研修、岗位练兵、技术比武、技能竞赛等方式，大幅提升职工技能水平。[②]

另外，在培训对象上，要“全面撒网、重点捕鱼”，要突出“优的更优”，但不能让“差的更差”，重点培养有发展潜力的职工。要结合职工的发展状况、工作业务范围等分类培训，提高培训的针对性、有效性。例如，黄淮学院因材施导，引领教师专长发展。按照教学为主型、教学科研型和科研开发服务为主型分类指导，引领教师队伍的专长发展。中级以下职称教师主要负责其教学能力的提升，中级及以上职称教师按照教学为主型、教学科研型和科研开发服务为主型分类指导。教学为主型的教师主要负责其教学能力的提高，适当兼顾科研能力的提高；教学科研型的教师要全面负责其教学能力和科研能力的提高；科研开发服务为主型的教师主要负责其科研能力的提高，适当兼顾教学能力的提高。

（五）营造良好的培训学习氛围，激发职工学习积极性

唯有学习才能提高。对企业职工而言，要适应时代发展和行业的进步，必须持续“充电”掌握专业领域的新知识和新技术。[③] 唯有学习才能创新，才能立于不败之地。用人单位应该努力营造良好的学习氛围，创建学习型组织，强化工匠精神和职业素质培育，完善学习激励机制，完善学习培训考核办法，把学习培训的效果纳入月度或年度绩效考核，增强职工学习的自觉性、积极性和主动性。

---

① 蒋霖谦．职业院校面向行业企业职工培训的对策研究［D］．武汉：湖北工业大学，2020.

② 国务院．关于推行终身职业技能培训制度的意见［EB/OL］．（2018-05-08）［2021-04-24］．http://www.gov.cn/zhengce/content/2018-05/08/content_5289157.htm.

③ 梅媛．终身职业技能培训制度建设研究［J］．产业与科技论坛，2016（24）：268-269.

（六）鼓励行业全方位参与职工职业技能培训

澳大利亚是职业培训做得较好的国家之一，其成功的法宝是鼓励行业全方位参与职工职业技能培训。立足行业需求，发展职业教育与培训是澳大利亚职业教育的宗旨，培训机构从注册开始就已经与行业紧密联系起来，行业参与界定培训机构的培训内容是否符合行业需求。[①] 澳大利亚政府赋予行业协会对培训机构很大的管理权。首先，培训机构的资格由行业协会确定；其次，培训机构的培训标准由行业协会确定；再次，培训机构的培训内容必须符合行业协会确定的行业要求；最后，行业协会对培训机构的培训效果给予评估，颁发技能培训资格证书。作为澳大利亚重要的职工培训机构，TAFE 学院需要保留行业参与评估和意见反馈的历史记录，还需根据行业反馈的问题不断调整培训活动。[②] 澳大利亚还专门成立了澳大利亚行业技能委员会（AISC），作为政府和行业之间的桥梁，让行业更多地参与职业教育与培训的各类活动，如定制培训包和相关政策等。[③] 目前，我国的行业协会是民间自治性管理组织，其管理权力有限，需要政府放权，赋予行业协会更多的管理监督权。行业协会要制定行业管理规则，并充分参与培训项目的设定、培训课程的标准制定、培训结果的认定等，严格进行管理。另外，行业协会要为职工职业培训牵线，在用人单位与培训机构之间搭建桥梁。

2021 年，全国职业教育大会强调，职业教育是培养高素质技术技能人才、能工巧匠、大国工匠的基础性工程，是促进经济社会发展和提高国家竞争力的重要支撑，要进一步解放思想、提高站位，着眼于国内、国际两个大局，从立足新发展阶段、贯彻新发展理念、融入新发展格局的高度深化对职业教育的认识。[④] “以促进就业创业、服务企业行业、服务经济高质量发展为目标，深化技工院校改革，落实立德树人根本任务，坚持专业化、规模化培养高技能人才，坚持德技并修、多元办学、校企融合、提质培优，实现创新发展，培养德智体美劳全面发展的社会主义建设者和接班人，为全面建设社会主义现代化国家提供高素质技能人才支撑”。[⑤] 全国职业教育大会开启了我国职业

---

① 蒋霖谦．职业院校面向行业企业职工培训的对策研究［D］．武汉：湖北工业大学，2020.

② 杨红荃，蔡添娇．澳大利亚 TAFE 学院实施企业员工培训研究［J］．职教论坛，2018（8）：164-170.

③ 蔡添娇．现代学徒制背景下高等职业教育课程建设研究［D］．武汉：湖北工业大学，2019.

④ 陈宝生．办好新时代职业教育服务技能型社会建设［N］．光明日报，2021-05-01（07）.

⑤ 人力资源社会保障部，国家发展改革委，财政部．关于深化技工院校改革大力发展技工教育的意见（人社部发〔2021〕30 号）［EB/OL］．（2021-08-12）．http：//www.mohrss.gov.cn/xxgk2020/fdzdgknr/zcfg/gfxwj/rcrs/202108/t20210818_420966.html.

教育事业的新征程。我们坚信，在以习近平同志为核心的党中央坚强领导下，在新发展理念科学指引下，通过全党、全社会共同努力，一定能把习近平总书记对职业教育“大有可为”的殷切期盼转化为职业教育“大有作为”的具体行动，为全面建设社会主义现代化国家、实现中华民族伟大复兴的中国梦提供有力的人才和技能支撑。

参 考 文 献

图书

［1］赫拉利．未来简史［M］．林俊宏，译，北京：中信出版社，2017.

［2］秦嘉谟．世本八种［M］．宋衷，注．北京：商务印书馆，1957.

［3］王守谦，等．左传全译［M］．贵阳：贵州人民出版社，1990.

［4］周礼．考工记［M］//黄侃．黄侃手批白文十三经．上海：上海古籍出版社，1983.

［5］黎翔凤．管子校注［M］．北京：中华书局，2004.

［6］袁珂．山海经校译［M］．上海：上海古籍出版社，1985.

［7］黄炎培．职业教育论［M］．北京：商务印书馆，2019.

［8］毛诗［M］//黄侃．黄侃手批白文十三经．上海：上海古籍出版社，1983.

［9］陆费逵．陆费逵文选［M］．上海：中华书局，2011.

［10］黄炎培．职业教育论［M］．北京：商务印书馆，2019.

［11］何东昌．中华人民共和国重要教育文献：1949—1975［M］．海口：海南出版社，1998.

［12］石伟平，匡瑛，等．中国教育改革40年：职业教育［M］．北京：科学出版社，2018.

［13］礼记［M］//黄侃．黄侃手批白文十三经．上海：上海古籍出版社，1983.

［14］黄宗羲．黄梨洲文集［M］．北京：中华书局，1959.

［15］高平叔．蔡元培教育论集［M］．长沙：湖南教育出版社，2011.

［16］黄炎培．断肠集［M］．上海：生活书店，1936.

［17］陶行知．陶行知全集［M］．长沙：湖南教育出版社，1984.

［18］张乐天，等．新中国成立以来农村教育政策的回顾与反思［M］．北京：北京师范大学出版社，2016.

［19］中国教育年鉴编辑部．中国教育年鉴（1949—1981）［M］．北京：

中国大百科全书出版社，1984.

［20］黄育云．职业技术教育在中国［M］．成都：电子科技大学出版社，2002.

［21］杨明．应试与素质：中国中等教育 60 年［M］．杭州：浙江大学出版社，2009.

［22］曹晔．当代中国中等职业教育［M］．天津：南开大学出版社，2016.

［23］国家教育委员会职业技术教育司．中国职业技术教育简史［M］．北京：北京师范大学出版社，1994.

［24］孟庆国，曹晔，杨大伟．中国职业技术师范教育史［M］．北京：教育科学出版社，2016.

［25］孟广平．当代中国职业技术教育［M］．北京：高等教育出版社，1993.

［26］闻友信，杨金梅．职业教育史［M］．海口：海南出版社，2000.

［27］王继平．中国教育改革大系：职业教育卷［M］．武汉：湖北教育出版社，2016.

［28］何东昌．中华人民共和国教育史［M］．海口：海南出版社，2007.

［29］石伟平，匡瑛，等．中国教育改革 40 年（职业教育）［M］．北京：科学出版社，2018.

［30］国家教育委员会计划财务局．中国教育统计年鉴：1987［M］．北京：北京工业大学出版社，1987.

［31］边彦军，王莉，倪花．毛泽东邓小平江泽民论教育［M］．北京：中央文献出版社，2002.

［32］马克思，恩格斯．德意志意识形态［M］//马克思，恩格斯．马克思恩格斯全集（第 3 卷）北京：人民出版社，1960.

［33］徐国庆．从分等到分类：职业教育改革发展之路［M］．上海：华东师范大学出版社，2018.

［34］中共中央文献研究室．毛泽东邓小平江泽民论党的建设［M］．北京：中共中央党校出版社，1999.

［35］马克思主义与科学方法论编写组．马克思主义科学方法论［M］．北京：高等教育出版社，1993.

［36］陈金龙，等．马克思主义中国化概论［M］．北京：人民出版社，2005.

［37］张世良．怎样炼成新时代好干部［M］．北京：人民出版社，2018.

［38］黄尧．职业教育学原理与应用［M］．北京：高等教育出版社，2009.

［39］刘春生，徐长发．职业教育学［M］．北京：教育科学出版社，2002.

［40］霍兰．隐秩序：适应性造就复杂性［M］．周晓牧，韩晖，译．上海：上海科技教育出版社，2000.

［41］周恩来．谈新学制［A］//何东昌．中华人民共和国重要教育文献：1949—1975. 海口：海南人民出版社，1998.

［42］谭贞，刘海峰．新建本科院校转型发展模式研究［M］．北京：科学出版社，2017.

［43］洪流，汪霞．江苏省研究生教育质量年度报告（2018）［M］．南京：南京大学出版社，2018.

［44］邓泽民，董慧超．德国应用科学大学研究［M］．北京：科学出版社，2017.

［45］林金辉．潘懋元高等教育思想［M］．广州：高等教育出版社，2010.

［46］苟顺明．欧盟职业教育政策研究［M］．北京：人民出版社，2017.

［47］和震，李玉珠，等．职业教育产教融合制度创新［M］．北京：科学出版社，2018.

［48］李军峰．中国非正规就业研究［M］．郑州：河南人民出版社，2005.

期刊论文

［1］陈衍，等．人工智能与职业教育变革［J］．中国高校科技，2019（1）.

［2］徐国庆．确立职业教育的类型属性是现代职业教育体系建设的根本需要［J］．华东师范大学学报，2020（1）.

［3］王兴．职业教育类型发展：现实必然、价值取向与强化路径［J］．中国职业技术教育，2020（16）.

［4］王兴．“适合的教育”理念下高职人才分层培养模式构建与实践［J］．中国职业技术教育，2018（29）.

［5］王兴，王丹霞．1+X 证书制度的若干关键问题研究［J］．职业技术教育，2019（12）.

［6］黄斌．职业教育作为类型教育的内涵、特征及其培育［J］．中国职业技术教育，2020（1）.

［7］杨近，姚启和．高等职业教育概念的界定：兼谈高等教育类型的区分［J］．教育与职业，2000（8）.

［8］李政云，等．从质疑教育类型的“四分法”说起：谈职业教育的本质［J］．职教论坛，2003（7）.

[9] 陆俊杰．类型教育视野下职业教育的理念回归与特色超越［J］．职业技术教育，2020（19）．

[10] 刘海峰，等．我国应用技术大学建设与科研工作的转型［J］．中国高教研究，2015（7）．

[11] 郭俊朝．对我国高职教育层次与类型问题论争的反思［J］．湖北职业技术学院学报，2011（4）．

[12] 李鹏，等．中国职业教育类型化改革的政策理想与行动路径：《国家职业教育改革实施方案》的内容分析与实施展望［J］．高校教育管理，2020（1）．

[13] 孙善学．对 1+X 证书制度的几点认识［J］．中国职业技术教育，2019（7）．

[14] 姜大源．跨界、整合和重构：职业教育作为类型教育的三大特征：学习《国家职业教育改革实施方案》的体会［J］．中国职业技术教育，2019（1）．

[15] 张健．类型视野下对职业教育特性与发展的再审思［J］．教育与职业，2020（14）．

[16] 李玉静．职业教育作为一种类型教育：基本特征［J］．职业技术教育，2019（1）．

[17] 徐平利．从“技艺经验”到“技术知识”：职业教育作为“类型”的知识论逻辑［J］．职业技术教育，2020（19）．

[18] 张幼林．论墨子的教育思想以及对我国职业教育的启示［J］．中国成人教育，2010（12）．

[19] 朱雪莲．黄炎培职业教育思想对我国职业道德教育的启示［J］．智库时代，2020（3）．

[20] 刘国华．对毛泽东社会主义教育理论与实践的思考［J］．党史研究资料，2002（4）．

[21] 刘少奇．我国应有两种教育制度、两种劳动制度［J］．高教战线，1986（1）．

[22] 徐国庆．确立职业教育的类型属性是现代职业教育体系建设的根本需要［J］．华东师范大学学报（教育科学版），2020（1）．

[23] 刘海峰，等．我国应用技术大学建设与科研工作的转型［J］．中国高教研究，2015（7）．

[24] 丁晨，闫玮．本科职业教育建设的时代诉求、现实困境与适切路径

[J]. 教育与职业, 2020 (9).

[25] 任君庆. 建设与职业教育类型相适应的制度和标准体系 [J]. 江苏教育, 2019 (68).

[26] 曹晔. 普及高中阶段教育: 中等职业教育的时空贡献 [J]. 河北师范大学学报 (教育科学版), 2019 (3).

[27] 张兆诚, 曹晔. 新中国成立 70 年来我国中等职业教育发展历程与成就 [J]. 职教通讯, 2019 (23).

[28] 赵琳, 冯蔚星. 中国职业教育兴衰的制度主义分析: "市场化" 制度变迁的考察 [J]. 清华大学教育研究, 2003 (6).

[29] 万卫. 混合所有制职业院校的兴起 [J]. 职业技术教育, 2017 (12).

[30] 陈光. 大力发展职业教育提高劳动者素质 [J]. 职教论坛, 1997 (6).

[31] 李梦卿, 周艳. 新中国成立六十年我国职业教育政策综述 [J]. 教育与职业, 2009 (36).

[32] 葛道凯. 中国职业教育二十年政策走向 [J]. 课程·教材·教法, 2015 (12).

[33] 周晶. 中国职业教育发展的根本方向: 40 年来职业教育产教融合发展的历程、规律与创新 [J]. 职业技术教育, 2018 (18).

[34] 杨海华. 基于 CIPP 的职业学校创业教育评价研究 [J]. 职教论坛, 2019 (9).

[35] 王敏勤. 中等职业教育的发展趋势研究 [J]. 职业技术教育 (人大复印资料), 2003 (6).

[36] 开军. 中等职业教育: 解答五大难题得创新策略 [J]. 职业技术教育 (人大复印资料), 2003 (2).

[37] 李志伟. 中等职业教育: 摆脱困境创新路 [J]. 教育与职业, 2000 (10).

[38] 和菊芬. 对中等职业改革的几点看法 [J]. 中等职业教育, 2007 (5).

[39] 李风震, 郭效勤. 关于中等职业教育师资队伍建设问题的思考 [J]. 中小学教育与管理, 2002 (6).

[40] 毛临宙. 中等职业技术教育的现状与问题 [J]. 教育与职业, 2001 (3).

[41] 王建军. 中等职业技术教育的改革走向 [J]. 张家口农专报，2005 (1).

[42] 陈先进. 关于中等职业学校招生难的思考 [J]. 河南科技学院学报，2012 (4).

[43] 张惠玲. 关于职业教育管理体制改革的思考 [J]. 河南职技师院学报（职业教育版），2001 (3).

[44] 李汉蓉. 试论中等职业技术教育的出路问题 [J]. 职教长廊，2000 (7).

[45] 刘春生.21 世纪仍需要中等职业教育 [J]. 天津教育报，2001 (3).

[46] 刘来泉. 深化改革　狠抓落实　促进职业教育健康发展 [J]. 职教论坛，2000 (1).

[47] 刘宪宁. 浅谈职业技术教育师资队伍建设 [J]. 安庆师范学院学报（社会科学版），2001 (1).

[48] 余南宁. 我国中等职业教育面临的问题和对策 [J]. 黄山学院学报，2004 (5).

[49] 谢勇旗. 浅谈中等职业教育师资建设 [J]. 教育与职业，2005 (18).

[50] 王向红. 对我国职业技术教育师资培养模式的思考 [J]. 中国职业技术教育，2001 (12).

[51] 罗诚. 我国中等职业技术教育的困境与出路 [J]. 职业教育，2001 (2).

[52] 黄尧.21 世纪初叶中国职业教育的改革和发展 [J]. 职教论坛，2001 (2).

[53] 金国. 中等职业技术教育的现状与对策思考 [J]. 贵阳金筑大学学报（综合版），2001 (9).

[54] 陈至立. 振奋精神开拓进取大力推进职业教育改革与发展 [J]. 职业技术育，2002：35-37.

[55] 刘晓，陈乐斌. 百万扩招背景下的高职招生制度改革：现实诉求与改革路径 [J]. 高等职业教育探索，2019 (5).

[56] 袁绍岐. 论 21 世纪职业技术教育的发展趋势 [J]. 广东青年干部学院学报，2001 (2)：41-44.

[57] 韩久同. 中等职业学校办学特色探讨 [J]. 教育与职业，2001 (7).

［58］杨金土．关于中专教育的基本评价和回应挑战的若干关系问题［J］．中国职业技术教育，2008（5）．

［59］朱益明．从国际发展看我国职业技术教育的前景［J］．教育发展研究，2007（8）．

［60］杨金土．对中等职教社会需求的再认识［J］．职教论坛，2002（9）．

［61］伍琼．中等职业教育面临的形势与对策［J］．职业技术教育（人大复印资料），2001（2）．

［62］陈荣荣，伍红军．首批高职院校的层次发展：对1980—1985年的118所短期职业大学的考察［J］．未来与发展，2012（11）．

［63］赵旻，陈海燕．国际交流合作在大学的职能定位研究［J］．中国高等教育，2017，（17）．

［64］丁晨，闫玮．本科职业教育建设的时代诉求、现实困境与适切路径［J］．教育与职业（上），2020（5）．

［65］谭永生．促进我国技术技能人才发展的对策建议［J］．中国经贸导刊，2019（3）．

［66］任君庆，王琪．发展本科层次职业教育：历史考察、现状分析和路径选择［J］．职教论坛，2013（4）．

［67］方泽强．本科层次职业教育的人才培养目标及现实问题［J］．职业技术教育，2019（34）．

［68］高奇．职业教育功能［J］．中国职业技术教育，2005（5）．

［69］李红卫．我国高职专升本政策回顾与展望：兼论我国发展高职本科的路径［J］．职教论坛，2010（7）．

［70］窦丽芳，吴太山．新建本科院校办学定位问题及对策：基于全国51所新建本科院校的调查［J］．长春教育学院学报，2013（15）．

［71］徐立清，崔彦群，胡浩亮．长三角地区新建本科院校专业设置研究［J］．浙江万里学院学报，2014（4）．

［72］姜大源．现代职业教育与国家资格框架构建［J］．中国职业技术教育，2014（21）．

［73］杨近．复杂适应系统视野中的现代职业技术教育体系建设［J］．中国高教研究，2013（11）．

［74］刘迎狄．需求决定论：兼论我国当前的宏观政策选择［J］．天津社会科学，1993（5）．

[75] 翟静．教育有效供给与教育体制改革［J］．教育与经济，2001（1）．

[76] 褚宏启．论教育发展方式的转变［J］．教育研究，2011（11）．

[77] 闫飞龙．高等教育评价制度中的权力及其分配［J］．教育研究，2012（4）．

[78] 黄宝印，唐继卫、郝彤亮．我国专业学位研究生教育的发展历程［J］．中国高等教育，2017（2）．

[79] 尹世平，刘双，王菲，等．对我国专业学位硕士研究生教育发展的思考［J］．高等建筑教育，2020（3）．

[80] 田勇．大力发展全日制硕士专业学位研究生教育的思考［J］．河南工业大学学报，2013（2）：147.

[81] 季丽云．德国联邦政府通过《职业教育法修订案》［J］．世界教育信息，2019（13）．

[82] 何晓瑶，等．地方本科高校应用型课程体系构建的路径与实践［J］．高教学刊，2018（11）．

[83] 陈传锋，阙云颜．大学生参与科研活动与创新人才培养［J］．大庆师范学院学报，2009（5）：146.

[84] 郑诚德．转型发展背景下新建本科院校师资队伍建设的思考［J］．闽江学院学报，2016（1）：103.

[85] 吴婧．金融专业硕士培养存在的问题及对策研究［J］．当代教育实践与教学研究，2020（6）：56.

[86] 陈亮，等．改革开放 40 年我国研究生招生政策的变迁逻辑与发展走向［J］．四川师范大学学报，2019（1）：92.

[87] 黄宝印，等．充分发挥学位中心职能助力研究生教育高质量发展［J］．学位与研究生教育，2018（3）．

[88] 荣艳红，傅修远．美国社区学院与企业合作创建面向就业课程的理念和实践［J］．中国职业技术教育，2014（33）．

[89] 蒋霖谦．职业院校面向行业企业职工培训的对策研究［D］．武汉：湖北工业大学，2020.

[90] 梅媛．终身职业技能培训制度建设研究［J］．产业与科技论坛，2016（24）：268-269.

[91] 杨红荃，蔡添娇．澳大利亚 TAFE 学院实施企业员工培训研究［J］．职教论坛，2018（8）．

网址

［1］超 50%的工作机会被人工智能取代［EB/OL］. https：//dy. 163. com/article/CP5QA76I0519D3BI. html.

［2］马云 . 50% 的职业将消失我们的未来是教育决定的［EB/OL］. https：//tech. sina. com. cn/i/2019-12-07/doc-iihnzahi5854361. shtml.

［3］李开复 . 未来十年 50%的工作会消失［EB/OL］. https：//news. pedaily. cn/201705/20170514413394. shtml.

［4］2025 年全球一半工作将被机器人接手［EB/OL］. http：//www. dyhjw. com/gold/20180919-95489. html.

［5］鲁昕 . 职教扩招 200 万，学什么？重点是这三“新”［EB/OL］. http：//www. edu. cn/xxh/focus/zc/202005/t20200527_1729587. shtml.

［6］科技部 . 中国科技发展历程［EB/OL］. http：//www. gov. cn/test/2005-09/23/content_69616. htm. 2005-09.

［7］腾讯新闻 . 1949 年《中国人民政治协商会议共同纲领》全文［EB/OL］.（2011-11-17）［2020-08-12］. https：//news. qq. com/a/20111116/000896. htm.

［8］锻造大国工匠奠基中国制造：新中国 70 年职业教育改革发展历程［EB/OL］.（2019-09-27）http：//edu. cssn. cn/jyx/jyx_zdtj/201909/t20190927_4978397. shtml.

［9］教育部 . 职业教育与继续教育［EB/OL］. http：//www. moe. gov. cn/jyb_xwfb/xw_fbh/moe_2606/moe_2074/moe_2437/moe_ 2444/tnull_39457. html，2008-10-08.

［10］国家教委 . 国家教育委员会普通高等学校招收少数职业技术学校应届毕业生的暂行规定［EB/OL］. http：//www. chinalawedu. com/news/1200/22598/22615/22792/2006/3/we02653932171813600242 51-0. htm.

［11］国家教委 . 关于推荐应届职业高中毕业生参加高考有关问题的通知［EB/OL］. http：//www. chinalawedu. com/news/1200/22598/22615/22799/2006/3/wa8311236431523600213632-0. htm.

［12］国家教委 . 教育部　国家发改委关于编报 2006 年普通高等教育分学校分专业招生计划的通知［EB/OL］. http：//gaokao. chsi. com. cn/gkxx/zcdh/200606/20060619/516045. html.

［13］2015 年全国中职就业率达 96. 3%［EB/OL］. http：//www. moe. gov. cn/jyb_xwfb/s5147/201602/t20160226_230668. html.

［14］上海市教委 . 2016 年上海市中职毕业生就业状况平均起薪首破 3000

元［EB/OL］. http：//www. shanghai. gov. cn/nw2/nw2314/nw2315/nw17239/nw17246/u21aw1175497. html.

［15］2016 年人力资源和社会保障事业发展统计公报全文［EB/OL］. http：//www. cankaoxiaoxi. com/china/20170531/2065530. shtml.

［16］教育部．教育部关于深入推进职业教育集团化办学的意见［EB/OL］. http：//www. moe. gov. cn/srcsite/A07/s3059/201507/t20150714_193833. html.

［17］教育部．全国教育事业发展统计公报（1990—2005 年）［EB/OL］. http：//www. edu. cn/edu/tjsj/zhsj/.

［18］国家教委．国家教委关于开展建设示范性职业大学工作的通知［EB/OL］. http：//www. chinalawedu. com/falvfagui/fg22598/20106. shtml.

［19］教育部．教育部办公厅关于加强高等职业（高专）院校师资队伍建设的意见［EB/OL］. http：//old. moe. gov. cn/publicfiles/business/htmlfiles/moe/moe_25/201006/88980. html.

［20］国务院．国务院关于印发国家职业教育改革实施方案的通知［EB/OL］. http：//www. gov. cn/zhengce/content/2019-02/13/content_5365341. htm.

［21］教育部．教育部关于职业院校专业人才培养方案制订与实施工作的指导意见［EB/OL］. http：//www. moe. gov. cn/srcsite/A07/moe_953/201906/t20190618_386287. html.

［22］教育部办公厅．教育部办公厅关于做好扩招后高职教育教学管理工作的指导意见［EB/OL］. http：//www. moe. gov. cn/srcsite/A07/moe_737/s3876_qt/201912/t20191227_413753. html.

［23］天津中德应用技术大学．学校举行首届本科毕业生座谈交流会暨一流应用技术大学建设成果汇报会［EB/OL］. http：//www. tsguas. edu. cn/info/1164/5551. htm.

［24］教育部：中国即将由高等教育大众化阶段进入普及化阶段！［EB/OL］. https：//baijiahao. baidu. com/s？id=1626673626015681379&wfr=spider&for=pc

［25］应用技术大学联盟［EB/OL］. http：//www. auas. org. cn/index. htm.

［26］研究生扩招：学硕相比十年前，招生名额反减少［EB/OL］. https：//www. sohu. com/a/384194816_755288.

［27］教育部．新时代高校教师职业行为十项准则［EB/OL］. http：//www. moe. gov. cn/srcsite/20181115. html.

［28］2020 年全国研究生招生调查报告［EB/OL］. http：//www. 360doc. com/content/19/1230/21/15645370_883195120. shtml.

索　引

Z

后　记

本书是中国职业技术教育学会新时代中国职业教育研究院2021年度职业教育重大课题“中国特色职业教育类型理论和实践研究”的研究成果，也是黄淮学院职业教育类型建设重大专项“职业教育类型建设研究”的研究成果，并得到2021年河南省高等教育教学改革研究与实践（一般）项目“新文科背景下动画专业‘三元一体’人才培养模式改革研究与实践”（项目编号：2021SJGLX531）的资助。

张静主持制定了本书的写作大纲，并完成组稿、统稿等工作。本书各章节撰写任务分工如下：第一章王春华、马卫国执笔；第二章、第七章王春华、刘海峰执笔；第三章、第六章申海龙执笔；第四章李娟执笔；第五章王会斌执笔；第八章夏霖执笔。

本书编写过程中得到了鲁昕会长的关心和指导，也得到了谭贞女士和李国胜先生的大力支持与指导，在编写过程中借鉴了有关专家和学者的相关研究成果，恕不一一列出，在此一并致以衷心感谢！中国职业教育类型建设的理论与实践尚在探索中，本书中的一些观点和推进策略尚待研究探讨，恳请国内同行和朋友给予批评指正！

著　者

2022年4月8日